Meine Abenteuer mit deinem Geld

George Graham Rice

Writat

Diese Ausgabe erschien im Jahr 2024

ISBN: 9789359948560

Herausgegeben von
Writat
E-Mail: info@writat.com

Inhalt

VORWORT

Sie gehören einer Rasse von Spielern an. Der Instinkt zur Spekulation beherrscht Sie. Sie haben das Gefühl, dass Sie einfach ein Risiko eingehen müssen. Sie können nicht gewinnen, aber Sie werden spekulieren und weiter spekulieren – und verlieren. Da Lotterien, Faro, Roulette und Pferderennenwetten illegal sind, spielen Sie das Börsenspiel. Beim Börsenspiel werden die Karten (Kursnotierungen oder Marktschwankungen) hinter Ihrem Rücken gemischt und gestapelt, NACHDEM der Dealer (der Manipulator) weiß, auf welche Seite Sie Ihren Einsatz gesetzt haben, und Sie haben keine Chance. Wenn Sie und Ihre Mitspieler Aktien in dünnen Konten bei Brokern halten, wird der Markt nach unten manipuliert, und wenn Sie Aktien knapp halten, werden die Preise nach oben manipuliert.

Sie sind auf der Hut vor dem „Schnell reich werden"-Mann und bilden sich ein, seine Listen auf den ersten Blick zu erkennen. Das können Sie – eine Art „Schnell reich werden"-Mann. Aber nicht die gefährliche Art. Die moderne „Schnell reich werden"-Finanzierung ist heimtückisch und gnadenlos. Sie wird von den Größten praktiziert und Sie sind wahrscheinlich eines ihrer leichten Opfer.

Eine Klasse von „Schnell reich werden"-Betreibern verwendet primitive Methoden, hat wenig Ansehen in der Gesellschaft, operiert mit verhältnismäßig geringem Kapital und bedient diejenigen, die nicht nachdenken und nur über geringe Mittel verfügen. Sie sind nicht besonders gefährlich.

Die andere verwendet wissenschaftliche Methoden – tatsächlich so wissenschaftlich, dass nur Männer „im Inneren" sie ohne weiteres erkennen; nimmt ein Podest in der Gemeinschaft ein; ist im Allgemeinen ein Mann mit ausgezeichneter finanzieller Lage, Mitglied einer Börse; setzt großes Kapital ein; appelliert an Denker oder diejenigen, die sich schmeicheln, den Unterschied zwischen einem Goldbarren und einem Goldziegel zu kennen, und versucht, alle Klassen und Zustände von Männern und Frauen mit großen oder kleinen Ersparnissen von ihrem Geld zu trennen.

Die Regierung der Vereinigten Staaten hat in den letzten Jahren auf Geheiß des großen Kerls, der ein Monopol auf das Spiel anstrebt, den kleinen Kerl überfallen – den groben Betreiber, dessen Macht, Schaden anzurichten, nichts im Vergleich zu den verheerenden Folgen ist, die er erlitten hat hervorgerufen durch die Aktivitäten seines wirklich beeindruckenden Prototyps.

Ich möchte jedem Investor und Spekulanten eine Botschaft mitteilen, eine Geschichte über meine Erfahrungen während der großen Goldfield-, Bullfrog-, Manhattan- und Greenwater-Bergbaubooms in Nevada von 1905 bis 1908, bei denen die Öffentlichkeit mehr als 200.000.000 US-Dollar verlor, und von a Eine Reihe großer Werbeaktionen für Bergbauaktien an der Wall Street und anderen amerikanischen Finanzzentren, bei denen die Öffentlichkeit im Jahr 1910 350.000.000 US-Dollar verlor. Die Darstellung der Fakten zeigt, dass der Kreuzzug der Regierung, schnell reich zu werden, es einigen Kleinen weniger leicht gemacht hat Straftätern zu gedeihen, sondern dass die überaus größeren Täter gerade in diesem Moment die Öffentlichkeit zum Lebewohl auffordern und dass die Regierung keinen Finger gegen sie gerührt hat.

Niemand außer einem gewöhnlichen Dieb hat jemals damit begonnen, ein Bergbauunternehmen oder ein anderes Unternehmen zu fördern, von dem er von Anfang an überzeugt war, dass es keinen Verdienst hatte; und die Arbeit gewöhnlicher Diebe wird schnell erkannt und die Täter können leicht gefasst werden.

Die gefährlicheren Übeltäter sind die Männer in hohen Positionen, die eine gute Immobilie an sich reißen, sie überkapitalisieren, ihren Wert auf ein Vielfaches dessen schätzen, was sie wert ist, und geschickte Werbe- und Marktmethoden anwenden, um die denkende Öffentlichkeit zu täuschen und zu glauben, dass die Aktie den gleichen Wert oder mehr wert sei , und drängen es den Anlegern zu einem Betrag auf, der ihnen große Geldsummen raubt. In den Vereinigten Staaten gibt es mehr als eine Million Opfer dieser Praxis.

Nach Jahren der Erfahrung hinter den Kulissen drängt sich mir die Schlussfolgerung auf, dass der Spekulationsinstinkt bei amerikanischen Männern und Frauen so stark ist, dass sie sich dafür entscheiden, „ein Risiko einzugehen", ungeachtet der Tatsache, dass sie es zu Beginn schon halb realisieren muss irgendwann verlieren.

Als ich als Kind ein Opfer des Spekulationsinstinkts war, lernte ich Jahre später, im Alter von 30 Jahren, auf das unstillbare Verlangen anderer einzugehen. Ich gab ein Vermögen für Werbung aus und schrieb meine eigenen Anzeigen. Ich baute auf großen Linien leistungsstarke Dollar-Maschinen auf, mit denen es mir gelang, das Geld für meine Unternehmen zu beschaffen, und ich war im Allgemeinen mein eigener Manager. Zehn Jahre harter Arbeit in einem Bereich, in dem ich Tag und Nacht gearbeitet habe, haben mir gezeigt, dass der Spielinstinkt sowohl bei Frauen als auch bei Männern – den Reichen und den Armen, den Jungen und den Alten, den Weisen und den Alten – alles überwältigend ist die Dummen, die Erfolgreichen und die Erfolglosen.

Schlimmer noch, wenn Sie einen Teil Ihres hart verdienten Geldes durch Spekulationen verloren haben, ist Ihr Fall zweifellos unheilbar, weil Sie einen neuen Anreiz haben, nämlich „sich auszugleichen". Erfahrung wird Ihnen daher nichts lehren. Der Aphorismus des professionellen Spielers „Man kann einen Trottel nicht töten" entstand in der Erkenntnis dieser Tatsache, und jetzt bekennen sich Börsenpromotoren und Manipulatoren der Klasse der Multimillionäre zu seiner Wahrheit und stützen ihre Geschäfte darauf.

Fast jeder spekuliert (spielt); wenige gewinnen. Wohin fließt das verlorene Geld? Wer bekommt es?

Sind Sie sich darüber im Klaren, dass Methoden, die Sie dazu bringen, sich von Ihrem Geld zu trennen, bei der Befriedigung Ihres „Instinkts" von den Höchsten so geschickt und geschickt eingesetzt werden, dass sie Sie völlig täuschen? Könnten Sie sich vorstellen, dass es eine Tatsache ist, dass in fast allen Fällen, wenn Sie feststellen, dass Sie bereit sind, sich auf eine bestimmte Spekulation einzulassen, Mittel und Wege gegen Sie angewendet werden, die in ihrer Heimtücke fast wissenschaftlich sind?

Was sind das für ungreifbare, aber raffiniert ausgedachte Tricks, die darauf ausgelegt sind, die Klügsten zu täuschen, und die DICH ins Abseits gebracht haben? Ich erzähle sie hier.

Wie hoch sind Ihre Gewinnchancen bei Spekulationen, bei denen Sie das Spiel eines anderen Spielers spielen? HABEN SIE ÜBERHAUPT EINE CHANCE?

Wenn man in den vergangenen Jahren an Pferderennen teilnahm, hatte man nur eine Chance, wenn man hartnäckig blieb: DU KÖNNTE VERLIEREN.

Beim Margin-Handel an der New York Stock Exchange, New York Curb, Boston Stock Exchange, Boston Curb, Chicago Board of Trade, Chicago Stock Exchange, New York Cotton Exchange und ähnlichen Institutionen zeigt die Erfahrung der Börsenmakler, dass man, wenn man bei dem Spiel bleibt, nur eine Chance hat – MAN KANN VERLIEREN.

Bei der Spekulation mit Eisenbahn-, Industrie- und Bergbauaktien, bei der Sie die Aktien direkt kaufen und sie für Börsengewinne behalten, haben Sie zwei Chancen. Wenn Sie zum Durchschnitt gehören und Ihre Geschäfte über einen gewissen Zeitraum ununterbrochen laufen, KÖNNEN SIE SELBST WENN SIE VIEL GLÜCK HABEN, Pleiten, ODER WENN SIE KEIN GLÜCK HABEN. Und um gerecht zu werden, muss ich erklären, dass ich vor zehn Jahren eine viel bessere Meinung von den Chancen der Öffentlichkeit hatte als heute, und dass ich dies durch meine Erfahrung im Unternehmen gelernt habe.

Die Moral an den Investor und Spekulanten lautet: „Nie wieder!" Und doch WERDEN Sie erneut spekulieren. Die Erfahrung lehrt, dass die amerikanische Öffentlichkeit ihre Bemühungen, ihren spekulativen Appetit zu stillen, solange fortsetzen wird, wie in einem Unternehmen die Möglichkeit eines spekulativen Gewinns besteht.

GGR

KAPITEL I

AUFSTIEG UND FALL VON MAXIM & GAY

Der Ort war New York. Es war März 1901. Ich war dreißig. Mein Barkapital, knapp in meiner Tasche, betrug 7,30 US-Dollar, und ich hatte keine anderen externen Ressourcen. Ich war ein Rover und arbeitslos.

Seit August des Vorjahres hatte ich gefaulenzt. Meine letzte Stelle, sieben Monate zuvor, war die eines Reporters für den New Orleans *Times-Democrat*. Mein letzter Zeitungsauftrag war der große Wirbelsturm von Galveston, bei dem 15.000 Menschen ums Leben kamen und Eigentum im Wert von 100.000.000 Dollar zerstört wurde. Ich berichtete über diese Katastrophe für den New York *Herald* und andere Zeitschriften sowie für die Zeitung von New Orleans. Es war ein „Report" und ich verdiente eine Menge Geld für ein paar Tage harter Arbeit, aber das Geld war für den Lebensunterhalt ausgegeben worden.

An der Ecke Fortieth Street und Broadway traf ich einen alten Rennbahnfreund, Dave Campbell. Sein Gesicht hatte einen kräftigen, gesunden Teint, aber er trug unverkennbare Anzeichen dafür, dass er Pech hatte.

„Gib mir einen Drink aus", sagte er.

„Ich habe dreißig Cent Wechselgeld und brauche unbedingt eine Zigarre", antwortete ich, „und du weißt, ich mag gute."

„Nun, ich nehme ein Bier", sagte er, „und du kannst dir ein Perfecto kaufen."

Gesagt, getan. Die Zigarre und das Getränk waren bereit. Wir setzten uns. Es war ein Café mit dem vorgeschriebenen Newsticker in der Nähe der Mittagstheke.

„Wetten Sie immer noch auf die Pferde?" fragte Campbell.

„Nein, ich hatte seit über einem Jahr keine Wette mehr", antwortete ich.

„Nun, hier ist ein Brief, den ich gerade von Frank Mead aus New Orleans erhalten habe, und er sollte Ihnen etwas Geld einbringen", sagte er.

„Hier unten gibt es ein ‚Schwein' namens Silver Coin", hieß es in dem Brief, „das vor Kurzem ein Rennen zur Arbeit absolviert hat. Ich denke, er ist fit und bereit und wird in den nächsten Tagen in ein Rennen geschickt, das er gewinnen kann." , und er wird die Waschbären mit einer Quote von 10 zu 1 nach Hause bringen.

Ich hatte solche Briefe schon einmal gesehen, aber mein Interesse war geweckt. Ich nahm ein Exemplar des New York *Morning Telegraph* vom Tisch. Als ich die Seiten umblätterte, fielen mir mehrere Anzeigen von Tippgebern auf, die alle behaupteten, sie würden den öffentlichen Gewinnern bei den Rennen ständig bekannt geben.

Die Geburt einer Idee, Geld zu prägen

„Verdienen diese Leute Geld?" Ich habe Campbell gefragt.

„Ja, das müssen sie", antwortete er, „weil die Anzeigen seit Monaten und Monaten jeden Tag geschaltet werden."

„Nun, wenn man mit schlecht geschriebenen Anzeigen wie diesen Geld verdienen kann, was würden dann gut geschriebene Anzeigen bewirken, insbesondere von einem Informationsbüro, das echte Informationen liefern könnte?" Ich habe nachgefragt. Einen Moment später begann der Ticker zu klicken, klick, klick.

„Hier kommen die Einträge", sagte Campbell.

Er ging zum Tonband und rief: „Bei Jiminy! Hier ist die Silbermünze für morgen eingetragen."

Der Zufall hat mich bewegt.

„Ich habe eine Idee für eine Anzeige", sagte ich. „Hol mir ein Blatt Papier."

Es wurde geliefert. Ich hab geschrieben:

Setzen Sie Ihren letzten Dollar auf
eine SILBERMÜNZEHeute in New OrleansEr wird mit 10 zu 1 gewinnen

Und dann bin ich ins Stocken geraten. „Ich muss einen Namen für die Unterschrift haben", sagte ich.

Ich nahm die Zeitung wieder zur Hand und blätterte auf der Seite mit den Einträgen für diesen Tag bei den Rennen in New Orleans. Als Vatername wurde St. Maxim angegeben.

"Maxime!" Ich sagte. „Das ist ein guter Name. Ich werde ihn verwenden. Jetzt für einen, der wohlklingen wird."

"Fröhlich!" sagte Campbell. „Wie ist das? Es ist sportlich."

Daraufhin habe ich die Marke Maxim & Gay geschaffen.

In einem Nachtrag zu dieser Anzeige erklärte ich, dass die üblichen Konditionen für diese Informationen 5 $ pro Tag und 25 $ pro Woche seien und dass Maxim & Gay am übernächsten Tag eine weitere Auswahl haben würde, die nicht kostenlos abgegeben würde.

„Maxim & Gay" waren ohne Adresse. Einen halben Block weiter am Broadway, in einem Immobilienbüro, wurden wir darüber informiert, dass es im Obergeschoss einige Zimmer zu vermieten gäbe. Ich habe einen von ihnen für 15 Dollar pro Monat engagiert – eine Woche lang kein Gehalt. Es wurden zwei Blechschilder mit der Aufschrift „Maxim & Gay" bemalt. Einer wurde am Eingang des Gebäudes und der andere an der Tür im Obergeschoss angebracht. Der Schildermaler verlängerte den Kredit.

Bevor er sich von mir verabschiedete, rief Campbell plötzlich aus:

„Bei Gott! Ich kann diesen Plan nicht verstehen. Wie kann man Geld verdienen, indem man das Silbermünzen-Trinkgeld umsonst ausgibt?"

„Beobachte und sieh!" Ich sagte.

zum Büro des *Morning Telegraph* , dann in die Forty-second Street.

„Fügen Sie diese Anzeige ein und geben Sie mir Platz im Wert von 7 $", sagte ich, als ich meinen letzten Cent bezahlte.

Als die Anzeige am nächsten Morgen erschien, war ihr Anblick enttäuschend. Der eingenommene Raum betrug nur sechsundfünfzig Achatlinien oder vier Zoll im einspaltigen Maß. Es sah mickrig aus. Würden es die Leute bemerken?

An diesem Nachmittag bezogen Campbell und ich das neue Büro von Maxim & Gay. Glücklicherweise hatte ein ehemaliger Mieter anstelle einer Mietabfindung einen Schreibtisch und einen Stuhl zurückgelassen. Ein großer Texaner kam herein.

"Hallo!" er weinte. „Hier sind 5 $. Es gehört Ihnen. Behalten Sie es. Beantworten Sie meine Frage, und egal wie Sie antworten, es macht keinen Unterschied. Die 5 $ gehören Ihnen."

Ich blickte erstaunt auf.

„Geben Sie mir die Quelle Ihrer Informationen zu Silver Coin", sagte er. „Ich wette viel Geld. Wenn Ihre Informationen seriös sind, wette ich einen Haufen Geld. Wenn nicht, ist Ihr Geständnis für 5 Dollar billig, und das ist alles, was ich verlieren werde."

Ich zeigte ihm den Brief von Frank Mead.

„Das ist gut genug für mich", sagte er und drehte sich auf dem Absatz um.

Silver Coin gewann mühelos mit 10 zu 1.

In den New Yorker Billardsalons wurde so viel gewettet, dass zur Startzeit, als auf der Rennbahn 10 zu 1 leicht zu bekommen war, 6 zu 1 der beste Preis war, den man in New York erzielen konnte. Es ist historisch belegt, dass die New Yorker Billardsalons, die damals von „Jimmy" Mahoney kontrolliert wurden, buchstäblich „verbrannt" waren vor Gewinnwetten. Billardsalon-Stammgäste argumentierten so: „Wenn der Tipp nicht ‚eine gute Sache' ist, welchen Zweck in aller Welt sollten diese Leute dann damit haben, die Anzeige zu veröffentlichen? Wenn das Pferd verliert, sind die Kosten der Anzeige sicherlich verloren. Sie können nur gewinnen, wenn das Pferd gewinnt." Das war eine gute Logik – soweit sie ging.

DIE HÖHERE MATHEMATIK DER OPERATION

Aber das war eigentlich nur Sophisterei. Wenn das Pferd verlor, verlor der Inserent der Maxim & Gay-Werbung genau 7 Dollar. Wenn die 7 Dollar für eine Wette auf das Pferd verwendet wurden, konnten Maxim & Gay höchstens 70 Dollar gewinnen. Ich ging das gleiche Verlustrisiko ein wie der Wettende, mit einer größeren Gewinnchance. Indem ich 7 Dollar in die Werbung investierte, konnte ich viel mehr Geld vom Publikum gewinnen, indem ich seine Schirmherrschaft für das geplante Tippbüro übernahm.

Ich erinnere mich, dass mich der experimentelle Charakter der Anzeige sehr ansprach und mir als ein hervorragender Test der Möglichkeiten des Geschäfts erschien. Wenn das Pferd gewann und es nur wenige Reaktionen auf die Anzeige gab, war das überzeugend genug, um zu beweisen, dass im Tipper-Geschäft des Pferderennsports kein Geld zu verdienen war. Ich argumentierte, wenn die Rennsport-Öffentlichkeit angesichts einer positiven Demonstration nicht glauben würde, dass ein Informationsbüro das ist, was es vorgibt zu sein, wie könnte man dann erwarten, den reißerischen Behauptungen der Fälscher Glauben zu schenken, deren Anzeigen täglich die Sportzeitungen überschwemmten und in denen sie *nach* den Rennen behaupteten, sie hätten die Gewinner im Voraus mit allen möglichen hohen Quoten bekannt gegeben?

Am nächsten Morgen gegen zehn Uhr rief Campbell bei mir zu Hause an und sagte, er habe per Telegramm eine weitere „gute Nachricht" von Mead erhalten und dass das Pferd Annie Lauretta hieße und die Gewinnchancen wahrscheinlich 40 zu 1 stünden.

„Jiminy!", rief er aus. „Wenn wir heute nur wenige Kunden haben und dieser gewinnt, was wird dann passieren?"

Gemächlich gingen wir zum Büro. „Wenn wir heute zum Start zehn Abonnenten bekommen, haben wir einen guten Anfang gemacht", sagte ich.

Als wir uns dem Hotel Marlborough näherten, das gegenüber dem Gebäude am Broadway liegt, in dem die Maxim & Gay Company ihr bescheidenes kleines Büro hatte, richtete sich unsere Aufmerksamkeit plötzlich auf eine Menschenmenge, die von einem halben Dutzend Polizisten in eine Reihe gestellt wurde.

„In welchem Theater sind heute die Sitzplätze ausverkauft?", fragte Campbell.

„Weiß nicht", antwortete ich.

Als wir uns dem Büro näherten, stellten wir fest, dass die Schlange bis zu unserem eigenen Bürogebäude reichte. Als wir die wackelige Treppe hinaufschlenderten, gingen wir einer nach dem anderen an der Menschenmenge vorbei, bis wir zu unserem großen Erstaunen feststellten, dass die Schlange vor unserer Tür endete.

Wir drehten den Schlüssel um, gingen hinein, schlossen die Tür ab und standen entsetzt da.

Ich hielt beide Hände hoch und keuchte: „Um Himmels Willen, was haben wir getan?" Ich war entsetzt.

„Gib ihnen Annie Lauretta", rief Campbell.

„Aber angenommen, Annie gewinnt nicht", entgegnete ich.

„Raucht!" rief Campbell aus. „Wirst du all diese 5-Dollar-Scheine ablehnen?"

„Sehen wir uns das Telegramm an", stockte ich.

Ich habe es immer wieder durchgelesen.

„Meads Urteil über Silver Coin ist Grund genug, den Leuten zu raten, auf eine andere seiner Entscheidungen zu wetten", argumentierte Campbell. Ich stimmte zu.

Die nächste Frage war, wie die Informationen in handelsüblicher Form übermittelt werden könnten. Eine Stenotypistin im gegenüberliegenden Hotel Marlborough wurde gerufen und gebeten, den Namen „Annie Lauretta" 500 oder 1.000 Mal auf Zetteln zu streichen. Es wurden Umschläge gekauft und jeweils ein getippter Zettel hineingelegt. Die Schlange wurde immer länger, bis sie anderthalb Blocks lang war.

Als alles bereit war, wurde die Tür geöffnet. Campbell verteilte die Umschläge, während mir jeder Mann 5 Dollar gab. Ich stopfte das Geld in die rechte Schreibtischschublade, und als diese voll war, stopfte ich es in die linke. Schließlich kam das Geld so schnell und in großer Menge, dass ich den Papierkorb vom Boden aufhob, ihn auf den Schreibtisch hob und die Käufer bat, ihr Geld in den Behälter zu werfen. Wenn ein Mann Wechselgeld wollte, ließ ich ihn sich selbst bedienen.

Zweieinhalb Stunden lang, oder bis fünfzehn Minuten vor dem Ausruf des ersten Rennens in New Orleans, drängte sich die Menge in unser Büro und wieder hinaus. Als der letzte Mann ohnmächtig wurde, zählten wir das Geld und stellten fest, dass der Tageserlös 2.755 Dollar betrug.

„Was machen wir als nächstes?", fragte Campbell. „Was ist meine Aufgabe und was bekomme ich?"

„Wie viel willst du?", fragte ich.

„Zehn Dollar pro Tag", sagte er.

Daraufhin gelangte er in den Besitz der 10 Dollar und gab zu, dass es sich um mehr Geld handelte, als er in einem Monat gesehen hatte.

„Was machen wir als nächstes?" er wiederholte.

„Lass uns einen Spaziergang machen", sagte ich. „Sperren Sie das Büro bis nach dem vierten Rennen, wenn wir sehen, was Annie Lauretta macht."

Wir versteckten uns in einem nahegelegenen Resort und blieben am Newsticker stehen, um zu sehen, was mit Annie passieren würde. Seit der Meldung des dritten Rennens war eine halbe Stunde vergangen.

„Viertes Rennen – tick – tick – tick", kam es. „A—Al——",

„Wir haben verloren!" Ich weinte.

„A-AL-ALPENA zuerst."

Es herrschte grimmiges Schweigen.

„Tick-tick-——"

„Hier ist sie!", schrie Campbell.

„ANNIE LAURETTA Zweite – 40–20–10" (was bedeutet, dass die Quoten 40 zu 1 für den ersten Platz, 20 zu 1 für den zweiten Platz und 10 zu 1 für den dritten Platz waren und dass diejenigen, die „auf der ganzen Linie" gespielt hatten, mit großartigen Quoten den zweiten und dritten Platz gewonnen hatten).

Ich stieg in einen Broadway-Wagen, fuhr zum Stewart-Gebäude und mietete eine der schönsten Bürosuiten in dessen heiliger Umgebung. Ich beauftragte einen führenden Möbelhändler, sie luxuriös auszustatten. Abends ging ich zum Büro des *Morning Telegraph* , legte 250 Dollar auf den Tresen, ließ eine auffällige ganzseitige Anzeige einlegen und verkündete, dass Maxim & Gay

Annie Lauretta mit 40, 20 und 10, Zweite und zuvor Silver Coin mit 10 zu 1, den Sieg gegeben hatten und bereit für weitere Geschäfte waren.

Ein Telegramm wurde an Frank Mead geschickt, in dem er angewiesen wurde, Geld in alle Richtungen auszugeben, um die bestmöglichen Informationen von Handicappern, Clockern, Trainern und jeder anderen Quelle zu erhalten, die er erreichen konnte. Mead telegrafierte weiterhin täglich den Namen eines Pferdes, das wir umgehend beschrifteten und danach täglich als „The One Best Bet" bewarben. Bald wurde „One Best Bet" zu einem Zauberwort.

Der Erfolg dieses Unternehmens war phänomenal. Im Laufe von zwei Jahren verdiente das Unternehmen über 1.500.000 US-Dollar. Es gab einige Wochen, in denen das Unternehmen einen Gewinn von über 20.000 US-Dollar erzielte. Auf dem Höhepunkt seiner Karriere, im Sommer 1902, beim Renntreffen in Saratoga, als die Billardräume in New York geöffnet waren, beliefen sich unsere Nettogewinne für das knapp dreiwöchige Treffen auf über 50.000 US-Dollar.

Wir eröffneten ein Büro in Saratoga und verkauften an Renntagen durchschnittlich 300 Umschläge zu je 5 Dollar. In New York war der Durchschnitt genauso hoch, und außerdem hatten wir eine große Kundschaft in weit entfernten Städten, an die wir die Informationen per Telegraf schickten. Das Telegrafengeschäft wuchs tatsächlich so stark, dass wir uns an Western Union und die Posttelegrafenfirmen wenden mussten, um unser Büro im Stewart-Gebäude mit Direktleitungen auszustatten.

Ich habe das Geld so schnell ausgegeben, wie ich es verdient hatte. Ich habe unseren eigenen Informationen vertraut und den fatalen Fehler begangen, mich darauf zu verlassen. Mein Fehler, wie ich später feststellte, bestand darin, nicht bei jeder Auswahl den gleichen Betrag zu riskieren. Hätte ich das getan, hätte ich keine ernsthaften Verluste erlitten. Das Problem war, dass ich jedes Mal, wenn ein Pferd, auf das ich gewettet hatte, gewann, dazu ermutigt wurde, beim nächsten Pferd ein Vielfaches zu setzen, und indem ich meine Einsätze verdoppelte und verdreifachte, spielte ich ein ungleiches Spiel.

Die Kosten für das Sammeln dieser Informationen stiegen innerhalb weniger Wochen auf über 1.000 US-Dollar pro Woche, und es war nicht nur unsere Prahlerei, sondern eine Tatsache, dass das FBI tatsächlich mehr gegeben hat, als es wert war.

Zweifellos war das Übel des Unternehmens das damit verbundene Glücksspiel; Aber die Bemühungen, zuverlässige Informationen zu erhalten, waren ehrlich, und welcher junge Mann in meinem Alter und mit meinen

Erfahrungen, der sich einem Spaß wie einer Silbermünze hingegeben hatte, könnte der Versuchung widerstehen, die Sache zu Ende zu bringen?

Zu den Hauptmäzenen der Maxim & Gay Company gehörten bald wichtige Pferdebesitzer auf dem Rasen, führende Buchmacher und viele Führungskräfte beiderlei Geschlechts in der eleganten Welt. Maxim & Gay machte es sich zur Regel, keinerlei Informationen an Minderjährige zu verkaufen und schloss aus diesem Grund häufig junge Männer aus den Büros aus.

Wie „die beste Wette" geprägt wurde

Unsere Werbemethoden waren einzigartig. Wir verwendeten, wann immer möglich, ganze Seiten, und es war eine Maxime in der Einrichtung, dass kleine Schriften nie für kommerzielle Zwecke gedacht waren. Wir verwendeten in unseren großen Anzeigen eine Nomenklatur des Rasens, die man zuvor nur in der Nähe der Ställe gehört hatte, und wir erfanden Wörter und Ausdrücke für fast jede Gelegenheit. Das Wort „Clocker", das einen Mann bezeichnet, der Pferde bei ihren Übungsgalopps im Auge behält, stammt ursprünglich von uns und ist seitdem allgemein gebräuchlich geworden, ebenso wie der Ausdruck „The One Best Bet", den wir ebenfalls geprägt haben.

Unser Ziel war es, bei der Verwendung der Sprache der Reiter eher technisch als vulgär zu sein. Denn wir gingen davon aus, dass die breite Öffentlichkeit schnell auf unsere Seite kommen würde, wenn wir professionelle Reiter davon überzeugen könnten, dass wir wüssten, wovon wir sprachen.

Eines Morgens waren wir beunruhigt, als wir im *Morning Telegraph* auf der Seite gegenüber unserer eigenen täglichen Ausgabe die Anzeige eines neuen Tippgebers sahen, der sich „Dan Smith" nannte. Dan übertraf Maxim & Gay in der Verwendung der Rennstrecken-Terminologie um ein Vielfaches. Offensichtlich beschäftigte er eine Reihe von Negern, denn der Pferdejargon, den er in seinen Anzeigen verwendete, roch nach schmutzigem Heu und Misthaufen. Es war furchtbar! Aber es kam bei den Rennbesuchern gut an, und noch bevor eine Woche vergangen war, erkannten wir, dass „Smith" ein gefährlicher Konkurrent war.

Wir wollten nicht glauben, dass Smiths Erfolg allein auf die Verwendung dieser Pferdesprache zurückzuführen war, denn wir wussten, dass seine Tipps nicht so gut waren wie unsere. Wir gingen der Sache nach. Sein Trick war folgender: Auf dem Blatt, das er an seine Kunden verschickte, nannte er für jedes Rennen mindestens fünf Pferde, die eine Gewinnchance hatten. Er riet seinen Kunden in unterschiedlichen Worten, auf jedes einzelne davon zu wetten, und wenn eines davon gewann, druckte er am nächsten Morgen nur das ab, was er am Vortag über den Gewinner gesagt hatte, und ließ die

Öffentlichkeit glauben, dass das einzige Pferd, auf das er getippt hatte, der tatsächliche Gewinner war.

Ich beschloss, ein weiteres Büro zu gründen, um Dan Smith auszuschalten. Die Absicht war, unseren Konkurrenten in der Verwendung vulgärer Pferderenn-Umgangssprache und übertriebener Behauptungen „ein bisschen zu übertrumpfen", um so die Wettenden anzuekeln und Dan „einen Korb zu geben". Wir schufen einen fiktiven Anzeigenkunden, den wir „Two Spot" nannten, und am nächsten Morgen erschien auf unsere Veranlassung hin im *Morning Telegraph* eine große Anzeige mit der Überschrift:

TWO SPOT
Turf Info. Händlerbedingungen, 2 $ täglich; 10 $ wöchentlich

In Anlehnung an den Stil, den Dan Smith in seinen Rennunterlagen übernommen hatte, erwähnte „Two Spot" in seiner ersten Anzeige als Beispiel für seine „Dope"-Linie, dass vier oder fünf Pferde jedes Rennen gewinnen sollten, jedes einzelne in hochtrabenderen Worten als die anderen, aber diese wurden ausgewählt, weil sie in Wirklichkeit die wahrscheinlichsten Verlierer aller Einsendungen zu sein schienen.

Eine Frau wurde in das neu organisierte Büro von „Two Spot" geschickt, um die Leitung des Verkaufsraums zu übernehmen. Am nächsten Tag war ich völlig aus dem Häuschen, als sie mir mitteilte, dass die Quittungen aufgrund der ersten Anzeige über 300 US-Dollar lagen und dass die Öffentlichkeit nicht nur nicht zwischen den Zeilen gelesen hatte, sondern sogar darauf reingefallen war der Schwindel.

Um den Höhepunkt zu krönen, kam am zweiten Tag einer der „Außenseiter", den „Two Spot" spöttisch als „die beste Wette" bezeichnete, mit 40 zu 1 ins Spiel!

Am nächsten Tag machte „Two Spot" ein Grundstücksgeschäft und innerhalb weniger Tage rechneten wir damit, dass das „Two Spot"-Unternehmen, wenn es weitergeführt würde, 1.000 Dollar pro Woche einbringen würde. „Two Spot" machte sich dann an die Jagd und versuchte, die volle Leichtgläubigkeit der Öffentlichkeit zu ergründen.

Der entscheidende Unterschied zwischen „Two Spot" und Maxim & Gay war folgender: Maxim & Gay gab – mit Ausnahme eines hier beschriebenen Falles – nie vor, einen Gewinner ausgewählt zu haben, wenn dies nicht der Fall war, während „Two Spot", das über dieselbe Informationsquelle wie Maxim & Gay verfügte, seine täglichen Ratschläge an die Kunden so kunstvoll formulierte, dass es am nächsten Morgen in seinen Anzeigen à la Dan Smith für sich in Anspruch nehmen konnte, über jeden Gewinner etwas Gutes gesagt zu haben.

Die Gewinne von Dan Smiths Unternehmen, so erfuhr ich, überstiegen im ersten Jahr eine Viertelmillion Dollar, und die Gewinne von „Two Spot", dessen Karriere innerhalb eines Monats ein jähes Ende fand, als wir erkannten, dass wir es uns nicht leisten konnten, mit einem solchen Unternehmen in Verbindung gebracht zu werden, wurden unter den Mitarbeitern des „Two Spot"-Büros aufgeteilt. „Two Spot" war gegründet worden, um die Opposition auszuschalten, und nicht, um Profit zu machen. Das Vorhaben verfehlte seinen Zweck.

Um eine Vorstellung von der Art der derben Werbung zu geben, die von „Two Spot" geschaltet wurde und auf die das Publikum hereinfiel, erinnere ich mich an diesen Auszug aus einem seiner Informationsblätter:

Ich bin mein eigener Clocker. Ich habe dreißig Jahre lang unter Pferdedecken geschlafen. Ich verstehe den Jargon der Pferde. Gestern Abend, als ich in der Scheune von Commando meine vierzig Augen zwinkerte, hörte ich, wie er Butterfly wieherte und ihr sagte, sie solle ihm heute aus dem Weg gehen, weil er es von Anfang bis Ende „in die Dose stecken" würde. und wenn Butterfly versuchen würde, ihn zu schlagen, würde er sie „vernichten". Das macht es für Commando zum Kinderspiel. Wetten Sie, dass er gewinnt.

ECHTE INNERE RASEN-INFORMATIONEN

Maxim & Gay wiederholte die Werbemethode „Silver Coin" während der gesamten Karriere des Unternehmens nur einmal. Dies geschah im Frühjahr 1902, als John Rogers, Trainer von William C. Whitney, eine Stute namens Smoke auf den Posten schickte. Unsere Information war, dass die Stute gewinnen würde, und unsere Auswahl für diesen Tag nannte sie als Siegerin – und das tat sie auch. Zwei Tage später trat sie erneut gegen eine unterlegene Pferdeklasse an, und das Handicap fiel völlig zu ihren Gunsten aus. Ungeachtet dessen haben wir eine Anzeige eingefügt, die am Morgen des Rennens in den Zeitungen erschien und im Wesentlichen wie folgt lautete:

„ Wetten Sie heute nicht auf Smoke. Sie wird die Favoritin sein, aber sie wird nicht gewinnen. Rockstorm wird sie schlagen. "

Tatsächlich war Smoke der Favorit bei den Wetten. Die Wettkommissare von Mr. Whitney setzten bei den Buchmachern hohe Einsätze. Der Großteil des öffentlichen Geldes floss jedoch an Rockstorm, und noch vor der Veröffentlichung folgten Tausende von Dollar des „weisen" Geldes.

Rockstorm hat das Rennen gewonnen. Rauch führte in die Strecke, als ihr Schwanz hochging und sie „explodierte".

Sofort wurde ich von Boten vom Richterstand ins Kreuzverhör genommen. Sie fragten uns, warum wir so sicher waren, dass Smoke verlieren würde. Mir wurde mitgeteilt, dass Mr. Whitney tatsächlich den Verdacht hegte, dass seine Stute „gezogen" worden sei. Der Grund für die Formumkehr war, wie ich damals erklärte, folgender:

William Dozier, unser Chefuhrmacher auf der Rennstrecke, der die Vorbereitung von Smoke auf die Rennen miterlebt hatte, war der Meinung, dass ihr Training zu schnell vorangetrieben worden sei und dass ihr erstes Rennen sie nicht nervös gemacht habe, sondern hatte für einen Rückschlag gesorgt. Ihr erstes Rennen hatte sie tatsächlich „sauer" gemacht. Als erfahrener Reiter war er davon überzeugt, dass Smoke verlieren würde. Später erfuhr ich, dass die Ausbildung von Smoke einem Unterstützer überlassen worden war und dass Mr. Rogers selbst nicht für ihren Zustand verantwortlich war.

DIE ÖFFENTLICHKEIT BIETET MYSTIFIZIERUNG

Die Richter waren offenbar zufrieden, aber die Öffentlichkeit konnte die Wahrheit nicht ohne weiteres verstehen, und wir haben in unseren Anzeigen nicht darauf hingewiesen, weil es unsere Politik war, die Quelle unserer Informationen immer so geheimnisvoll wie möglich zu machen.

Mysterien spielten in unserer Organisation eine wichtige Rolle, und es wäre besser gewesen, wenn uns der Smoke-Coup nie gelungen wäre. Bis zu diesem Zeitpunkt war meine persönliche Identität auf der Rennstrecke nicht preisgegeben worden, und selbst die Buchmacher wussten nicht, wer der treibende Geist von Maxim & Gay war. „Jimmy" Rowe, Trainer von James R. Keene; Peter Wimmer, Trainer von Kapitän SS Brown aus Pittsburg, und John Rogers, Trainer von William C. Whitney, waren zu dieser frühen Zeit zu verschiedenen Zeiten angebliche Sponsoren von Maxim & Gay. Die Buchmacher und „Talente" waren im Allgemeinen der Meinung, dass niemand außer einem sehr kompetenten Trainer im Vertrauen der Pferdebesitzer für so viele genaue Informationen über die Pferde verantwortlich sein könnte. Natürlich wussten die Streckenverantwortlichen, die es sich zur Aufgabe gemacht hatten, alles zu wissen, von meiner Verbindung zur Organisation. Doch kaum hatten ihre Boten mich um ein Interview gebeten, als die Tatsache rund um die Rennstrecke öffentliches Eigentum wurde und die Maske abgenommen wurde.

Die Auswirkungen waren für eine Zeit lang sehr schlimm, denn unser Geschäft ging erheblich zurück. „Bismarck" Korn, der bekannte deutsche Buchmacher, hat es mir am Tag des Smoke-Vorfalls so ausgedrückt:

„Du bist der erste Pferdetipper, den ich je gesehen habe, als du vor Augen hattest, einen Stock trugst und vor einer maßgeschneiderten Kleidung warst. Du siehst aus wie ein Musiker – nicht wie ein Reiter. Du bist ein Kerl!"

Gottfried Walbaum, ein anderer alter Buchmacher, mischte sich ein: „Das war, als hätten wir unter falschen Bedingungen Geld erbeutet. Ich habe deiner Freundin schon zwei Monate lang jede Woche fünf Dollar geschenkt. Du gibst mir mein Geldpaket! Du bist ein Betrüger!"

Riley Grannan, der Plunger, sagte: „Das muss man dir lassen, Junge! Jedes Mal, wenn du den Weisenheimers, die seit zwanzig Jahren auf Rennstrecken ihren Lebensunterhalt verdienen, einen Vorsprung verschaffen kannst, hast du Anspruch auf Medaillen!"

Die Haltung von „Bismarck" und Walbaum war amüsant, die von Grannan schmeichelhaft. Aber es war ein schlechtes Geschäft, denn die meisten dieser professionellen Rennbahnleute kündigten vorübergehend ihre Abonnements für den Maxim & Gay-Dienst.

Monatelang hatte ich mich absichtlich im Hintergrund gehalten, aus Angst vor einem solchen Ausgang. Ich erinnerte mich daran, dass John L. Sullivan Ende der 80er Jahre in einer Stadt im Norden von Vermont für einen Sparringswettbewerb ausgeschrieben wurde. Sein Manager traf ihn am Zug, und obwohl es weder regnete noch die Sonne schien, traf er ihn am Zug. Als es schien, wurde ein Regenschirm hochgezogen, um John L. zu bedecken, während er vom Zug zu einem wartenden Landau ging. Kaum hatte Sullivan das Fahrzeug betreten, wurden die Jalousien geschlossen. Als die Kutsche das Hotel erreichte, hielt sie vor einer Seitentür. Der Manager stieg vor Sullivan aus, hob erneut schnell den Regenschirm und führte den Schwergewichts-Champion an der Menge vorbei in sein Zimmer, ohne ihn den Blicken von irgendjemandem auszusetzen.

Den ganzen Tag über wurde Sullivan vor den Blicken der Öffentlichkeit geschützt. Sein Gesicht wurde von keinem Bürger der Stadt gesehen, bis er an diesem Abend auf der Bühne erschien.

Ich fragte den Manager, warum er Sullivan vor seinem Auftritt im Rampenlicht so sorgfältig vor der öffentlichen Meinung abgeschirmt habe. Ich erinnere mich, dass er sagte:

"Wenn die Öffentlichkeit John L. für einen ganz gewöhnlichen Menschen mit schwarzem Schnurrbart und einem keltischen Blumengesicht hielte, würde sie nicht zu seiner Aufführung gehen. Die Öffentlichkeit verlangt, dass man sie täuscht, und den Leuten abseits der Bühne zu zeigen, dass Mr. Sullivan nur ein ganz gewöhnlicher Sterblicher ist, würde sie desillusionieren und dafür sorgen, dass kein Geld ins Haus fließt."

Diese Showmannweisheit war Maxim & Gay in seiner Anfangskarriere noch frisch im Gedächtnis; und solange Maxim & Gay die Rennbahnleute im Unklaren darüber ließ, wer ihre Geschicke lenkte, war die Organisation ein durchschlagender Erfolg. Die guten Zeiten wechselten mit schlechten Zeiten, nachdem das Geheimnis des Sponsorings durch die Untersuchung der Rennbahnrichter zur Smoke-Affäre zur Zufriedenheit der Fachleute aufgeklärt worden war.

Einige Wochen nach dem Smoke-Coup informierte uns unser Chef-Zeitnehmer, dass die Anmeldungen für ein Rennen mit hohem Einsatz, das am folgenden Samstag stattfinden sollte, ihm offenbart hätten, dass er „ein Faible für einen sicheren Sieger" habe, wie er sich selbst ausdrückte, und er meinte, wir könnten das Ereignis im Voraus ankündigen, ohne dass die Wahrscheinlichkeit, dass etwas schiefgeht, gering wäre. Und das taten wir dann auch.

Für die „gute Sache" am Samstag strömte per Telegraf Geld aus weit entfernten Städten ein. Unsere Anzeige am Donnerstag vor dem Rennen lautete wie folgt:

Das Schweinestallen des Jahres
findet am Samstag um 16 Uhr in Sheepshead Bay statt. Vergewissern Sie sich, dass Sie eine Wette abgeschlossen haben. Senden Sie uns 5 $ für die Informationen.

Einer unserer Stammkunden wohnte in Louisville. Er war einer der Ersten, denen wir die Information am Samstagmorgen telegrafierten. Das Rennen war gelaufen und das Pferd *hatte verloren* .

Gegen 16:30 Uhr erhielten wir eine Nachricht von unserem Kunden aus Louisville mit folgendem Inhalt: „Die Schweineschlachtung fand pünktlich statt – hier in Louisville. Ich war das Schwein."

Eine weitere Nachricht von einem Stammgast des Billardzimmers erreichte uns: „Gutes Spiel. Habe mehr Geld angefordert."

Wenn unsere Tipps nicht den gewünschten Erfolg hatten und unsere Kunden ihr Geld verloren, erhielten wir häufig Nachrichten ähnlicher Art. Im Allgemeinen waren diese Mitteilungen jedoch in gutem Geiste verfasst.

Einmal hatten wir Informationen aus erster Hand über ein Pferd, das Dave Gideon, einer der cleversten Pferdekenner des Landes, für einen großen Wettcoup vorbereitete. Wir folgten unserer üblichen Methode, leuchtende Anzeigen mit den schwärzesten und schwersten gotischen Lettern der Druckerei zu verwenden, und verkündeten:

Eine gigantische Schweineschlacht.
Wir haben Insiderinformationen über einen LongShot, der morgen mit 10 zu 1 gewinnen und die Hälfte der Buchmacher aus dem Geschäft drängen sollte. Stellen Sie sicher, dass Sie auf diesen einen Wetteinsatz machen. Konditionen 5 $.

Das *Argument* der Werbung, das unter diesen Anzeigezeilen erschien, war in den glühendsten Worten formuliert und machte deutlich, dass unsere Informationen aus einer geheimen Quelle stammten und dass wir darüber hinaus rechtmäßig eine beträchtliche Summe Geld dafür ausgegeben hatten die Informationen sichern. Wir wiesen auch darauf hin, dass der Besitzer einer der klügsten Wettmänner auf dem Rasen war und selten in die Irre ging, wenn er eine „Sprung"-Wette auf einen seiner eigenen Einträge abgab.

Am nächsten Tag fand das Rennen statt. Das Pferd landete nicht im Geld.

Am nächsten Tag erhielten wir viele Briefe, wie immer, wenn eines unserer viel beworbenen „guten Dinge" verloren ging. Einer der einzigartigsten dieser Briefe enthielt eine Einwendung eines Abonnenten aus Philadelphia. Er schrieb in diesem Sinne:

Sehr geehrter Herr, Sie machen seit einigen Tagen Werbung dafür, dass Sie heute eine gigantische Schweineschlachtung veranstalten würden. Ich wurde von Ihrem Werbeköder in Versuchung geführt und fiel – und zwar schwer mit meinem gesamten Bankkonto. Meine idyllische Ausbildung hätte mich warnen sollen, dass „Schweinetötungen" im zeitigen Frühjahr nicht üblich sind, aber ich bin trotzdem gestürzt.

Gestatten Sie mir, nachdem ich meine Fassung wiedererlangt habe, zu sagen, dass Armor oder Swift keine Angst vor Ihnen als Konkurrenten im Schweinestechen haben müssen, denn weit davon entfernt, eine „Schweinetötung" zu begehen, haben Sie nicht einmal ein Ei aufgeschlagen. Entschuldigung. Danke. Auf Wiedersehen.

Mit freundlichen Grüßen,

——— ———

   Das Ansehen wurde durch die List eines Angestellten wiederhergestellt

Im Sommer des zweiten Jahres der großen Geldmacherkarriere von Maxim & Gay hatte das Informationsbüro „Pech" und die Kundenbasis des Büros sank fast vollständig. Zu dieser Zeit war ich schwer krank und ans Haus gefesselt. Ein Mann in meinem Büro beschloss, meine Abwesenheit auszunutzen, um auf eigene Faust das Geschäft ein wenig anzukurbeln.

Unsere Rennbahnverkäufer hatten die Angewohnheit, jeden Tag mittags in Khaki gekleidet im Büro zu erscheinen, ein Bündel Umschläge mit Tipps zu den Rennen entgegenzunehmen und sich dann sofort zur Rennbahn zu begeben, vor den Toren zu stehen und die Tipps für 5 Dollar pro Umschlag zu verkaufen.

Eines Tages erhielten diese Männer ohne ihr Wissen Umschläge mit leeren Blättern anstelle der vervielfältigten Liste mit Trinkgeldern. Als eine Handvoll Kunden aus der Stadt das Büro erreichten, wurde ihnen mitgeteilt, dass die Auswahl an diesem Tag verspätet sein würde und nur an der Rennstrecke zum Verkauf angeboten würde.

Ungefähr um halb eins klingelte das Telefon, und von den Bahnboten kam die Nachricht, dass offenbar ein Fehler gemacht worden sei, da ihre Umschläge leer seien. Sie wurden gezwungen, Geld zurückzuerstatten. Sie fragten, was zu tun sei.

„Warte", wurde ihnen gesagt. „Wir schicken umgehend einen Messenger mit den Tipps."

Der Bote erreichte das Gleis nie.

Es wurden keine Trinkgelder ausgegeben.

An diesem Tag gewann May J. mit einer Quote von 200 zu 1.

Am nächsten Morgen erschienen in den Zeitungen ganzseitige Anzeigen mit der Ankündigung, dass Maxim & Gay May J. mit 200 zu 1 als „One Best Bet" des Tages getippt hatten. Ohne ein „Comeback", wenn Trinkgeld gegeben worden wäre, wäre es nicht möglich gewesen.

<h3 style="text-align:center">Ein prahlerischer Rennspieler leistet Hilfe</h3>

Ich war nicht anwesend, aber sobald ich mich erholte, erfuhr ich, dass am Nachmittag des Tages, an dem die Anzeige erschien, in der die Gutschrift für May J. mit 200 zu 1 beansprucht wurde, das Büro voller neuer Kunden war, die sich für wöchentliche Abonnements zu einem bestimmten Tarif anmeldeten die dem Geschäft neues Leben einhauchen. Einige Kunden äußerten Zweifel daran, ob Maxim & Gay den 200-zu-1-Schuss abgegeben hat oder nicht.

An diesem Nachmittag erschien ein Rennspieler auf der Bühne, der 5 Dollar auf den Tisch legte und sagte: „Geben Sie mir Ihre guten Sachen. Ich habe gestern mit 200 zu 1 gegen May J. gespielt und ich spiele Geld."

„Wo haben Sie Ihre Informationen gekauft?"

„Von Ihrem Mann am Eingang zur Strecke", antwortete er.

"Zu welcher Zeit?" Er wurde gefragt.

„Viertel vor zwei", antwortete er.

„Sagen Sie, junger Mann, heute Morgen kamen viele Leute hierher und sagten, sie seien sich nicht sicher, ob wir diese Auswahl überhaupt herausgegeben hätten. Würden Sie eine eidesstattliche Erklärung abgeben, dass Sie die Informationen von uns gekauft haben?"

"Darauf kannst du wetten!" er sagte; Daraufhin wurde ein Notar hinzugezogen, und der Anrufer schwor, dass er die Maxim & Gay-Trinkgelder am Eingang der Rennstrecke gekauft hatte und dass sie May J. im Verhältnis 200 zu 1 enthielten.

Diese eidesstattliche Erklärung wurde im Laufe des Tages im Büro ausgehängt. Als der Sachbearbeiter, der diesen Stunt durchführte, um weitere Informationen darüber gebeten wurde, wie er zu einer solchen eidesstattlichen Erklärung gekommen sei, versicherte er absolut, dass er dem Kunden nicht die geringste Art von Bestechung angeboten habe, um diese eidesstattliche Erklärung abzugeben, und dass dies nichts als ein angeborener Wunsch gewesen sei sich selbst „oben" zu nennen, hatte den Mann dazu gebracht, einen Meineid zu leisten.

Aber ich konnte die irreführende Werbung, die aus fehlgeleiteter Energie entstanden war, nicht tolerieren, und der dafür verantwortliche Mann blieb nicht im Unternehmen.

FORTUNE ÄNDERT IHRE STIMMUNG UND LÄCHELT WIEDER

Merkwürdigerweise folgte auf die Anzeige von May J. eine Reihe brillanter Erfolge für Maxim & Gay bei der Auswahl von Gewinnern mit hohen Quoten, und innerhalb eines Monats erreichten unsere Nettoeinnahmen wieder 20.000 Dollar pro Woche. Pferdebesitzer, Pferdetrainer und Leute der Gesellschaft, die das Clubhaus an der Rennbahn besuchten, waren unsere treuesten Stammkunden.

Besonders die Frauen waren unserem Büro gegenüber äußerst loyal. Die Frau eines jungen Multimillionärs von internationalem Ansehen war eine unserer glühendsten Anhängerinnen. Sie würde nie daran denken, eine Wette abzuschließen, ohne vorher die Auswahl von Maxim & Gay zu konsultieren. Bei einer bemerkenswerten Gelegenheit kam diese Dame mit ihrem Mann im Auto am Tor der Morris Park-Rennbahn an und machte den langen Spaziergang zum Clubhaus. Sie waren ein wenig zu spät für das erste Rennen; die Pferde waren bereits auf dem Weg zum Startplatz auf der Eclipse-Rinne.

Plötzlich stellte die Dame fest, dass sie vergessen hatte, die Auswahl von Maxim & Gay zu kaufen. Sie rief hastig ihren Mann an und beschimpfte ihn scharf, weil er sie nicht daran erinnert hatte, die Auswahl zu kaufen. Sie hatten ein kurzes, aber ernstes Gespräch, das plötzlich dadurch beendet wurde, dass der junge Mann eine Viertelmeile den Asphaltweg vom Clubhaus zum Haupteingang hinuntersprintete, wo die Trinkgelder von den uniformierten Mitarbeitern von Maxim & verkauft wurden. Fröhlich.

Diejenigen, die den Sprint des jungen Finanziers miterlebten, bestätigten die Tatsache, dass er in seinen frühen College-Tagen nie so viel Schnelligkeit an den Tag gelegt hatte; Aber selbst seine ungewöhnliche Geschwindigkeit brachte ihn nicht rechtzeitig zurück, um seiner Frau den Namen des Pferdes mitzuteilen, das Maxim & Gay für das erste Rennen ausgewählt hatte, nachdem das Rennen bereits gelaufen war und die Auswahl von Maxim & Gay gewonnen hatte. Daraufhin erhielt der Herr von seiner besseren Hälfte eine Vorhangrede, die die Gesellschaftsgäste auf dem Balkon des Clubhauses in Erstaunen versetzte und amüsierte. Danach vergaß er nie, sich die Maxim & Gay-Auswahl zu holen. Tatsächlich sorgte er für noch mehr Sicherheit, indem er den farbigen Betreuer, der für die Feldstecher verantwortlich war, damit beauftragte, ihm täglich unmittelbar nach seiner Ankunft am Golfplatz die Auswahl zu liefern.

Unsere Beliebtheit bei Rennpferdebesitzern war gemischt. Zu den Pferdebesitzern, mit denen wir Geschäfte machten, gehörte Colonel James E. Pepper, der verstorbene bekannte Destillateur und Besitzer einer großen Zuchtfarm und eines Pferdestalls. Er war ein leidenschaftlicher Pferdeliebhaber und behauptete, dass seine Kenntnisse über Vollblüter aus Kentucky ihm die Möglichkeit gaben, wahrscheinliche Sieger von Pferderennen besser vorherzusagen als jeder dieser „falschen Tippgeber". Eine Zeit lang hatte er großes Vertrauen in sein Urteilsvermögen.

Der Oberst aus Kentucky fügt sich ein

Nachdem er sich von viel Bargeld getrennt hatte, während einer seiner engsten Freunde eine Menge Geld mit unseren Auswahlen „abräumte", schlenderte er eines Morgens schließlich in unser Büro und erklärte verlegen, einer seiner „dummen Freunde" habe ihn gebeten, einzuspringen und unsere „dummen Auswahlen" für ihn zu besorgen. Wir erklärten, dass es gegen unsere Regeln sei, unsere Auswahlen vor 12:30 Uhr herauszugeben, woraufhin er äußerst wütend wurde. Er stimmte schließlich unseren Bedingungen zu, zahlte sein Geld und erhielt von einem unserer Boten den Auftrag, die Auswahlen am Eingang der Rennbahn abzuholen.

Fast alle unserer Entscheidungen haben an diesem Tag gewonnen. Colonel Pepper kam am nächsten Morgen und bezahlte ein weiteres Abonnement, dieses Mal für einen einwöchigen Gottesdienst. Wir waren „auf dem richtigen Weg", die meisten unserer Spieler gewannen von Tag zu Tag, und Colonel Pepper hatte Grund zum Jubeln. An einem dieser Tage gaben wir auf unserem Rennzettel den Namen eines „Schläfers" bekannt, von dem wir überzeugt waren, dass er mit 10 zu 1 gewinnen würde, ein großer Wettcoup, den der Napoleon des Rasens, John Madden, geplant hatte. Das Pferd gewann mit großer Wahrscheinlichkeit, und Colonel Pepper machte aus dieser Information einen Riesenerfolg.

Für den nächsten Tag hatten unsere Uhrmacher ein anderes Pferd entdeckt, das im Mondlicht vorbereitet worden war, und wir machten in unseren Anzeigen ziemlich deutlich, dass das Pferd, das wir nennen würden, einfach hinfallen, wieder aufstehen und dann „rollen" könne allein zu Hause." Das Pferd stürzte nicht; aber er hat gewonnen; er „rollte alleine nach Hause" um etwa zehn Längen. Er gehörte Colonel Pepper. Man rechnete damit, dass es gegen diesen Spieler etwa 20 zu 1 geben würde, aber aufgrund unseres starken Tippes eröffnete er mit 10 zu 1 und wurde auf 3 zu 1 heruntergespielt. Die Buchmacher waren stark in Bedrängnis.

Am nächsten Tag, kaum dass das Büro geöffnet war, stampfte Colonel Pepper, der wütender war, als sein Name vermuten ließ, ins Vorzimmer. Er knallte seinen Stock auf den großen Mahagonitisch und fragte mit stentorhafter Stimme: „Was zum Teufel soll diese Sache bedeuten? Hier komme ich und unterschreibe mein gutes Geld für eure dummen Trinkgelder, und ihr seid alle so gemein, dass ihr gestern mein Pferd für diese gute Sache hergebt! Was soll das bedeuten, Sir, was soll das bedeuten?"

Um den wütenden Colonel zu beruhigen, musste ein beträchtliches Maß an Diplomatie angewandt werden, denn dieser hatte keine Skrupel, eine große Wette auf Mr. Maddens „Schläfer" zu gewinnen, aber „—— es, mein Herr, es ist eine Unverschämtheit, *mich* so zu behandeln."

Der Colonel kam über diesen Vorfall nie hinweg, und obwohl er eine große Wette auf sein eigenes Pferd gewann, behauptete er immer, Maxim & Gay hätten die Wettquoten für ihn ruiniert und ohne die Wachsamkeit unserer Uhrmacher wäre sein Gewinn doppelt so hoch gewesen groß. Das stimmte, und immer wieder haben wir den Preis für viele andere Besitzer ruiniert, die dachten, er würde heimlich mit etwas davonkommen.

Buchmacher sind in der Regel sehr zufrieden mit ihrem Wissen über die Mathematik des Spiels. Um ihnen zu zeigen, dass sie nicht alles darüber wussten, schaltete die Maxim & Gay Company eines Tages eine Anzeige ein, die im Wesentlichen wie folgt lautete:

SIE ZAHLEN UNS 5 $,

WIR ERSTATTEN 6 $. Wenn das Pferd, das wir heute als

DIE BESTE WETTE

nennen,

nicht gewinnt, erstatten wir nicht nur unsere Gebühr von 5 $, die wir für die Information bezahlt haben, sondern zahlen jedem Kunden einen ZUSÄTZLICHEN DOLLAR als Verlust.

Zahlen Sie uns heute 5 $ für unseren einzigen BestBet, und wenn das Pferd nicht gewinnt, zahlen wir Ihnen morgen 6 $.

MAXIM & GAY CO.

Unsere Einnahmen beliefen sich an diesem Tag auf etwa 5.000 US-Dollar. Das Pferd hat nicht gewonnen. Am nächsten Tag erstatteten wir 6.000 US-Dollar und erzielten einen beträchtlichen Erlös aus der Operation.

Es war zufällig ein Zwei-Pferde-Rennen. Unser Pferd hatte bei den Wetten eine Quote von 1 zu 6, das heißt, die Buchmacher setzten nur einen Dollar auf jede sechste Wette des Publikums. Das andere Pferd entschied mit einer Quote von 5 zu 1, was bedeutete, dass die Buchmacher hier fünf Dollar gegen das Publikum setzten.

Die Maxim & Gay Company schickte 1.000 US-Dollar von den 5.000 US-Dollar, die ihre Kunden eingezahlt hatten, auf die Rennbahn und setzte die 1.000 US-Dollar mit einer Quote von 5 zu 1 auf das konkurrierende Pferd, was zu einem Gewinn von 4.000 US-Dollar führte. Von diesem Geld zahlte das Unternehmen seinen Kunden den einbehaltenen Betrag in Höhe von 1.000 US-Dollar und erzielte so einen Nettogewinn von 4.000 US-Dollar für die Operation, nachdem es ihnen natürlich ihre eigenen 5.000 US-Dollar zurückgegeben hatte.

Hätte der 1:6-Schuss gewonnen, wären die Kunden, die den Gewinntipp erhalten hatten, glücklich gewesen, während die Maxim & Gay Company nicht gezwungen gewesen wäre, Geld zurückzuerstatten, und bei der Operation 4.000 $ Vorsprung gehabt hätte, die 1.000 $ gewettet hätten und in diesem Fall verlor das Pferd im Wettring, weil das andere Pferd von den 5.000 $ abgezogen wurde, die seine Kunden eingezahlt hatten. Egal welches Pferd gewann, unser Gewinn betrug mit Sicherheit 4.000 US-Dollar, und wir hatten hier das Ideal einer „sicheren Sache".

Es ging darum, „einem Baby Süßigkeiten wegzunehmen"; Und doch konnten es viele der klugen Buchmacher zunächst nicht begreifen. Fast alle haben die Informationen abonniert. Was die Öffentlichkeit betrifft, schien sie überhaupt keinen Anklang zu finden.

Das Geld der Öffentlichkeit mit großem Gewinn einsetzen

Die Rennsaison im Osten stand kurz vor dem Ende und es wurde beschlossen, die gesamte Belegschaft für den Winter nach New Orleans zu verlegen und dort von der üblichen Praxis, nur Trinkgelder zu verkaufen, abzuweichen und das Geld der amerikanischen Öffentlichkeit auf die Pferde zu setzen an der Rennstrecke in den Beträgen, die sie senden wollten. Das Unternehmen beauftragte Sol Lichtenstein, den damals bekanntesten Buchmacher auf amerikanischem Boden, mit der Wette des Geldes und machte ihn zu einem Teil der Organisation, wodurch er an den Gewinnen beteiligt wurde.

Die Maxim & Gay Company hatte zu diesem Zeitpunkt fast 1.000.000 US-Dollar verdient, und rücksichtslos und unvorsichtigerweise hatte ich es durch meine Finger gleiten lassen. Es war „leicht kommen und leicht gehen". Wenn ich an diese Phase meiner Karriere zurückdenke, fällt mir ein, dass mir das ganze Unternehmen wie ein Experiment vorkam – einfach nur eine Idee auszuprobieren und dabei jede Menge Spaß zu haben. Aufgrund des überwältigenden Erfolgs war ich von meiner Fähigkeit, jederzeit Geld zu verdienen, so überzeugt, dass ich nicht ernsthaft darauf achtete, ob ich etwas anhäufte oder nicht. Außerdem hatte ich Geld nie um des Geldes willen geliebt. Die ganze Freude lag im Erreichen.

Die Rennen in New Orleans sollten am Thanksgiving Day beginnen. Am 15. Oktober bestellte ich Display-Werbung im Wert von 20.000 US-Dollar, die vier Tage die Woche bis Thanksgiving in dreißig führenden Zeitungen in den Vereinigten Staaten geschaltet werden sollte. Für die Rechnung wurde von einer der ältesten Werbeagenturen Amerikas ein Kredit gewährt.

Die Werbung forderte die Öffentlichkeit auf, ihr Geld an Maxim & Gay, Canal Street, New Orleans zu schicken. Als ich dort ankam, zwei Tage vor Thanksgiving, ging ich aufs Postamt und fragte, ob es Post für Maxim & Gay gäbe. Der Postbeamte schien erschrocken zu sein. Er starrte mich an, als würde er einem Einbrecher auf frischer Tat zusehen. Sein Verhalten war fast unheimlich. Er sprach nicht. Er bewegte sich nicht einmal. Er schaute nur. Schließlich fragte ich: „Was ist los?"

„Warte eine Minute", murmelte er.

Er verließ das Fenster. Er kam nicht zurück. Stattdessen schlenderte jemand, der mir wie ein stellvertretender US-Marshal vorkam, an meine Seite und sagte: „Sehen Sie, der Postmeister möchte Sie sprechen."

Ich wurde in eine abgelegene Kammer im Postgebäude geführt, und wenige Minuten später betrat ein Postbeamter mit drei oder vier Assistenten den Raum.

„Was ist los?", fragte ich.

„Sie bringen uns eine Empfehlung darüber, wer Sie sind und was Sie sind und alles über sich selbst, bevor wir Ihre Fragen beantworten, wie viel Post hier für Sie ist", sagte der Beamte.

Ich lächelte. Die Werbung war also ein Erfolg.

Da ich einige Jahre zuvor als Zeitungsmann in New Orleans gearbeitet hatte, kannte ich einen der führenden Anwälte der Stadt und mehrere Bankangestellte. Innerhalb von dreißig Minuten hatte ich den Anwalt und die Bankangestellten vor dem Postmeister, die meine Identität bestätigten. Daraufhin wurde mir mitgeteilt, dass 1.650 eingeschriebene Briefe, die offensichtlich Bargeld enthielten, und außerdem zwölf Säcke mit erstklassiger Post vorlägen, die viele Zahlungsanweisungen, Schecks und

Anfragen enthielten. Der Beamte sagte, dass sie in der Zahlungsanweisungsabteilung Benachrichtigungen über fast 2.000 Zahlungsanweisungen hätten, die für die Maxim & Gay Company in New Orleans ausgestellt worden seien.

Ich schickte einen Wagen, um die Post abzuholen, und obwohl eine Truppe von vier Männern unter mir die Briefe öffnete und zwei Tage lang mit der Aufgabe beschäftigt war, war die Aufgabe noch nicht abgeschlossen, als am Erntedankfest das erste Rennen ausgerufen wurde. Als wir die Einnahmen zusammenzählten, fanden wir etwas über 220.000 Dollar.

Das Treffen dauerte 100 Tage und unsere Gesamteinnahmen für den gesamten Zeitraum beliefen sich auf 1.300.000 US-Dollar.

Das Geldverdiensystem von Maxim & Gay in New Orleans war wie folgt:

Wir berechneten jedem Kunden 10 Dollar pro Woche für die Informationen. Außerdem berechneten wir 5 Prozent des Nettogewinns und vereinbarten außerdem, dass wir mit unseren Kunden nur die Schlussquoten für platzierte Wetten abrechnen und die Differenz zwischen den Anfangsquoten und den Schlussquoten für uns behalten. Der Gewinn betrug für uns 100 Tage lang durchschnittlich 7.000 Dollar pro Tag.

Als Garantie für Treu und Glauben vereinbarte die Maxim & Gay Company mit ihren Kunden, dass sie jeden Tag vor Beginn des Rennens einen Brief mit einem Poststempel bei der Post hinterlegen und ihnen den Namen des Pferdes zusenden würde auf ihr Geld konnte gewettet werden; und das wurde immer gemacht. Es wurde auch immer eine ehrliche Anstrengung unternommen, um ein Pferd auszuwählen, das wahrscheinlich gewinnen würde, denn selbst ein Kind kann erkennen, dass wir, wenn wir nicht die Absicht hatten, das Geld zu setzen, sondern Verlierer auswählen wollten, nur dies hätten tun müssen Buchen Sie im Wettring an der Rennstrecke und geben Sie nicht Tausende von Dollar für Werbung aus, um Geld gegen uns selbst auszuspielen.

Haben wir immer das Geld unserer Kunden auf das von uns genannte Pferd gesetzt?

Ja, immer – außer einmal!

130.000 US-Dollar werden an einem Tag verloren und gewonnen

Dieser Vorfall wird von vielen nicht so schnell vergessen. An diesem Tag war der von uns ausgewählte Teilnehmer einer von Durnell & Hertz. Das Pferd war dafür bekannt, trockene Strecken zu mögen. Der „Trottel" sagte, er könne auf schwerem Boden nicht gewinnen. Es war ein wunderschöner sonniger Morgen, als wir dieses Pferd als Sieger auswählten, und mittags wurden die Umschläge mit dem Namen des Pferdes wie üblich auf dem Postamt aufgegeben.

Etwas passiert.

Eine halbe Stunde vor dem Rennen begann es in Strömen zu regnen und die Strecke verwandelte sich in ein Meer aus Schlamm. Als Durnell & Hertz erkannten, dass sie das Schicksal herausforderten und erwarteten, dass ihr Pferd unter solchen Bedingungen gewinnen würde, erschienen sie im Richterstand und baten um Erlaubnis, ihren Eintrag streichen zu dürfen. Die Richter lehnten ab. Ich fragte Sol Lichtenstein, der für die Wetten des Geldes unseres Kunden verantwortlich war, was er unter den veränderten Bedingungen bezüglich der Wetten auf das Pferd vorschlug. Er rief: „Wetten? Willst du das Geld verbrennen?"

„Nun, wenn er gewinnt", antwortete ich, „müssen wir zahlen, denn wenn er gewinnt und Sie nicht wetten und wir sagen, wir hätten die Auswahl aufgrund des Regensturms geändert, werden sie uns nicht glauben und wir werden es tun." Problem."

"Also gut", sagte er. "Sie setzen mein ganzes Geld auf mein Buch, und wir werden zum ersten Mal gegen unsere eigene Wahl buchen. Das ist fair, denn wir müssen zahlen, wenn wir verlieren, und es gibt keinen Ausweg. Aber verprassen Sie das Geld nicht." Ich stimmte zu.

Die Anfangsquoten gegen das Pferd lagen bei 2 zu 1. Wäre die Strecke trocken gewesen, wäre er mit 4 zu 5 oder so als Favorit gestartet. Langsam stiegen die Quoten auf 10 zu 1, was zum Schluss der vorherrschende Preis war. Durnell & Hertz setzten auf den Sieg eines anderen Pferdes. Vor Sol Lichtensteins Buch stehend sagte ich:

„Dreizehntausend auf unserer Auswahl, Sol."

„130.000 bis 13.000 Dollar", antwortete er. „Hier ist Ihr Ticket."

Sol und ich gingen zum Pressestand, um uns das Rennen anzusehen. Der Beitrag von Durnell & Hertz ging in Führung. Im Viertel lag er mit zwei Längen vorne. Bei der Hälfte betrug der Abstand des Tageslichts fünf Längen. Beim Einbiegen in die Strecke hatte das Pferd einen Vorsprung von fast einer Sechzehntelmeile. Dann hörte ich hinter mir ein Geräusch, als ob eine Miniatur-Dynamitbombe explodiert wäre. Sols schwerer Feldstecher war zu Boden gefallen.

Sol wartete nicht auf das Ziel. Das Pferd gewann im Galopp.

Im Büro von Maxim & Gay wurden Konten erstellt und Schecks über den gesamten Betrag unserer Verbindlichkeiten unterschrieben, die umgehend an alle Abonnenten verschickt wurden.

Um Mitternacht traf ich Sol in der Lobby des St. Charles Hotels. Er sah abgenutzt aus.

„Ich schätze, das wird uns halten!" er stöhnte.

„Uns festhalten?", antwortete ich. „Es ist noch nie etwas Besseres passiert. Es wird uns glücklich machen!"

„Du armer Trottel!", rief er aus. „Wenn du 130.000 Dollar an einem Tag verlierst, bist du tot! Hör auf mit deinem Lärm!"

"Hören Sie!", erwiderte ich. "Für 3.000 Dollar Mautgebühren habe ich eine ganzseitige Anzeige an fünfzig führende Stadtzeitungen telegrafiert, in der ich der Öffentlichkeit mitteile, dass wir heute 10:1 auf dieses Pferd gesetzt und unseren Kunden heute Abend Schecks über 130.000 Dollar zugeschickt haben. Der Gewinn, den wir an Prestige und neuen Geschäften einfahren werden, wird unseren Verlust bei dem Pferd ausgleichen."

Am nächsten Tag sah sich die Western Union Telegraph Company gezwungen, drei Kassierer damit zu beauftragen, Schecks an die Maxim & Gay Company auszustellen, für Geld, das von neuen Kunden telegrafiert wurde. Einige einzelne Überweisungen beliefen sich auf bis zu 2.000 Dollar. Der Betrag, der uns telegrafiert wurde, belief sich auf etwa 150.000 Dollar, und innerhalb von zehn Tagen wurden uns 80 Prozent unserer eigenen Dividendenschecks von unseren Kunden zurückgeschickt, mit der Anweisung, ihre Einsätze zu verdoppeln, und innerhalb von zwei Wochen konnten wir uns ausrechnen, dass uns dadurch etwa 375.000 Dollar überwiesen worden waren.

Eine desaströse Auflösung einer Zeitung

Während des Treffens in New Orleans kaufte ich einer Gruppe von Mitgliedern der Metropolitan Turf Association, die etwa 75.000 Dollar in das Unternehmen investiert hatten, eine Mehrheitsbeteiligung an der New York *Daily America ab - einer Zeitung, die dem Morning Telegraph* nachempfunden war . Der *Morning Telegraph* befand sich in den Händen eines Konkursverwalters. Ich rechnete damit, dass ich durch die Übertragung der Maxim & Gay-Anzeigen vom *Morning Telegraph* auf die *Daily America die Daily America* zur Kasse bitten und den *Morning Telegraph* aus dem Rennen drängen könnte . Später ließ sich der verstorbene William C. Whitney, der sowohl auf dem Rasen als auch in der Finanzwelt eine leuchtende Größe war, dazu bewegen, den *Morning Telegraph* zu kaufen . Dann begannen sich für mich Schwierigkeiten zusammenzubrauen.

Eines Morgens wurde ich in die Büros von August Belmont in der Nassau Street gerufen.

„Im Interesse der Allgemeinheit müssen Sie Ihre Maxim & Gay-Werbung im *Daily America* und anderen Zeitungen künftig weglassen", erklärte Mr. Belmont, als ich sein Zimmer betrat.

"Warum?" fragte ich.

„Sie machen offenkundig auf Wetten auf die Rennen aufmerksam", antwortete er.

„Aber Sie erlauben Wetten an den Gleisen."

„Ja", antwortete er, „aber die Stimmung in der Öffentlichkeit beginnt sich gegen das Wetten zu erregen, und ein Angriff wird zwangsläufig die Folge sein."

Mir kam der Gedanke, dass Herr Whitney gerade damit beschäftigt war, seine Anteile an verschiedenen Traktionsunternehmen in New York an Herrn Belmont und sein Syndikat zu veräußern, und dass Herr Whitney aller Wahrscheinlichkeit nach die Unterstützung von Herrn Belmont in Anspruch genommen hatte die *Daily America* auf diese Weise aus dem Geschäft zu bringen . Es war offensichtlich, dass die *Daily America* ohne die Maxim & Gay-Werbung schnell Geld verlieren würde. Auch Maxim & Gay wäre praktisch gezwungen, den Laden zu schließen, wenn es keine Werbung machen könnte. Ich habe versprochen, darüber nachzudenken.

Als ich in das Büro *des Daily America zurückkehrte* , beschloss ich, der Bitte von Herrn Belmont keine Beachtung zu schenken, da ich überzeugt war, dass sie im Interesse des *Morning Telegraph formuliert war* .

Ein paar Tage später wurde ich erneut telefonisch in Mr. Belmonts Büro gerufen. Als ich in Mr. Belmonts Anwesenheit geführt wurde, sagte er:

„Wenn Sie nicht aufhören, im *Daily America Werbung für die Maxim & Gay Company zu machen* , werde ich William Travers Jerome sehen, und er wird Sie davon abhalten."

Herr Jerome war damals Bezirksstaatsanwalt, und die Vorstellung, etwas zu tun, was Herr Jerome für illegal hielt, entsetzte mich.

„Wenn Herr Jerome mir mitteilt, dass die Werbung für Maxim & Gay illegal ist, werde ich sie einstellen", sagte ich.

Ich hörte nichts von Herrn Jerome und fuhr mit der Werbung fort.

Binnen weniger Wochen wurde in Bennings das Washingtoner Pferderennen eröffnet. Als die Mitarbeiter von Maxim & Gay dort eintrafen, wurden wir alle informiert, dass die Post im Begriff war, eine Untersuchung unserer Geschäftsangelegenheiten einzuleiten, und alle unsere Mitarbeiter erschienen freiwillig vor den Inspektoren und unterzogen sich einer Prüfung.

Auch unsere Bücher wurden vorgelegt. Diese Untersuchung, die unmittelbar auf Mr. Belmonts Drohung folgte, überzeugte mich davon, dass der Einfluss von Mr. Belmont und Mr. Whitney bis nach Washington reichte, und ich schloss daraus, dass sie ernsthafte Schwierigkeiten machen würden, wenn ich die Werbung von Maxim & Gay in der *Daily America nicht einstellte* und dann natürlich die *Daily America* einstellte. Also hisste ich die weiße Fahne. Ich gab meinen Rückzug aus der Maxim & Gay Company bekannt und bot Mr. Whitney an, meine Zeitung zu verkaufen.

Meine Kasse war niedrig. Fast jeden Dollar, den ich im Unternehmen Maxim & Gay verdient hatte, hatte ich verloren, weil ich selbst an den Rennen teilgenommen hatte.

In der folgenden Woche empfing mich Mr. Whitney kurz nach seiner Frühstücksstunde in seinem palastartigen Haus in der Fifth Avenue. Er interviewte mich etwa eine Stunde lang, erfuhr meinen Preis für die Zeitung, der dem entspricht, den ich hineingesteckt hatte, nämlich 60.000 Dollar, und versprach, ein Telegramm an Colonel Harvey zu senden, der damals wie heute der angesehene Herausgeber der Harper-Publikationen war in Paris, fragte ihn um Rat und sagte, dass Colonel Harvey ihn in allen Zeitungsangelegenheiten beraten habe. Ich habe nichts mehr von Mr. Whitney gehört; Ich entdeckte jedoch, dass mein Geschäftsführer in engem Kontakt mit Mr. Whitney stand und ihm jeden Abend gewissenhaft über meine finanzielle Situation berichtete.

Einige Wochen später war ich gezwungen, die Zeitung einem Konkursverwalter zu übergeben, und ein Vertreter von Mr. Whitney kaufte sie für 6.500 Dollar, also etwa 10 Cent pro Dollar, und legte sie still, sodass das Feld dem *Morning Telegraph überlassen wurde* . Von diesem Moment an nahm der *Morning Telegraph* , der für kurze Zeit jegliche Anzeigen von Tippgebern abgelehnt hatte, wieder solche Aufträge an und hat diese Politik bis heute fortgesetzt.

Ein Jahr nachdem ich bei Maxim & Gay in den Ruhestand ging, entschied Generalstaatsanwalt Knox, dass Tipps auf Rennpferde einen Verstoß gegen das alte Lotteriegesetz darstellten, und diejenigen, die jetzt Tipps abgeben, weisen an, kein Geld per Post zu schicken.

Daily America verloren und die Maxim & Gay Company „in die Luft gejagt" hatte, war ich erneut pleite. Aber meine Bonität war gut, vor allem bei den Rennstrecken-Buchmachern. In jenem Sommer 1904 wurde ich Rennbahnfahrer, zunächst mit geliehenem Geld und dann mit meinen Gewinnen. Bis Juni hatte ich 100.000 Dollar angesammelt. Im Juli war ich wieder fast pleite. Im August war ich erneut hoch im Kurs und hatte etwa 50.000 US-Dollar wieder hereingeholt. Anfang September habe ich es übertrieben; Das heißt, ich habe die Rennstrecke aufgegeben und dabei mein ganzes Geld verloren, das ich hatte, und etwa 8.000 Dollar bei einem befreundeten Buchmacher geschuldet.

Ich war angewidert von mir selbst und sehnte mich nach einem Tapetenwechsel. Ich blieb ein paar Tage in New York, als der Wunsch, meine Verankerungen abzustreifen und mich vom Spielfieber zu befreien, übermächtig wurde. Ich kaufte eine Bahnfahrkarte nach Kalifornien und reiste mit 200 Dollar in meinen Kleidern zu einer Ranch, die fünfzig Meilen von San Francisco entfernt war, wo ich Kartoffeln hackte und andere körperliche Arbeiten verrichtete, die dazu geeignet waren, meine Rennbahnkrankheit zu heilen. In weniger als sechs Wochen fühlte ich mich wie ein neuer Mensch und beschloss, für immer beim einfachen Leben zu bleiben – fernab von Rennbahnen und anderen Formen des Glücksspiels.

Aber ich habe es nicht getan.

KAPITEL II

BERGBAUFINANZIERUNG BEI GOLDFIELD

Ich war noch nie in San Francisco gewesen. Da die Stadt der Golden Gate Bridge nur 80 Kilometer entfernt war, beschloss ich, „einen Blick darauf zu werfen". Also packte ich eines Abends im Spätherbst 1904 meine Sachen und war innerhalb von zwei Stunden bequem im alten Palace Hotel untergebracht.

Der erste Mann, den ich beim Betreten der Lobby traf, war WJ Arkell, einer der ehemaligen Eigentümer von *Frank Leslie's Weekly* und *Judge* .

„Hallo, Bill!", rief ich. „Was machst du hier?"

„Genau wie Sie", antwortete er. „Morse hat mich bei American Ice abgezockt, und ich bin pleite. Ich stehe beim Hotel in der Kreide. Sie glauben, ich sei 2.000.000 Dollar wert. Ich habe nicht einmal 20 Cent."

Während des Abends trösteten wir uns gegenseitig mit einer Reihe von Gin Fizzes, von denen Arkell mehrere mit einem Bleistiftstummel bezahlte. Mein Begleiter verbreitete einen Plan, wie man zwei Ost-Vagabunden, die in der großen Küstenstadt treiben, schnell wieder auf die Beine helfen könnte, und noch am selben Abend wurde die Werbeagentur WJ Arkell gegründet. Dann wurde die Pferdetransportfirma „Jack Hornaday" gegründet. Ich erklärte, dass ich lieber nicht viel damit zu tun haben wollte, außer „Willie" zu zeigen, wie es in New York von Maxim & Gay gemacht wurde.

„Für dich werde ich es tun, Bill", sagte ich, „aber für mich nicht mehr – ich habe genug."

In allen Zeitungen von San Francisco erschienen täglich Anzeigen für „Jack Hornaday". Es wurden fähige Zeitnehmer und Handicapper eingestellt und einige hervorragende Informationen eingeholt. Die Rennbesucher kamen voll auf ihre Kosten.

Aber etwas ist passiert. Der Rennstrecken-Trust, der sich im San Francisco *Examiner*- Büro großer Anziehungskraft erfreute, erkannte bald, dass jemand außerhalb des engeren Kreises das Geld der Öffentlichkeit erhielt, und jeden Tag, an dem „Jack Hornaday" einem Verlierer ein Trinkgeld gab, setzte der *Examiner* seine sportlichen Aktivitäten fort Seite einen Hinweis darauf, dass „Jack Hornadays" Tipp für seine Kunden sehr katastrophal gewesen sei.

EINE PARTNERSCHAFT AUS REINEM NERV

„Jack Hornaday" hat sein Geschäft eingestellt.

Ich fing an, San Francisco und die Küste zu mögen. Als ich in der Lobby des Palace Hotels zwischen Arkells Mitarbeitern saß, hörte ich natürlich von Zeit zu Zeit viel Gerede über das neue Bergbaulager Tonopah in Nevada.

„Rice", sagte Arkell eines Abends, „komm mit mir nach Tonopah und sei mein Pressevertreter. Wir werden dort oben ein Bergbaugrundstück ergattern, ein Unternehmen fördern und eine Menge Geld verdienen."

„Was wissen Sie über Minen?" Ich fragte.

„Nun, ich habe genug von ihnen verloren, um viel zu wissen", antwortete er.

„Ich kann eine Mine nicht von einem Loch im Boden unterscheiden, und ich weiß nichts über das Börsenmaklergeschäft; daher weiß ich nicht, wie ich helfen kann", sagte ich.

„Lass dich davon nicht stören", antwortete er. „Ich zeige dir wie. Du kommst mit mir."

„Ich gehe unter einer Bedingung", sagte ich. „Ich trage die Hälfte von allem, was du tust."

Wir gaben uns die Hand und es war ein Schnäppchen.

Wir gingen zum Depot. Ich hatte etwas weniger als 150 Dollar in der Tasche. Arkell hatte 75 Dollar.

„Angenommen, wir bleiben da draußen stecken, was würde passieren?", schlug ich vor.

„Ach, vergiss es!", antwortete er. „Wie können zwei Ostler wie wir, hellwach und mit Phosphorhirnen, an einem Ort stranden, wo sie Silber und Gold aus dem Boden graben?"

Wir reisten nach Tonopah – eine 36-stündige Fahrt. Die Höhe beträgt 6.000 Fuß und es war kaltes, ungemütliches, stechendes Winterwetter. Während der letzten hundert Meilen unserer Reise durch die bergige Wüste sahen wir aus dem Autofenster und sahen einen Zug nach dem anderen mit angeblichem Erz aus der entgegengesetzten Richtung kommen. Wir kamen zu dem Schluss, dass Tonopah ganz sicher ein Bergbaulager war und dass einige der sensationellen Geschichten über Goldgruben, die wir gehört hatten, wirklich wahr waren.

Dem Tiger in der Wüste trotzen

Als wir nach Einbruch der Dunkelheit in Tonopah ankamen, suchten wir nach einer Hotelunterkunft. Das Beste, was wir bekommen konnten, war ein Bett in einem abweisend aussehenden einstöckigen Anbau, dessen Wände aus unbehauenem Kiefernholz bestanden und das mit einer Plane gedeckt war. Es befand sich 100 Fuß hinter dem Hotel, das bereits voller Bergleute und Glücksritter war, die von der Aufregung um den Bergbau aus allen Teilen der Welt angelockt wurden. Der Anblick war so unwirtlich, dass Arkell und ich beschlossen, uns für eine Weile nicht zurückzuziehen. Wir zogen in Richtung Barraum, wo wir das Klicken des Rouletterads hörten.

Wir setzten uns hin, um das Spiel anzusehen. Bald kauften wir Stapel von Schecks und sträubten uns aufgeregt gegen den Tiger. Innerhalb einer Stunde ging der Rest meiner 150 Dollar in den Besitz des Mannes über, der hinter dem Spiel steckte, und Arkell hatte seine letzte Zwei-Bit-Figur auf Schwarz gesetzt und verloren.

Ich sah ihn an. Er sah mich an.

„Ähm!" er grunzte. „Besser auf die Federn schlagen!"

Demütig folgte ich ihm zum Nebengebäude. Als wir unter die schmutzigen grauen Wolldecken kamen, bemerkte ich: „Ich habe einen Stock, einen Regenschirm und drei Anzüge. Glaubst du, wir können sie morgens für genug Geld verkaufen, um das Frühstück zu verdienen?"

„Oh, komm weg!" rief mein Partner aus. „Warte, bis ich morgen früh meine Karte in dieser Stadt vorzeige; dann bekommen wir so viel Frühstück, wie wir wollen."

Wir wachten hungrig auf, wie es alle Männer tun, wenn sie pleite sind.

„Ich gehe zum Büro der Montana-Tonopah Mining Company", sagte Arkell. „Ein Bergbauingenieur namens Malcolm Macdonald hat dort seinen Hauptsitz und möchte einige Bergbaugrundstücke in Goldfield und in anderen Teilen des Staates für etwa drei Millionen Dollar verkaufen."

„Drei Millionen!", rief ich.

„Ja", sagte Arkell. „Ich werde die Fakten besorgen und sie meinem Freund Joe Hoadley in New York telegraphieren."

„Sag mal, Bill", protestierte ich, „in dieser Stadt gibt es einen privaten Telegrafen, und wenn du irgendwelche ‚falschen' Telegramme über die Leitung schickst, sind sie dir auf der Spur. Also lass die Finger von solchen Sachen."

„Nichts dergleichen!", antwortete er prompt. „Jede Nachricht, die ich Hoadley schicke, wird er beantworten."

„Ich schätze, Sie haben es am anderen Ende repariert", bemerkte ich. Er lachte.

Wir schlenderten zum Gebäude der State Bank and Trust Company auf der anderen Straßenseite und trafen dort Malcolm Macdonald, einen Bergbauingenieur aus Butte, Montana, und seinen Freund, Mr. Dunlap, der damals Sekretär der Montana-Tonopah Mining war Unternehmen. Das Gespräch war noch keine fünf Minuten alt, als Arkell andeutete, dass er gerne frühstücken würde, aber „keine Restaurants in seinem Haus haben wollte", und andeutete, dass er gerne etwas gute, altmodische Hausmannskost haben würde. Mr. Dunlap bemerkte bescheiden, dass das Camp zu jung sei, um sich mit viel Hausmannskost zu rühmen, aber dass er, wenn wir seine Gäste wären, garantiert dafür sorgen würde, dass im Palace-Restaurant etwas Besonderes gekocht würde.

3.000.000 $ geboten, als es Pleite ging

Nach dem Frühstück, das aus Bergforellen bestand, deren Geschmack köstlicher war als alles, was ich seit vielen Jahren gegessen hatte – wahrscheinlich wegen des künstlichen Hungers, den ein leerer Geldbeutel erzeugt hatte – kehrten wir ins Büro der Bank zurück. Dort erklärte Arkell Herrn Macdonald, dass er „ein großes Bergbauvorhaben oder nichts" wollte. Er sagte, er vertrete das große Kapital des Ostens und sei bereit, zwischen einer und drei Millionen für die richtige Art von Immobilien zu zahlen. Herr Macdonald nannte einige Minen und Prospektionsgebiete, die er bereit sei, für 3.000.000 Dollar zu opfern.

Einer von ihnen war der Simmerone von Goldfield, den Mr. Macdonald für 1.000.000 Dollar anbot. Später erfuhren wir, dass er 32.000 Dollar dafür bezahlt hatte. Damals gab es ein sechs Fuß großes Loch im Boden, und das gesamte Grundstück umfasste weniger als fünf Hektar. Aufgrund des extremen Erzreichtums, der an der Basis abgebaut worden war, war rund um die Grube eine Umzäunung errichtet worden.

Herr Macdonald bot außerdem ein Bleigrundstück in Reveille und ein Blei-Silber-Grundstück in Tybo zum Verkauf an, die beide etwa 70 bis 100 Meilen von einer Eisenbahnlinie entfernt lagen. (Später wurden diese Grundstücke zusammen mit einigen anderen von Charles Minzesheimer & Company, einem an der New Yorker Börse notierten Unternehmen, als Nevada Smelters & Mines Company beworben und mit einem Wert von 5.000.000 US-Dollar an die Öffentlichkeit weitergegeben. Der Marktwert der gesamten Kapitalausstattung dieses Unternehmens beträgt heute weniger als 10.000 US-Dollar.) Diese „Minen" sollten mit jeweils 1.000.000 US-Dollar in den Deal eingebracht werden.

MILLIONEN IN DER AUSSICHT HATTEN KEINEN REIZ

Arkell schrieb im Beisein unserer neuen Freunde eine Depesche in den Osten, in der er das Angebot beschrieb. Dann hielten er und ich eine

Beratung ab, und er versicherte uns, dass wir auf jeden Fall eine kostenlose Autofahrt nach Goldfield bekommen würden und dort die Gelegenheit hätten, das neue Bergbaulager zu besichtigen.

Ich bekam „kalte Füße". Arkells Gerede von visionären Millionen in dieser öden Umgebung aus schneebedeckter Wüste und windgepeitschten Bergen begeisterte mich überhaupt nicht. Ich protestierte gegen die vorgeschlagene Reise nach Goldfield und bestand darauf, dass ich meinen Verwandten telegraphisch Geld für die Rückkehr an die Küste schicken dürfe.

Aber Arkell ließ nicht locker. Er erklärte, dass die Kosten für die Reise nach Goldfield und zurück nach Tonopah von den Minenverkäufern getragen würden und dass unsere Rückreise nach San Francisco sich nur um einen Tag verzögern würde. Ich ließ meine Tasche, meinen Regenschirm und meinen Spazierstock in Tonopah zurück, da ich am selben Abend zurückkehren wollte, und bestieg das Auto nach Goldfield.

In Goldfield angekommen, wurden wir zum Simmerone begleitet. Arkell schien sehr beeindruckt zu sein, obwohl er mir gegenüber einige Minuten später bemerkte, dass er nicht 34 Dollar für die gesamte Anlage zahlen würde. Und darin war er klug. Der Simmerone wurde später mit 1.000.000 Aktien kapitalisiert, jede Aktie mit einem Nennwert von 1 Dollar, an den Börsen in San Francisco und Goldfield stieg der Kurs auf 1,65 Dollar pro Aktie, und dann ließ man ihn auf null Gebot sinken, ein Cent pro Aktie wurde verlangt. Das reiche Erz „versiegte".

Es lag etwas Undefinierbares in der Atmosphäre von Goldfield – einem neuen, aufstrebenden Bergbaulager an der Grenze auf einer Höhe von 1.500 Metern –, das mich bewegte, und ich beschloss, eine Weile zu bleiben.

Arkell beschloss, nach Tonopah zurückzukehren und sich eine Option auf die Kontrolle eines Bergbauunternehmens namens Tonopah Home zu sichern, das Mr. Dunlap ihm im Auto auf dem Weg nach Goldfield erwähnt hatte. Er sagte, er würde dann nach San Francisco fahren, um es zu bewerben. Der Grund, warum er sich für das Tonopah Home entschied, war, wie ich später herausfand, dass es bereits eingetragen war und Aktienzertifikate gedruckt worden waren, wodurch die Verzögerung und die Kosten entfielen, die mit der Vorbereitung eines Unternehmens für den sofortigen Konsum der Bevölkerung von San Francisco verbunden waren.

„Wie soll ich hier die paar Tage über die Runden kommen, bis ich anfangen kann, meinen Lebensunterhalt zu verdienen?", fragte ich Arkell.

„Wie komme ich zurück nach Tonopah und von dort nach San Francisco?", fragte mich Arkell.

In diesem Moment standen wir vor dem Gebäude der Goldfield Bank and Trust Company – einer Blechbank im wörtlichen wie im übertragenen Sinne. Es wurde aus Wellblech und Blech gebaut. Ein paar Monate später, als die Bank den Strom hochging, belief sich der Bargeldbestand im Safe auf insgesamt 80 Cent.

„Sie bringen mich in diese Bank und stellen mich vor, und ich werde einen Scheck einlösen", sagte er.

„Ein Scheck für was?" Ich fragte.

„Auf meiner Bank in Canajoharie, New York", sagte er. „Ich bin dort geboren und aufgewachsen, und aus Protest ließen sie keinen meiner Schecks los. Außerdem kann ich nach Frisco zurückkehren und ihn bei Bedarf per Telegraf beschützen, bevor er Canajoharie erreicht."

Wir betraten die Bank. Ich stellte mich der Kassiererin als Zeitungsmann aus dem Osten vor und stellte dann WJ Arkell als den ehemaligen Herausgeber von *Leslie's Weekly* , *Judge* und so weiter vor.

Nach einer kurzen Unterredung tauschte Arkell sein Papier gegen echtes Geld in Höhe von 50 Dollar ein. Als ich die Bank verließ, sagte ich:

„Jetzt, Bill, komm rüber! Ich bin pleite, in der Wüste."

Er gab mir 15 Dollar. Ich war zufrieden, denn er brauchte die gesamten 35 Dollar, um in die Zivilisation zurückzukehren.

„MENSCHENINTERESSE" versus TECHNISCHER BERGBAU

Nach Arkells Abreise nach Tonopah ging ich in die Redaktion der Goldfield *News* und bat um einen Job. Ich bekam ihn, für 10 Dollar pro Tag. Mein erster Auftrag war, einen alten Bergmann namens Tom Jaggers zu interviewen. Ich schrieb eine meiner Meinung nach erstklassige Geschichte, die mich menschlich interessierte, und übergab sie dem Eigentümer und Herausgeber „Jimmy" O'Brien. Er fand, dass es ein passabler Artikel war, aber nicht die Art von Stoff, die die Goldfield *News* wollten. Sie wollten technisches Bergbaumaterial. Natürlich konnte ich weder einen Winze von einer Winde noch einen Schacht von einem Abbau unterscheiden, und einige der seltsamen Geschichten, die ich über die Entwicklung der Mine abgab, ließen Mr. O'Brien manchmal wirklich vor Schreck zusammenzucken.

Innerhalb einer Woche wurde ich wegen mangelnder Arbeitstauglichkeit entlassen.

Ich war überhaupt nicht entsetzt, als ich meinen Job bei den Goldfield *News* verlor. Ich hatte begonnen, das Leben zu mögen, und war überzeugt, dass es im Lager echte Goldminen gab. Ich war ein Neuling und wusste wenig bis nichts über das Bergbaugeschäft, aber der Anblick der Ladung um Ladung hochwertigen Erzes, die das Lager im Maultiergespann verließen, war überzeugend. Was mich wahrscheinlich am meisten beeindruckte, war die offensichtliche Aufrichtigkeit der Wegbereiter, die seit dem Tag der Gründung des Lagers vor Ort waren. Diese Männer hatten alle möglichen Strapazen auf sich genommen, um ihre Position zu halten und das Lager zum Laufen zu bringen, das, als es entdeckt wurde, 100 Meilen von einem Bahnhof und mindestens 25 Meilen von einer bekannten Wasserquelle entfernt lag. Der Überlieferung zufolge waren Männer genau an der Stelle verdurstet, wo Goldfield nun täglich zum Reichtum der Welt beitrug.

Meine Umgebung wurde zu einer Inspiration.

Es gab ein paar Penny-Mining-Stock-Brokerfirmen, die Geschäfte mit der Außenwelt machten, und die Idee, eine Werbeagentur zu gründen, gefiel mir sehr. Ich war der Meinung, dass dies eine Gelegenheit für die große spekulative amerikanische Öffentlichkeit war, sich auf etwas viel Greifbareres und Dauerhafteres einzulassen als ein Pferderennen.

Da ich kein Möbelgeschäft finden konnte, ließ ich mir von einem Schreiner einen langen, groben Tisch aus Kiefernholz anfertigen, mietete bei der Goldfield Bank and Trust Company einen Schreibtisch direkt gegenüber der Kasse und nahm die Dienste eines erfahrenen Stenografen aus Cripple Creek in Anspruch. Die Goldfield-Tonopah Advertising Agency war geboren.

BEGINN DES WERBEGESCHÄFTS

Auf die Idee, mich bei der American Newspaper Publishers' Association um Anerkennung zu bewerben, kam ich nicht. Ich wusste nicht, dass Agenten dies so praktizierten. Aufgrund meiner Erfahrung als Anzeigentexter bei der Maxim & Gay Company in New York glaubte ich jedoch, dass ich lukrative Werbetexte schreiben könnte. Außerdem hatte ich durch meine Erfahrung beim Abschluss von Verträgen mit Werbeagenten für die Veröffentlichung von Anzeigen von Maxim & Gay in Zeitungen im ganzen Land anscheinend genügend Informationen über diesen Teil des Geschäfts erhalten, um mich in meinem neuen Bereich zu stärken.

Am nächsten Morgen betrat ich das Büro der Mims-Sutro Company, einer neu gegründeten Maklerfirma, und drängte auf Werbung.

„Wir geben bereits etwa 100 Dollar pro Monat aus", sagte der Manager.

„Einhundert Dollar im Monat!", rief ich aus. „So viel müsstest du doch jede Stunde ausgeben!"

Zuerst hielten sie mich für einen Fanatiker in diesem Bereich, aber innerhalb von zwei Wochen gelang es mir, sie dazu zu bewegen, an einem einzigen Tag

1.000 Dollar für Werbung auszugeben. Doch erst nachdem ich ihnen gezeigt hatte, wie sie ihre Korrespondenz erfolgreich weiterführen konnten, begannen sie an mich zu glauben. Ich habe fast alle wichtigen Stadtzeitungen im ganzen Land kontaktiert, um Tarife zu erfragen. Nachdem ich ihre Antworten erhalten hatte, beschloss ich , in einer Ausgabe 500 US-Dollar für den Chicago Sunday *American* und 500 US-Dollar für den San Francisco *Examiner* auszugeben . Ich schickte die Kopie mit dem Geld nach und sie erschien umgehend. Die Ergebnisse waren gut – sogar so gut, dass die Mims-Sutro Company innerhalb von zwei Monaten zwischen 5.000 und 10.000 Dollar pro Woche für Werbung ausgab und meine Provisionen sich auf Tausende beliefen.

Meine Verträge mit den Werbetreibenden erforderten, dass sie mir einmalige Gebühren zahlten, und meine Verträge mit den Verlagen erlaubten mir, Kopien zu langfristigen Gebühren einzusenden, und der Gewinn betrug etwa 45 Prozent. Und da ich der Bestellung immer Bargeld beilegte, war mein Exemplar sehr gefragt. Tatsächlich wurde meine Agentur Tag für Tag mit Blankoverträgen von Zeitungen aus dem ganzen Land überschwemmt, deren Manager lautstark nach dem Goldfield-Geschäft verlangten. Neben dem Mims-Sutro-Konto hatte ich bald viele andere; Tatsächlich hatte ich alle anderen. Innerhalb von sechs Monaten nach meiner Ankunft in Goldfield brachte mir meine Agentur 65.000 US-Dollar ein.

EINIGE WERBUNG, DIE SICH BEZAHLT HAT

Mein zweitbester Kunde war January Jones, der bekannte walisische Bergmann, und später, als das Unternehmen Patrick, Elliott & Camp als Promoter ins Geschäft kam, platzierte ich seine Werbung. Ich hielt es auch bis zum Tod von CH Eliott, als die Kontrolle über diese Firma in andere Hände fiel und sie schließlich den Betrieb aufgab. Im Laufe von drei Jahren schaltete meine Werbeagentur Anzeigen im Wert von etwa 1.000.000 US-Dollar in den Zeitungen der Vereinigten Staaten, hauptsächlich in denen der Großstädte, und alle Anzeigen brachten Geld ein. Es musste einfach Geld verdient werden, denn die Makler, die die Werbung machten, hatten außer den Minen kaum oder gar nichts, womit sie den Betrieb aufnehmen konnten, und die Minen waren nicht ihr Eigentum.

Das Bemerkenswerteste an dieser Werbekampagne war für mich, dass ich noch nie ein Börsenmakler, nie ein Minenförderer und noch nie zuvor in einem Bergbaulager gewesen war; Aber trotz meines völligen Unwissens über die technische Seite des Geschäfts brachten meine Anzeigen dennoch Einnahmen.

Ich war ein Enthusiast. Ich glaubte an die Vorzüge des Lagers, und meine Begeisterung übertrug sich zweifellos auf die Leser meiner Anzeigen. Aber die Qualität des Anzeigentextes war nicht die einzige Erklärung dafür, warum ich erfolgreich Geld nach Goldfield brachte. Die Aktienangebote *trafen zweifellos den Nerv der Bevölkerung* . Zehntausende von Menschen, die jahrelang die täglichen Finanzberichte der Zeitungen in sich aufgesogen hatten, deren Einkommen jedoch nicht ausreichte, um sich Börsenspekulationen mit Eisenbahnen und Industriewerten zu leisten, fanden in billigen Bergbauaktien das, wonach sie suchten – eine Gelegenheit für Menschen mit begrenztem Kapital, ihrem Spiel- oder Spekulationsinstinkt freien Lauf zu lassen.

Immer wieder wurden Werbeaktionen fast vollständig per Telegraf abonniert, bevor die Postantworten Goldfield erreichten; und es bedurfte oft nur der Veröffentlichung einer halbseitigen Sonntagsanzeige in 40 oder 50 Großstadtzeitungen, um per Überweisung vor Montagabend ausreichend Reservierungen nach Goldfield zu bringen, um eine Überzeichnung in wenigen Tagen zu gewährleisten.

Es war einfach, meiner Experimentierfreude bei der Entwicklung der Förderung von Bergbauaktien in Goldfield freien Lauf zu lassen. Das alte System, das sich in jüngster Zeit bei Finanzwerbetreibenden großer Beliebtheit erfreute, bestand zunächst darin, aus den Anzeigen Namen von Anlegern und nicht unmittelbare Ergebnisse zu erhalten und diese dann per Korrespondenz weiterzuverfolgen. Indem ich die ersten 1.000 US-Dollar ausgab, die mir von Goldfield für Werbung zugeteilt wurden, teilte ich das Geld an einem Tag auf zwei Zeitungen auf. Ich habe große Display-Anzeigen erstellt und um direkte, schnelle Antworten gebeten. Dies ist gelungen.

Goldminen mit Öffentlichkeitsarbeit bauen

Etwas später gründete ich als Ergänzung zur Werbeagentur ein Nachrichtenbüro.

Es ist allgemein anerkannt, dass dieses Nachrichtenbüro viel für Nevada geleistet hat. Tatsächlich wird von Goldfeldpionieren und von Bergbau-Börsenmaklern im ganzen Land allgemein anerkannt, dass das Nachrichtenbüro direkt dafür verantwortlich war, dem Staat Nevada zig Millionen Dollar an Investitionen zuzuführen, und indirekt für die Erschließung der Mohawk und anderer großer Goldminen des Goldfeldlagers und des Staates verantwortlich war.

Die Goldsucher, die Goldfield entdeckten, waren mittellos. George Wingfield, der Mann, der heute Präsident der fusionierten Goldfield Consolidated ist, kam mit nur 150 Dollar in die Bergbaulager. Aus heimischen Quellen waren keine nennenswerten Mittel verfügbar. Das Geld, das Goldfield später zum „größten Goldlager der Welt" machte, kam von außerhalb, und die Nachrichtenagentur sicherte es sich, indem sie die

Aufmerksamkeit der amerikanischen Öffentlichkeit auf die großen Spekulationsmöglichkeiten von Investitionen in die Bergbaupapiere und Pachtverträge des Lagers lenkte. Einer der Pachtverträge, bekannt als Hayes-Monnette, wurde mit Geld aus Chicago betrieben und erschloss später die große Mohawk-Erzlagerstätte zu einer Zeit, als in der Kasse der Mohawk Mining Company kein Geld für die eigene Erschließungsarbeit vorhanden war. Und es gibt Dutzende anderer Beispiele, die meine Aussagen bestätigen.

Ich war Leiter des Nachrichtenbüros und das Nachrichtenbüro war Nevadas Werbeagentur. Ich habe meine Arbeit in dieser Richtung immer als eine Leistung betrachtet. Außer mir selbst hat niemand einen Dollar an das Nachrichtenbüro gespendet.

HAARRASTENDE GESCHICHTEN FÜR FERNLESER

Dieses Nachrichtenbüro mit Sitz in der Wüste wurde zu einer Zeit, als Wasser in Goldfield 4 Dollar pro Barrel kostete und Kohle im Lager um keinen Preis zu bekommen war, mit ebenso viel berechnendem Urteilsvermögen geführt, wie es möglich gewesen wäre, wenn es von den mächtigsten Interessengruppen Amerikas subventioniert worden wäre. Täglich wurden von kompetenten Zeitungsleuten Geschichten von menschlichem Interesse über das Lager, seine Minen und seine Männer geschrieben. Diese wurden an die Tageszeitungen in den großen Städten des Ostens und Westens weitergeleitet, um dort in den Nachrichtenspalten veröffentlicht zu werden.

Die meisten Geschichten wurden angenommen und veröffentlicht. Wenn es zu Zögern kam, wurden die Verleger vom Nachrichtenbüro mit großen Anzeigenblättern dazu verleitet, dem Lager weiterhin Publizität zu verschaffen.

Diese Arbeit hat mir so sehr geholfen, das Interesse der Öffentlichkeit zu wecken, dass bekannte Zeitschriftenautoren wie James Hopper ins Lager geholt und vom Nachrichtenbüro in Dienst gestellt wurden, um lesenswerte Geschichten zu schreiben. Wenn das öffentliche Interesse nachzulassen schien, nutzten die Zeitungskorrespondenten des Lagers die Nachrichten, um alle möglichen sensationellen Ereignisse bekannt zu machen, die in der Wüste üblich waren. Berichte über Goldfunde, hohe Einsätze an Spieltischen, Schießereien, Spielerfehden, Massenpaniken, Überfälle, knappe Fluchten, Morde und so weiter wurden genutzt, um die Aufmerksamkeit der Öffentlichkeit auf die Tatsache zu lenken, dass ein Bergbaulager namens Goldfield in Sicht war.

Ich war zuversichtlich, dass die spekulierende Öffentlichkeit in Goldfield einen großen „Tötungsdelikt" anrichten würde. Tonopah, 26 Meilen nördlich, machte auf wunderbare Weise Fortschritte. Es hatte die Investoren in Philadelphia bereits um Millionen bereichert. Ich konnte keinen Grund sehen, warum Goldfield die Geschichte von Tonopah nicht zumindest wiederholen sollte. Noch nie in meinem Leben habe ich in einer Umgebung gelebt, die mich so inspiriert hat. Die Gesichter meiner Umgebung waren in der Regel grob behauen; die Gesichtszüge vieler waren von all den Schönheitsfehlern gezeichnet, die ihnen die Zeit, schlaflose Nächte, Angst und der Kontakt mit den Elementen zugefügt hatten; Aber Mut, Aufrichtigkeit und Ehrlichkeit waren in jeder Zeile ihrer Gesichter zu lesen.

Ich wurde von der Idee durchdrungen, dass Anleger, die ihr Geld in Goldfield-Aktien investierten, nicht nur eine ehrliche Chance auf ihr Geld hatten, da die Minen erschlossen wurden und viele davon wieder gutgemacht werden würden, sondern dass auch die Gelegenheit für Geld- Wenn die Öffentlichkeit damals diese Idee aufgreifen würde, würde dies dem Mann, der die Öffentlichkeit zu einem umfassenden Verständnis der Situation erzogen hat, einen großen Ruf einbringen.

Das Quecksilber der Spekulation

Spekulanten und Investoren aus der Ferne, die auf die glühende Werbekampagne reagierten, die die frühen Tage von Goldfield kennzeichnete, machten enorme Gewinne, und ich habe mich nicht getäuscht. Achtzehn Monate später kam es zu enormen Verlusten infolge einer verrückten Spekulation mit Bergbauaktien, die auf den großen Mohawk-Boom und die Fusion verschiedener Goldfield-Produzenten zu einem 36 Millionen Dollar schweren Unternehmen folgte. Das wurde von „Wildcattern" in jeder großen Stadt des Landes ausgenutzt, und die Öffentlichkeit wurde bis zum Äußersten geschröpft. Aber davon später mehr und viel.

Damals bot meine Agentur Goldfield Laguna zu einem Kurs von 15 Cent pro Aktie an, um den Bergbaubetrieb des Unternehmens zu finanzieren. Ein Jahr später wurde Goldfield Laguna an der Börse von San Francisco für 2 Dollar pro Aktie verkauft und zu diesem Kurs von der Goldfield Consolidated übernommen. Und es gab viele andere Unternehmen, die die Leistung von Laguna nachahmten oder sogar übertrafen.

Zu der Zeit, von der ich erzähle, als Laguna zu 15 Cents angeboten wurde, war Goldfield etwa ein Jahr alt. Eine Bevölkerung von etwa 1.500 Menschen aus allen Teilen des Landes hatte sich dort versammelt. Es gab Bergbauexperten aus Salt Lake, San Francisco und Colorado und Bergleute aus allen Teilen des westlichen Bergbauimperiums; Kneipenbesitzer aus Alaska und Mexiko; Immobilienmakler aus praktisch jedem westlichen Staat und ein paar „Blechbläser". Es war eine der bunt gemischtesten Versammlungen, die man irgendwo auf der Welt finden kann, aber insgesamt waren sie ein solider Haufen.

Das Lager erlebte seinen ersten Boom. In sechzig Tagen waren die Immobilienpreise von 25 Dollar für ein Grundstück an der Main Street auf 5.500 Dollar gestiegen. Zwei oder drei Blocks lang säumten grob gebaute Geschäftshäuser die Hauptstraße. Der starke Verkehr, der die Lieferungen aus Tonopah anlieferte, hatte den Schmutz der Straße zu einer kaum fühlbaren Staubmasse von einer Dicke von bis zu 32 Zentimetern zermahlen, und die ungebremsten Winde der Wüste, die von der Sierra Nevada bis zu den Höhenzügen östlich von Goldfield fegten, peitschten den Staub zu blendenden Wolken auf, die das Leben täglich fast unerträglich machten.

Fast die gesamte Bevölkerung war in Zelten untergebracht, die in den Vorgebirgen verstreut waren. Nachts sahen sie aus wie ein Armeelager. Die Vorräte waren knapp und reichten kaum zum Bedarf. Die wichtigste Speisestätte war das Mocha Café, ein 14 x 18 Zoll großes Zelt mit Lehmboden und einer grob gebauten Theke. Hier standen die Männer stundenlang Schlange und warteten darauf, einen Dollar für eine schmutzige Tasse Kaffee, ein kleines Stück salzigen Schinken und zwei Eier zu bezahlen, die die Hühner, die sie gelegt hatten, längst überlebt hatten.

Der beliebte Treffpunkt war der Northern Saloon und das Glücksspielhaus, das „Tex" Rickard und seinen Mitarbeitern gehörte und von ihnen verwaltet wurde. Hier ganze fünfundsiebzig Prozent. der männlichen Bevölkerung des Lagers versammelten sich jeden Abend und spielten Faro, Roulette und Stud-Poker, redeten über Minen und Bergbau, verkauften Grundstücke und schützten sich vor den Windböen, die mit durchdringender Intensität von den schneebedeckten Gipfeln der Sierras kamen. Die Makler des Lagers versammelten sich jeden Abend im Norden und hielten informelle Sitzungen ab, bei denen häufig 30.000 oder 40.000 Aktien der aktiveren Aktien gehandelt wurden.

Die Bergbauaktien, die in jenen frühen Goldfield-Tagen über meine Agentur beworben wurden, waren im Allgemeinen 10, 20 und 30 Cent pro Aktie wert. Die Firmengründer waren begeistert, dass ihre „Aussichten" sich als Erfolg erweisen würden, aber ich argumentierte mir selbst, dass, wenn die Chancen, dass sich ein Bergbauprojekt dieser Art als eine Mine erweist, nur etwa eins zu 25 oder eins zu 50 wären und meine Agentur 25 oder 50 Unternehmen von durchschnittlicher Qualität bewarb und eines davon sich gut entwickelte, derjenige, der eine gleiche Anzahl Aktien von jedem kaufte, zumindest mit den Gewinnen des einen Gewinners „die Gewinnschwelle" erreichen würde.

Später wurde dieses Prinzip für den Konservativismus „in den Schatten gestellt", indem Mohawk of Goldfield die Aktie von 10 Cent auf 20 Dollar anhob. Dies bewies, dass ein Investor, der Mohawk zu einem von 50 Unternehmen gehörte, dessen Aktien zu 10 Cent gekauft hatte, einen schönen Gewinn gemacht hätte. Frühe Käufer von Mohawk bekamen 200 zu 1 für ihr Geld, ein Vielfaches dessen, was man normalerweise bei einem Pferderennen mit einem Außenseiter gewinnen konnte, und nicht viel weniger, als früher von glücklichen Gewinnern der Louisiana-Lotterie gewonnen wurde. Und Mohawk war nur eines von einem Dutzend der frühen Unternehmen, deren Kurs an der Börse stieg und die Märkte um mehr als 1.000 Prozent bremste.

In diesem frühen Stadium von Goldfield wurde vom Lager aus noch nicht auf „wildes Catting" gesetzt, es sei denn, man kann dieses Glücksspiel mit Aktien von „vielversprechenden" Unternehmen mit viel Fantasie so nennen, da die Promoter-Makler in der Lage waren, Aktien von nahe gelegenen Grundstücken anzubieten. Zu den Preisen gehörten Red Top, dessen Kurs innerhalb von zwei Jahren von 8 Cent auf 5,50 Dollar pro Aktie stieg; Daisy, dessen Kurs von 10 Cent auf 6 Dollar hochschnellte; Goldfield Mining, dessen Kurs von 10 Cent auf 2 Dollar hochschnellte; Jumbo, dessen Kurs sich von 50 Cent auf 5 Dollar verbesserte; Jumbo Extension, dessen Kurs von 15 Cent auf über 3 Dollar stieg; Great Bend, dessen Kurs von 20 Cent auf rund 2,50 Dollar sprang; Silver Pick, dessen Kurs von 10 Cent auf 2,65 Dollar stieg; Atlanta, das für 10 und 15 Cent beworben und für bis zu 1,25 Dollar verkauft wurde; Kewanas, dessen Steuersatz von 25 Cent auf 2,25 Dollar angehoben wurde, und andere. Schon damals wurde im guten Namen von Goldfields illegaler Handel im kleinen Stil strafrechtlich verfolgt, und Denver war das Hauptquartier der Betrüger.

Achtzehn Monate später, als sich die Mohawk-Mine von Goldfield mitten in der höchsten Halbjahresproduktion befand, mit einer Rate von 1.000.000 US-Dollar pro Monat, und die Konsolidierung der wichtigen Bergbauunternehmen des Lagers im Gange war, kam es zu einem „Wildgang". „wurde allgemein von Bürogebäuden in den Großstädten übernommen. In dieser letzten Zeit wurden mehr als 2.000 Unternehmen gegründet, von denen keines erfolgreich war, und die Öffentlichkeit verlor allein durch diese Operation 150.000.000 bis 200.000.000 US-Dollar. Ganze weitere 150.000.000 US-Dollar gingen durch den Anstieg auf Niveaus verloren, die durch gleichzeitige Minenvorkommen börsennotierter Goldfield-Aktien an der New York Curb und der San Francisco Stock Exchange nicht gerechtfertigt waren.

Aber ich bin meiner Geschichte voraus.

Es war Spätfrühling 1905. Ich war seit mehr als sechs Monaten in Goldfield bei der Arbeit und meine Werbekampagne begann an Fahrt zu gewinnen.

Allerdings konnten die Minen im Augenblick nicht mithalten. Der Mohawk war noch unentdeckt.

DIE GEBURT DES Ochsenfrosches

Zu diesem Zeitpunkt wurde das neue Bergbaulager Bullfrog, 65 Meilen südlich von Goldfield, geboren. Meine Werbemöglichkeiten wurden von Grundstückseigentümern in Bullfrog in Anspruch genommen, „um das Lager bekannter zu machen".

CH Elliott, ein Goldfield-Pionier, stellte mir und meinem Stenographen ein Auto zur Verfügung, und wir fuhren nach Bullfrog. Elliott und seine Mitarbeiter hatten ein Stadtgebiet abgesteckt, das sie Rhyolite nannten. Bei meiner Ankunft wurden mir sieben Eckgrundstücke geschenkt, um meine Begeisterung zu fördern.

Dort, im Salon eines Spielcasinos, dem Haupttreffpunkt des Lagers, traf ich zum ersten Mal George Wingfield, den damaligen Haupteigentümer des Tonopah Club in Tonopah, eines Spielcasinos, das ihn aus der Klasse der mittellosen Spieler in die Millionäre katapultiert hatte; außerdem seinen Partner, den US-Senator George S. Nixon [1] ; TL Oddie, der später zum Gouverneur von Nevada gewählt wurde; Sherwood Aldrich, heute einer der Haupteigentümer der Chino und Ray Consolidated Minen mit einem Vermögen von mehreren Millionen, und andere, die seither große Reichtümer angehäuft haben.

Sie waren vor Ort und kauften Grundstücke. Mr. Aldrich erwarb die Mehrheitsbeteiligung an Tramps Consolidated für etwa 150.000 Dollar. Das Unternehmen wurde für 2.000.000 Aktien mit einem Nennwert von je einem Dollar gegründet, stieg ein Jahr später auf 3 Dollar pro Aktie an der New Yorker Börse und wird jetzt für 3 Cent gehandelt, ohne jemals eine Dividende ausgezahlt zu haben.

Herr Elliott hatte eine große Aktienbeteiligung an der Amethyst-Mine und der National Bank-Mine, die jeweils mit 1.000.000 Aktien kapitalisiert waren, und er schenkte mir jeweils 10.000 Aktien. Er und sein Partner verkauften die Kontrolle über den Amethyst an Malcolm Macdonald von Tonopah. Später, als Amethysts Nachbar, Montgomery-Shoshone, für 20 Dollar pro Aktie verkaufte, stieg der Marktpreis von Amethyst an der San Francisco Stock Exchange auf über 1 Dollar pro Aktie, und ich nahm meinen Gewinn mit. Seitdem hat sich herausgestellt, dass der Amethyst ein reiner Bergbau-Misserfolg ist, wie praktisch jedes andere Anwesen im Lager, von dem noch nie eines eine Dividende verdient hat.

Die Aktien der Bullfrog National Bank, die eine weitere Immobilie darstellten, die eine Zeit lang so aussah, als ob sie sich rentieren würde, verkaufte ich an der San Francisco Stock Exchange für 40 Cent pro Aktie und verkaufte die Grundstücke der Stadt zu Beträgen, die mir im Großen und Ganzen Gewinn brachten , mehr als 20.000 US-Dollar für meinen Tagesausflug nach Bullfrog.

Während meines Aufenthalts in Bullfrog war ich von der Montgomery-Shoshone-Mine sehr beeindruckt. Dieses Anwesen war tatsächlich der starke Magnet, der alle ins Lager lockte.

Ich wurde durch einen 21 Meter langen Tunnel geführt. Auf beiden Seiten, die ich entlangging, befanden sich Talkwände. Man sagte mir, dass der Wert dieser Erze zwischen 200 und 2.000 Dollar pro Tonne liege. Außerdem wurde mir mitgeteilt, dass die Breite des Erzvorkommens mehr als 21 Meter betrage. (Später stellte sich heraus, dass der Tunnel nicht quer, sondern entlang des Erzvorkommens verlaufen war und dass das Erzvorkommen etwa 3 Meter breit war.) Ich erhielt einige Erzproben zur Untersuchung und die Ergebnisse waren atemberaubend und lagen zwischen 500 und 2.500 Dollar pro Tonne.

In meinem Enthusiasmus schrieb ich Geschichten über das Anwesen zur Veröffentlichung, die den Leser zu der Annahme verleitet haben müssen, dass Gold entwertet werden würde, wenn alle Reichtümer dieses großen Schatzhauses abgebaut wären. Tatsächlich sollen die Geschichten aus meinem Nachrichtenbüro, die den Reichtum dieser Golconda schilderten, indirekt für den Erwerb der Kontrolle über das Anwesen durch Charles M. Schwab und seine Mitarbeiter verantwortlich gewesen sein.

Die Geschichte der Montgomery-Shoshone ist traurig, aber äußerst lehrreich. Für die Darstellung der Fallstricke bei Spekulationen mit Bergbauaktien verfügt es über bemerkenswerte Qualifikationen. Hier sind die Fakten:

Malcolm Macdonald, Bergbauingenieur, erwarb von Tom Edwards, einem Kaufmann aus Tonopah, die Hälfte der Anteile an der Mine für 100.000 Dollar bei Ratenzahlung. Aufgrund der Ergebnisse im 70 Fuß langen Tunnel wurde versucht, die Kontrolle mit Gewinn an die Tonopah Mining Company zu verkaufen. Dies war jedoch nicht erfolgreich. Oscar Adams Turner aus New York und Baltimore, Gründer der äußerst erfolgreichen Tonopah Mining Company, die ihren ursprünglichen Aktionären bis heute 16 Dollar für jeden investierten Dollar zurückgezahlt hat, untersuchte die Montgomery-Shoshone-Mine und lehnte ab, da das Grundstück ihm keine klar definierten Adern oder andere Anzeichen von Beständigkeit aufwies und das Erzvorkommen ihm nur als oberflächliche Lagerstätte von geringer Ausdehnung erschien.

Viele gute „Aussichten" wurden von den angesehensten Bergleuten abgelehnt und haben sich später bewährt, insbesondere in Nevada. Mr. Turners Ablehnung hat die Eigentümer nicht entmutigt.

ENTER, CHARLES M. SCHWAB

Ingenieur Macdonald gründete eine Firma mit 1.250.000 Aktien mit einem Nennwert von je 1 Dollar, um die Mine zu besitzen und zu betreiben. Investoren wurde von ihm gestattet, kleine Aktienpakete zu 2 Dollar pro Aktie zu zeichnen. Kurz darauf verkauften Herr Macdonald und der Besitzer der anderen Hälfte, Bob Montgomery, eine Mehrheitsbeteiligung an Herrn Schwab und Partner für einen Betrag, der nie öffentlich bekannt gegeben wurde. Herr Schwab reorganisierte die Firma sofort, übernahm zwei angrenzende, unbebaute Grundstücke und änderte die Kapitalisierung auf 500.000 Aktien mit einem Nennwert von je 5 Dollar. Im Gegenzug gestattete er seinen Freunden und der Öffentlichkeit, die neuen Aktien zu 15 Dollar pro Aktie zu zeichnen. Später stieg der Aktienkurs an der New Yorker Börse auf 22 Dollar.

Zweifellos war Herr Schwab von dem Vorschlag angetan und lieh der Firma 500.000 Dollar, um vor Ort ein Reduktionswerk zu errichten.

Bis heute hat die Mine die Kosten für ihre Ausrüstung nicht bezahlt. Die Arbeiten auf dem Gelände wurden eingestellt und die Mühle zum Verkauf angeboten.

Das Unternehmen schuldet Herrn Schwab noch immer etwa 225.000 Dollar, da der Nettogewinn aus dem Erz in sechs Jahren nicht ausreicht, um sein Darlehen an das Unternehmen zurückzuzahlen. Tatsächlich hat sich das Unternehmen als einer der schlimmsten Misserfolge in Nevada erwiesen. Die Mine erwirtschaftete in sechs Jahren 2.000.000 Dollar BRUTTO, und obwohl Mine und Mühle wirtschaftlich betrieben wurden, reichte der Nettoerlös aus dem Erz nicht aus, um die Schulden von Schwab zu begleichen. Vor kurzem wurden die Aktien an der New Yorker Börse nominell zu 2 bis 5 Cent notiert. Der Verlust der Öffentlichkeit beläuft sich auf Millionen.

Nachforschungen beweisen für mich, dass Herr Schwab lediglich ein „Angeber" für den Bergbau war und zuließ, dass sein Enthusiasmus mit ihm durchging, aber die Öffentlichkeit litt genauso darunter, als hätte Herr Schwab einen kaltblütigen Schwindel begangen.

Ich habe die Frage eines Aktionärs gehört: „Welche Entschuldigung könnte ein Mann mit einem guten Geschäftssinn wie dem von Herrn Schwab dafür haben, die Montgomery-Shoshone mit einem Wert von 15 US-Dollar pro Aktie oder 7.500.000 US-Dollar für das Grundstück zu bewerben?" , wodurch die Aktie anschließend an der New Yorker Börse mit bis zu 22 US-Dollar pro Aktie notiert werden kann, oder bei einem Wert von 11.000.000 US-Dollar für das Grundstück, wenn das Unternehmen nach sechs Jahren Minenbetrieb praktisch zahlungsunfähig ist?"

Eine für Bergbauleute akzeptable Entschuldigung könnte das Montgomery-Shoshone-Grundstück sein, das in einer Ansammlung anderer großer Minen liegt und an sich ein Vielfaches der Bewertung wert ist, die Montgomery-Shoshone zum Zeitpunkt seiner Förderung hatte. „Prospekte" dieser Art haben gemäß genehmigter Bergbauerfahrung manchmal Anspruch auf eine Bewertung von großem potenziellem Wert, wenn benachbarte Minen eine tiefgreifende Anreicherung nachgewiesen haben. In diesem Fall gab es jedoch keine solche Entschuldigung, da das tiefste Loch im Boden des gesamten Lagers zu der Zeit, als die Montgomery-Shoshone von Herrn Schwab gefördert wurde, weniger als 200 Fuß betrug und es in oder in der Nähe keine nachgewiesene Mine gab das Lager.

Ich war vor etwa drei Jahren in Reno, als Herr Schwab auf dem Weg nach Kalifornien durch die Scheidungsstadt kam. Zu dieser Zeit war der Preis von Montgomery-Shoshone bereits auf rund 3 Dollar pro Aktie gestiegen, und in Nevada wurden Geschichten veröffentlicht, wonach Herr Schwab von Mitgliedern eines exklusiven Pittsburg-Clubs abgewiesen worden war, weil er Montgomery-Shoshone als Anlage empfohlen hatte. Herr Schwab wurde bei einer hastigen Erörterung der Angelegenheit am Bahnhof mit den Worten zitiert, dass ihm die Immobilie grob falsch dargestellt worden sei. Diese Aussage wurde in Nevada weithin veröffentlicht. Daraufhin telegrafierte Don Gillies, Herr Schwabs Ingenieur in Nevada, der zusammen mit Malcolm Macdonald Herr Schwabs Bergbauberater sein sollte, Herrn Schwab und fragte ihn direkt, ob er ihn gemeint habe. Herr Schwab antwortete, dass dies nicht der Fall sei. Auch dieses Dementi wurde weithin bekannt gemacht. Es gab also nur eine vernünftige Schlussfolgerung, und zwar, dass Herr Schwab sich auf Herrn Macdonald bezog.

Kurz gesagt, es scheint, dass Herr Schwab Montgomery-Shoshone tatsächlich nur aufgrund der Angaben des Verkäufers, des Interessenten, gekauft und das Anwesen möglicherweise aufgrund der unbestätigten Angaben des Verkäufers beworben hat. Es kann sein, dass der Verkäufer überhaupt keine falschen Angaben gemacht hat; er war vielleicht nur zu enthusiastisch und hat Herrn Schwab seine Begeisterung mitgeteilt.

Möglicherweise hat sich Herr Schwab auf Zeitungsberichte verlassen und auf deren Grundlage für die Immobilie geworben. Ein Brief von Herrn Schwab, der weiter unten erscheint, untermauert diese Idee.

Schon vorher war Herr Schwab im Tonopah-Bergbaugeschäft tätig. Sein Tonopah-Unternehmen war die Tonopah Extension. John McKane, später Mitglied des englischen Unterhauses, kaufte die Kontrolle über die Tonopah Extension Mining Company von Thomas Lockhart für 15 Cent pro Aktie. Die Kapitalisierung betrug 1.000.000 Aktien. John McKane machte Robert C. Hall, ein Mitglied der Börse von Pittsburg, für das Angebot. Dieser wiederum machte einen Deal mit Herrn Schwab. Der Aktienkurs stieg daraufhin an den Börsen von San Francisco und Pittsburg sowie an der New Yorker Börse rasant auf über 17 Dollar pro Aktie. Danach ließ man den Preis auf etwa 65 Cent pro Aktie zurückgehen. Im letzten halben Jahr lag der durchschnittliche Kurs bei 2,00 Dollar pro Aktie.

Obwohl der Marktpreis der Aktien zu der Zeit, als Herr Schwab vermutlich die Kontrolle besaß, auf einen Wert von 17.000.000 Dollar für die Mine angehoben werden durfte, hat das Unternehmen seitdem nicht einmal 1.000.000 Dollar an Dividenden ausgezahlt, und eine ganz aktuelle Schätzung des bekannten Ingenieurs Henry Krumb über den Nettowert des in der Mine sichtbaren Erzes kam nicht einmal auf 1.000.000 Dollar. Die Genauigkeit dieses Berichts wird bestritten, mit der Begründung, dass die Erzvorkommen zu dieser Zeit keine faire Probenentnahme erlaubten. Dies lässt eine Diskrepanz zu, die jedoch kaum 16.000.000 Dollar beträgt.

Nachdem Tonopah Extension von rund 17 US-Dollar pro Aktie auf unter 1,00 US-Dollar pro Aktie gefallen war, behaupteten die Tonopah-Aktionäre, dass Herr Schwab und seine Mitarbeiter an der Spitze abgestiegen seien. Herr Schwab antwortete, dass er nach dem Markteinbruch genauso viele Aktien besitze wie zu Beginn des Unternehmens. Dies wurde von einigen Aktionären mit dem Vorwurf beantwortet, dass Herr Schwab zwar wahrscheinlich nachweisen konnte, dass sein Interesse zu der späteren Zeit genauso groß war wie zu Beginn, dies aber nicht bedeute, dass Herr Schwab und seine *Mitbrüder* sich nicht entladen hätten oben gekauft und unten zurückgekauft.

In dem folgenden Brief von Herrn Schwab an Sam C. Dunham, den früheren US-Volkszählungsbeauftragten für Alaska, später Herausgeber des Tonopah *Miner* und Bergbauredakteur des *Mining Financial News* in New York, als ich leitender Herausgeber war, wird jede persönliche Schuld bestritten, obwohl der Leser annehmen darf, dass, wenn Herr Schwab seine Aktien nicht persönlich zu hohen Preisen abgestoßen hat, es seine Mitarbeiter gewesen sein könnten, dies getan haben.

CHARLES M. SCHWAB
111 BROADWAY
NEW YORK

1. November 1907.

Herr SAM C. DUNHAM ,
Herausgeber *The Tonopah Miner* ,
Tonopah, Nevada,

MEIN LIEBER HERR DUNHAM :

Ich wurde auf Ihre Ausgabe vom Samstag, 26. Oktober 1907, aufmerksam gemacht. Auf Kritik, wie sie diese Ausgabe an mir enthielt, antworte ich normalerweise nicht, da sie nutzlos ist und nur zu weiteren Diskussionen führt. Aber Ihre Zeitung war bisher immer so freundlich zu mir, so fair in jeder Hinsicht, und da ich Sie immer als Freund betrachtet habe und unsere Beziehungen so angenehm waren, möchte ich auf die erwähnte Kritik kurz antworten, um die Beständigkeit meiner Position zu zeigen.

Das einzige, was ich an Nevada kritisiert habe, war die Ungenauigkeit der Aussagen aus Nevada. Sie scheinen mich wegen dieser Aussage anzugreifen, und die Stärke meiner Position wird durch Ihren Artikel voll und ganz bestätigt, denn wenig, wenn überhaupt, von den Aussagen darin ist wahr oder richtig.

Ich werde Ihre Aussagen einzeln aufgreifen. Sie sagen, ich habe von John McKane Aktien der Tonopah Extension Mining Company im Wert von 25.000 US-Dollar für 15 Cent pro Aktie gekauft. Das ist absolut unwahr.

Sie sagen, ich habe 100.000 Extension-Aktien von Robert C. Hall für 6 US-Dollar pro Aktie gekauft und diese Aktie mit Papierfabrikaktien bezahlt. Kein einziger Teil dieser Aussage ist richtig. Ich habe Herrn Hall nie Papierfabrikaktien geschenkt, noch habe ich 100.000 Aktien von ihm gekauft. Der von ihm erworbene Betrag betrug 60.000 Aktien. Der von Ihnen angegebene Preis, den ich ihm für die Aktien gezahlt habe, ist nicht korrekt, und ich habe, wie gesagt, keine Aktien der Papierfabrik im Austausch gegeben.

Sie sagen weiter, dass sich bei der letzten Jahreshauptversammlung der Aktionäre von Tonopah Extension, die im vergangenen Mai in Pittsburgh stattfand, herausgestellt habe, dass ich alle Aktien, die ich von Mr. Hall gekauft hatte, und über zwei Drittel meiner ursprünglichen Anteile von 166.000 Aktien veräußert hätte. Das ist absolut unwahr. Ich besitze heute genau die Menge, die ich besaß, nachdem ich alle Käufe getätigt hatte, und zwar von Anfang an, insgesamt etwa 285.000 Aktien, und ich denke, wenn Sie sich die Mühe machen, die Unterlagen nachzuschlagen, werden Sie feststellen, dass meine Aussage in diesem Zusammenhang stimmt. Als ich Extension ursprünglich kaufte, gab es auch einige Aktien auf meinen Namen, die anderen gehörten, die ich später an sie übertrug, sodass meine eigenen Anteile von 285.000 Aktien in meinem persönlichen Besitz verblieben.

Im weiteren Verlauf des Artikels sagen Sie, dass ich die Kontrolle über Shoshone und Polaris für weniger als 2 US-Dollar pro Aktie erworben habe. Diese Aussage von Ihnen ist ungenau. Sie sagen, ich habe einen großen Block Shoshone-Aktien für 20 US-Dollar pro Aktie verkauft. Auch das entbehrt jeglicher Wahrheit. Tatsache ist, dass 3.000 Aktien zu diesem Preis von 20 US-Dollar verkauft wurden und diese 3.000 Aktien aus der Kasse des Unternehmens stammten, was, wie Sie sehen werden, aktenkundig ist.

Es ist wahr, dass ich dem Unternehmen fast 500.000 US-Dollar geliehen habe, um die neue Mühle zu bauen, und ich würde mich freuen, wenn jeder andere Aktionär des Unternehmens seinen anteiligen Anteil an diesem Betrag übernimmt.

Sie fragen sich, warum ich Aussagen aus Nevada kritisiere.

Hochachtungsvoll,

(*Unterzeichnet*) CM Schwab

Der allgemeine Eindruck in Nevada ist, soweit ich weiß, dass die Bergbauunternehmen von Herrn Schwab für ihn große Enttäuschungen waren, dass er jedoch keine sehr große Geldsumme verloren hat, und dass die Öffentlichkeit dies tat. Seine Feinde behaupten sogar, er, sein Bruder und sein Schwager, Dr. MR Ward, hätten mit der Öffentlichkeit Millionen verdient.

Ich habe eine Meinung, und vielleicht darf ich sie auch äußern. Herr Schwab war zu der Zeit, als er Förderer der Minen in Nevada wurde, ein erfahrener Stahlhersteller. Er wusste wenig oder gar nichts über Silber-, Gold- und Kupferminen. Die Tatsache, dass Freunde in Philadelphia, die ebenso wenig über das Spiel wussten wie er, in Tonopah ein Vermögen gemacht hatten (auf Anraten eines Mannes, der es wusste), hätte ihn nicht beeinflussen dürfen. Da sich die Mizpah-Mine in Tonopah, die von Oscar A. Turner als Tonopah Mining Company beworben wurde, auf phänomenale Weise bewährt hatte, hatten die Aktionäre von Pennsylvania mit dem Unternehmen sagenhafte Gewinne erzielt. Unter dieser Hypnose „verfiel" Herr Schwab der Tonopah Extension.

Als Tonopah Extension später einen Marktzuwachs von mehr als 16.000.000 US-Dollar verzeichnete, war Herr Schwab in einer idealen Stimmung, Montgomery-Shoshone nachzugeben.

Und als Montgomery-Shoshone im Bullfrog-Boom einen Marktzuwachs von 8.000.000 US-Dollar verzeichnete, brauchte es nicht viele Argumente, um ihn in Greenwater zu bringen, einem weiteren „Bloomer", der weiter unten beschrieben wird.

Marktgewinne waren für Herrn Schwab offensichtlich verlockend. Er erkannte nicht, dass sein eigener großer Name zu einem großen Teil für den Preisanstieg seiner Wertpapiere verantwortlich war.

Sam C. Dunham hat mir mitgeteilt, dass Herr Schwab ihm mitgeteilt habe, dass er seinen persönlichen Freunden in Pittsburg, die auf seine Empfehlung hin Montgomery-Shoshone-Aktien gezeichnet hatten, zwischen 2.000.000 und 3.000.000 US-Dollar zurückerstattet habe. Dies sollte überzeugend sein, dass Herr Schwab keinerlei Absicht hatte, auf Kosten anderer zu profitieren.

Die mangelnde Vorsicht von Herrn Schwab ist jedoch aufschlussreich für den unterlegenen Spekulanten. Es ist ein verblüffendes Beispiel dafür, wie gefährlich es ist, für den Erfolg eines Unternehmens allein auf einen ehrenvollen Namen zu vertrauen, und es verdeutlicht auch die Wahrheit des Sprichworts: „Jeder Schuhmacher sollte bei seinem Leisten bleiben."

Übrigens weist die Bergbaukarriere von Herrn Schwab auf eine andere Moral hin. Es ist folgendes: Denken Sie nicht, Herr Spekulant, dass der Projektträger *ipso facto* ein Betrüger ist, weil die Aussichten, in einem Bergbauunternehmen Gewinne zu erzielen, enorm sind und Sie später feststellen, dass seine Erwartungen nicht erfüllt werden . Große Finanziers neigen dazu, Fehler zu machen, und das gilt auch für kleine. Jeden Tag werden zweifelsohne schwerwiegende Falschdarstellungen gemacht und es werden heimtückische Methoden eingesetzt, um Sie dazu zu verleiten, sich eine höhere Meinung über die Vorzüge verschiedener Wertpapiere zu bilden, als die Fakten rechtfertigen. Aber Minenförderer sind nur Menschen, und ehrliche Menschen lassen sich nicht selten von ihrem eigenen Enthusiasmus mitreißen und verlieren ihr Bestes bei dem gleichen Unterfangen, an dem sie Sie zur Teilnahme überreden.

Warum der Boden herausgefallen ist

Als Montgomery-Shoshone die Blütezeit des Marktes erlebte, wurde die Bullfrog Gold Bar Mining Company mit rund 15 Cent pro Aktie bei der üblichen Kapitalisierung von einer Million Aktien befördert. Ein Jahr später sprang der Preis an der San Francisco Stock Exchange auf 2,65 US-Dollar und die Aktie wurde unter den Anlegern weit verbreitet. Vor kurzem befand sich das Unternehmen in den Händen des Sheriffs. Die größten Verlierer dieses Vorhabens waren die Menschen aus Alabama, die großes Vertrauen in die Veranstalter hatten.

Andere Bullfrog-Wracks, bei denen die Öffentlichkeit große Geldsummen verlor, waren Gibraltar, Bullfrog Steinway, Shoshone National Bank, Bullfrog Homestake, Bullfrog Extension, Denver Rush Extension,

Mayflower, Four Aces, Golden Scepter, Montgomery Mountain, Original Bullfrog usw. usw .

Auf dem Höhepunkt des Booms in diesem Lager gerieten die Bergbau- und Aktienmakler der Städte in Ekstase über Bullfrog. Bergbau- und Börsenmakler aus Philadelphia versorgten ihre Kunden mit Tramps Consolidated und Bullfrog. Pittsburg-Makler empfahlen Montgomery-Shoshone. Butte-Makler platzierten große Amethystblöcke. Goldbarren wurden von Maklern im Süden vertrieben. New Yorker Makler standen hinter Gibraltar, Four Aces, Denver Rush, Montgomery Mountain, Eclipse, Golden Scepter, National Bank und vielen anderen.

Praktisch jeder Dollar der Millionen, die in Bullfrog-Aktien investiert wurden, ist verloren gegangen.

Die Ursache dafür, dass es im Bullfrog-Bezirk nicht zu einer Wiederherstellung kam, war nicht das Fehlen von goldhaltigem Gestein, denn es gibt viel davon im Bezirk, sondern es wurde festgestellt, dass die Werte pro Tonne zu niedrig sind, um die Minen zu einem Goldabbau zu machen kommerzieller Erfolg. Ochsenfrosch liegt in der Wüste und hat kein Holz und nur sehr wenig Wasser. Projektträger und Investoren erkannten dies erst, als die Mühlen gebaut wurden. Dann war es zu spät. Wenn das Lager an den bewaldeten Ufern des Hudson River gelegen wäre, wären die Vorräte vieler Minen des Bezirks wahrscheinlich überdurchschnittlich gefragt.

Das wohl Bemerkenswerteste an Bullfrog ist, dass seine Wertpapiere von den Maklern im Osten stärker empfohlen wurden als die Goldfield-Aktien und in dieser frühen Phase der Geschichte von Goldfield populärer wurden. Die Makler im Osten hatten damals wenig Vertrauen in Goldfield; und genau zu der Zeit, als die Goldfield-Aktien, die Insider-Immobilien repräsentierten, die sich später außerordentlich auszahlten, angeboten wurden, rieten sie ihren Kunden vom Kauf ab. Die allgemeine Meinung war damals, dass es sich um einen kurzlebigen Ableger des ersten großen Tonopah-Booms handelte, und aufgrund des wachsenden Einflusses von George Wingfield, dem damaligen Haupteigentümer von Tonopahs größtem Spielhöllen-Theater, setzte sich im Osten die Vorstellung durch, dass Goldfield ein Paradies für Spieler und Wildfang-Fans sei.

In den frühen Tagen des Bullfrog-Booms endete die Karriere meines Freundes WJ Arkell als Bergbauförderer plötzlich. Man wird sich erinnern, dass sein Barkapital 35 Dollar betrug, als er Goldfield verließ, um nach Tonopah zu gehen und das Tonopah Home-Geschäft abzuschließen. Er schloss die Transaktion für die Option auf die Millionen Aktien der Tonopah Home-Kapitalisierung zu einem Preis von etwa fünf Cent pro Aktie ab.

Damit endete unsere dreitägige „Partnerschaft". Arkell reiste zurück nach San Francisco und erklärte mich dort für ausgetreten.

Arkell war eine Zeit lang eine prominente Persönlichkeit als Förderer von Bergbauaktien in San Francisco. Er brachte Tonopah Home an die Börse von San Francisco. Dann begann er, den Preis in die Höhe zu treiben. Der Anstieg hielt an, bis die Aktie innerhalb weniger Monate für 38 Cent verkauft wurde, was einem Anstieg von etwa 700 Prozent entspricht.

Dann kam der psychologische Moment für Arkell.

Es kam heraus, dass er seine Börsenkampagne dadurch finanziert hatte, dass er Unmengen seiner eigenen Aktien mit einer Marge von einem Drittel kaufte und sie gleichzeitig in gleicher Menge gegen bares Geld über andere Broker verkaufte. Dies entsprach einer Kreditaufnahme von 66 2,3 Prozent. des Marktwertes. Die Abwicklung übernahmen die Makler und Banken. Als Arkells Taktik aufgedeckt wurde, kam es zu wahllosen Leerverkäufen durch Markt-Scharfschützen. Arkells eigene verpfändete Bestände wurden für die Lieferungen verwendet.

Um sich zu behaupten und das schwankende Aktienangebot vom Markt zu nehmen, führte Arkell eine Konsolidierung durch. Die Tonopah Home Consolidated wurde gegründet und Inhaber von Tonopah Home-Aktien wurden aufgefordert, ihre Originalzertifikate gegen Aktien des konsolidierten Unternehmens einzutauschen.

In diesem Moment warf jemand einen Ziegelstein. Die Namen der US-Senatoren George S. Nixon und Hon. TL Oddie, der spätere Gouverneur von Nevada, war als Direktor des neuen Unternehmens bekannt gegeben worden, und als diese Herren die halbseitigen Werbeanzeigen sahen, in denen ihre Namen verwendet wurden, und ihnen mitgeteilt wurde, dass Arkell offenbar am Rande des Abgrunds stünde, sagten sie telegrafierte an die San Francisco Stock Exchange und verneinte die Verbindung.

Tonopah Home brach nach der Ankündigung an der Börse heftig auf etwa 3 Cent pro Aktie ein. Dann sank es auf nichts. Arkells Methoden waren zu „roh", und ich wusste, dass der Knaller früher oder später kommen musste.

Es war Ende Oktober 1905. Bullfrog befand sich noch in seiner Blütezeit. Der anfängliche Boom von Goldfield schien zu flackern. In den Minen wurde Tag und Nacht gearbeitet, aber aus Mangel an neuen Entdeckungen wurde das Lager von einigen Nachzüglern verlassen.

Auswärtige Zeitungskorrespondenten kamen auf den Schauplatz, und bald erschienen in den Zeitungen von Los Angeles und San Francisco Geschichten und Bilder des Lagers mit der Überschrift „Ein geplatzter Boom im Bergbaulager" usw. Die Besitzer der Goldminen wurden beschuldigt, die Öffentlichkeit zu betrügen. Die Förderer wurden als gewöhnliche Gauner abgestempelt. Merkwürdigerweise blieb Bullfrog, die jüngere Schwester von Goldfield, die sich seitdem als ein Friedhof der Hoffnungen auf den Bergbau erwiesen hat, immun. Dort hätten vermögende Männer das Sagen gehabt, sagten die Autoren, während Goldfield als Tummelplatz für Spieler und „Wildschurken“ dargestellt wurde. Die Geschichten hatten sogar in Goldfield ihre Wirkung. Die führenden Männer des Lagers begannen, sich nach neuen Feldern umzusehen, die sie erobern konnten. Die Mehrheit der Goldminenbesitzer war nicht auf Bullfrog „verfallen“, aber der Erfolg der Förderung der Bullfrog-Aktiengesellschaft im Osten inspirierte sie.

Der darauf folgende große Boom der Bergbaugebiete in Manhattan, 80 Meilen nördlich von Goldfield, verdankt seinen Erfolg größtenteils diesen glücklichen Umständen. Ich war einer der Ersten, die das Manhattan-Fieber bekamen.

WF („Billy“) Bond, ein Goldfield-Broker und -Promoter, der immer ein offenes Ohr hatte, zeigte mir ein Erzstück, das buchstäblich mit Gold überzogen war. Er sagte, es käme aus Manhattan und Manhattan sei ein weiteres Cripple Creek. Erst in der Nacht zuvor hatte ich beim „Wettkämpfen gegen den Tiger“ viele tausend Dollar verloren. Faro war damals der Zeitvertreib praktisch aller in Goldfield, und ich spielte aus Mangel an anderen Freizeitbeschäftigungen und verlor viel Geld.

Ich war genauso pleite wie an dem Tag, als ich das Lager betrat. Ich kaufte Decken, einen Anzug aus Segeltuch mit Schaffellfutter und ein klappbares Eisenbett, alles auf Kredit. Ich habe das Outfit nach Tonopah gepackt. Dort bestieg ich eine alte, klapprige Postkutsche vom regulären Far-Western-Typ und machte mich auf den Weg nach Manhattan. Wir fuhren durch eine schneebedeckte Wüste, Berge hinauf und Schluchten hinunter – eine gefährliche Reise, die ich nicht wiederholen möchte. Die 10 Dollar, die ich nach der Bezahlung meines Fahrpreises in der Tasche hatte, waren geliehenes Geld. Als ich in dieser Nacht in Manhattan ankam, das in einer Schlucht auf 7.000 Fuß Höhe liegt, stellte ich mein Feldbett im Schnee auf, wickelte mich in meine Decken und schlief im Freien. Es gab nur drei Hütten und weniger als zwanzig Zelte im Lager.

Am nächsten Morgen streifte ich durch die Ausgrabungsstätte. Säcke mit Erz, in denen man mit bloßem Auge Gold erkennen konnte, waren überall hoch aufgestapelt. Die drei Hauptproduzenten waren Stray Dog, Jumping Jack und Dexter. Sie waren wie Bienenwaben ineinander übergegangen. Ich fragte einige der Goldsucher nach den Namen der einzelnen Claims, die an Stray Dog, Jumping Jack und Dexter angrenzten. Sie teilten mir mit, dass es eine Gruppe von Claims gab, die nebeneinander lagen und für 5.000 Dollar gekauft werden konnten. Mit 10 Dollar in der Tasche machte ich mich daran, sie zu kaufen. Ich gab einen Scheck über 100 Dollar aus, unterzeichnete einen Vertrag, den Restbetrag von 5.000 Dollar in 30 Tagen zu zahlen oder die 100 Dollar zu verlieren, und machte mich sofort auf den Weg zurück nach Goldfield, um den Präsidenten der Bank dazu zu bewegen, meinen Scheck bei Vorlage einzulösen. Er tat es.

Als ich nach Goldfield zurückkehrte, trug ich viele Exemplare hochwertigen Erzes bei mir. Sie wurden in einem Juweliergeschäft ausgestellt. Die Aufregung war groß, und noch vor Einbruch der Dunkelheit kam es zu einem Ansturm von Goldfield nach Manhattan, der an Ausmaß den ersten Goldfield-Ansturm übertraf.

Ein paar Tage später kehrte ich nach Manhattan zurück und verkaufte meine Option für 20.000 Dollar in bar. Während ich dort war, traf ich CH Elliott. Mr. Eliott hatte in Bullfrog „aufgeräumt". Er erzählte mir, dass er in Goldfield eine Unternehmenspartnerschaft mit LL Patrick, einem der Eigentümer der großen Kombinationsmine – die später für 4.000.000 US-Dollar an die Goldfield Consolidated verkauft wurde – und Sol geschlossen hatte. Camp, ein Bergbauingenieur aus Colorado. Der Name des Konzerns war Patrick, Elliott & Camp, Inc. Er wurde gegründet, um Bergbauunternehmen zu fördern. Herr Patrick ist jetzt Präsident der First National Bank of Goldfield.

Mr. Elliott bat mich, noch einen Tag im Lager zu bleiben, bis er ein gutes Grundstück gefunden hätte. Er machte mit einigen Cowboys einen Deal über eine große Fläche, die die Aprilscherz-Gruppe von Claims umfasste, wo das Gold ursprünglich entdeckt worden war. Zwanzig Pachtverträge für dieses Grundstück waren in Kraft, und die Oberflächenvorkommen waren vielversprechend. Wenn das Erz „abgebaut" würde, würde sich die Mine als Goldgrube erweisen. Mr. Elliott gründete eine Firma namens Seyler-Humphrey, um das Grundstück zu besitzen und zu betreiben.

Wir kehrten nach Goldfield zurück. Mein Werbebüro telegrafierte die Nachricht von den Entdeckungen in Manhattan an eine lange Kette von Zeitungen im Osten und Westen. Dann schaltete ich in den großen Städten eine große Reihe von „Schaufenster"-Anzeigen, in denen ich Aktien von Seyler-Humphrey zum Verkauf anbot. Die gesamte Ausgabe von 1.000.000 Aktien von Seyler-Humphrey war innerhalb von zwei Wochen mit 25 Cent pro Aktie überzeichnet. Dies war das Ergebnis von Anzeigen im Wert von 15.000 Dollar, und der Gewinn der Firma betrug 100.000 Dollar. In rascher Folge machte Mr. Elliott Werbung für die Manhattan Combination und die Manhattan Buffalo. Innerhalb von sechs Wochen beliefen sich die Werbegewinne der Firma auf etwa 250.000 Dollar.

WIE STEHEN DIE CHANCEN DER ÖFFENTLICHKEIT?

Ich fragte Herrn Elliott eines Abends, kurz nachdem Patrick, Elliott & Camp ihre ersten 250.000 US-Dollar durch ihre drei Manhattan-Werbeaktionen verdient hatten, ob er nicht glaube, dass die Öffentlichkeit berechtigt sei, diese Aktie zu einem niedrigeren Preis und mit einem geringeren Gewinn als er zu zeichnen Konzern.

Ich erinnere mich, dass er sagte: „Der Artikel, den wir verkaufen, ist etwas, das jemand haben möchte und für den er zu zahlen bereit ist. Was wir ihnen verkauft haben, ist das wert, was wir verlangt haben. Die Tatsache, dass wir vor Ort sind und Härten ertragen mussten, berechtigt uns dazu." Ein guter Gewinn, sofern die Goldvorkommen auf der Oberfläche der Immobilien nicht übertrieben sind. Der Verkauf der Aktien wurde durch Ihre Präsentation durch Werbung beschleunigt. Große Kaufhäuser und Werbespezialisten in den Städten zahlen zwischen 15.000 und 30.000 US-Dollar pro Jahr für diese Art von Talent, und auch wir in der Wüste haben das Recht, davon Gebrauch zu machen."

„Aber angenommen, die Eigenschaften nützen nichts?" Ich habe nachgefragt.

Er antwortete: „Es ist kein Fall von übermäßigem Optimismus, wenn man erwartet, dass Grundstücke in Manhattan sich in Minen verwandeln, angesichts solch wunderbarer Vorkommen an der Oberfläche; und solange wir uns nicht wissentlich der Täuschung schuldig machen, wird kein Schaden angerichtet." Wenn sich die Manhattan-Aktien, die wir beworben haben, gut verkaufen, sind 5 US-Dollar ein angemessener Preis für sie, und wenn sie sich nicht verkaufen, ist ein Cent zu hoch für sie. Warum sollte man also die Ethik in Frage stellen, 25 Cent pro Aktie für Seyler zu verlangen? - Humphrey, wenn wir es für 15 Cent hätten verkaufen und trotzdem Geld verdienen können, oder wenn wir es für 10 Cent mit Gewinn hätten verkaufen können? Sie wissen, dass sie Aktien von Union Pacific, Pennsylvania Railroad oder New York Central kaufen können, bei denen sie unter keinen Umständen ihre gesamten Investitionen verlieren werden, ebenso wie die Verluste bei Bergbauaktien , die Aussichten für die tatsächliche Entwicklung darstellt, kann die Öffentlichkeit enorm verlieren oder gewinnen."

Mr. Elliott gestand mir, dass er in San Francisco oft auf Pferderennen spekulierte. Anschließend verfasste er eine Liste von Aktien und Kursen, die seiner Aussage nach ein „Buch" über Aktien darstellte, vergleichbar mit einem Glücksspielbuch über Pferderennen. Der Text lautete im Wesentlichen wie folgt:

Aktie　　　　　**Preis**　**Chancen**

Union Pacific	165,00 €	6 bis 5
Lektüre	155,00	8 bis 5
Missouri Pacific	56,00	2 zu 1
Erie	28.00	3 zu 1
Seyler-Humphrey	.25	20 zu 1
Manhattan-Büffel	.15	30 zu 1
Manhattan-Kombination	.10	50 zu 1

"Da", sagte Mr. Elliott, "haben Sie die unterschiedlichen Preise für Eisenbahn- und Bergbaupapiere mit den Gewinnchancen des Spekulanten, die gegen sie vermerkt sind. Wenn jemand zu einem Pferderennen geht und auf den Favoriten setzt, tut er genau das, was derjenige tut, der seinem Makler den Auftrag erteilt, Union Pacific zum aktuellen Kurs für ihn zu kaufen. Die Chancen stehen etwa 6 zu 5, dass die Investition an einem beliebigen Tag gegenüber dem aktuellen Kurs einen Gewinn abwirft, obwohl der Investor kaum 6 zu 5 gewinnen wird, wenn die Aktie ihren wahrscheinlich höchsten Kursanstieg verzeichnet. Die Chancen stehen etwa 20 zu 1, dass derjenige, der Seyler-Humphrey kauft, Geld verdient, aber er wird 20 zu 1 gewinnen, wenn sich die Mine als Goldgrube erweist. Die Eisenbahn ist jedoch eine Investition und der Bergbau eine Spekulation."

„Wollen Sie damit sagen, dass die Wahrscheinlichkeit, dass ein Mann an einem bestimmten Tag mit Union Pacific Geld verdient, nur 6 zu 5 beträgt, wenn er die Aktie *auf Marge kauft* ?“

„Nicht auf dein Leben!“ er sagte. „Ein Margin-Händler an der New Yorker Börse hat *keine Chance* , es sei denn, er verfügt über genügend Kapital, um sich gegen „innere“ Manipulationen zu wehren, deren Ziel die „Ausschüttung“ des Spekulanten ist ! Er ist gebunden am Ende sein Geld zu verlieren, spreche ich von Leuten, die Aktien kaufen, sie vollständig bezahlen und in den Besitz ihrer Zertifikate gelangen und bei ihnen „festsitzen“.

Mr. Elliott war ein Knaller und verlor große Summen in den Spielhallen von Goldfield und Tonopah. Er verlor 20.000 Dollar bei einem Abendspiel im Tonopah Club, der damals George Wingfield und seinen Mitarbeitern gehörte. Als er zur Begleichung aufgefordert wurde, reichte er einen Scheck über 5.000 US-Dollar und ein Zertifikat über 100.000 Aktien der Goldfield Laguna Mining Company ein und verkaufte sie dann für 15 Cent. Dies wurde akzeptiert. Innerhalb eines Jahres wurde Laguna frei für 2 Dollar pro Aktie verkauft.

Dieser Vorfall veranschaulicht, wie der Grundstein für einige der großen Vermögen gelegt wurde, die im Goldfield-Bergbauboom angehäuft wurden. Als George Wingfield 1901 nach Tonopah kam, brachte er 150 Dollar mit, die er sich von George S. Nixon geliehen hatte, dem damaligen Präsidenten einer Nationalbank in Winnemucca, Nevada und späteren Senator der Vereinigten Staaten. Das Vermögen von Herrn Wingfield wird derzeit konservativ auf 5.000.000 bis 6.000.000 US-Dollar geschätzt.

Nachdem Patrick Elliott & Camp erfolgreich war, überlegte ich, ob ein Großteil der Geldmacherei der Veranstalter rund um Goldfield nicht auf meine besondere Fähigkeit zurückzuführen war, die Öffentlichkeit zu erreichen, und ich dachte sogar darüber nach, ob ich geeignet wäre, selbst als Veranstalter tätig zu werden. Die besten Immobilien in Manhattan waren nach allgemeiner Auffassung Stray Dog, Jumping Jack und Dexter. Diese waren zweifellos Produzenten des gelben Metalls. Sie waren Transportunternehmen und wurden von den Bergleuten hoch geschätzt. Ich konnte Dexter nicht kaufen, da das Unternehmen bereits beworben wurde und die Aktien zu einem Preis von etwa einem Dollar pro Aktie weit verbreitet waren. George Wingfield war damals und ist immer noch an Dexter interessiert. Jumping Jack war keine eingetragene Gesellschaft. Die Aktien von Stray Dog befanden sich praktisch intakt in den Händen der Eigentümer. Der geforderte Preis für Jumping Jack betrug 85.000 Dollar. Stray Dog wurde auf 500.000 Dollar festgesetzt.

Hampelmann Manhattan

Aufgrund meiner Gewinne im Manhattan-Boom hatte ich wieder Geld, und in Ermangelung einer anderen Freizeitbeschäftigung war es wieder meine Gewohnheit, nachts Faro zu spielen. Ich habe mit Männern wie January Jones, Zeb Kendall, CH Elliott und Al geredet. Myers und andere, die an einem Tag Geld einsammelten und am nächsten pleite waren.

Das zweitgrößte Glücksspielhaus in Goldfield gehörte „Larry" Sullivan und Peter Grant, beide aus Portland, Oregon. Sullivan behauptete, er sei durch die Geschichten, die im Sonntagsmagazin einer Küstenzeitung erschienen, nach Goldfield gelockt worden, deren Texte sorgfältig und methodisch im Hinterzimmer unseres Goldfield-Nachrichtenbüros geschrieben worden waren. Sullivan und Grant verdienten Geld, und zwar jede Menge. Ich war gelegentlich Stammgast im Sullivan-Haus, und Sullivan leitete normalerweise die Spiele, wenn ich dort war. Eines Abends kassierte ich 2.500 Dollar Gewinn. Das Geld wurde vom Dealer in 20-Dollar-Goldstücken auf den Tisch gelegt. Als ich es in einen Sack packen wollte, um es bis zum nächsten Tag im Safe des Hauses aufzubewahren, begann Sullivan, mich folgendermaßen zu necken:

„Sag mal, junger Mann, warum beteiligst du mich nicht an einigen deiner Bergbaugeschäfte? Ich bin dabei!"

„Sind Sie das? Dann legen Sie einfach 2.500 Dollar auf und ich werde sehen, ob Sie das sind."

Er ging zum Safe und schleppte einen großen Leinensack mit 20 Goldstücken zum Tisch. Er stapelte das Geld in Stapeln von je 400 Dollar auf dem Tisch und verdoppelte damit meinen Einsatz.

„Und?", sagte er.

„Stecken Sie das Geld in einen Sack", sagte ich, „und holen Sie sich Ihren großen Waschbärmantel, fahren Sie nachts mit dem Auto nach Tonopah und fahren Sie morgens mit der Postkutsche nach Manhattan. Wenn Sie dort ankommen, suchen Sie den Besitzer der Jumping Jack-Mine auf. Ich habe ihn getroffen. Er ist Mitglied des Ancient Order of Hibernians. Ein Ire kann dieses Grundstück viel billiger von ihm kaufen als von jedem anderen. Gehen Sie hin und kaufen Sie es."

„Was werde ich bezahlen?", fragte Larry.

„Er will 85.000 Dollar, aber bekommen Sie es so billig wie möglich", antwortete ich.

"Was? Mit diesen 5.000 Dollar?"

„Ja", sagte ich. „Zahlen Sie ihm die 5.000 Dollar als Anzahlung und unterschreiben Sie einen Vertrag, dass Sie den Restbetrag in 60 oder 90 Tagen begleichen. Aber bringen Sie ihn zurück nach Goldfield und lassen Sie ihn die Urkunden mitbringen."

Ein paar Tage später kehrte Sullivan nach Goldfield zurück, strahlend vor Aufregung. Er stieg aus der Postkutsche und zog mich in sein Privatbüro.

„Sagen Sie mal", sagte er, „ich habe diesen Kerl dabei und er hat die Eigentumsurkunden. Ich habe den Jumping Jack für 45.000 Dollar gekauft. Er wird alles tun, was Sie von ihm verlangen."

„Gut!", sagte ich.

Der Eigentümer wurde mir vorgestellt und ich übergab ihn meinem Anwalt, dem verstorbenen Senator Pyne. Mr. Pyne setzte ein Dokument auf, mit dem der Eigentumstitel an die Jumping Jack Manhattan Mining Company übertragen wurde, mit einem Kapital von 1.000.000 Aktien, von denen 300.000 Aktien für Bergbauzwecke in die Schatzkammer gelegt wurden und 700.000, die Eigentumsaktien darstellten, treuhänderisch hinterlegt wurden und an Sullivan und mich gegen Zahlung von 6½ Cent pro Aktie ausgehändigt werden sollten. Ein Vorstand wurde ausgewählt.

An diesem Punkt erkundigte sich Sullivan, der so viel über das Bergbauförderungs- und Bergbaumaklergeschäft wusste wie ein Strauß über die Gezeiten, nach meinem nächsten Schritt. Sullivan schien verwirrt, aber voller Zuversicht. Meine Situation war folgende: Ich hatte eine reißerische Werbekampagne für das beste Grundstück geplant, das der Öffentlichkeit in Manhattan bisher angeboten worden war, aber ich hatte kein Geld, um es zu präsentieren. Ich wandte mich an Sullivan und sagte:

„Kennen Sie den Goldfield-Manager der Western Union Telegraph Company?“

„Ja, ich kenne ihn gut.“

„Rufen Sie ihn an oder lassen Sie ihm ausrichten, dass Sie die Bezahlung aller Telegramme garantieren, die ich heute Abend oder in den nächsten drei Tagen hier einreiche. Ich möchte einige Telegramme schicken“, sagte ich.

„Das mache ich“, sagte Sullivan, und innerhalb weniger Minuten wurde mir mitgeteilt, dass Sullivans Kreditwürdigkeit außer Frage stand.

Ich kehrte zum Nachrichtenbüro zurück und verfasste dort ein 300 Wörter langes Telegramm, in dem ich die Vorzüge des Jumping Jack Manhattan-Grundstücks darlegte und kurzfristige Optionen auf große Aktienpakete anbot. Die Nachricht wurde an praktisch alle namhaften Maklerhäuser des Landes geschickt, die mit Bergbauaktien handelten. Die Rechnung für die Telegrafengebühren belief sich auf 1.200 Dollar. Als Sullivan von der Höhe der Gebühren erfuhr, brach er fast zusammen.

„Wie weit hast du vor zu gehen?“, keuchte er.

"Nun", sagte ich, "wie können Sie da verlieren? Ihr Freund Frank Golden, Präsident der Nye & Ormsby County Bank, hat auf unsere Bitte hin den Vorsitz des Unternehmens übernommen, und die anderen Führungskräfte, die wir uns gesichert haben, sind allesamt repräsentative Bürger dieser Gemeinde, und außerdem hat die Nye & Ormsby County Bank zugestimmt, Abonnements entgegenzunehmen. Kann man das für ein Layout toppen? Noch nie in meiner Erfahrung in diesem Lager, trotz all der Werbung, die ich gemacht habe, wurde der Öffentlichkeit ein so schmackhaftes Gericht angeboten - erstens eine produzierende Mine, zweitens ein erstklassiges Direktorium unter der Leitung eines Bankpräsidenten und drittens und letztens eine echte Bank als Verkaufsagent. Und es wird sich wie ein Lauffeuer verbreiten!"

Ich habe die ganze Nacht in meiner Werbeagentur an einem scharf formulierten Werbetext gearbeitet, der der Öffentlichkeit den Kauf von Aktien von Jumping Jack Manhattan empfahl. Am Morgen überredete ich

Sullivan, 10.000 Dollar vorzuschießen, um die Werberechnungen zu bezahlen. Das Exemplar wurde per Post an die wichtigsten Tageszeitungen des Landes verschickt, mit der Anweisung, es am Tag nach Erhalt des Exemplars zu veröffentlichen.

Innerhalb von sechs Tagen war die gesamte Werbung erschienen. Der Effekt war magisch. Die Display-Anzeigen halfen den Maklern in den verschiedenen Städten, die um Reservierungen für den Bestand gebeten hatten, ihre Parzellen innerhalb weniger Tage zu veräußern. Innerhalb von zehn Tagen nach dem ersten telegrafischen Angebot der Werbeaktion an die Eastern-Broker zeigte mir Sullivan telegrafische Aufträge für 1.280.000 Aktien von Jumping Jack Manhattan zu 25 Cent pro Aktie, was einer Überzeichnung von 280.000 Aktien entspricht. Bevor die Aktienzertifikatbücher gedruckt und von der örtlichen Druckerei geliefert wurden, waren wir tatsächlich überverkauft.

In dieser und in der nächsten Woche gab mir Sullivan *einen Freibrief,* mit Partnerschaftsgeldern in lokale Bergbauaktien zu spekulieren, und innerhalb von zwei Wochen hatten wir mit Manhattan-Wertpapieren ein weiteres kleines Vermögen gemacht. Diese stiegen an der San Francisco Stock Exchange sprunghaft im Preis.

Ich erinnere mich an einen Gewinn, den wir über Nacht machten und der sich auf etwa 12.000 Dollar belief. Er kam so leicht, dass ich mich fast schämte, das Geld anzunehmen. Die Aktien von Manhattan Seyler-Humphrey, die von Patrick, Elliott & Camp zu 25 Cent pro Aktie angeboten wurden, waren jetzt an den Börsen von Goldfield und San Francisco notiert. Für 30 Cent waren sie recht gefragt.

Goldfield erreichte eine Depesche aus New York, die angeblich von John W. Gates unterzeichnet war und folgenden Wortlaut hatte:

„Zu welchem Preis geben Sie mir eine 48-stündige Option auf 200.000 Aktien von Manhattan Seyler-Humphrey? Antwort an Hotel Willard, Washington, heute Abend."

Dies war an Patrick, Elliott & Camp gerichtet. Innerhalb einer halben Stunde erreichten ein halbes Dutzend ähnlicher Nachrichten andere Goldfield-Makler.

Ich befand mich zufällig im Büro von Patrick, Elliott & Camp, als das erste Telegramm einging, und verlor keine Zeit, auf die Straße zu gehen und alle Goldfield-Angebote der Aktie zu aktuellen Kursen zu annektieren. Zuerst hatte Lou Bleakmore, Manager von Patrick, Elliott & Camp, „einen schlechten Geruch", aber als er erfuhr, dass ich die Aktie kaufte, war er davon überzeugt, dass ich glaubte, dass John W. Gates wirklich Seyler-Humphrey wollte, und er kaufte sofort Aufträge für seine eigene Firma nach San Francisco.

Ich persönlich hielt die Nachricht für eine Falle. Ich vermutete, dass sich jemand im Osten ein Stück Seyler-Humphrey zu rund 25 Cent geschnappt hatte, als es ein paar Wochen zuvor beworben wurde, und sich entschlossen hatte, einen Trick zu machen. Da die Goldfield-Broker Telegramme erhalten hatten, nahm ich an, dass dieselbe Nachricht an die Broker in San Francisco geschickt worden war, wo die Aktie ebenfalls notiert war. Ich hatte den Eindruck, dass am nächsten Tag mit Sicherheit ein Anstieg verzeichnet werden würde. Und tatsächlich stieg der Kurs am nächsten Morgen auf 38 Cent pro Aktie, und der Markt brodelte. Zu diesem Preis und etwas mehr verkaufte ich etwa 100.000 Aktien von Goldfield und San Francisco. Einen Großteil dieser Aktien hatte ich am Abend zuvor gekauft. Aber ich erinnere mich, dass mir Wochen zuvor ein Stück 10.000 Aktien zum Brokerpreis von 20 Cent zugeteilt worden war und ein weiteres Stück 10.000 Aktien mir als Bonus für meine Werbemaßnahmen gegeben worden war.

Nachdem wir den Nettobetrag aus dem Verkauf der eigenen Aktien an die Kasse der Jumping Jack Manhattan Mining Company überwiesen und den noch offenen Betrag des ursprünglichen Kaufpreises beglichen hatten, erzielten Sullivan und ich innerhalb von drei Wochen nach meiner kleinen Mutprobe einen Nettogewinn von 250.000 Dollar.

„Willst du einen Anteil?", fragte ich Sullivan, als unser gemeinsamer Gewinn die Viertelmillion erreichte.

„Nein, ich bin dabei. Bleiben Sie dabei", erwiderte er.

Am nächsten Tag wurde die LM Sullivan Trust Company mit einem eingezahlten Kapital von 250.000 Dollar gegründet. Sie sollte im darauffolgenden großen Goldfeldboom Millionen verdienen und verlieren und mir eine spannende Karriere als Förderer ermöglichen. Sullivan wurde zum Präsidenten ernannt und ich zum Vizepräsidenten und Generaldirektor.

---

[1]

Nach dem Tod von Herrn Nixon in Washington, D.C. im Juni 1912 wurde Herr Wingfield von Gouverneur Oddie zu seinem Nachfolger als US-Senator ernannt. Die Goldfield-Zeitung von Herrn Wingfield gratulierte ihrem Besitzer und erklärte, die Ernennung sei logisch und verdient. Nachdem Herr Wingfield jedoch aus Washington erfahren hatte, wie die Nachricht von seiner Ernennung bei den Mitgliedern des Senats aufgenommen worden war, teilte er Gouverneur Oddie drei Wochen später mit, dass er die Ehrung ablehnen müsse. Er nannte andere Gründe.

KAPITEL III

DAS BRAUEN EINER SATURNALIE DER SPEKULATION

Mr. Sullivans Verbindung zum Glücksspiel wurde für die Treuhandgesellschaft nicht als Nachteil angesehen. George Wingfield, Vizepräsident und größter Aktionär der führenden Bank in Goldfield, war ein Spieler, und Mr. Wingfield besaß auch umfangreiche Anteile an den Minen. Seine Minen brachten ebenfalls gute Gewinne. Die Besitzer der Glücksspielstätten standen nun ebenso für die finanzielle Solidität in Goldfield wie die Sparkassendirektoren im Osten.

Ich selbst hatte keine Angst. Ich schwor, dass ich von nun an eine Ausnahme von der Regel des Bergarbeiterlagers sein und alle Formen des Glücksspiels aufgeben würde. Meine neue Position verlangte dies. Und es fiel mir leicht, die selbst auferlegte Zurückhaltung zu befolgen. Bald gaben die Börsengeschäfte der Treuhandgesellschaft meinem Spekulationsinstinkt all das Ventil, nach dem er sich unter allen Umständen nur hätte sehnen können.

Ein paar Tage später wandelte sich das ernüchternde Gefühl, das mich zu dem Entschluss trieb, dass ich mich von den Spieltischen fernhalten muss, in den ernsten Ehrgeiz, Großes für die Treuhandgesellschaft zu erreichen. Ich ging meinem Geschäft nach wie ein Mann, der ein goldenes Zepter strahlend vor sich sieht und der von der Vorstellung durchdrungen ist, dass er den Preis gewinnen kann, wenn er die nötige Kraft aufbringt. Es war vereinbart worden, dass sich die Treuhandgesellschaft auf die Förderung von Bergbauunternehmen spezialisieren würde, und ich entschied, dass die Treuhandgesellschaft ihre Geschäfte so führen sollte, wie es sich für eine Treuhandgesellschaft gehört.

John Douglas Campbell, in der Wüste schlicht „Jack" Campbell genannt, wurde von der Treuhandgesellschaft als Bergbauberater und Minenmanager engagiert. Wir einigten uns darauf, ihm ein Gehalt von 20.000 US-Dollar pro Jahr zu zahlen, mit einem Aktienbonus für jedes neue Bergbauunternehmen, das wir förderten, ein Stipendium, das sich später als Gegenwert von 50.000 US-Dollar pro Jahr herausstellte.

Mr. Campbell war drei Jahre lang mit den Bergbauinteressen in Tonopah und Goldfield verbunden und hatte einen guten Ruf. Acht Jahre vor seiner Ankunft in Tonopah war er als Bergbauleiter in Colorado bei Sam Newhouse beschäftigt, dem Multimillionär und Minenbetreiber aus Utah. In Colorado hatte Mr. Campbell einen guten Ruf. Als er nach Tonopah kam, wurde er von John McKane angestellt, der damals mit Charles M. Schwab zusammenarbeitete. Später wurde er mit der Leitung der Kernick- und

Fuller-McDonald-Pachtverträge für die Jumbo-Mine in Goldfield betraut, aus der innerhalb eines Jahres Gold im Wert von 1.000.000 Dollar entnommen wurde. Danach übernahm Mr. Campbell den Quartzite-Pachtvertrag in Diamondfield, in der Nähe von Goldfield, und erwirtschaftete aus diesem Besitz innerhalb weniger Monate 200.000 Dollar. Darauf folgte eine Rekordproduktion aus dem berühmten Reilly-Pachtvertrag für die Florence-Mine in Goldfield, die sich innerhalb von zwei Monaten auf 650.000 Dollar belief. Innerhalb von dreißig Tagen nach Ablauf des Pachtvertrags für Reilly wurde Herr Campbell dazu überredet, die Leitung der Bergbauabteilung der Treuhandgesellschaft zu übernehmen.

Der Einstieg von Herrn Campbell als unser Minenmanager spiegelte sich sofort an der Börse wider, indem die Aktien der Jumping Jack Manhattan Mining Company, die nun regelmäßig am San Francisco Stock & Exchange Board notiert waren, auf 40 Cent pro Aktie stiegen, ein Plus von 15 Punkten der Aktionspreis. Der starke Anstieg sorgte in Börsenkreisen zweifellos für Aufsehen. Makler in den Städten, die Jumping Jack an ihre Kunden verkauft hatten, forderten lautstark eine neue Sullivan-Aktion. Für jedes neue Bergbauunternehmen, für das die Treuhandgesellschaft als Sponsor auftrat, waren hohe Abonnements und ein breiter öffentlicher Markt gesichert.

Ich versuche es am streunenden Hund

Die Stray Dog Manhattan Mine sorgte täglich für Aufsehen in Form häufiger Funde von sagenhaft reichem Erz. Ich drängte darauf, dass die Sullivan Trust Company, egal wie gering der Gewinn auch sein mochte, ihre Unternehmenskarriere mit der Förderung eines ebenso guten Grundstücks wie der Stray Dog beginnen sollte. Die Stray Dog stand zum Verkauf – und hatte einen Preis. Ein Anteil von 350.000 Aktien, der Vermilyea, Edmonds & Stanley gehörte, der renommiertesten Anwaltskanzlei in Goldfield, konnte für 45 Cent pro Aktie erworben werden, und ein weiterer Anteil von 350.000 Aktien, der Prospektoren gehörte, die das Grundstück entdeckt hatten, konnte für 20 Cent pro Aktie erworben werden, ganz oder gar nicht. Der Rest der Aktien befand sich in der Kasse des Unternehmens. Der Gesamtbetrag für 700.000 Eigentumsaktien betrug 227.500 Dollar, alles in bar. Ein wahrscheinlich an die Stray Dog angrenzendes Grundstück, bekannt als das Indian Camp, konnte vollständig für 50.000 Dollar gekauft werden. Uns war klar, dass sich der Wert des Indian Camp-Geländes verdoppeln würde, sobald bekannt würde, dass wir das Stray Dog gekauft hatten. Deshalb beschlossen wir, das Indian Camp gleichzeitig mit der Übernahme des Stray Dog zu annektieren.

Die vorgeschlagenen Ausgaben beliefen sich auf mehr Geld, als wir hatten, und ich sah mich nach Unterstützung um. Henry Peery, ein angesehener

Bergmann aus Salt Lake City, hatte im Interesse der Banker aus Utah für den Stray Dog verhandelt. Wir waren uns einig, dass Herrn Peery die Beteiligung auf der Grundlage einer Beteiligung von einem Drittel für ihn und einer Beteiligung von zwei Dritteln für die Treuhandgesellschaft gestattet werden sollte. Herr Peery lieferte nicht nur seinen Teil des für den Abschluss des Geschäfts erforderlichen Bargelds, sondern erklärte sich auch bereit, einen Präsidenten für das Unternehmen zu stellen, das sich, wie er sagte, sehr häufig für Bergbauunternehmen interessierte. Das war Henry McCornick, der Bankier aus Salt Lake City, Sohn des Chefs der Firma McCornick & Company, die als der reichste Privatbankier westlich des Mississippi gilt. Der Deal wurde gemacht.

Wir haben sofort begonnen, die Stray Dog Manhattan Mining Company zu 45 Cent pro Aktie zu bewerben, wobei die durchschnittlichen Kosten der Aktie für uns 32½ Cent betrugen. Es war unmöglich, bei Stray Dog bei einer Marge von 12½ Cent pro Aktie zwischen unserem Einstandspreis und dem Verkaufspreis einen großen Gewinn zu erwirtschaften, da die Kosten für die Werbung zwangsläufig fast dieser Höhe entsprachen. Wir gingen davon aus, dass alle Werbegewinne aus dem Indianerlager stammen müssen. Das Indian Camp wurde mit 1.000.000 Aktien kapitalisiert, von denen 650.000 an die Treuhandgesellschaft und an Herrn Peery für das Grundstück gezahlt wurden. Die restlichen 350.000 Aktien wurden in die Kasse des Unternehmens gelegt und zum Zweck der Minenerschließung verkauft. Die durchschnittlichen Kosten pro Aktie für die Treuhandgesellschaft betrugen einen Bruchteil weniger als 8 Cent. Wir beschlossen, dass wir Indian Camp-Aktien, sobald der Stray Dog gefördert wurde, den Maklern zu 20 Cent pro Aktie netto und der Öffentlichkeit zu 25 Cent netto anbieten würden, und freuten uns darauf, im Erfolgsfall etwa 75.000 US-Dollar netto für beide zu gewinnen Unternehmungen.

Unmittelbar nach der Übernahme der Kontrolle über Stray Dog und Indian Camp erwarb die Treuhandgesellschaft eigene Anteile an jedem dieser Unternehmen und setzte eine große Truppe Männer ein, um die Grundstücke zu erschließen. Innerhalb von dreißig Tagen nach der Gründung der Treuhandgesellschaft Gold Hill in Manhattan, auf dem sich das Stray Dog, Jumping Jack und Indian Camp befanden, wimmelte es von Bergleuten. Der Befehl an Ingenieur „Jack" Campbell lautete, einen Mann dort arbeiten zu lassen, wo er einen beschäftigen konnte, und mit den Kosten nicht zu sparen, solange er Ergebnisse erzielen konnte. Hoch aufragende Galgenrahmen und 25-PS-Benzinmotoren wurden installiert und andere notwendige Bergbauausrüstung wurde in Auftrag gegeben, zu den Liegenschaften transportiert zu werden. Auf dem Gelände wurden Schmiedewerkstätten, Lagerhäuser und Lagerhäuser errichtet. Es wurden

Tag- und Nachtschichten von Bergleuten eingesetzt. Um die ständige Anwesenheit des verantwortlichen Ingenieurs auf dem Grundstück zu gewährleisten, baute die Sullivan Trust Company für die Nutzung des Ingenieurs ein 6.000-Dollar-Wohnhaus auf dem Gelände des Indian Camp.

Nachdem wir die Eingeborenen davon überzeugt hatten, dass wir es mit unseren Absichten, Minen zu bauen, absolut ernst meinten, machten wir uns daran, Stray-Dog-Aktien zum Zeichnungspreis von 45 Cent pro Aktie anzubieten. Im Lager war bekannt, dass wir für einen Block mit 350.000 Aktien 45 Cent pro Aktie gezahlt hatten, und Anhänger des Bergbaulagers gehörten zu den ersten, die die Aktie zeichneten. Dann wurde versucht, durch Werbung und über Bergbau-Börsenmakler Mengen davon an die östliche Öffentlichkeit zu verkaufen.

Diese Werbekampagne wurde mit großer Vorsicht angegangen. Erstens betrug der Abonnementpreis von Stray Dog 45 Cent, also 80 Prozent. höher als bei jeder anderen beworbenen Werbeaktion, die bisher entweder aus den Lagern Goldfield oder Manhattan durchgeführt wurde; und zweitens schien mir die Durchführung einer Kampagne zur Förderung von Bergbauaktien durch eine Treuhandgesellschaft mehr als gewöhnliche Sorgfalt zu rechtfertigen. Es gab auch andere Faktoren, die zum ersten Mal in Goldfield zum Tragen kamen.

Der anfängliche Erfolg der von Goldfield aus gesteuerten groß angelegten Werbekampagnen war offenbar darauf zurückzuführen, dass die amerikanische Öffentlichkeit die Spekulation mit Bergbauaktien als Erfüllung eines lange gehegten Bedürfnisses begrüßte: nach einem Spekulationskanal, auf dem sie ihrem Glücksspieltrieb mit verhältnismäßig begrenzten Mitteln frönen konnte - Mitteln, die nicht ausreichten, um einen "Einblick" in die großen Börsen zu bekommen, an denen die hochpreisigen Eisenbahn- und Industriewerte gehandelt werden.

WERBUNG FÜR DENKER

Nachdem ich meine Werbemethoden fast zwei Jahre lang auf Herz und Nieren geprüft hatte, d. h., ich hatte eine Werbeagentur für Bergwerksförderer geleitet und das Geschäft mit deren Geld erlernt, hatte ich die Versuchsphase hinter mir und entschied mich nun für ein oder zwei Grundprinzipien, die mich bei den Aktivitäten leiten sollten, die mich stärker interessierten.

Ich nahm mir vor, niemals zuzulassen, dass eine Anzeige das Büro verlässt, die einen Denker nicht überzeugt. Wenn meine Argumentation den Mann mit geschäftlichen Angelegenheiten überzeugt, entschied ich, wird sie sicherlich auch den Mann ohne geschäftliche Angelegenheiten überzeugen.

Dogmatisch ausgedrückt war die Idee folgende:

Appellieren Sie niemals an die Intelligenz von Dummköpfen, egal wie leicht diese sich von ihrem Geld trennen. Setzen Sie Ihre Kräfte auf die Denkenden und überzeugen Sie sie, und der gedankenlose Wille, ihm zu folgen.

Dieser Grundsatz wurde auf das *Argument* der Werbung angewendet.

Die Schlagzeilen waren nach einem ganz anderen Prinzip aufgebaut, nämlich bis zum Äußersten positiv zu sein.

Die Bibel war mein Vorbild. Es heißt: „Es ist" oder „Es war", „Du sollst" oder „Du sollst nicht", und die Bibel erklärt oder erzählt selten, warum.

Die Stärke einer Schlagzeile liegt in ihrer Positivität.

Die Logik, die besagte, dass die Schlagzeile meines großen Werbetextes eine sehr positive Aussage enthalten sollte und dass das *Argument* , das in kleiner Schrift folgte, für den Denker überzeugend sein sollte, basierte auf der Erkenntnis der Tatsache, dass die Aussage zwar kühn ist Obwohl die Analyse immer die Aufmerksamkeit auf sich zieht, ist sie der letzte Ausweg des Denkers, bevor er überzeugt wird.

Auch bei der Auswahl der Werbemedien wurde mehr Umsicht walten gelassen. Zeitungen, die in ihren Nachrichtenkolumnen keine Bergbauaktienkurse von Emissionen veröffentlichten, die an der New York Curb, der Boston Stock Exchange, der Boston Curb, der Salt Lake Stock Exchange oder der San Francisco Stock Exchange gehandelt wurden, waren der Theorie zufolge tabu dass der Handel mit Bergbauaktien zu diesem Zeitpunkt bereits so beliebt geworden war, dass er eine regelmäßige Anhängerschaft hatte, und dass es einfacher war, diejenigen anzusprechen, die Erfahrung mit Spekulationen über Bergbauaktien hatten, als diejenigen, die es noch nie zuvor gewagt hatten.

Nachfolgende Werbekampagnen wurden immer unter diesem Gesichtspunkt durchgeführt. Ich habe mit meiner Stray-Dog-Promotion, deren Werbekampagne in diesem Sinne durchgeführt wurde, nicht den Ozean in Brand gesteckt, aber das lag an Umständen, die ich weiter unten erläutere. Später, als die Sullivan Trust Company wuchs und florierte, und als ich später den Osten erreichte und immer mehr über die inneren Mechanismen des großen Wall-Street-Werbespiels bei Schienen- und Industriewerten sowie Bergbauaktien erfuhr, erkannte ich, dass meine Werbeprinzipien darin bestanden waren mit denen vergleichbar, die von der Straße allgemein akzeptiert wurden.

Die Mächtigen der Wall Street sind sich der Tatsache bewusst, dass es nicht in der Natur der Sache liegt, dass Narren viel Geld haben sollten, und Denker, nicht Narren, sind die Beute des erfolgreichen modernen Förderers, ob hoch oder niedrig, ehrlich oder unehrlich.

Die anfängliche Werbekampagne für Stray Dog und Indian Camp war anfangs nur halb erfolgreich. Etwa 650.000 Aktien von Stray Dog und 350.000 Aktien von Indian Camp wurden bereits verkauft, als der Boom in Manhattan an Intensität zu verlieren begann. Die Werbeaktionen waren etwas zu schnell durchgeführt worden, als dass die Öffentlichkeit sie hätte verdauen können. Im Manhattan Camp waren mehr Bergleute beschäftigt als je zuvor, aber die Nachfrage nach Wertpapieren hielt nicht mit dem Angebot Schritt. Manhattans anfänglicher Boom schien abzuflachen, genau wie der erste Boom in Goldfield.

Einen Rückschlag erlitten wir aus einer anderen Richtung. Henry McCornicks Bankverbindungen in Salt Lake widersprachen der Verwendung seines Namens als Präsident des Stray Dog. Auf dem Höhepunkt unserer Werbekampagne trat Mr. McCornick zurück. Wir wählten unseren Ingenieur „Jack" Campbell zum Präsidenten, aber der Schaden war angerichtet.

JA, „GESCHÄFT IST GESCHÄFT"

Die Büros der Treuhandgesellschaft waren aufwendig eingerichtet und ähnelten dem Interieur eines Bankinstituts in einer Großstadt. Die Büros wurden zum Hauptquartier der Bergbau-Börsenmakler aus dem Osten, wann immer sie im Lager ankamen.

Eines Morgens saß JC Weir, ein New Yorker Börsenmakler für Bergbauunternehmen, dessen Firma eine Option der Treuhandgesellschaft auf 100.000 Aktien von Stray Dog hielt, in einem der beiden luxuriös eingerichteten Räume, die als Büros der Geschäftsleitung dienten. Mr. Weirs Firma war einer unserer Verkaufsagenten in New York. Er war der Leiter der Börsenmakler für Bergbauunternehmen in New York City. In jenen frühen Tagen war der Telefondienst von Goldfield noch nicht perfektioniert und man brauchte nur den Hörer vom nächsten Haken abzunehmen und zuzuhören, um ein Telefongespräch in unseren Büros mitzuhören. Mir wurde berichtet, dass Mr. Weir diese Methode, Dinge aus erster Hand zu erfahren, selbst angewandt hatte.

„Sagen Sie, Rice", sagte Mr. Sullivan eines Morgens, „Weir hört Ihre Nachrichten jedes Mal, wenn Sie angerufen werden. Er nutzt Sie aus. Ich wünschte, Sie ließen mich ihn reparieren."

„Also gut, was möchtest du tun?", antwortete ich.

"Sagen Sie mal", sagte Mr. Sullivan, "Campbell, unser Ingenieur, ist in Manhattan. Ich werde ihn vom öffentlichen Sender aus anrufen und ihm sagen, er soll Ihnen brandaktuelle Neuigkeiten über die Minenentwicklungen auf Stray Dog mitteilen. Ich werde dafür sorgen, dass Weir in seinem Büro ist, wenn Sie die Nachricht erhalten. Wenn Weir die Neuigkeiten nicht stiehlt und sich aufgrund dessen einen großen Block Stray Dog schnappt, kann ich nicht viel raten."

Alle unsere Optionen gegenüber Maklern wären am 15. März ausgelaufen, dies war der 13.

Um vier Uhr nachmittags war ich in meinem Zimmer. Mr. Weir saß am Schreibtisch im Zimmer gegenüber. Das Telefon klingelte.

„Hallo", sagte ich, „wer ist das?"

„Campbell, in Manhattan", war die Antwort.

„Was gibt es Neues, Jack?" Ich fragte.

„Wir sind gerade auf sechs Fuß Erz im Wert von 2.000 US-Dollar gestoßen! Das ist ein Wal! Ich habe noch nie in meinem Leben eine so große Mine wie diese gesehen! Verkaufen Sie keinen Stray Dog mehr unter 5 US-Dollar pro Aktie!" schrie Mr. Campbell.

„Bully, Jack", sagte ich, „aber behalte diese Information für dich. Erzähl es deiner Mutter nicht und lass keine weiteren Bergleute den Schacht hinuntergehen. Schließe ihn, bis ich einen Teil davon zurückkaufen kann." Aktien, die ich so günstig verkauft habe.

Eine Viertelstunde später trafen Mr. Sullivan und ich Mr. Weir, als er den Raum verließ.

"Weir", sagte ich, "Ihre Option auf Stray Dog läuft am 15. um 12 Uhr aus. Bisher hat Ihr New Yorker Büro nur 85.000 der Ihnen zugeteilten 100.000 Aktien bestellt. Wir haben beschlossen, die Zeichnungsfrist vorerst einzustellen, und bitten Sie, Ihrem New Yorker Büro per Telegramm mitzuteilen, dass keine weiteren Aktien verkauft werden sollen."

"Sie irren sich", sagte Mr. Weir. "Als ich New York verließ, hatten wir unsere gesamte Zuteilung überverkauft! Wenn das Büro Sie nicht darüber informiert hat, war das ein Fehlschlag. Wir werden tatsächlich mindestens 25.000 Aktien mehr brauchen."

„Die kriegst du nicht", sagte ich.

„Nicht in tausend Jahren!" warf Mr. Sullivan ein.

Mr. Weir schickte eine Reihe verschlüsselter Nachrichten nach New York. Den ganzen nächsten Tag verbrachte Mr. Sullivan mit Mr. Weir. Er ließ sich von Mr. Weir überreden, ihm den gesamten Aktienbestand zu überlassen. Schließlich wurde zwischen Mr. Weir und Mr. Sullivan vereinbart, dass Mr. Sullivan ihm die zusätzlichen Aktien geben würde, ob ich nun zustimmte oder nicht. Heimlich, so Mr. Weirs Idee, gab Mr. Sullivan ihm nach, ohne mein Wissen und gegen meinen Willen.

Am nächsten Tag verschickte die Sullivan Trust Company 25.000 Aktien von Stray Dog an Herrn Weirs Firma in New York, die im Wechsel zu 45 Cent pro Aktie standen. Der Wechsel wurde bezahlt. Der Racheengel blieb Herrn Weir auf der Spur, denn unmittelbar nach dem Kauf von Stray Dog durch den New Yorker Makler kam es zu einer Katastrophe, die den Marktwert der Bergbauaktien in Nevada und insbesondere der Aktien von Bergbauunternehmen in Manhattan fast auslöschte. San Francisco wurde durch Erdbeben und Feuer zerstört. Nicht weniger als die Hälfte des in Manhattan-Aktien investierten Kapitals stammte aus der Stadt San Francisco. Das Erdbeben war für Manhattan tödlich.

Die Börse von San Francisco, der wichtigste Handelsplatz für Manhattaner Bergbauaktien, musste ihren Betrieb für über zwei Monate einstellen. Makler und Transferunternehmen verloren ihre Unterlagen, und die Vermögens- und Geldverluste an der Küste waren so entsetzlich, dass den Bergbauunternehmen von dort kein Geld mehr zufloss. Alle Banken in Nevada mussten schließen, ebenso wie alle Banken in Kalifornien. Die Gouverneure beider Staaten erklärten eine Reihe von gesetzlichen Feiertagen, um den Finanzinstituten Zeit zu verschaffen. Die Banken in Nevada hatten ihre Geschäfte in der Regel über die Banken in San Francisco abgewickelt, und praktisch das gesamte Bargeld in Nevada war durch die Katastrophe gebunden.

Die Sullivan Trust Company steckte in einer Krise. Ich hatte beschlossen, dass es ein gutes Geschäft wäre, Jumping Jack an der Börse zu unterstützen, als der Manhattan-Boom von seiner ersten Spannung nachließ, und hatte mehrere hunderttausend Aktien zu einem Durchschnittskurs von 35 Cent angehäuft. Die Trust Company hatte am Tag des Erdbebens nur 8.000 Dollar in Gold in ihren Tresoren. Auf der Bank hinterlegtes Geld war nicht verfügbar. Von den 8.000 Dollar in Goldmünzen wurden zwei Tage nach dem Erdbeben 6.500 Dollar an die Wells-Fargo Express Company für ein Auto gezahlt, das zu diesem Zeitpunkt unterwegs war und für das Wells-Fargo die Münzen verlangte. Es war unmöglich, Bergbau-Wertpapiere jeglicher Art in Nevada oder San Francisco zu verpfänden. Da die Gelder

der Sullivan Trust Company in geschlossenen Banken gebunden waren und sie eine Reihe unverkäuflicher Wertpapiere in ihren Tresoren hatte, war sie „in einer Sackgasse".

Eine Zeit lang sah es so aus, als müssten wir pleitegehen. Zwei Monate lang konnten wir uns durch den Direktverkauf von Manhattan-Wertpapieren zu reduzierten Preisen an die Ost-Broker über Wasser halten. Diese Kaufkraft kam größtenteils von den Brokern, die aufgrund von Verpflichtungen zu einem viel höheren Preisrahmen „knapp" an Aktien für die Öffentlichkeit waren und die tatsächlichen Zertifikate für Lieferungen benötigten.

Die Banken in Nevada und die Börse von San Francisco brauchten mehr als sechzig Tage, um sich zu sanieren. Kaum war die Börse von San Francisco wieder geöffnet, konnte die Sullivan Trust Company dringend benötigtes Bargeld auf Manhattan-Wertpapiere leihen, von denen sie eine Menge besaß. Über Mitglieder der Börse von San Francisco erhielt sie auf diese Weise etwa 100.000 Dollar. Wenig später stellten Goldfield-Banken auf die gleiche Weise weitere 100.000 Dollar zur Verfügung. Dann zogen die Wolken vorüber.

VERPASSTE VERMÖGENSWERTE

Bald schon begann der Mohawk of Goldfield untrügliche Anzeichen dafür zu zeigen, dass er die wunderbare Schatzkammer war, die er heute ist. Hayes und Monnette, die einen kleinen Teil des Grundstücks gepachtet hatten, waren auf hochwertiges Erz gestoßen und produzierten es zu einem Tagessatz von 3.000 Dollar. Einige Wochen später wurde berichtet, dass die Produktion auf 5.000 Dollar pro Tag gestiegen sei.

Da die Mohawk nur einen Steinwurf von der Combination-Mine entfernt liegt, war die Vorstellung, dass die Mohawk sich als eine weitere Combination-Mine herausstellen könnte, in Goldfield weit verbreitet. Hayes und Monnette waren über ihren Erfolg überrascht – fast verängstigt. Sie gaben für den Moment der Warnung von Freunden nach, die sie auf die Möglichkeit einer baldigen Erzknappheit aufmerksam machten, und gingen in die Büros der Trust Company und boten an, ihre Pacht, die noch sechs Monate lief, für 200.000 Dollar in bar und 400.000 Dollar aus dem Nettoerlös des Erzes zu verkaufen. Mein Spieltrieb war geweckt.

„Ich nehme es", sagte ich.

Ich habe es zur State Bank & Trust Company geschickt und einen Scheck über 200.000 US-Dollar beglaubigen lassen. Ich wollte gerade den Deal abschließen, als Mr. Sullivan und „Jack" Campbell protestierten.

„Ich sollte fünfzehn Tage Zeit haben, um die Mine zu untersuchen", drängte Mr. Campbell.

„Es ist eine zu große Chance, um sie einzugehen", erklärte Herr Sullivan.

Als sie angerufen wurden, sagten Hayes und Monnette, dass die Genehmigung einer fünfzehntägigen Prüfung praktisch bedeuten würde, das Anwesen für diesen Zeitraum zu schließen und aufgrund der begrenzten Dauer ihres Mietvertrags zu einem positiven Verlust für sie führen würde. Das Ausmaß des Verlusts, falls der Deal scheiterte, war zu groß, um darüber nachzudenken, und sie lehnten ab.

Tag für Tag, während Mr. Campbell und Mr. Sullivan herumtrödelten, steigerte sich die Leistung des Pachtvertrags, und als wir vierzehn Tage später alle drei einstimmig für den Vorschlag waren, lehnten Hayes und Monnette den Verkauf rundweg ab. Innerhalb eines halben Jahres produzierte diese Pacht auf dem Mohawk Erz im Wert von etwa 6.000.000 $ brutto und brachte den Pächtern etwa 4.500.000 $ ein. Die Sullivan Trust Company hat da sicherlich „eine Wette übersehen".

Während dieser Zeit verbrachte ich einen Abend mit Henry Peery und WH („Daddy") Clark. Herr Clark stammte wie Herr Peery aus Salt Lake. Herr Clark hatte den Bullfrog Gibraltar erfolgreich beworben. Als wir um einen Tisch im Palm Restaurant saßen, drehte sich das Gespräch um neue Themen.

„Rice", sagte Mr. Clark, „ich gehe davon aus, dass ich Ihnen in ein paar Wochen einen Stadtvertrag machen kann, der Ihnen etwas Geld einbringt, wenn Sie sich verpflichten, dem Lager etwas Werbung zu machen."

„Gut", sagte ich.

„Ich lasse einige Proben untersuchen", sagte er, „von einigen Proben, die letzte Nacht von ein paar Goldsuchern ins Lager gebracht wurden, und wenn sich herausstellt, dass sie das sind, was die Goldsucher behaupten, oder etwas in der Nähe davon, werden wir es brauchen." Ihre Dienste, um ein neues Lager auf die Karte zu setzen.

In dieser Nacht erfuhr Herr Peery vom Prüfer, dass der niedrigste Wert von 16 Proben 86 $ und der höchste 475 $ pro Tonne betrug. Am nächsten Morgen teilte mir Herr Peery mit, dass er die ganze Nacht bei Herrn Clark geblieben sei, um herauszufinden, woher das Erz stamme. Mr. Peery sagte, Mr. Clark habe ihm in den frühen Morgenstunden gesagt, dass es sich bei dem Ort um Fairview Peak handele, fünfzig Meilen östlich von Fallon.

„Rice", sagte Mr. Peery, „lass uns ihm zuvorkommen. Er wird morgen mit einem Maultiergespann und einer Lagerausrüstung durch die Wüste wandern, und er wird eine Woche brauchen, um dorthin zu gelangen."

„Billy" Taylor, der zusammen mit Mr. Peery an einem Bullfrog-Unternehmen interessiert war, schloss sich der Gruppe an, und wir gaben Mr. Peery jeweils einen Scheck über 500 $, sodass wir insgesamt 1.500 $ zusammenbekamen, um einen Mann nach Fairview zu schicken, der dort

Grundstücke kaufen sollte. Mr. Peery schickte der Bank of the Republic in Salt Lake telegrafisch 1.500 $, um Ben Luce zu zahlen, und wies Mr. Luce telegrafisch an, das Geld anzunehmen, nach Fairview zu fahren und Geschäfte zu machen.

Es dauerte fast zwei Wochen, bis wir von Mr. Clark oder Mr. Luce hörten. Mr. Clark kehrte ins Lager zurück und sagte, er habe das Grundstück in Nevada Hills, wo der große Fund stattfand, von einer Gruppe von Wandersuchern für 5.000 Dollar gekauft und es sei „weltklasse".

„Haben Sie dort Fremde getroffen?", fragte Mr. Peery.

"Ja", sagte Mr. Clark, "ich traf einen Mann namens Luce, der mir fast zuvorgekommen wäre. Tatsächlich hatte er das Anwesen gekauft, bevor ich dort ankam, aber er hatte kein Geld und sie wollten seinen Scheck über 500 Dollar nicht annehmen, was die erforderliche Anzahlung war. Ich hatte das Gold dabei und damit war die Sache erledigt."

Ein paar Tage später kam Mr. Luce nach Goldfield.

"Den großen Preis habe ich nicht bekommen", sagte er, "aber ich habe das Eagle's Nest in der Nähe für 7.000 Dollar gekauft, von denen 500 Dollar als Anzahlung verlangt wurden. Es ist Erz darin und es sieht für mich gut aus. Ich hatte kein Geld dabei, als ich in Fairview ankam. Sie lehnten meinen Scheck für die Nevada Hills ab, aber die Jungs vom Eagle's Nest nahmen ihn als erste Rate von 500 Dollar."

Herr Luce war nicht zu Hause, als Herrn Peerys Depesche in Salt Lake zugestellt wurde. Als es ihn erreichte, war die Bank geschlossen. Um den ersten Zug zu erreichen, musste er das Geld zurücklassen. Er kam in Fairview ohne die 1.500 Dollar an und verlor dadurch die Nevada Hills für Mr. Peery, Mr. Taylor und die Sullivan Trust Company.

Herr Clark und seine Partner gründeten Nevada Hills für 1.000.000 Aktien im Nennwert von jeweils 5 US-Dollar und nahmen Zeichnungen zu 1 US-Dollar pro Aktie an.

Innerhalb weniger Monate zahlten die Nevada Hills Dividenden in Höhe von 375.000 US-Dollar aus Erz, und bald darauf, auf dem Höhepunkt des Goldfield-Booms, wurde berichtet, dass die Eigentümer der Kontrolle ein Angebot von 6.000.000 US-Dollar für das Grundstück ablehnten. Die Mine hat sich als Goldgrube erwiesen. Die Aktien des Unternehmens wurden kürzlich an der New York Curb und der San Francisco Stock Exchange zu einem Wert von 3.000.000 US-Dollar für die Mine verkauft, und gut informierte Bergbauleute glauben, dass sie diesen Betrag wert sind. George Wingfield, Präsident der Goldfield Consolidated, der der Sullivan Trust Company nach Fairview folgte und das Fairview Eagle kaufte, das zwischen den Nevada Hills und dem Eagle's Nest liegt, ist jetzt Präsident der Nevada Hills. Eigene Aktien des Fairview Eagle wurden in Goldfield für 40 Cent pro Aktie verkauft. Kürzlich wurden die Unternehmen Nevada Hills und Fairview Eagle fusioniert.

„Jack" Campbell berichtete positiv über das Eagle's Nest und wir beschlossen, eine Firma zu gründen und zu fördern, die das Anwesen besitzen und entwickeln sollte.

Die Sullivan Trust Company kaufte die Anteile von Herrn Taylor am Kehlsteinhaus für 8.000 US-Dollar, die von Herrn Luce für 8.000 US-Dollar (für seine Arbeit war ihm ein Viertel der Anteile zugesprochen worden) und die von Herrn Peery für 30.000 US-Dollar. Dadurch wurde das Grundstück zur Grundlage für die Förderung der Eagle's Nest Fairview Mining Company, die mit 1.000.000 Aktien im Nennwert von jeweils 5 US-Dollar kapitalisiert wurde. Gouverneur John Sparks nahm unsere Einladung an, Präsident des Unternehmens zu werden. Das gesamte Kapital wurde über östliche und westliche Börsenmakler innerhalb von dreißig Tagen zu einem Zeichnungspreis von 35 Cent pro Aktie an die Öffentlichkeit verkauft. Nachdem wir die Immobilie bezahlt hatten, lag unser Nettogewinn bei etwa 150.000 US-Dollar.

Durch den Eagle's Nest-Deal konnte die Treuhandgesellschaft den Großteil des nach dem Erdbeben in San Francisco geliehenen Geldes zurückzahlen und das Unternehmen konnte wieder auf eigenen Beinen stehen.

Die Geschichte vom Bullfrog Rush

Nach der Promotion von Eagle's Nest wurde die Sullivan Trust Company Sponsor von Bullfrog Rush. Ich hatte Dr. J. Grant Lyman, den Eigentümer des Grundstücks, einige Jahre zuvor auf dem Rasen eines der Cottages des United States Hotel in Saratoga kennengelernt, wo er eine Reihe von Pferderennen bestritt und mit guten Leuten verkehrte, und ich wusste von nichts, was ihm geschadet hätte. Dr. Lyman kaufte das Bullfrog Rush-Grundstück für 150.000 Dollar. Ich war dabei, als er 100.000 Dollar dieses Geldes in bar bei der Bank von John S. Cook & Company in Goldfield bezahlte. Das Bullfrog Rush-Grundstück war groß, wies hervorragende Oberflächen auf und lag neben der Tramps Consolidated, die damals für etwa 3 Dollar pro Aktie verkauft wurde. Es sah nach einem vielversprechenden Projekt aus.

Dr. Lyman gründete das Unternehmen für 1.000.000 Aktien mit einem Nennwert von jeweils 1 US-Dollar. Die Dienste der Sullivan Trust Company wurden zur Finanzierung des Unternehmens für die Minenentwicklung in Anspruch genommen. Die Treuhandgesellschaft erhielt eine Option auf die eigenen Aktien des Unternehmens zu 35 Cent pro Aktie und veräußerte diese über östliche Makler und direkt an die Öffentlichkeit durch Werbung, zu 45 Cent pro Aktie an Makler und 50 Cent pro Aktie an Investoren . Wir verkauften 200.000 Aktien und erzielten in weniger als dreißig Tagen einen Erlös von 90.000 US-Dollar, behielten 20.000 US-Dollar für Provisionen und Kosten ein und überwiesen 70.000 US-Dollar in die Kasse der Firma Bullfrog Rush, die dem Unternehmen vollständig für die Minenerschließung zur Verfügung gestellt wurden.

Ein halbes Dutzend Tunnel wurden gegraben und mehrere Schächte gegraben. Bis zur 400-Fuß-Ebene schien die Mine vielversprechend. Dann erfuhr man, dass der Schacht auf der 400-Fuß-Ebene auf eine Kalkschicht gestoßen war. Es schien, dass sich alle Grundstücke auf dem Bonanza Mountain, wo sich Bullfrog Rush befand, einschließlich der Tramps Consolidated, die damals auf dem Markt zu einem Wert von 3.000.000 Dollar verkauft wurde, als katastrophale Bergbau-Fehlschläge herausstellen würden. Der gesamte Hügel war laut unserem Ingenieur eine „Rutschbahn", und unterhalb der 400-Fuß-Ebene konnte unmöglich Erz existieren.

Wir teilten Dr. Lyman daraufhin mit, dass wir den Verkauf der Anteile so lange einstellen würden, bis sich auf dem Grundstück bessere Anzeichen für die Errichtung einer Mine zeigten.

Ein paar Wochen später betrat Dr. Lyman unangemeldet mein Privatbüro. Zu dieser Zeit wurden Jumping Jack, Stray Dog, Indian Camp und Eagle's Nest an der Börse von San Francisco im Schnitt 35 Prozent über dem Aktionspreis verkauft. Die LM Sullivan Trust Company machte ihren Investoren alle Ehre. Bullfrog Rush war noch nicht an der Börse notiert, und wir hatten Angst, ihm einen Börsenkurs zu geben.

"Ich habe hier in Goldfield die Union Securities Company gegründet", sagte Dr. Lyman, als er sich neben meinen Schreibtisch setzte, "und ich werde selbst ins Promotionsgeschäft einsteigen. Ich glaube kein Wort von den Berichten, die Sie haben, dass der Bullfrog Rush ein Misserfolg ist. Ich mache mit der Promotion weiter."

Ich protestierte. „Wir werden es nicht zulassen", sagte ich. „Gouverneur Sparks, der beste Freund der Sullivan Trust Company, hat die Präsidentschaft des Bullfrog Rush angenommen, nachdem wir versichert hatten, dass es sich um ein gutes Grundstück handelte. John S. Cook, der führende Bankier dieser Stadt, hat die Schatzmeisterschaft übernommen Dieselben Darstellungen. Herr Sullivan, Präsident dieser Treuhandgesellschaft, ist Vizepräsident des Rush. Wir sind in der jetzigen Lage nicht in der Lage, mit der Beförderung fortzufahren.

Dr. Lyman verließ das Büro, ohne ein Wort zu sagen.

Nevada State Journal in Reno eine ganzseitige Anzeige der Union Securities Company erschienen sei , in der Bullfrog Rush-Aktien zur Zeichnung angeboten würden. Der Gouverneur protestierte energisch gegen den Verkauf der Aktien. Wir hatten ihn zuvor über die neuen Bedingungen in der Mine informiert.

Ich schickte Peter Grant, einen von Mr. Sullivans Partnern im Palast, zu Dr. Lyman, um zu protestieren. Die Antwort war, dass die Anzeige *im Nevada State Journal* in Kürze in allen Zeitungen mit großer Auflage im Osten abgedruckt werden würde und dass die Anzeigenaufträge nicht storniert würden. Eine halbe Stunde später betrat Dr. Lyman mit Mr. Grant das Büro. Mr. Grant sah gereizt aus. Dr. Lyman blickte finster drein.

Ich bat Dr. Lyman, Platz zu nehmen.

„Wenn Sie auch nur einen Finger rühren, um mich davon abzuhalten", sagte er, als er sich vor mir hinsetzte, „werde ich jede Ihrer Taten seit Ihrer Geburt aufdecken und zeigen, wer der Chef dieser Treuhandgesellschaft ist!"

Dr. Lyman war so groß wie eine Pappel und hatte die Muskeln eines Samson. Er kam gerade aus dem Osten, hatte rote Wangen und war gepflegt wie ein Chesterfield. Ich war leichenblass, wüstenmüde, büromüde und im Vergleich dazu unterdurchschnittlich. Bei einem Handschuhkampf hätte mich Dr. Lyman wahrscheinlich in einer halben Runde fertigmachen können. Aber dieser Unterschied fiel mir nicht auf. Das Gefühl der Ungerechtigkeit ließ mich alles vergessen, außer Dr. Lymans erpresserische Drohung. Ich sprang auf. Dr. Lyman ging rückwärts zur Glastür. Ich zielte auf ihn. Er wich zurück, um auszuweichen. In einer Sekunde war er mit der großen Glasscheibe zusammengestoßen, die krachend zu Boden fiel. Im nächsten Augenblick kam er wieder auf die Beine, drehte sich auf dem Absatz um und rannte los. Sein Gesicht war mit Kratzern übersät, die er von der zerbrochenen Glasscheibe bekommen hatte. Mehrere Angestellte, die ihm folgten und dachten, er hätte eine Gewalttat begangen, berichteten, er habe nicht aufgehört zu rennen, bis er das Ende einer 200 Meter entfernten Straße erreicht hatte.

„Oh", keuchte er, „so einen Ausdruck in den Augen eines Mannes möchte ich nie wieder sehen. Ich dachte, ich hätte ihn nach einer Waffe greifen sehen."

Eine solche Idee lag für mich am weitesten entfernt, obwohl ich sehr wütend war. Das Gewissen hatte den Arzt zum Feigling gemacht.

Ich habe mich schnell für eine Vorgehensweise entschieden.

Die Position der Treuhandgesellschaft war folgende: Mit Ausnahme von Bullfrog Rush konnten wir in der Öffentlichkeit eine Reihe von Börsengewinnern vorweisen. Wenn wir Dr. Lyman erlauben würden, seine Werbung für Bullfrog Rush fortzusetzen, wären wir eines Tages gezwungen, alle von ihm verkauften Aktien zurückzukaufen, es sei denn, wir würden unsere Regel zum Schutz unserer Aktien auf dem Markt aufgeben. Die Wahrheit über die Mine musste ans Licht kommen, und wir traten als Sponsoren vor die Öffentlichkeit.

Ich entschied, dass die Treuhandgesellschaft das von den Aktionären von Bullfrog Rush eingezahlte Geld zurückerstatten und Dr. Lyman daran hindern sollte, weitere Aktien zu verkaufen.

Den Maklern, über die wir einen Großteil der Aktien an die Öffentlichkeit verkauft hatten, telegrafierten wir, dass wir bei der Rückgabe der Zertifikate genau den Betrag zurückerstatten würden, den uns die Makler gezahlt hatten. Wir telegrafierten auch an Gouverneur Sparks und baten ihn um Erlaubnis, über seine Unterschrift eine Anzeige in den Zeitungen zu schalten, in der wir verkündeten, dass es sich bei dem Grundstück um eine Pleite im Bergbau handelte, und der Öffentlichkeit rieten, keine weiteren Aktien zu kaufen. Das freute den Gouverneur außerordentlich, denn er schickte umgehend sein Einverständnis mit Glückwünschen zu unserem Standpunkt zurück.

An diesem Abend wurde eine von Gouverneur John Sparks unterzeichnete Warnung an die Öffentlichkeit sowie eine separate Anzeige der Sullivan Trust Company mit dem Angebot, das für Bullfrog Rush-Aktien gezahlte Geld zurückzuerstatten, an alle führenden Zeitungen des Ostens telegrafiert. Am nächsten Tag erschienen diese beiden Ankündigungen neben den halb- und ganzseitigen Anzeigen von Dr. Lymans Union Securities Company of Goldfield, die Bullfrog Rush zur öffentlichen Zeichnung anbot. Merkwürdigerweise führten die Zeitungen diesen Trick ohne mit der Wimper zu zucken aus.

Die Öffentlichkeit kaufte keine weiteren Bullfrog-Aktien.

Der Bullfrog Rush-Vorfall kostete die Sullivan Trust Company etwas weniger als 90.000 US-Dollar, die den Aktionären zurückerstattet wurden, zuzüglich der zusätzlichen Summe, die für die Werbung für unsere Verurteilung des Unternehmens aufgewendet wurde. Dr. Lyman wurde seine gesamte Investition in die Immobilie entzogen. Die Zeitungen verloren viele tausend Dollar, was auf Dr. Lymans unbezahlte Werberechnungen zurückzuführen ist. Eine Reihe von Bergbau-Börsenmaklern haben ebenfalls etwas Geld eingebüßt; Sie waren gezwungen, ihre Provisionen zurückzuerstatten.

JC Weir, der New Yorker Bergbau-Börsenmakler, der unter dem Firmennamen Weir Brothers & Company Geschäfte macht, hatte seinen Kunden etwa 100.000 Aktien von Bullfrog Rush verkauft und erhob heftigen Widerstand gegen unsere Entscheidung, uns nicht einen Betrag zurückzuerstatten, der den an uns gezahlten Nettopreis überstieg. Er war der Ansicht, dass seine Firma nicht gezwungen werden sollte, ihre Gewinne herauszugeben. Wir blieben dabei und argumentierten, dass er stolz darauf sein sollte, mit uns den Ruhm zu teilen, den Aktionären auf solch ungewöhnliche Weise „ein Verdienst" zu verschaffen. Es war das erste Mal in der Geschichte der westlichen Bergbauförderung, dass so etwas jemals getan wurde, und wir wiesen Herrn Weir darauf hin, dass dies sowohl ihm als auch der Treuhandgesellschaft einen guten Ruf verschaffen würde. Eine Zeit lang führte Herr Weir einen Briefwechsel mit der Treuhandgesellschaft. Fast zwei Monate lang weigerte er sich nachzugeben. Schließlich erhielten wir einen Brief von Mr. Weir, in dem er uns mitteilte, dass er unsere Bedingungen akzeptieren würde, da wir uns weigerten, seinen Bedingungen nachzukommen. Außerdem habe er uns 4.500 Dollar gezogen, darunter ein Lot von 10.000 Bullfrog Rush-Aktien. Nach Erhalt des Briefes wies ich den Kassierer an, den Wechsel umgehend einzulösen.

Eine Stunde später berichtete die Kassiererin, dass der Wechsel vorgelegt worden sei und dass eine Prüfung der Aktienzertifikate ergeben habe, dass kein einziges davon von der Treuhandgesellschaft über Mr. Weirs Firma verkauft und tatsächlich nie veräußert worden sei von der Treuhandgesellschaft an irgendjemanden weitergegeben werden. Eine eilige Untersuchung der Aktienzertifikatbücher der Bullfrog Rush Company, die sich in den Händen des Firmensekretärs in Goldfield, eines Angestellten von Dr. Lyman, befanden, ergab, dass eine große Anzahl leerer Zertifikate aus dem Unternehmen herausgerissen worden war Zertifikatsbücher, ohne dass auf den Stubs ein Eintrag erscheint.

Die von Herrn Weir an uns zurückgegebenen Zertifikate trugen ein Datum von mehreren Monaten, und wir gingen sofort davon aus, dass Dr unter keinen Umständen jegliche Bullfrog Rush-Aktien zu verkaufen, diese Aktien heimlich loszuwerden. Offenbar hatte Mr. Weir es versäumt, Dr. Lymans Zertifikate von denen zu trennen, die ihm von der Treuhandgesellschaft zugesandt wurden. Eine andere Hypothese war, dass diese Zertifikate überhaupt nie verkauft worden waren, sondern lediglich von Dr. Lyman zur Weiterleitung an uns erhalten worden waren, um eine Rückerstattung für das zu fordern, wofür wir nie bezahlt worden waren.

Selbstverständlich haben wir den Wechsel unbezahlt zurückgegeben. Aber das beendete den Vorfall nicht. Mein Partner, Mr. Sullivan, hat es sich zur Aufgabe gemacht, Weir Brothers & Company seine Gefühle wie folgt mitzuteilen: „Sie sind so schief, dass, wenn Sie einen Zehn-Penny-Nagel verschluckt und sich übergeben hätten, dieser wie ein Korkenzieher herauskäme." Das war „Larrys" schlichte Art, seine Meinung auszudrücken.

Das Jahr des Windes und Staubs in Goldfield war in das Glühen des Sommers übergegangen. Der stille Hauch des Augusts drang durch die dünne, milde Luft der Höhenlage. Diese dünne Luft, die fast zwei Jahre zuvor einen geistreichen Witzbold dazu veranlasst hatte, die Geburt meines Nachrichtenbüros mit den Worten zu kommentieren, „die Höhenlage sei ideal für die Zubereitung des visionären Stoffes, aus dem Träume gemacht sind", schien unprophetisch. Es gab jede Menge konkrete Beweise für das gelbe Metall zu sehen. Die Produktion der Minen stieg täglich und Geld von Spekulanten strömte aus allen Richtungen in das Lager.

Ein Boom der Bergbauaktien von gigantischem Ausmaß braute sich zusammen. Mohawk of Goldfield, das mit 1.000.000 Aktien zu je einem Dollar Nennwert gegründet worden war und in den Anfangstagen für 10 Cent pro Aktie gehandelt wurde, wurde jetzt an der San Francisco Stock Exchange, der Goldfield Stock Exchange und der New York Curb für rund 2 Dollar pro Aktie gehandelt. Andere Goldfields-Aktien hatten im gleichen Maße zugelegt. Combination Fraction stieg von 25 Cent auf 1,15 Dollar. Silver Pick, das mit 15 Cent pro Aktie angeboten wurde, wurde für 50 Cent verkauft. Jumbo Extension stieg von 15 auf 60. Red Top, das zwei Jahre zuvor in großen Blöcken zu 8 Cent pro Aktie angeboten wurde, wurde für 1 Dollar verkauft. Jumbo stieg von 25 Cent auf 1,25 Dollar. Atlanta stieg von 12 auf 40. Fünfzig andere, potentielle Neukunden, erfreuten sich anteiliger Kurssteigerungen.

Die Sullivan-Aktien befanden sich im Aufschwung. Jumping Jack war an der San Francisco Stock Exchange und New York Curb mit 45 Cent heiß begehrt, Stray Dog mit 70 Cent, Indian Camp mit 80 Cent und Eagle's Nest mit 50 Cent. Abonnenten von Indian Camp könnten einen Gewinn von mehr als 200 Prozent erzielen.

Das Land gab Anzeichen dafür, „Goldfield verrückt" zu werden. Mein Werbebüro in Goldfield machte Überstunden. James Hopper, der bekannte Belletristikautor und Magazinjournalist, war mit der tatkräftigen Unterstützung von Harry Hedrick und anderen kompetenten Bergbaureportern „im Einsatz" und verrichtete Freibauerndienste. In den Nachrichtenspalten der Tageszeitungen des Landes wimmelte es von Geschichten über die Aufregung um Goldfield.

Die Menschen strömten in Scharen ins Lager. In der Stadt herrschte reges Treiben und Leben. An jeder Ecke versammelten sich bunt gemischte Gruppen und diskutierten über die großartige Produktion des Mohawk und die enormen Marktentwicklungen, die die Bergbauaktien verzeichneten, die alle möglichen und beschriebenen Goldfelder repräsentierten. Wann immer

Hayes und Monnette, die Besitzer der Mohawk-Pacht, auf der Straße auftauchten, folgte ihnen eine gemischte Schar des Pöbels des Lagers, der sie mit offenem Mund als Wunder bejubelte.

Der Wahnsinn der Spekulation mit Bergbauaktien im Lager selbst begann an Intensität das aufregende Spiel an den Spieltischen zu übertreffen. Sogar auf den offenen Straßenplätzen war die Aufregung ansteckend.

Bei jeder Sitzung der Goldfield Stock Exchange war der Sitzungssaal überfüllt. Die Sitzungen waren stürmisch. Jeder Schritt und jeder Flur, der zum Raum führte, war voller Männer und Frauen, über deren Gesichter alle Lichter und Schattierungen des Ausdrucks huschten. Die Ausschreibung für Bergbauangelegenheiten war hektisch. Die Gewinne stiegen hoch. Alle schienen zu kaufen und niemand schien zum Verkauf bereit zu sein, außer bei einem deutlichen Anstieg gegenüber den letzten Notierungen. Der Burgbau und der Dunst der Fantasie usurpierten die Vernunft.

Die Bankeinlagen stiegen sprunghaft an. Das Lager berauschte sich schnell an der Freude am Glück.

Manhattan erstrahlte nun vor allem im Glanz von Goldfield, aber die Aktien von Manhattan boomten. Dies ermöglichte es der Sullivan Trust Company, fast alle ihre Manhattan-Wertpapiere zu veräußern, die nach der San-Francisco-Katastrophe übertragen worden waren, und eine große Bargeldreserve anzuhäufen.

Es entwickelte sich eine große Nachfrage nach Aktien von Fairview-Unternehmen. Nevada Hills of Fairview wurde an den Börsen und Bordsteinen für 3 US-Dollar pro Aktie verkauft, was einem Wert von 3.000.000 US-Dollar für die Mine entspricht. Nur wenige Monate zuvor war es für 5.000 Dollar in die Hände von Goldfield und Salt Lake gefallen. Fairview Eagle's Nest, für das die Sullivan Trust Company Zeichnungen zu 35 Cent pro Aktie angenommen hatte, wurde an der San Francisco Stock Exchange für 70 Cent verkauft.

Die Sullivan Trust Company kündigte das Angebot von 1.000.000 Aktien an, die die gesamte Kapitalisierung der Fairview Hailstone Mining Company zu 25 Cent umfassen. Die Aktie wurde von uns für 8 Cent gekauft. Wir waren innerhalb einer Woche ausverkauft. San Francisco und Salt Lake waren die Hauptkäufer, und es war nicht einmal notwendig, eine Anzeige einzufügen, in der die Aktie angeboten wurde. Die Makler überlegten sich gegenseitig, das Angebot per Telegraph zu zeichnen.

SIEGERKÄMPFE UND BERGBAUFÖRDERUNG

Vierzehn Tage lang herrschte eine Flaute in den Nachrichten über sensationelle Goldfunde, aber der bevorstehende Kampf zwischen Gans und Nelson, der am Labor Day, dem 3. September, in Goldfield stattfinden sollte, lieferte den Zeitungen im ganzen Land genügend spannende Lektüre Der Goldfield-Nachrichtentopf brodelte. Die Sullivan Trust Company hatte den Förderern des Kampfes gegen Verluste eine Garantie in Höhe von 10.000 US-Dollar gewährt, und andere Lagerinteressen stellten weitere 50.000 US-Dollar bereit. Gans, der Kämpfer, verfügte nicht über die Mittel, um seinen Verlust zu begleichen und den Kampf zu finanzieren, und die Sullivan Trust Company hatte zu diesem Zweck ebenfalls einen Vorschuss geleistet. Herr Sullivan wurde Gans' Manager. Als Gans in der Stadt ankam, interviewte ihn Mr. Sullivan wie folgt:

„Gans, wenn du diesen Kampf verlierst, werden sie dich hier in Goldfield töten; sie werden denken, dass du dich hingelegt hast. Ich und meine Freunde werden eine Menge Geld auf dich wetten, und du musst gewinnen."

Gans versprach, dass er sein Bestes geben würde.

„Tex" Rickard und seine Freunde wetteten auf Nelson. Der Kassierer der Sullivan Trust Company wurde angewiesen, das gesamte Geld zu decken, das jemand mit einer Quote von 10 zu 8 und 10 zu 7 auf Gans setzen wollte, wobei wir das lange Ende wählten. Im Fenster hing ein Schild mit der Aufschrift: „Eine große Geldsumme wurde bei uns hinterlegt, um auf Gans zu wetten. Nelson-Geld wurde sofort darin versteckt." Mr. Sullivan war in seiner Pracht. Preiskämpfe entsprachen seinem Geschmack besser als hohe Finanzen, und er war so beschäftigt wie ein einarmiger Tapezierer mit dem Juckreiz.

Es kam zu einem Streit darüber, wer den Kampf leiten sollte. „Tex" Rickard nominierte George Siler aus Chicago, und Battling Nelson stimmte der Auswahl umgehend zu. Herr Sullivan widersprach offen. Er hielt es für eine gute Strategie. Er ließ die Zeitungsleute kommen und gab ein Interview heraus, in dem er erklärte, dass Herr Siler Vorurteile gegenüber Gans habe, weil dieser ein Neger sei, und dass er nicht glaube, dass Herr Siler Gans ein faires Angebot machen würde.

„Rice", flüsterte Sullivan, nachdem die Zeitungsleute das Büro verlassen hatten, „ich bin wegen dieser Rassen-Vorurteils-Geschichte ganz schön enttäuscht, aber es wird nicht schaden. Siler braucht den Job. Er ist pleite und ich werde ihn zum Essen zwingen." aus meiner Hand, bevor ich zustimme, dass er den Kampf leitet. Sie haben Siler bereits eingeladen, hierher zu kommen, und ich werde keinen weiteren Schiedsrichter bekommen, aber ich werde sie in ihrem eigenen Spiel schlagen Siler kommt hierher, ich werde die Sache mit ihm besprechen und seiner Auswahl zustimmen, aber zuerst möchte ich, dass er weiß, wer der Boss ist.

Herr Siler kam. Eine Stunde später wurde er mit Mr. Sullivan in einem der Hinterzimmer der Büros der Treuhandgesellschaft eingesperrt. Der darauf folgende Dialog verlief im Wesentlichen wie folgt:

Herr Siler. Du hast mich vollkommen falsch verstanden, Sullivan. Ich möchte diesen Kampf leiten und möchte, dass Sie Ihre Einwände zurückziehen.

Mr. Sullivan. Nun, ich habe aus Quellen, über die ich Ihnen nichts sagen kann, gehört, dass Sie Gans nicht mögen, und ich kann Sie nicht ausstehen.

Herr Siler. Ich brauche diesen Kampf und bin den ganzen Weg von Chicago hergekommen, um ihn als Schiedsrichter zu leiten. Ich könnte Gans nicht die schlechteste Note geben, selbst wenn ich wollte. Er ist ein sauberer Kämpfer und ich hätte keine Ausrede.

Mr. Sullivan. Gans ist ein sauberer Kämpfer, Nelson hingegen nicht. Er verwendet schmutzige Taktiken und begeht Fouls, ohne fair zu sein.

Herr Siler. Wenn er in diesem Kampf ein Foul begeht, werde ich ihn zum Aufgeben zwingen oder ihn für ausscheiden erklären.

Mr. Sullivan, welche Garantie habe ich, dass Sie Gans nicht das Schlimmste antun?

Mr. Siler. Also, ich sage Ihnen, Sullivan, wenn Sie Ihre Einwände zurückziehen, garantiere ich Ihnen, dass ich fair sein werde. Ob Nelson nun üble Taktiken anwendet oder nicht, ich werde Gans gegenüber fair sein, indem ich ihm im Zweifelsfall den Vorteil gebe. Nun, werden Sie damit zufrieden sein?

Mr. Sullivan. Ja, das wird mich zufriedenstellen, aber denken Sie daran: Wenn Sie Ihr Wort nicht halten, haben Sie die gleiche Chance, lebend aus dieser Stadt herauszukommen, wie Gans, wenn er sich hinlegt! Verstehen Sie?

Herr Siler. Ja.

Am Nachmittag des Kampfes rechnete die Sullivan Trust Company ab und stellte fest, dass sie 45.000 Dollar auf Gans gesetzt hatte, während die Anhänger Nelsons insgesamt 32.500 Dollar aufgebracht hatten.

Mr. Sullivan hatte, nachdem er mit mir darüber gesprochen hatte, die Ehrenposition des Ansagers am Ring angenommen. Obwohl „Larry" nicht von aristokratischer Miene war, hatte er einen guten Körperbau und ein kühnes, freches Gesicht, und ich war zuversichtlich, dass seine herzliche Art dieser fernwestlichen Gesellschaft gefallen würde.

Kurz bevor die Preisboxer den Ring betraten, sprang „Larry" in die Arena. Er stand über der Masse der sich bewegenden Köpfe, hob beide Hände und begrüßte die große Menge folgendermaßen:

„Meine Herren, wir sind in dieser großen *Arena versammelt* , um Zeuge eines Kampfes zu werden. Dieser Kampf wird unter der Schirmherrschaft von ‚Tex' Rickard ausgetragen, einem Mann mit großen *Anhäufungen –*"

„Larry" kam nicht viel weiter. Das Publikum lachte, dann johlte und johlte es, bis es heiser wurde. Seine Worte gingen im Sturm des Spottes unter. Ich wurde von Freunden, die sich in der Nähe des Rings aufhielten, darüber informiert, dass er noch ein paar Minuten lang auf die gleiche Art und Weise weitersprang, aber ich kann diese Tatsache aus eigener Erfahrung nicht bezeugen, weil mich „Anhäufungen" und „Areno" überwältigten Ich habe mir die Ohren zugehalten.

Der Kampf dauerte zwanzig Runden oder länger, als ich anfing, an der Fähigkeit von Gans zu zweifeln, zu gewinnen. Mr. Sullivan hatte einen Kommissar am Ring, der bis zu diesem Zeitpunkt jeden und jeden mit der gewünschten Quote von 10 zu 6 gegen Nelson gewettet hatte. Ich rief Mr. Sullivan am Ring zu.

„Das sieht für Gans nicht nach dem Kinderspiel aus, das du versprochen hast", flüsterte ich.

„Warten Sie eine Minute", antwortete Mr. Sullivan, „ich werde zu Gans' Ecke gehen, sobald diese Runde vorbei ist, und herausfinden, was mit ihm los ist."

Mr. Sullivan ging zu Gans' Ecke und kam zurück.

„Gans sagt, dass er diesen Kampf nicht gewinnen kann, aber er wird nicht verlieren. Er ist ein guter Ring-General und er wird uns herausziehen. Wetten Sie kein Geld mehr. Ich werde in der Nähe des Rings bleiben." . Passen Sie genau auf."

Während der nächsten zehn Runden wurde deutlich, dass Gans jede Gelegenheit nutzte, um dem Publikum klarzumachen, dass Nelson dazu neigte, schmutzige Kampftaktiken anzuwenden, und schon bald wurde Nelson wegen übler Schlägerei angeprangert. Gans hingegen schien fair und wie ein Gentleman zu kämpfen. Bald war klar, dass Gans die Sympathie und Gunst des Publikums gewonnen hatte.

Der Kampf ging bis zur vierzigsten Runde, als Mr. Sullivan sich erneut in Gans' Ecke begab und ein weiteres lebhaftes, geflüstertes Gespräch mit ihm führte.

In der zweiundvierzigsten Runde ging Gans plötzlich zu Boden, rollte sich herum, hielt die Hand unter seinem Gürtel und stieß einen Schmerzensschrei aus, der der aufgeregten Menge signalisierte, dass Nelson ihn fürchterlich gefoult hatte.

Im nächsten Augenblick war Mr. Sullivan in den Ring geklettert. Verwirrung herrschte. Das Publikum war aufgesprungen. Mr. Sullivan schlug dem Schiedsrichter mit der Faust ins Gesicht und rief: „Also, Siler, du hast das Foul gesehen, nicht wahr? Es ist ein Foul, oder? Gans gewinnt, oder nicht?"

Das alles geschah blitzschnell. Herr Siler, bleich wie ein Geist, flüsterte etwas Unhörbares.

Mr. Sullivan wandte sich der Versammlung zu, streckte beide Arme zum Himmel und rief:

„Meine Herren, der Schiedsrichter erklärt Gans aufgrund eines Fouls zum Sieger!"

Das Publikum bejubelte seine Entscheidung mit tosendem Applaus. Es schien keinen einzigen Mann in der Menge zu geben, der an einem Foul zweifelte, obwohl Nelson sofort seine Unschuld beteuerte.

Am nächsten Tag erzählte mir Mr. Sullivan, dass Gans sich in oder kurz vor der vierundzwanzigsten Runde das Handgelenk gebrochen hatte und wusste, dass er den Kampf nicht durch Knockout gewinnen konnte. Er sagte auch, dass Gans in der zweiundvierzigsten Runde untergegangen sei, um den Tag zu retten.

„*Ich* habe diesen Kampf gewonnen", sagte Mr. Sullivan. „Ich habe Gans, als er nach der vierzigsten Runde in seiner Ecke stand, gesagt, dass er, wenn er verlieren würde, seine Freunde aufgeben würde, dass er das Publikum bei sich hätte und dass es an der Zeit sei, Nelsons Foul-Taktik auszunutzen."

Dies war meine erste Erfahrung im Preiskampf und meine letzte. Mein Mitgefühl galt jedoch dem Gewinner. Gans' Taktik war bis zur letzten Runde Gentleman und die von Nelson unfair. Sogar die Partisanen von Nelson, die auf ihn gewettet hatten, waren sich nach dem Kampf einig, dass der Kampf, den der Neger bis zur zweiundvierzigsten Runde ausgetragen hatte, der Kampf eines Weißen war und er das Recht hatte, zu gewinnen.

Nelson hatte sich in fast jeder Runde einer Foultaktik schuldig gemacht, aber die Wahrscheinlichkeit ist hoch, dass Gans in der zweiundvierzigsten Runde nicht durch einen Foulschlag außer Gefecht gesetzt wurde und dass er die Stimmung zu seinen Gunsten ausnutzte, die durch seine Männlichkeit geschaffen worden war Kampf bis zu diesem Zeitpunkt, um in einem psychologischen Moment unterzugehen.

Ich traf Herrn Siler nach dem Wettkampf und er schien erfreut, dass seine Entscheidung so gut aufgenommen wurde, aber er versicherte mir, dass er den Job ablehnen würde, wenn er eingeladen würde, einen weiteren Kampf in einem Bergbaulager zu leiten.

Die Sullivan Trust Company gewann natürlich eine große Wette auf das Ergebnis, verlor aber durch den Ausgang der Schlacht am nächsten Tag eine noch größere Wette. Der Eindruck, den der Ansager Sullivans Versuch, in seiner Rede vor dem Kampfpublikum überragende Beredsamkeit zu erreichen, erweckte, war schlecht für die Treuhandgesellschaft und erforderte den Einsatz von über 100.000 US-Dollar am darauffolgenden Tag, um der Flut von Verkaufsaufträgen für Sullivan-Aktien gerecht zu werden die in die San Francisco Stock Exchange strömten.

DAS JAHR DER GROSSEN ZAHLEN

Ich habe diese Börsenverluste bald wieder wettgemacht. Einige Tage später kam eines Tages um etwa 16 Uhr ein Bergarbeiter, der tagsüber auf dem Loftus-Sweeney-Pachtgrundstück der Combination Fraction gearbeitet hatte, im Büro der Treuhandgesellschaft vorbei und bat mich, 1.000 Aktien der Combination Fraction für ihn zu kaufen. Er teilte mir mit, dass er gerade nach Feierabend erfahren hatte, dass in der Tiefe ein gewaltiger Fund von hochwertigem Erz gemacht worden war. Combination Fraction hatte an diesem Nachmittag an der Börse von San Francisco mit einem Verkaufspreis von 1,15 Dollar geschlossen. Ich ging auf die Straße und kaufte alle Aktien der Combination Fraction, die ich sehen konnte. In einer halben Stunde hatte ich etwa 60.000 Aktien zu einem Durchschnittspreis von 1,30 Dollar zusammengesammelt. Eine Stunde später erhielten die Eigentümer der Pacht die Informationen, an denen ich arbeitete, und um 20 Uhr abends, als die Goldfield Stock Exchange ihre Abendsitzung begann, war der Preis auf 1,85 Dollar gestiegen. Innerhalb einer Woche schoss der Preis in die Höhe und erreichte 3,75 $, und ich machte bei diesem Wert einen Gewinn von fast 150.000 $. Hätte ich etwas länger durchgehalten, hätte ich diesen Gewinn verdoppeln können, denn Combination Fraction wurde ein paar Wochen später für über 6 $ verkauft.

Dem Streik der Combined Fraction folgten mehrere weitere, und der Boom nahm an Kraft zu. Bis Oktober war Goldfield Silver Pick auf 1 US-Dollar pro Aktie gestiegen, ein Plus von 600 Prozent. Goldfield Red Top wurde für 2 US-Dollar, Jumbo für 2 US-Dollar und Mohawk für 5 US-Dollar verkauft, was einem Gewinn von 2.000 bis 5.000 Prozent entspricht. Andere hatten proportional zugelegt. Tatsächlich waren über zwanzig Goldfield-Wertpapiere an der Börse notiert, die der Öffentlichkeit einen Börsengewinn von etwa 100 Prozent auswiesen. auf 5.000 Prozent.

Bergbaumaschinen aller Art wurden ins Lager verschifft, und eine halbe Meile um die Kombinationsmine herum glich die Landschaft aus zusammengebauten Galgengerüsten einem großen, produzierenden Ölfeld. Überall waren Spuren von Bergbauaktivitäten zu sehen. Für vier Meilen östlich der Kombinationsmine und sechs Meilen südlich war jeder Zoll des Bodens lokalisiert worden. Claims, die kilometerweit vom produktiven Gebiet entfernt liegen, wechselten stündlich in hoher Zahl den Besitzer.

Die Sullivan-Aktien hielten mit den anderen boomenden Wertpapieren Schritt, und es war klar, dass die Treuhandgesellschaft auf einer Erfolgswelle ritt. Unsere Gewinne überstiegen zu diesem Zeitpunkt 1.500.000 Dollar, und wir waren gerade acht Monate alt.

Innerhalb von nur zwei Wochen verkaufte die Sullivan Trust Company die Lou Dillon Goldfield Mining Company zu 25 Cent pro Aktie, was einem Wert von 250.000 Dollar für das Grundstück entspricht, das 50.000 Dollar kostete; und die Silver Pick Extension, die 25.000 Dollar kostete, zum gleichen Preis, was mehrere Hunderttausend Dollar Gewinn aus diesen beiden Transaktionen einbrachte. Kaufoptionen für die Lou Dillon und die Silver Pick Extension, die sich 500 Fuß von der Combination Mine entfernt befanden, befanden sich seit Monaten im Besitz der Sullivan Trust Company und waren derart im Wert gestiegen, dass am Tag der Eröffnung der Zeichnungen für Lou Dillon zu 25 Cent pro Aktie in Goldfield ein Prospektor namens Phoenix, der von der Sullivan Trust Company 50.000 Dollar für das gesamte Grundstück erhalten hatte, 100.000 Aktien oder ein Zehntel des Anteils an dem Unternehmen zeichnete und dafür 25.000 Dollar zahlte.

Es war die Regel der Sullivan Trust Company, Abonnements in Goldfield an dem Tag zu eröffnen, an dem ihre Werbekopie das Lager per Post in Richtung Osten verließ. Zeitungsverleger waren stets angewiesen, die in der Regel ganzseitigen Anzeigen am Tag nach Eingang zu veröffentlichen. Im Fall von Lou Dillon wurde es notwendig, allen Zeitungen östlich von Chicago zu telegraphieren, die Anzeige wegen Überzeichnung nicht zu veröffentlichen, bevor das Exemplar sie erreichte, und im Fall von Silver Pick Extension wurden die Anweisungen zur Veröffentlichung der Anzeigen vor dem Telegraphen annulliert Die Post mit der Kopie erreichte Kansas City. San Francisco, Los Angeles und Salt Lake beteiligten sich mit 50 Prozent. des gesamten Angebots von Lou Dillon und Silver Pick Extension sowie Goldfield für 25 Prozent. Tatsächlich hätten wir, wenn wir gewollt hätten, das gesamte Angebot in Goldfield, Tonopah und Reno verkaufen können, ohne Werbung einzufügen, so groß war die Aufregung im Staat selbst.

Zu diesem Zeitpunkt beliefen sich die gesamten monatlichen Lohn- und Gehaltsabrechnungen der von der Sullivan Trust Company geförderten Bergbauunternehmen auf über 50.000 US-Dollar, und bei der Erschließung der Liegenschaften wurden hervorragende Fortschritte erzielt.

Es war Frühherbst in Goldfield, warm, trocken und staubig und nie eine Wolke am Himmel. Ich saß achtzehn Stunden am Tag an meinem Schreibtisch und mochte meinen Job. Die Dinge kamen auf uns zu.

Die Sullivan Trust Company war in der Politik tätig. Herr Sullivan war bei den Bergleuten beliebt, und Gouverneur Sparks war ein großer Aktivposten der Treuhandgesellschaft, da er die Verwendung seines Namens als Präsident aller von ihr geförderten Bergbauunternehmen gestattet hatte. Als jedoch die Landtagswahl näher rückte, hatte der Gouverneur kein Geld für Wahlkampfkosten. Er telegrafierte von Carson aus an die Treuhandgesellschaft:

„Ich werde mich nicht um eine erneute Nominierung bewerben.“

Wir antworteten: „Ihre Wahl ist Ihnen sicher, und wenn Sie die Nominierung annehmen, erfolgt eine erneute Nominierung per Akklamation.“

„Ich werde nicht kandidieren, wenn Sie nicht meine Wahl garantieren“, telegrafierte er.

Unsere Antwort: „Wir garantieren.“

Der Gouverneur wurde von den Demokraten erneut nominiert. Die Republikaner nominierten JF Mitchell, einen Bergbauingenieur und Minenbesitzer, der bei den Minenbetreibern sehr beliebt war.

In Goldfield waren Tausende Bergleute ansässig. Die Western Federation of Miners dominierte.

„Sullivan“, sagte ich, „ist es nicht sicher, dass die Bergarbeiter die Demokraten wählen werden, weil Mitchell von den Bergwerksbesitzern vorgeschlagen wurde? Ist es notwendig, Geld bei der Western Federation auszugeben?“

"Keinen Dollar!", antwortete Mr. Sullivan. "Morgen findet eine Sitzung des Exekutivausschusses statt. Ich werde dabei sein. Ohne einen Cent auszugeben, werde ich das Geld nach Hause bringen. Passen Sie auf!"

Sullivan berichtete mir am nächsten Tag, dass seine Mission erfolgreich gewesen sei.

"Ich habe an dem Treffen nicht teilgenommen", sagte er, "aber ich habe die Hauptbesprechung miterlebt. Er sagte mir, dass eine Spende an das

Bergarbeiterkrankenhaus dankbar angenommen würde, aber dass nicht einmal das notwendig sei und dass Sparks haushoch gewinnen würde."

Das einzige von der Sullivan Trust Company bereitgestellte Wahlkampfgeld wurde Herrn Sullivan für Reno gegeben. Er bat um 1.000 US-Dollar und nutzte diese, um im ersten Stock des Golden Hotels einen Tag der offenen Tür abzuhalten, Menschen zu treffen und sie zu begrüßen. Reno schien eine Hochburg der Republikaner zu sein, und indem er die Katholiken gegen die Protestanten aufhetzte, gelang es Herrn Sullivan, die republikanische Mehrheit in einem Ausmaß zu unterdrücken, das bei weitem nicht ausreichte, um die mit Hilfe der Bergleute in Goldfield zusammengerollte demokratische Mehrheit zu überwinden . Gouverneur Sparks wurde mit stattlicher Mehrheit wiedergewählt. Hätte es der Anlass erfordert, hätten wir „aufs Fass gezapft". Aber es war nicht nötig.

DIE GESCHICHTE VON GOLDFIELD KONSOLIDIERT

In Goldfield kursierten Gerüchte über eine Fusion gigantischen Ausmaßes, die angeblich auf dem Tisch liegen sollte. So großartig die Goldfunde im Lager auch waren, sie rechtfertigten nicht die enormen Kursanstiege, die an der Börse verzeichnet wurden, und es war offensichtlich, dass etwas Außergewöhnliches im Gange sein musste, um die Marktbewegung zu rechtfertigen.

George Wingfield, der eine kometenhafte Karriere hinter sich hatte und innerhalb von fünf Jahren vom Faro-Händler in Tonopah zum Eigentümer der Kontrolle über die Mohawk und viele andere Bergbauunternehmen und zum Teileigentümer der führenden Goldfield-Bank, John S. Cook & Company, aufstieg, der damals Einlagen in Höhe von 7.000.000 US-Dollar zugeschrieben wurden, soll den Deal eingefädelt haben. Die Namen der Grundstücke wurden nicht genannt, ebenso wenig die Zahlen. Mir kam der Gedanke, dass bei jeder Fusion die Jumbo und Red Top aufgrund ihrer zentralen Lage einbezogen werden mussten. Ich suchte Charles D. Taylor auf, der zusammen mit seinem Bruder HL Taylor und Captain JB Menardi die Kontrolle über diese Grundstücke besaß. Er verlangte 2,50 US-Dollar pro Aktie für seine Aktien und die seiner Partner – alle oder keine. Mr. Taylor war als Goldsucher in das Lager gekommen. Die meisten seiner Nächte verbrachte er an den Spieltischen, und es hieß, er sei ein leichtes Opfer für die Profis gewesen. Er machte ständig hohe Verluste. Ich nahm Mr. Sullivan auf seine Spur. Herr Sullivan berichtete mir, dass Herr Wingfield mit Herrn Taylor verkehrte.

„Besorgen Sie sich eine Option auf diese Grundstücke von Taylor und seien Sie schnell", sagte ich zu Herrn Sullivan.

Am nächsten Morgen traf ich Mr. Sullivan. Er hielt 20.000 Jumbo-Aktien in seinen Händen, die an der Goldfield Stock Exchange für 1,75 Dollar pro Aktie verkauft wurden.

„Ich habe gestern Abend bei einem Pokerspiel mit Taylor und Wingfield gewonnen", sagte er. „Ich habe eine mündliche Option auf das Grundstück mit einer Laufzeit von drei Tagen für 2,50 $, aber wenn Sie es mir überlassen, werde ich diese Grundstücke von ihm beim Kartenspiel gewinnen."

Ich sah Mr. Sullivan eine Woche lang nicht wieder. Als nächstes hörte ich von ihm, dass er „vom Wasserwagen gefallen" sei und das Ereignis angeblich in Tonopah feiern würde. Während Mr. Sullivan sich selbst über seine Pokerfähigkeiten „täuschte", hatte sich Mr. Wingfield mit Mr. Taylor geeinigt und die Kontrolle über Jumbo und Red Top zu einem Durchschnittspreis von 2,10 Dollar pro Aktie gekauft. Das erklärte Mr. Sullivans Fehltritt. Ich gab mir jedoch die Schuld. Mr. Sullivan war Mr. Wingfield nicht gewachsen. In jedem Spiel, von Stud Poker bis zum Verkauf von Bergbauaktien, kann Mr. Wingfield wie „Larry" hunderte Spieler überlisten, ausmanövrieren und übertrumpfen.

Beide Unternehmen waren mit 1.000.000 Aktien ausgestattet. Der Verkauf erforderte die Zahlung eines Vermögens. Herr Wingfield zahlte eine kleine Summe an und Herr Taylor hinterlegte die Aktien beider Unternehmen treuhänderisch bei der Bank von John S. Cook & Company. Der Restbetrag sollte einen Monat später gezahlt werden.

Der Erwerb der Kontrolle über Jumbo und Red Top durch die Firmen Wingfield und Nixon markierte den Beginn einer Börsenkampagne für höhere Preise, die in puncto Kühnheit und Intensität in der Geschichte der Spekulation mit Bergbauaktien in diesem Land seit jeher beispiellos ist Boom der Comstock-Ader in den Jahren 1871-1872.

Der Markt für alle börsennotierten Goldfield-Aktien brodelte Tag für Tag, bis Jumbo und Red Top von 2 auf 5 US-Dollar pro Aktie, Laguna von 40 Cent auf 2 US-Dollar, Goldfield Mining von 50 Cent auf 2 US-Dollar und Mohawk in die Höhe geschnellt waren von 5 bis 20 $. Innerhalb von drei Wochen machte allein der Anstieg des Marktpreises der ausgegebenen Kapitalisierung dieses Quintetts die Differenz zwischen 8.000.000 und 26.500.000 US-Dollar aus.

Wenige Tage bevor die Höchstpreise erreicht wurden, wurde offiziell bekannt gegeben, dass die Fusion von Mohawk, Red Top, Jumbo, Goldfield Mining und Laguna zur Goldfield Consolidated Mines Company auf der Grundlage von 20 Dollar für jede ausgegebene Aktie von Mohawk, 5 Dollar für Red Top, 5 Dollar für Jumbo, 2 Dollar für Goldfield Mining und 2 Dollar für Laguna erfolgt sei. Es wurde auch bekannt gegeben, dass die Gründer

Wingfield und Nixon sich selbst 2.500.000 Dollar in Aktien der fusionierten Unternehmen als Gründerhonorar zugeteilt hatten. Darüber hinaus wurde bekannt gegeben, dass die Combination Mine für 4.000.000 Dollar in bar und in Aktien in die Fusion eingebracht worden sei, und es wurde bekannt, dass die Vermittler bei dem Geschäft einen Gewinn von 1.000.000 Dollar erzielt hatten, indem sie sich eine Option auf das Grundstück für 3.000.000 Dollar sicherten.

Kurz gesagt, es wurde eine Fusion von Immobilien und Aktien durchgeführt, deren ausgegebener Kapitalwert am Tag der Konzeption der Fusion auf bereits überhöhten Märkten für 11.000.000 US-Dollar bei einem Wert von 33.000.000 US-Dollar verkauft wurde, und zusätzlich erhielten die Gründer einen Bonus von 2.500.000 US-Dollar. Wären die Immobilien auf der Grundlage ihrer Verkaufspreise drei Wochen zuvor zusammengelegt worden, hätte der Gegenwert der 3.500.000 Aktien der Fusionsaktien einen Bruchteil über 3 US-Dollar gelegen. So wie es aussah, betrug der Marktwert im Zuge des Ballonisierungsprozesses 10 US-Dollar, was dem Nennwert entsprach.

Zum Zeitpunkt der Fusion herrschten in den Bergwerken folgende Bedingungen:

Die Mohawk, deren Wert auf 20.000.000 $ geschätzt wurde, hatte im Rahmen der Pacht etwa 8.000.000 $ eingebracht, von denen weniger als 2.000.000 $ in die Kasse der Mohawk Mining Company gelangt waren, der Rest ging an die Pächter. Die Pächter hatten das Grundstück bis zum Abwinken „hochwertig" gemacht, und es blieb weniger als 1.000.000 $ an hochgradigem Erz in Sicht, obwohl von allen Seiten zugegeben wurde, dass die Pächter während der Pachtdauer weder versucht hatten, das gesamte Erz in der Mine systematisch abzusperren und in Sicht zu bringen, noch dazu in der Lage waren. Mohawk hatte daher zusätzlich zu der in Sicht befindlichen Tonnage einen großen, aber unbestimmten potenziellen Wert.

Die Laguna, für die 2.000.000 Dollar in Aktien bezahlt worden waren, hatte kein einziges Pfund Erz in Sicht und hatte Wingfield und Nixon weniger als 100.000 Dollar gekostet.

Goldfield Mining, Schauplatz einer sensationellen Produktion in den frühen Tagen des Lagers, die auf 2.000.000 US-Dollar mehr geschätzt wurde, war als Produzent im Sande verlaufen.

Jumbo, das ein Jahr zuvor für 5.000.000 US-Dollar übernommen worden war, hatte wenig oder gar kein Erz gefördert, da das Management die meiste Zeit damit beschäftigt war, einen tiefen Schacht abzuteufen, und es waren weniger als 500.000 US-Dollar in Sicht.

Bei Red Top, dessen Wert auf weitere 5.000.000 US-Dollar geschätzt wird, waren Erze mittlerer Qualität im Wert von über 2.000.000 US-Dollar blockiert.

Wingfield und Nixon waren auch stark an Columbia Mountain-, Sandstorm-, Blue Bull-, Crackerjack-, Red Hills-, Oro-, Booth-, Milltown-, Kendall-, May Queen- und anderen Goldfield-Aktien interessiert. Kaum hatten die fünf Aktien, aus denen sich die Fusion zusammensetzte, solche überraschenden Marktzuwächse zu verzeichnen, manifestierte sich die Aufwärtstendenz auch in der Diverses-Liste von Wingfield und Nixon, und alle verzeichneten phänomenale Zuwächse. Bald spürte die gesamte Liste der Goldfield-, Tonopah-, Manhattan-, Bullfrog- und anderen Bergbaupapiere aus Nevada, die an der San Francisco Stock Exchange notiert waren und an den Börsen und Bordsteinen des Landes gehandelt wurden, die Kraft der gewaltigen Anstiege, und sie schossen mitfühlend in die Höhe unerhörte Ebenen.

Um eine Vorstellung davon zu vermitteln, wie weit die Kurse dieser Aktien durch den Aufblähungsprozess der Fusion über ihren eigentlichen Wert hinaus gestiegen sind, führe ich einige Vergleiche an.

Columbia Mountain wurde während des Booms für über 1,50 $ verkauft; es wird jetzt für 5 Cent verkauft. Blue Bull, Crackerjack, Oro, Booth, Red Hills, Milltown, Kendall, Conqueror, Hibernia, Ethel, Kewanas, Sandstorm und May Queen wurden während des Booms für durchschnittlich 75 Cent verkauft; Mittlerweile kosten sie durchschnittlich weniger als 5 Cent. Hundert weitere Goldfield-Wertpapiere, die auf dem Höhepunkt der spektakulären Bewegung zu Preisen zwischen 50 Cent und 2,50 US-Dollar heiß begehrt waren, können jetzt für 1 bis 5 Cent pro Aktie erworben werden, während viele andere, die hoffentlich von einer überdurchschnittlichen Nachfrage gekauft wurden, jetzt für 1 bis 5 Cent pro Aktie erworben werden können. Die in der Öffentlichkeit angegriffenen Zahlen werden mittlerweile überhaupt nicht mehr zitiert.

AUF DEM HÖHEPUNKT

Die Differenz zwischen dem Marktpreis der börsennotierten Nevada-Aktien am 15. November 1906 und dem heutigen beträgt über 200.000.000 US-Dollar. Eine faire Schätzung des tatsächlichen Geldverlusts der Öffentlichkeit in der börsennotierten Sparte liegt bei 150.000.000 US-Dollar.

Und das war noch nicht der ganze Schaden, der angerichtet wurde. Als die Aufregung um die börsennotierten Aktien von Goldfield ihren Höhepunkt erreichte, griffen von den Städten aus operierende Wildhüter zu und innerhalb von drei Monaten waren es in der Nähe von 2.000 Unternehmen, die in den meisten Fällen Grundstücke besaßen, die meilenweit von der geprüften Zone in Goldfield entfernt oder in unbewiesenen Lagern lagen in der Nähe von Goldfield, wurden der Öffentlichkeit für weitere 150.000.000 US-Dollar aufgedrängt.

Die Tatsache, dass Mohawk, das in den frühen Tagen von Goldfield für 10 Cent gekauft werden konnte, auf 20 Dollar gestiegen war und den Käufern einen Gewinn von 20.000 Prozent einbrachte; dass Laguna in weniger als zwei Jahren von 15 Cent auf 2 Dollar gestiegen war; dass Jumbo und Red Top, die für 5 Dollar verkauft wurden, ein oder zwei Jahre zuvor für etwa 10 Cent gekauft werden konnten; dass Goldfield Mining, das in den frühen Tagen im Lager für 15 Cent verkauft wurde, auf 2 Dollar gestiegen war usw., lieferte den Wildkatzenhändlern ein Argument, das die Möwen in jeder Stadt und jedem Weiler der Union überzeugte. Und die Ernte war immens. Nicht eine der 2.000 Wildkatzen hat sich bewährt, und jeder so investierte Dollar war verloren.

Aus der Abrechnung geht hervor, dass mit den börsennotierten Aktien der Lager etwa ebenso viel Geld verloren ging wie mit den nicht börsennotierten „Katzen und Hunden".

Tatsächlich verloren erfahrene Käufer von Bergbauaktien im Lager und außerhalb des Lagers genauso viel Bargeld wie die Unerfahrenen. San Francisco, das seinen Reichtum vergangener Jahre einem erfolgreichen Bergbauunternehmen verdankt, wurde wahrscheinlich genauso hart getroffen wie jede andere Stadt in der Union. San Francisco glaubte, das Spiel zu kennen, und beschränkte seine Geschäfte auf die Aktien, die an der Börse notiert sind, an der die Comstocks gehandelt werden. Aber San Francisco kannte die Hintergründe des Fusionsabkommens nicht, da es jetzt jedem Schüler in Nevada bekannt ist.

Die interne Vorgehensweise war folgende: Wingfield und Nixon besaßen die John S. Cook & Company Bank in Goldfield und kontrollierten fast zwanzig Bergbauunternehmen, die kaum von Bedeutung waren. Außerdem hatten sie die Kontrolle über die größte Mine im Lager erworben. Auf dem Höhepunkt des Booms, den sie einfädelten, um die Fusion durchzuziehen, verkauften sie Millionen von Aktien einer beliebigen Anzahl von Unternehmen und nutzten die vielen Millionen Erlöse, um Jumbo, Red Top und ihre ausstehenden Verträge in Mohawk und andere Bestandteile der Fusion zu übernehmen. Während des Aufblähungsprozesses konnten sie außerdem viele Mohawk-Aktien für 15 bis 20 Dollar, viele Jumbo-Aktien für 4 bis 5 Dollar und viele Red Top-Aktien für 4 bis 5 Dollar verkaufen, was sie sehr viel weniger kostete, und waren auf diese Weise in der Lage, ihr Geschäft bis zum Ende zu finanzieren.

Ich habe gerade darauf hingewiesen, dass es zur Durchführung der Fusion notwendig war, den Markt für alle Goldfield-Wertpapiere, an denen die Projektträger interessiert waren, anzukurbeln, um den Insidern die

Möglichkeit zu geben, sich abzustoßen, bevor einige der sehr hohen Zahlungen fällig wurden. Nachdem dies erreicht war und die Zahlungen erfolgt waren, versuchten die Projektträger, einen Markt für Fusionsaktien zum oder nahe dem Nennwert zu schaffen. Um dies zu erreichen, regte die Goldfield-Bank, an der die Projektträger großes Interesse hatten, die Spekulation an und schaffte es, ein Gefühl der Sicherheit zu verbreiten, indem sie ihre Bereitschaft zur Kreditvergabe von 60 bis 80 Prozent ankündigte. Nennwert der Fusionsaktien.

Ganz Goldfield fiel darauf herein und das Lager ging daraufhin pleite.

Innerhalb von 18 Monaten danach wurde Goldfield Consolidated auf den Märkten bis auf 3,50 Dollar verkauft, und Margin-Händler und Kreditnehmer, die die Aktien als Sicherheit für weitere Käufe hinterlegt hatten, wurden abgeschlachtet. Kredite wurden von der Bank ebenso schnell gekündigt, wie die Margen erschöpft waren. Das Blutbad war furchtbar.

Es muss offensichtlich sein, dass Wingfield und Nixon, die beide durch ihre Bergbauaktiengeschäfte in Goldfield zu Multimillionären wurden, direkt und indirekt wichtige Faktoren für den Verlust von 300.000.000 Dollar für die Öffentlichkeit waren, wie oben dargelegt. Es wird zugegeben, dass Erz im Wert von weniger als 7.000.000 Dollar als Reserve erschlossen war, als im Rahmen der Fusion Aktien im Wert von 35.000.000 Dollar ausgegeben und ein Markt geschaffen wurde, um die Aktien zu diesem fiktiven Preisniveau zu veräußern. Es ist nicht von besonderem Interesse, dass Goldfield Consolidated aufgrund sensationell reicher Minenerschließungen in der Tiefe seitdem versprochen hat, den Aktionären einen Betrag zurückzuzahlen, der fast dem Nennwert ihrer Aktien entspricht, und dass es nun so aussieht, als ob diejenigen, die die zwischenzeitlichen Verluste überstehen konnten, am Ende nur die Zinsen ihres Geldes verloren haben.

Diese Tatsache fällt auf: Obwohl Goldfield Consolidated zu Beginn eine Goldmine besaß, die ein lukratives Geschäft war, hatten die Aktionäre nur zwei Chancen. Sie konnten entweder die Gewinnschwelle erreichen oder verlieren – sie konnten ihre Investition decken, wenn die Mine einen sensationellen Gewinn abwarf, was damals ein großes Wagnis war, oder sie konnten verlieren, wenn die Mine keinen Gewinn abwarf. Sie konnten nicht gewinnen.

Herr Nixon war ein US-Senator aus Nevada. Er war auch Präsident der Nixon National Bank in Reno, Nevada. Er hatte beide Positionen zum Zeitpunkt der Fusion inne, und es war vor allem Herrn Nixons politischer und finanzieller Position zu verdanken, dass die gewagten, aufgeblähten Marktoperationen, die als Vorspiel für die Fusion inszeniert wurden, so erfolgreich waren.

In den *Nevada Mining News* vom 25. Mai 1907 (Auflage 28.000) erschien ein Interview mit dem US-Senator Nixon aus Nevada, für das folgende Aussagen bestätigt wurden:

Das Manuskript des Interviews wurde dem Senator vorgelegt und von ihm genehmigt. Es ist unverändert, so wie es aus seinen Händen kam. Selbst jetzt besitzt der Senator noch eine Kopie des Originalmanuskripts und kann uns damit brandmarken, wenn wir unser Versprechen gebrochen haben.

Ich zitiere aus dem Interview des Senators, wie es in dieser Ausgabe der *Nevada Mining News erschien* :

„Wie hoch werden Ihrer Schätzung nach die endgültigen Erträge von Goldfield Consolidated sein?" wurde gefragt.

"Ich würde sagen, dass Consolidated in drei oder vier Jahren ein größerer Produzent sein wird als in einem Jahr", antwortete Senator Nixon, "und ich glaube, ich bin konservativ, wenn ich sage, dass das Anwesen letztendlich 1.000.000 Dollar netto monatlich einbringen wird."

" *Dann ist die Aktie als Investition locker eine 20-Dollar-Aktie?* "

„ *Das ist, würde ich sagen, eine Mindestschätzung seines zukünftigen Wertes* ", war die *Antwort.*

Zu diesem Interview:

Herr Nixon sagte, dass innerhalb von drei oder vier Jahren (die Frist ist abgelaufen) 20 Dollar der Mindestpreis für die Aktien sein würden. Seitdem erreichten sie nur einmal 10 Dollar, also die Hälfte seiner Schätzung. Kurz nach dem Interview wurden sie zu einem Tiefstpreis von 3,50 Dollar verkauft. Vor kurzem lag der Börsenkurs bei 4 Dollar.

Er sagte weiter, dass die Minen letztlich eine Million Dollar im Monat verdienen würden. Auch diese Aussage wurde bei weitem nicht erfüllt.

Kurz nachdem George S. Nixon als Präsident der Goldfield Consolidated Company dieses Interview der Öffentlichkeit zugänglich gemacht hatte, veräußerte er, seinen späteren eigenen Angaben zufolge, alle seine Besitztümer, und zwar zu einem durchschnittlichen Preis von vermutlich weniger als 8 $ pro Aktie.

Dies ist nur eine oberflächliche Darstellung des großen Ereignisses in der Geschichte von Goldfield, aber es reicht aus, um ein Beispiel für die Wirkung von „Wer schnell reich"-Einflüssen zu liefern, die von hohen Stellen ausgehen und die Öffentlichkeit von Millionen und Abermillionen trennen, ohne dazu aufgerufen zu sein Konto.

Die liebe amerikanische Öffentlichkeit ist seit Jahren auf diese heimtückische Art von „Wer schnell reich"-Dope hereingefallen. Es wird dazu verleitet, Millionen zu verlieren, durch seine fetischistische Verehrung von Förderern mit Millionen, die in Wirklichkeit die „Schnell reich werden" der Zeit sind, die sehr gefährlich sind.

Greenwater, das Lager der reichen Männer, in dem die Öffentlichkeit in drei Monaten, die den Höhepunkt des Goldfield-Booms markierten, 30.000.000 US-Dollar versenkte, ist ein weiteres Beispiel dafür, dass ein vertrauensvolles investierendes Publikum einem trügerischen Licht folgte und zu einem rücksichtslosen Gemetzel geführt wurde.

KAPITEL IV

DAS GREENWATER-FIASKO

Als in Goldfield die Aufregung über die stündlich aufgezeichneten, gewaltigen Kursanstiege der Goldfield-Wertpapiere auf Hochtouren lief, erreichte die Stadt die Nachricht vom erfolgreichen Börsengang der Greenwater & Death Valley Mining Company in New York. Die Kapitalisierung betrug 3.000.000 Aktien mit einem Nennwert von je 1 Dollar. Die Aktien waren von den Börsen in New York und Pittsburgh zu einem Preis von 1 Dollar pro Aktie gezeichnet worden, an der New Yorker Börse notiert und auf rund 5,50 Dollar gestiegen, was einem Wert von 16.500.000 Dollar entspricht. Zu den Führungskräften dieser Firma gehörten MR Ward, der Schwager von Charles M. Schwab, TL Oddie, heute Gouverneur von Nevada, und Malcolm Macdonald, später Präsident der Nevada First National Bank of Tonopah.

Greenwater liegt etwa 150 Meilen südlich von Goldfield, jenseits der Staatsgrenze in Kalifornien. Niemand ging jemals hin oder her, ohne Goldfield zu passieren. Wenn es einen Greenwater-Boom gab, wie kam es dann, dass wir in Goldfield, die mit allen Bergbauangelegenheiten in Nevada vertraut waren, nichts davon wussten? Bald begannen die Goldfield-Promoter, Aufmerksamkeit zu schenken. Kurz darauf erkrankten sie an der Infektion. Es kam zu einem Ansturm von Goldfield nach Greenwater. Tatsächlich strömten Menschen aus allen Richtungen nach Greenwater. Eine Gruppe von Tonopah-Geldmachern, angeführt vom unbeugsamen Malcolm Macdonald, schnappten sich das Geld bei Greenwaters in New York, und Goldfield war nicht im Spiel.

Die Berichte, die aus Greenwater nach dem ersten Ansturm auf Goldfield kamen, waren zweifelhafter Natur. Greenwater & Death Valley wurde als rohes Potenzial beschrieben, das nicht mehr als 10 Cent pro Aktie wert sei. Die Leute aus Goldfield schüttelten den Kopf. Es ließ sich jedoch nicht leugnen, dass Greenwater & Death Valley an den Börsen im Osten ein Riesenerfolg zu sein schien. Charles M. Schwab soll hinter dem Börsengang von Greenwater & Death Valley gestanden haben. Montgomery-Shoshone und Tonopah Extension, zwei weitere Unternehmen von Schwab, wurden an der Börse mit Hunderten von Prozent Gewinn verkauft. Die Tatsache, dass Mr. Schwab an dem Lager interessiert war, war ein Argument, das die Förderer von Nevada sehr ansprach, denn die Bruderschaft hatte gelernt, einem Markt genauso viel Bedeutung beizumessen wie einer Mine, bevor sie mit der Förderung begann.

Da die Sullivan Trust Company keinerlei Misserfolge auf dem Markt erlitten hatte, zögerte ich, die Treuhandgesellschaft für irgendein Problem im neuen Lager zu engagieren. Um mich jedoch nicht völlig aus dem Staub zu machen, schickte ich unseren Ingenieur „Jack" Campbell in den Bezirk, um über alle Grundstücke zu berichten.

Vom New Yorker Markt kamen schnell Nachrichten über den Erfolg der Greenwaters im Osten. Berichten zufolge profitierte die Furnace Creek Copper Company, die ursprünglich von „Patsy" Clark aus Spokane mit 25 Cent pro Aktie und einer Kapitalisierung von einer Million Aktien gefördert wurde, von Mr. Clarks persönlicher Marktbearbeitung an der New York Curb und den Aktien erreichte bald einen Höchstpreis von 5,50 $. John W. Gates war von „Patsy" für etwa 50 Cent eingestiegen und soll 400.000 Aktien zu allen möglichen Preisen von 1 $ bis zu 5,50 $ und wieder runter abgegeben haben.

Im Anschluss an diesen Vorstoß wurde bekannt, dass die United Greenwater Company erfolgreich Werbung gemacht hat, wobei CS Minzesheimer & Company, Mitglieder der New York Stock Exchange, als Fiskalvertreter für das Unternehmen fungierten. Die Veranstalter waren Malcolm Macdonald, Donald B. Gillies und Charles M. Schwab. JC Weir, der New Yorker Bergbau-Aktienmakler, der per Post eine landesweite Briefkampagne zugunsten von Greenwater durchführte, soll 150.000 oder 200.000 Aktien zum Zeichnungspreis von 1 US-Dollar verkauft haben. Das Angebot soll zweimal überzeichnet gewesen sein. Der Preis schoss dann an der New Yorker Bordsteinkante auf bis zu 2,50 US-Dollar. Der Markt kochte.

Philadelphia soll Greenwater-verrückt gewesen sein. Als United Greenwater auf dem Weg nach oben 1,50 US-Dollar erreicht hatte und Greenwater & Death Valley die 4-Dollar-Marke überschritten hatte, kündigte die Schwab-Menge die Gründung der Greenwater Copper Mines & Smelters Company an, um die Unternehmen Greenwater & Death Valley und United Greenwater zu konsolidieren. Diese neue Muttergesellschaft hatte ein Kapital von 25.000.000 US-Dollar mit 5.000.000 Aktien im Nennwert von jeweils 5 US-Dollar, und der Osten verschlang die neuen Aktien Berichten zufolge „mit Blut". Der Präsident dieser Gesellschaft war Charles R. Miller, der Präsident der Tonopah & Goldfield Railroad Company war, und der Vizepräsident war MR Ward, der gefürchtete Schwager von Charles M. Schwab. Zur Direktion gehörten Herr Schwab; John W. Brock, der die Interessen Philadelphias im Vorstand der sehr erfolgreichen Tonopah Mining Company vertrat; Malcolm Macdonald, der meisterhafte „Zitronenhändler" von Nevada; Frank Keith, General Manager der Tonopah Mining Company, und andere. Es war eine „gute" Direktion.

Wie man erfuhr, waren die Aktien des neuen Unternehmens von den New Yorker Börsenmaklern zu einem Preis von 1,80 Dollar pro Aktie gezeichnet worden, vor allem von den Börsenmaklern mit Niederlassungen in Philadelphia und Pittsburgh, wo die Schwab-Clique einflussreich war. Große Grundstücksblöcke wurden an der New Yorker Börse für bis zu 3,25 Dollar an die Öffentlichkeit verkauft, was einem Wertzuwachs dieser „Immobilien" von mehr als 16 Millionen Dollar entsprach.

INS SPIEL EINSTIEG

Die Geburt der 25.000.000-Dollar-Fusion zur Übernahme zweier Liegenschaften, die noch nicht einmal in die Kategorie der Baby-Minen eingestuft worden waren und von den Bergleuten in Goldfield von Anfang an verdächtigt wurden, es handele sich um unbedachte Unternehmungen, war das Signal für eine rasche Folge von Beförderungen bei Greenwater aus allen Zentren, für die es in den Annalen der Branche in diesem Land kein vergleichbares Beispiel gibt.

Auf dem Höhepunkt des Booms wurde von Los Angeles und New York aus die Furnace Creek Consolidated Copper Company mit einer Kapitalisierung von 5.000.000 US-Dollar gegründet.

Aus Butte, der Heimat der Kupferbergbauindustrie, wurde die Furnace Creek Extension Copper Mining Company mit einer Kapitalisierung von 5.000.000 US-Dollar sowie Butte & Greenwater mit einer Kapitalisierung von 1.500.000 US-Dollar gefördert. Malcolm Macdonald, der „Held" von Montgomery-Shoshone in Bullfrog, stammte aus Butte. Er war es, der das Schwab-Publikum in Greenwater interessierte, ebenso wie in Tonopah und Bullfrog.

„Patsy" Clark, der bekannte Minenbetreiber von Spokane, der mit seiner Furnace Creek Copper Company marktmäßig erfolgreich war, leitete umgehend eine neue, die Furnace Valley Copper Company, mit einer Kapitalisierung von 6.250.000 US-Dollar. Diese Aktien waren an den Börsen von Spokane, Butte und Los Angeles notiert, erschienen jedoch nicht an der New York Curb.

Eine Schar von Maklern und Börsenbetreibern aus San Francisco gründete die Greenwater Bimetallic Copper Company. „They let her go Gallagher" mit einer Kapitalisierung von 1.000.000 US-Dollar.

Die CM Sumner Investment Securities Company aus Denver eröffnete Zeichnungen für die Greenwater-Death Valley Copper Company. (Der Titel dieser Firma war eine Anspielung auf den Namen der Greenwater & Death Valley Copper Company.)

Die Bürger von Tonopah ließen sich nicht übertrumpfen und machten sich für 1.500.000 US-Dollar auf den Weg zur Gründung der Greenwater Calumet. Hon. TL Oddie, später Gouverneur von Nevada, dann von Tonopah, und sein Bruder, CM Oddie, folgten dem Beispiel und leiteten die Greenwater Arcturus Copper Mining Company mit einer Kapitalisierung von 3.000.000 US-Dollar.

Die Consolidated Greenwater Copper Company wurde aus einem Pittsburg-Trog an die hungrige Öffentlichkeit ernährt, mit Hauptbüros im Keystone Bank Building und einem hochkarätigen Tonopah-Publikum im Direktorium. Eugene Howell, Kassierer der Tonopah Banking Corporation, deren Präsident US-Senator Nixon war, war Schatzmeister. Präsident war John A. Kirby aus Salt Lake City, der bis vor kurzem mit George Wingfield im Besitz von Nevada Hills verbunden war.

Arthur Kunze, der die Kontrolle über die Greenwater & Death Valley Copper Company an Malcolm Macdonald verkauft hatte, der wiederum die Schwab-Clique für die Organisation interessiert hatte, gründete eine neue namens Greenwater Copper Mining Company mit einer Kapitalisierung von 5.000.000 US-Dollar.

HT Bragdon, ehemaliger Präsident der Goldfield Mining Company, einem der Bestandteile des Goldfield Consolidated, leitete die Greenwater Black Jack Copper Mining Company mit einem Kapital von 1.000.000 Dollar.

ALLES KUPFER DER WELT

US-Senator George S. Nixon aus Nevada war neben HH Clark, William Bayley und HJ Woollacott Direktor der Greenwater Furnace Creek Copper Company mit einem Kapital von 1.500.000 Dollar. Der Prospekt dieser Firma gab bekannt, dass die Erze „Melakonit, Azurit, Chalkosin und gelegentlich Chrysokoll mit einem durchschnittlichen Kupfergehalt von 18 bis 36 Prozent" seien.

„Wenn man den niedrigsten Prozentsatz an Erz berücksichtigt, den das Unternehmen gemeldet hat", sagt Horace Stevens im *Copper Handbook* von 1908, „und die eigenen Zahlen des Unternehmens zur Größe seiner Erzvorkommen, wären die ersten 100 Fuß in der Tiefe dieses wundervollen Grundstücks erforderlich." transportieren mehr als 20.000.000 Tonnen raffiniertes Kupfer im Wert von 13 Cent pro Pfund der vergleichsweise unbedeutenden Summe von fünf Milliarden zweihundert Millionen Dollar.

Herr Stevens fährt fort: „Die Tatsache, dass ein Major Manager dieses Unternehmens und ein US-Senator Vizepräsident ist, wird den Aktionären einen großen Trost bereiten. Es ist in der Tat bedauerlich festzustellen, dass diese großartige Mine, die ... „Nach Angaben des Unternehmens liegen mehr Kupfer als alle erschlossenen Kupferminen der Welt still, und die derzeitige Büroadresse ist ein Rätsel."

Donald Mackenzie aus Goldfield, Gründer der erfolgreichen Frances-Mohawk Mining & Leasing Company in Goldfield, die mit Mohawk-Erzen über 1.500.000 Dollar erwirtschaftete und ganze 20 Prozent dieses Betrags in Form von Dividenden an die Aktionäre ausschüttete, verdrängte die Greenwater Red Boy Copper Company und die Greenwater Saratoga Copper Company mit einer Kapitalisierung von jeweils 1.000.000 Dollar. Thomas B. Rickey, Präsident der State Bank & Trust Company von Goldfield, Tonopah und Carson City, war Präsident beider dieser Unternehmen, und JL („Gott segne Sie") Lindsey, Kassierer der State Bank & Trust Company, war Schatzmeister.

Greenwater Consolidated, Greenwater Copper, Furnace Creek Oxide Copper, Greenwater Black Oxide Copper, Greenwater California Copper, Greenwater Polaris Copper, Greenwater Pay Copper, Pittsburg und Greenwater Copper, Greenwater Copper Range, Greenwater Ely Consolidated, Greenwater Sunset, New York & Greenwater, Greenwater Etna, Greenwater Superior, Greenwater Victor, Greenwater Ibex, Greenwater Vindicator, Greenwater Prospectors', Greenwater El Captain, Greenwater & Death Valley Extension, Greenwater Copper Queen, Greenwater Helmet, Tonopah Greenwater, Furnace Creek Gold & Copper und Greenwater Willow Creek waren die Namen von Dutzenden anderen mit Kapitalisierungen von jeweils 1.000.000 bis 5.000.000 US-Dollar.

Unter diesen rühmte sich die Greenwater Willow Creek Copper Company mit dem elegantesten Direktorium. George A. Bartlett, Nevadas einziger Kongressabgeordneter, war Präsident, und Richard Sutro, damals Chef des weltbekannten New Yorker Bankhauses Sutro Bros. & Co., wurde als erster Vizepräsident ausgeschrieben. Henry E. Epstine, der beliebte Tonopah-Makler, war zweiter Vizepräsident und Alonzo Tripp, General Manager der Tonopah & Goldfield Railroad, war Direktor.

Habe ich mich in Greenwater verliebt? Ja, und zwar in der elften Stunde.

Auf halbherzige Empfehlung des Ingenieurs der Treuhandgesellschaft, „Jack" Campbell, zahlte die LM Sullivan Trust Company 125.000 US-Dollar für ein Grundstück in Greenwater, das über zwei zehn Fuß lange Löcher verfügte. An zwei Seiten grenzte es an das Grundstück der Furnace Creek Copper Company, dem ursprünglichen Standort im Lager. Unser Ingenieur berichtete, wenn „Patsy" Clarks Furnace Creek Copper Company, deren Aktien auf dem Markt zu einem Wert von 5.500.000 US-Dollar für das Grundstück verkauft wurden, Erz hätte, könnten wir es sicherlich nicht verpassen. Unabhängig davon, in welche Richtung die Adern verlaufen, muss unser Boden genauso gut sein wie der von „Patsy", da die identische Aderformation durch beide Grundstücke verlief.

Die Sullivan Trust Company gründete daraufhin die Furnace Creek South Extension Copper Company, um das Grundstück zu betreiben. Die Kapitalisierung betrug 1.250.000 Aktien mit einem Nennwert von 1 US-Dollar, von denen 500.000 Aktien in die Kasse des Unternehmens gelegt wurden, um sie für Zwecke der Minenentwicklung zu verkaufen.

Da die New Yorker Börsenhäuser als Lieferanten dieser speziellen Warenlinie gelten, hat die Sullivan Trust Company die Verkaufsvertretung für die eigenen Aktien von Furnace Creek South Extension an EA Manice & Company vergeben, Mitglieder der New Yorker Börse, deren Geschäftsleitung im selben Gebäude in New York sitzt wie JP Morgan & Company. Wir haben über EA Manice & Company 100.000 eigene Aktien zum Nennwert von 1 Dollar zur öffentlichen Zeichnung angeboten, und diese Firma hat das Angebot unter ihrer eigenen Unterschrift in New Yorker Zeitungen beworben. Die Sullivan Trust Company hat die Rechnungen bezahlt.

Der Zusammenbruch von Greenwater

Das Angebot erwies sich als ein „Blüher", das erste, das die Sullivan Trust Company vorfand. EA Manice & Company verkaufte nicht einmal 30.000 Aktien. Auch die Aktien, die die Sullivan Trust Company später über Makler in anderen Städten anbot, ließen sich nicht frei verkaufen. Genau in dem Moment, als wir unser Angebot für Furnace Creek South Extension ankündigten, begann der Greenwater-Boom zu bröckeln.

Oscar Adams Turner, der die Tonopah Mining Company of Nevada förderte, die bei einer Kapitalisierung von 1.000.000 US-Dollar Dividenden in Höhe von 8.000.000 US-Dollar ausgezahlt hat, ist für das frühe Platzen der Blase verantwortlich. Herr Turner hatte aufgrund der Berichte eines Ingenieurs im Greenwater-Lager investiert. Er gründete die Greenwater Central Copper Company. Dann beschloss er, dass es für ihn ratsam sei, sich das Anwesen selbst anzusehen. Er besuchte Greenwater. Zwei Stunden nach seiner Ankunft im Lager schickte er ein Telegramm nach Philadelphia, das im Wesentlichen wie folgt lautete:

Hören Sie auf, Greenwater Central anzubieten. Machen Sie keine Zahlungen mehr für die Immobilie. Benutze meinen Namen nicht weiter. Hier ist nichts.

Der Tenor der Nachricht sickerte durch. Es kam zu wahllosen Verkäufen durch eine bekannte Bankgruppe in Philadelphia, die mit Greenwaters beladen war. Andere folgten diesem Beispiel. Der Markt wurde krank.

Beim ersten Anzeichen eines Marktrückgangs strömten Anfragen aus dem gesamten Osten nach Nevada, und namhafte Kupferexperten aus Montana, Arizona, Kalifornien und anderen Orten strömten in das Greenwater-Lager, um die Grundstücke zu untersuchen. Bald hielt ein Chor negativer Meinungen Einzug in alle Finanzzentren. Die Marktwerte brachen ebenso schnell ein, wie sie gestiegen waren. Papiervermögen lösten sich in Luft auf.

Ich gebe eine konservative Aussage ab, wenn ich sage, dass die amerikanische Öffentlichkeit in weniger als vier Monaten ganze 30.000.000 US-Dollar in Greenwater investiert hat.

Nicht alle Greenwater-Werbeaktionen waren überzeichnet – nicht die Hälfte, nicht ein Viertel – und die amerikanische Öffentlichkeit könnte sich durchaus dazu beglückwünschen, dass der Boom „platzte", als nur etwa 30.000.000 US-Dollar in die Taschen der Veranstalter geflossen waren.

Was ist mit dem Lager?

Es existiert nicht mehr. Alle Minenerschließungsarbeiten wurden vor langer Zeit eingestellt. An der Oberfläche gibt es grün gefärbte Karbonate, aber keine Kupfererzvorkommen. Die „Minen" wurden von Maschinen und anderen Geräten befreit, und nicht einmal ein einziger Wächter ist noch da, um dem Wüstenwanderer den Ort zu zeigen, an dem *der monumentale Bergbau-Aktienschwindel des Jahrhunderts stattfand* . Jeder von der Öffentlichkeit investierte Dollar ist verloren. Die trockenen, heißen Winde der sandigen Wüste singen jetzt das Requiem.

Korrigieren Sie die Verantwortung hier, wenn Sie können. Der Job ist nicht einfach. Lass es mich versuchen. Die Freibeuter, die Greenwater & Death Valley nach New York brachten und der Öffentlichkeit erlaubten, es mit dem Namen Charles M. Schwab als Köder zu abonnieren, zu einem Wert von mehr als 3.000.000 US-Dollar für das Grundstück, und dann den Preis in die Höhe trieben Eindämmung, bis die Aktien zu einem Wert von 16.500.000 US-Dollar für das Grundstück verkauft wurden, ohne dass ein gesicherter Bergbauerfolg im gesamten Lager in Sicht war – diese Männer waren meiner Meinung nach strafrechtlich verantwortlich. Sie wurden nie zur Rechenschaft gezogen.

Die Mitglieder der New Yorker Börse, die sie unterstützt und gefördert haben, indem sie ihre Namen für die Transaktion zur Verfügung gestellt haben, und Charles M. Schwab, der die Verwendung seines Namens und des seines Schwagers gestattet hat, sind moralisch verantwortlich. Ich hege keinen Augenblick den Gedanken, dass die Börsenleute und Herr Schwab erkannt haben, dass die Minen des Unternehmens absolut wertlos waren, aber ich behaupte, dass Männer ihres Ansehens und Prestiges Chancen haben, die Männern von geringerem Kaliber nicht zugute kommen und dass ihr Verhalten aus diesem Grund äußerst verwerflich sei.

Die Scham und die Schuld

Ich nenne das Beispiel der Sullivan Trust Company, die sich in Greenwater „verliebte", nachdem sie wochenlang gezögert hatte, sich auf das Unternehmen einzulassen, und ich bin überzeugt, dass andere sich genauso verliebten. Die Sullivan Trust Company rührte kein Greenwater-Anwesen an, bis ihre Klienten und ihre Klientel unter den Maklern in der ganzen Union die Leitungen mit Anfragen nach einer Greenwater-Werbung überflutet hatten, und als sie schließlich „verfiel", verlor sie ihr eigenes Geld. Die einzigen anderen Leidtragenden waren eine Handvoll Investoren, die am Ende des Booms einen verhältnismäßig kleinen Teil ihrer eigenen Aktien zeichneten.

Allerdings sind nicht alle Förderer unschuldig „gefallen". In fast jeder Stadt der Union gab es unerfahrene Förderer und Börsenmakler, die die Wertsteigerungen während des Goldminenbooms miterlebt hatten und deren Hände nach dem „langen Geld" gierten, das den Männern vor Ort so lange zuteil wurde. Diese verloren beim ersten Anzeichen des Greenwater-Booms mit Charles M. Schwab im Sattel keine Zeit und annektierten das Land in dem Bezirk mit dem einzigen Ziel, Unternehmen zu gründen und die Aktien mit Tausenden von Prozent Gewinn an die Öffentlichkeit zu verkaufen.

Das Fiasko des Greenwater-Bergbaubooms ist ein einzigartiges Beispiel für die Fallstricke von Bergbauunternehmen. Die einzige Greenwater-Aktie, die zu diesem Zeitpunkt eine Marktnotierung hat, ist Greenwater Mines & Smelters, die den wahren Zustand der öffentlichen Meinung über alle Greenwaters widerspiegelt, indem sie tatsächlich zu einem Wert verkauft wird, der unter dem Geldbetrag in der Unternehmenskasse – 6 Cent – liegt pro Aktie bei einer ausstehenden Ausgabe von 3.000.000 Aktien – es befinden sich 189.000 US-Dollar in der Kasse, zusammen mit einem Schuldschein von CS Minzesheimer & Company, dem „pleiteen" New Yorker Börsenhaus, über 71.000 US-Dollar, wovon das Unternehmen 27 Cent pro Dollar erzielen wird über den Empfänger.

KAPITEL V

AM VORABEND DES GROẞEN GOLDFIELD-SMASHS

Es war Anfang November 1906. Der Indian Summer hielt Goldfield in seinen sanften Armen. Die Natur trug jenes goldene Gewand, das man immer mit der Vorstellung von Überfluss assoziiert. Die Minen des Bezirks wurden für eine Rate von 1.000.000 Dollar pro Monat ihrer Schätze beraubt. Unter dem hohen Druck des kurzfristigen Pachtsystems wurden neue Produktionsrekorde erzielt. Die Bevölkerung betrug 15.000. Die Bankeinlagen beliefen sich auf insgesamt 15.000.000 Dollar. Grundstücke an der Main Street kosteten 1.000 Dollar pro Vorderfuß. Die Straßen waren voller Menschen. Jeder hatte Geld.

An genau dieser Stelle waren früher schon Menschen verdurstet. Drei Jahre zuvor gab es keine Minen und die Bevölkerung zählte nur einen Korporalwächter. Die Transformation war abgeschlossen. Innerhalb von drei Jahren wurden die Träume der eifrigen Pioniere, die den Gefahren der Wüste getrotzt hatten, um den Bezirk zu lokalisieren, zur gewaltigen Realität. Das Lager, das zwei Jahre zuvor von Finanzjournalisten der Presse als „Rohperspektive" und „Zufluchtsort für Wildkatzen und Glücksspieler" betitelt worden war, hatte regelrechte Ausmaße angenommen. Die frühe Prahlerei der Pressestelle von Goldfield, dass sich Goldfield als das größte Goldlager in den Vereinigten Staaten erweisen würde, war eine vollendete Tatsache.

Die notierten Goldminenaktien verzeichneten einen Zuwachs von fast 150.000.000 Dollar auf den Märkten. Die Aktien benachbarter Lager hatten im Marktwert um weitere 50.000.000 Dollar zugelegt. Das Lager ritt selbstgefällig auf der Welle des großen Booms, wie ihn die Geschichte seit den berühmten alten Tagen von Mackay, Fair, Flood und O'Brien am Comstock nicht mehr erlebt hat.

Es gab keine Vorahnung, dass irgendwann ein Höhepunkt der Kurssteigerung erreicht sein würde und ein Zusammenbruch bevorstehen könnte.

Die Aktien von Goldfield Consolidated wurden an den Börsen zu über dem Nennwert von 10 US-Dollar oder zu einem Marktwert von mehr als 36.000.000 US-Dollar für die ausgegebene Kapitalisierung des Unternehmens verkauft. Sie hätten alle Immobilien dieser Firma für weniger als 150.000 US-Dollar kaufen können, als das Lager zum ersten Mal errichtet wurde. Die Liegenschaften des Konzerns wurden von einer Reihe von Pachtverträgen betrieben. Die Mietverträge liefen bald aus. Viel Marktkapital wurde aus der Tatsache gezogen, dass das Unternehmen bald „zu sich selbst kommen" würde.

Mehr als 175 Aktien von Goldfield und umliegenden Lagern waren an den Börsen und Bordsteinen notiert. Alle wurden zu sensationellen Preisen verkauft und es gab einen schwimmenden Markt. Die erfolgreiche Fusion der wichtigsten Produktionsgrundstücke von Goldfield durch Wingfield und Nixon zu einem Wert von 36.000.000 US-Dollar, mehr als dem Vierfachen des Wertes der bekannten Erzreserven, gab der ganzen Liste Auftrieb.

Columbia Mountain, gefördert durch die Fusionen von Goldfield Consolidated, aber von der Fusion ausgeschlossen, weil es nicht an die anderen Integrale angrenzte und weil es kein Erz hatte, war bei einer Aktienkapitalisierung von einer Million auf 1,35 US-Dollar pro Aktie angestiegen und konnte sich fest auf dem Markt behaupten ungeachtet der Tatsache, dass es immer noch nur eine wenig vielversprechende „Aussicht" war. Die ausgegebenen Aktien eines Dutzend anderer Unternehmen, die unter der Kontrolle der Gründer der Fusion standen, wurden zu einem Gesamtwert von vielen Millionen mehr verkauft. Der am meisten verachtete „Welpe" in dieser speziellen Gruppe war Milltown, der nicht einmal einen potenziellen Wert hatte; Dennoch wurde problemlos ein Preis pro Aktie erzielt, der der „Immobilie" einen Marktwert von 400.000 US-Dollar verlieh.

Silver Pick, kapitalisiert für 1.000.000 Aktien im Nennwert von jeweils 1 US-Dollar, hatte einen ununterbrochenen Anstieg von 15 auf 2,65 US-Dollar pro Aktie erzielt, ohne dass auf dem Grundstück auch nur ein Pfund Erz gefunden wurde. Der Marktpreis schwankte nicht.

Kewanas, ein weiteres Millionenaktienunternehmen, war mit 2,25 US-Dollar pro Aktie, einem Wert von 2.250.000 US-Dollar für die Immobilie und einem Vorschuss von 2.250 Prozent sehr gefragt. über dem Aktionspreis. Der Gewinn von Kewanas wurde auch trotz der Tatsache erzielt, dass es bei der Minenentwicklung nicht gelungen war, lohnendes Erz in kommerziellen Mengen zu erschließen. Acht Monate zuvor war mir das gesamte Grundstück für 35.000 Dollar angeboten worden und ich hatte den Kauf abgelehnt.

Goldfield Daisy, gefördert von Frank Horton, einem Faro-Händler in George Wingfields Glücksspiellokal Tonopah, war bei einer Kapitalisierung von 1.500.000 Aktien von 15 Cent auf 6 Dollar pro Aktie gestiegen. Es hatte den Aktionären nie einen Dollar eingebracht, wurde aber tatsächlich auf dem freien Markt zu einem Wert von 9.000.000 US-Dollar verkauft. Der Preis zeigte keine Anzeichen einer Abschwächung.

Die Kombinationsfraktion, die ein paar Hektar Land besaß und bei einer Kapitalisierung von 1.000.000 Aktien mit 20 Cent pro Aktie gefördert wurde, war aufgrund von Erzfunden und der Nähe zum Mohawk schnell auf 8,50 Dollar pro Aktie gestiegen. Von den Aktionären gab es keine Anzeichen einer Entlastungstendenz.

Great Bend, im Diamondfield-Abschnitt des Goldfield-Distrikts gelegen, vier Meilen von der Produktionszone entfernt, war von 10 Cent pro Aktie auf 2,50 Dollar angehoben worden, ohne dass eine Mine eröffnet wurde, was einen Marktwert für das Grundstück von 2.500.000 Dollar ergab.

Dies sind nur einige der auffälligsten Beispiele für Preissteigerungen. Alle diese Aktien, mit Ausnahme von Goldfield Consolidated, werden jetzt für jeweils ein paar Cent pro Aktie verkauft, der Durchschnitt liegt bei nicht einmal zehn Cent. Es gab über hundert andere Goldfield-Aktien, die ebenfalls spektakuläre Marktkarrieren erlebten, für die es mittlerweile überhaupt keine Notierung mehr gibt.

DER AUFSTIEG VON WINGFIELD UND NIXON

JEDER in Goldfield, der bereit war zuzugeben, dass die Aktien zu diesem Zeitpunkt zu stark verkauft wurden, wurde als „Klopfer" verschrien. Bei der Bank von John S. Cook & Company, die den Förderern der Goldfield Consolidated gehört, konnte man sich kostenlos alle börsennotierten Goldfield-Aktien leihen, und aus diesem Grund waren die Männer des Lagers der Meinung, dass hinter fast allen Aktien ein konkreter Wert stecken musste. Makler in östlichen Städten berichteten, dass nur wenige ihrer Kunden bereit waren, Gewinne mitzunehmen, selbst bei den Preisen, auf die die Aktien in die Höhe geschossen waren. Die meisten Bergbau-Börsenmakler der Städte hatten in den ersten Tagen vor dem Vormarsch die Bestände des Lagers „geplündert". Zu diesem Zeitpunkt, als die Preise ungeahnte Höhen erreichten, informierten die Makler ihre Kunden nicht darüber, dass die Werte weit über den eigentlichen Wert hinaus gestiegen waren. Tatsächlich waren sie von ihren Kaufempfehlungen begeistert. Jeder war ein Bulle.

Die Sitzungen der Goldfield Stock Exchange spiegelten das Ausmaß der Begeisterung wider. Außerhalb der Börse waren die lautstarken, jauchzenden, kreischenden und explodierenden Stimmen der Makler, die den Markt bei jeder Sitzung weiter in die Höhe trieben, einen halben Block entfernt zu hören. Haben Sie später den Weg in den überfüllten Sitzungssaal gefunden, die halb verrückte Art und Weise, in der Notizbücher, Arme, Fäuste, Zeigefinger, Hüte und Köpfe hin- und hergeworfen und hin- und hergeschwenkt wurden, einer Szene der Gewalt, die bis zum Wahnsinn reichen könnte? einmal die Vollendung und der Fluch sein.

George Wingfield und sein Partner George S. Nixon waren die Helden dieser Stunde. Weniger als fünf Jahre zuvor war Herr Wingfield mit einem Anteil von 150 US-Dollar nach Tonopah gekommen, den Herr Nixon bereitgestellt hatte, dessen Zuhause in Winnemucca, Nevada, lag. Mr. Wingfield war früher ein mittelloser Cowboy-Spieler gewesen. Er wurde im Hinterland von Arkansas und später von Oregon geboren und stammte aus Golconda, Nevada. Herr Nixon war zu der Zeit, als er Herrn Wingfield abpfahl, und bis zu seiner Wahl zum Senator der Vereinigten Staaten im Jahr 1904 als „Staatsagent" der Southern Pacific Company für Nevada bekannt, da er in dieser Funktion die Nachfolge des berüchtigten „Schwarzen" angetreten hatte. Wallace, der viele Jahre lang den „Yellow-Dog"-Fonds für das Huntington-Regime verwaltete, als es schwierig war, Franchises zu bekommen und Parlamente gekauft werden mussten. Herr Nixon war auch Präsident einer Bank in Winnemucca, einem Zwischenbahnhof der Southern Pacific Railroad.

Herr Wingfield hatte seine Fähigkeiten im Geldbeschaffen unter Beweis gestellt, indem er als Haupteigentümer des Tonopah Club, der größten Spielhölle in Tonopah, Herrn Nixons 150 Dollar in 1.000.000 Dollar verwandelte und das Geld später für sich und seinen Partner „verhandelte", um die Kontrolle über die von ihnen gegründete fusionierte Goldfield Consolidated im Wert von 36.000.000 Dollar zu erlangen.

Man sagte, dass Herr Wingfield hinter dem Markt stand. Er wurde als Chef der Bergbaugesellschaft angesehen und Herr Nixon als eine Ausnahme. Herr Wingfield war bei fast allen Sitzungen der Goldfield Stock Exchange, deren Mitglied er war, eine auffällige Figur. In den frühen Abendstunden, wenn informelle Sitzungen am Straßenrand stattfanden, konnte man ihn auch mitten im Tumult sehen. Er war rund um die Uhr im Einsatz.

Zu dieser Zeit war Mr. Wingfield etwa dreißig Jahre alt. Er war von dürrer, magerer Gestalt und hatte eine extreme Blässe, die auf schlechte Gesundheit, jahrelange Entbehrungen oder schlechte Gewohnheiten hindeutete. Seine Augen waren wässrig, sein Blick wankelmütig. Er war ungehobelt, kalt im Benehmen und schweigsam im Gemüt und der letzte Mensch, von dem ein Beobachter ohne weiteres annehmen würde, dass er über Fähigkeiten höherer Art verfügt. Im Lager und in seiner Umgebung war er für seine Verschwiegenheit bekannt. Er galt als kühler, berechnender, selbstsüchtiger, sicherer Spieler und Geschäftsmann – der Typ, der die Hintertreppe benutzt, niemals jemandem vertraut, bereit ist, lange zu warten, um ein bestimmtes Ziel zu erreichen, den Mund hält und nicht zulässt, dass unbedeutende Skrupel einer endgültigen Einigung im Wege stehen. Unter den Stud-Poker-Spielern, die an Spieltischen in Tonopah, Goldfield und Bullfrog spielten, war er für seinen halbschlauen Gesichtsausdruck bekannt, der seine Gegner täuschte und sie glauben ließ, er bluffe, obwohl das nicht der Fall war. Bei Kartenspielen war er normalerweise ein durchgängiger Gewinner.

Sein Partner George S. Nixon sah aus wie der adrette kleine Bankdirektor von Winnemucca und vertrauliche Staatsagent der Southern Pacific, der er war, bevor er Senator wurde. Er war deutlich unterdurchschnittlich schwer und hatte einen überdurchschnittlichen Körperumfang an dem Teil seines Körpers, den ein politischer Feind einmal als Sitz seiner Gedanken und als Tempel seiner Bestrebungen beschrieben hatte. Seine stahlgrauen Augen waren absolut ausdruckslos. Sein Geld und seine Beziehungen in der Southern Pacific hatten ihm als Neureicher eine Toga eingebracht, aber er benahm sich nicht wie ein Mann, dem diese Ehre zuteil geworden war. In Goldfield stolzierte er mit dem Stolz und der Würde eines spanischen Granden umher.

Das Paar hatte die Kontrolle über die Mine, die Bank und die Marktsituation. Makler, Bankangestellte und Beamte von Bergbauunternehmen bedienten sie und gehorchten ihnen. Nachts bot Herr Wingfield im Montezuma Club, wo sich führende Bürger zu treffen pflegten, gelegentlich demonstrativ eine Wette an, dass Goldfield Consolidated „für 15 Dollar statt für 9 Dollar verkaufen würde" usw. Männer mit Geld, die in Scharen ins Lager geströmt waren Alle Richtungen lauschten mit gespannter Aufmerksamkeit. Zu späterer Stunde telegraphierten sie die Nachricht heimlich an ihre Freunde im Osten. Am nächsten Morgen würde der Markt mehr öffentliche Käufe und noch höhere Preise widerspiegeln. Goldfield selbst folgte blind dem Beispiel der beiden. Für diese Männer war es tatsächlich einfacher, die Preise zu erhöhen als sie zu senken.

DIE GEWINNE EINES TENDERFOOT

Und ich? Wo stand ich und wie war meine Position in dieser Situation? Hatte ich Weitsicht? War mir klar, dass Aktien zu viel höheren Preisen verkauft wurden, als der innere Wert und der spekulative Wert rechtfertigten? Reichte die Tatsache, dass die Fusions- und Wasserträger von Goldfield Consolidated die Minen-, Markt- und Banksituation beherrschten, nicht aus, um mich vermuten zu lassen, dass möglicherweise die Karten gestapelt waren und dass möglicherweise Karten von unten ausgeteilt wurden? Wusste ich tatsächlich über die genaue Situation Bescheid und war mir klar, dass es zwangsläufig zu einer Explosion kommen würde? Es ist schade, dass Rückblick keine Voraussicht ist, denn nur in diesem Fall könnte ich mich mit einem Lorbeerkranz schmücken.

Ich war mehr als zwei Jahre vor Ort. In Wirklichkeit war ich immer noch ein zarter Fuß. Meine Erfahrungen waren einzigartig – allesamt positiv. Ich hatte die ersten Grundlagen des Spiels gemeistert, aber nur die ersten. Der innere Wert spielte in meiner Vorstellung vom Wert einer Goldfield-Minenemission nicht die einzige Rolle. Die Millionäre des Lagers waren von Beruf keine Bergleute, und ihr Urteil über den Wert eines

Bergbaugrundstücks hätte einen Guggenheim, einen Ryan oder einen Rothschild nicht dazu veranlasst, auch nur 4 US-Dollar für die Erschließung eines potenziell mineralischen Bodens auszugeben. Goldfield war ein Lager für arme Leute. Und es ging gut voran, trotz des Gekrächzes der schulisch ausgebildeten Ingenieure, die den Distrikt in der Anfangszeit abgelehnt hatten, wie sie es auch bei Tonopah getan hatten.

Zu dieser Zeit lebte ich sparsam. Ich habe nie eine Karte berührt. Ich arbeitete durchschnittlich sechzehn Stunden am Tag, einschließlich Sonntag, an meinem Schreibtisch und entspannte mich nie. Obwohl ich pleite im Lager angekommen war, hätte ich es meiner Meinung nach ablehnen sollen, wenn mir 2.000.000 US-Dollar für meine halbe Beteiligung an der LM Sullivan Trust Company angeboten worden wären.

Ich mochte meine Arbeit. Der Sauerteig meiner Umgebung sprach meine Wahrnehmung direkt an. Ich war erfüllt von den Traditionen des westlichen „Bergbauglücks" und auch vom Optimismus meiner robusten Nachbarn. Diese Männer hatten in der frühen Zeit der „Prüfung und Trübsal" des Lagers ihre Stellung gehalten. Sie hatten wie ihre Vorfahren am Comstock gesiegt, genau wie die mutigen Pioniere von Leadville und Cripple Creek und wie ihre Brüder von Tonopah. Ihr Einfluss auf mich war grenzenlos. Ich genoss die Arbeit jedenfalls. Tatsächlich hatte ich wenig Verwendung für Geld, außer für geschäftliche Zwecke. *Und nie kam mir der Gedanke, dass es Zeit für eine „Aufräumaktion" wäre.*

Der LM Sullivan Trust Company, deren Vizepräsident und Geschäftsführer ich war, ging es bemerkenswert gut. Die Aktien der Bergbauunternehmen, die von der Treuhandgesellschaft organisiert und gefördert wurden, waren an der San Francisco Stock Exchange und New York Curb notiert und verzeichneten einen Marktwertzuwachs von 3.000.000 US-Dollar über den Aktionspreisen. Indian Camp, das mit 25 Cent beworben wurde, wurde für 1,30 Dollar frei verkauft. Jumping Jack, dessen Abonnements ursprünglich für 25 Cent möglich waren, war für 62 Cent heiß begehrt. Stray Dog, das ursprünglich für 45 Cent an die Öffentlichkeit verkauft wurde, war für etwa 85 Cent aktiv. Lou Dillon, der vor weniger als einem Monat für 25 Cent herauskam, hatte sich auf 64 Cent hochgearbeitet. Silver Pick Extension, das mit 25 Cent überzeichnet war und zwei Stunden nach Bekanntgabe des Zeichnungsschlusses bei 35 Cent lag, wurde an den Börsen und Bordsteinen des Landes für 49 Cent verkauft. Eagle's Nest Fairview, das ursprüngliche Abonnenten für 35 Cent erhielten, war für 65 Cent sehr begehrt. Fairview Hailstone wurde zu 25 Cent gehandelt und war zu 40 Cent ständig gefragt.

Gouverneur John Sparks war nun Präsident all dieser Unternehmen.

Man hätte große Blöcke der Sullivan-Aktien zu diesen gewinnbringenden Preisen an allen Bergbaubörsen und Börsenmärkten des Landes verkaufen können, ohne den Preis auch nur einen Cent zu senken, so konstant war die öffentliche Nachfrage und so breit war der Markt. Mit Ausnahme von Bullfrog Rush, für das die Sullivan Trust Company den Abonnenten das Geld zurückerstattet hatte, als sich die in Entwicklung befindliche Mine als „Zitrone" erwies, bescherte jede Werbeaktion der Treuhandgesellschaft den Anlegern einen stattlichen Börsengewinn. Insgesamt betrug der Förderpreis der sieben Sullivan-Bergbauunternehmen 2.000.000 US-Dollar für die gesamte Kapitalisierung. Der Marktpreis dafür betrug jetzt 5.000.000 US-Dollar, was einem durchschnittlichen Gewinn von 150 Prozent entspricht.

Das war ein Rekord, auf den man stolz sein konnte, und ich *war* stolz darauf, nicht nur, weil ich Vizepräsident und Generaldirektor der Treuhandgesellschaft war, sondern auch, weil eine von der American National Bank of San Francisco zur Prüfung der Bücher der Treuhandgesellschaft beauftragte Wirtschaftsprüfungsgesellschaft festgestellt hatte, dass unsere Vermögenswerte die Verbindlichkeiten um 3.000.000 Dollar überstiegen, und zwar allesamt in etwa zehn Monaten. Etwa 1.000.000 Dollar davon waren Werbegewinne. Der Rest wurde durch die Preissteigerung von Bergbau-Wertpapieren erwirtschaftet, die während des Booms gehalten oder angehäuft wurden.

Im Lager wurde allgemein damit geprahlt, dass George Wingfield 1.000.000 Dollar, die den Gewinnen seines Glücksspiellokals in Tonopah entsprachen, „verhandelt" oder „vermehrt" hatte, um gemeinsam mit seinem Partner Nixon die Kontrolle über den 36.000.000 Dollar schweren Goldfield Consolidated zu erlangen. Wie bereits erwähnt, hatte ich viel Pech gehabt, als ich um Haaresbreite den Besitz der Hayes-Monnette-Pacht für die Mohawk- und Nevada Hills-Mine verpasste, die unseren Gewinn um weitere 8.000.000 Dollar erhöht hätte, aber ich war stolz, dass ich sehr gut daran getan hatte, 2.500 Dollar in eine Hälfte einer florierenden 3.000.000 Dollar schweren Treuhandgesellschaft zu verwandeln. Ich war eitel genug, um zu glauben, dass meine Leistung ebenso einzigartig war wie die von Mr. Wingfield, denn er hatte den Einfluss eines US-Senators und das Geld, das in einer Kette neu gegründeter Banken in Goldfield, Tonopah und anderen Orten deponiert war, um ihm bei seinen Unternehmungen zu helfen. Dagegen war ich nicht nur gezwungen, mich auf meine eigenen Mittel zu verlassen, sondern musste mich auch gegen die Arbeit von Erpressern zur Wehr setzen, die von Zeit zu Zeit versuchten, Tribut zu fordern. Als ich es nicht schaffte, „durchzukommen" (was ich nie tat), zögerten sie kaum, bei der Sullivan Trust Company einen böswilligen Schlag in die Presse zu versetzen, denn deren aktiver Chef hatte in früheren Jahren zufällig eine sehr jugendliche Vergangenheit, obwohl sie wussten, dass die Vergangenheit nicht mehr seine war und er sie wie Meilensteine auf dem Weg passiert hatte.

Ich bin hoch und trocken gelandet

Die Wahlen zum Bundesstaat Nevada fanden im November statt. Die Partei der Demokraten, angeführt von „Ehrlichem" John Sparks als Gouverneur und Denver S. Dickerson als Vizegouverneur, war siegreich. Die Partei der Republikaner, angeführt von JF Mitchell, einem Bergbauförderer und Ingenieur, unterstützt vom US-Senator Nixon, dem politischen Führer der Republikaner, erlitt eine demütigende Niederlage.

Denver S. Dickerson war der Kandidat der Gewerkschaften. Während eines früheren Arbeitskrieges in Cripple Creek war Herr Dickerson im „Bull-Pen" eingesperrt, als die Regierung eingriff, um die Arbeitsunruhen dort zu unterdrücken. Die Bergleute von Goldfield haben ganz natürlich für ihn gestimmt. Gouverneur Sparks hatte die Renominierung auf dringenden Wunsch der LM Sullivan Trust Company angenommen, und sein Sieg sowie die Bedeutung des Tickets waren größtenteils den politischen Aktivitäten der Treuhandgesellschaft zu verdanken.

Obwohl die Treuhandgesellschaft kein Bankinstitut in dem Sinne war, dass sie Bargeldeinlagen von Bürgern der Stadt entgegennahm, da sie ihre Geschäftstätigkeit auf die Finanzierung von Bergbauunternehmen beschränkte, nahm sie aufgrund ihrer zunehmenden finanziellen und politischen Bedeutung eine große Rolle am politischen und geschäftlichen Horizont ein Leistung. Die Treuhandgesellschaft verwaltete ihr gesamtes Geld bei Banken, die nicht mit der Wingfield-Nixon-Konföderation verbunden waren, und arbeitete auch in diesem Fall eng mit ihr zusammen.

Die Wingfield-Nixon-Clique hatte ein Spielcasino in Tonopah und eine kleine Ein-Pferde-Bank in Winnemucca in den Besitz der 36.000.000 Dollar schweren Goldfield Consolidated gebracht, die Bank von John S. Cook & Company in Goldfield, der Einlagen in Höhe von insgesamt 8.000.000 Dollar gutgeschrieben wurden, eine neue Bank in Tonopah, bekannt als Tonopah Banking Corporation, und eine neu gegründete Bank in Reno, genannt Nixon National, gebracht. In der Politik war es ihr gelungen, Herrn Nixon in den US-Senat zu bringen und ihm die Bundesförderung zu übertragen, die mit diesem erhabenen Amt einhergeht.

Die Konföderation streckte die Hand aus.

In Goldfield hatte sie sich gegen so starke Bankenkonkurrenten wie die Nye & Ormsby County Bank und die State Bank & Trust Company durchgesetzt, die beide schon im Geschäft waren, bevor man überhaupt von John S. Cook & Company träumte. Dies war ihr gelungen, indem sie Maklern und anderen Bürgern von Goldfield große Geldsummen auf Bergbauaktien des Lagers lieh, und zwar zu einer Zeit, als diese Art von Wertpapieren von den anderen Banken nicht so bereitwillig als Sicherheit akzeptiert wurde. In Tonopah machte die neu gegründete Nixon Bank, bekannt als Tonopah Banking Corporation, allmählich Fortschritte gegenüber der Nye & Ormsby und der State Bank & Trust Company, die immer noch etwa 75 Prozent des Geschäfts dieses Lagers abwickelte. In Reno hatte die Nixon National Mühe, mit so alten Institutionen wie der Bank of Nevada, der Washoe County Bank und der Farmers & Merchants National zu konkurrieren, aber es kursierten bereits Gerüchte, dass die Nixon Bank bald die mächtige Bank of Nevada aufkaufen und sich mit ihr zusammenschließen würde.

In Goldfield war die Macht der Konföderation in allen Bereichen am stärksten, außer in der Politik. Dort hatte sie bereits das Bergbau- und Finanzgeschäft des Lagers im Griff und hatte durch die Abteilung für das Eintreiben von Schecks außerhalb der Stadt ihrer Bank den Finger am Puls der Bergbau-Aktienmärkte. Ihr wunder Punkt war die Politik.

Die Marktaktivitäten von Wingfield und Nixon lagen im Dunkeln. Niemand wusste genau, wo sie standen. Makler in Goldfield und San Francisco, die die Schuldverschreibungen verglichen hatten, waren überzeugt, dass die beiden viele Millionen Aktien der kleineren Unternehmen, die nicht an der Fusion beteiligt waren, abgestoßen und durch diesen Verkauf während des Booms nicht weniger als 10.000.000 US-Dollar eingenommen hatten . Der Verkauf riesiger Aktienpakete durch Wingfield und Nixon wurde jedoch nicht so interpretiert, dass die Aktien zu stark verkauft würden. Es herrschte die allgemeine Idee vor, dass die Erlöse verwendet werden sollten, um es der Konföderation zu ermöglichen, ihre Aktienkäufe an den integralen Unternehmen, die im Zuge der Fusion abgegeben wurden, zu finanzieren, und um ihre neue Bankenkette zu finanzieren.

Etwa Mitte November verschlechterte sich der Markt für Goldfield-Wertpapiere. Die Preise deuteten darauf hin, dass sie einen Stillstand erreicht hatten. Die Goldfield-Förderer begannen sich zu beschweren, dass sie gezwungen seien, den Markt stark zu stützen, da es aus vielen Bereichen unerklärliche Verkäufe gebe. Der Marktdruck war groß. Innerhalb weniger Tage wurde der Markt instabil, dann weich und dann wieder wackelig. Im Lager von Wingfield und Nixon hieß es, sie seien immer noch optimistisch.

Die Wertpapiere der Sullivan Trust Company waren auf allen Märkten Angriffen ausgesetzt. Es wurde berichtet, dass Salt Lake und San Francisco ihre Aktien verkauften. Große Blöcke wurden umgeworfen.

Ich habe sofort meine Unterstützung gegeben.

Es gab keine Unterbrechung.

Innerhalb von zehn Tagen war ich gezwungen, eine ganze Million Dollar in den Markt zu stecken, um ihn zu halten.

Das hat mich nicht aus der Fassung gebracht. Für das Geld habe ich Aktienzertifikate bekommen, und ich war davon überzeugt, dass sie ihren Preis wert waren.

Aber ich war verwirrt, als ich herausfand, worum es ging.

<h3 style="text-align:center">Der Beginn des Überfalls</h3>

Bald wurde mir berichtet, dass Senator Nixon an allen Orten Leuten, die Sullivan-Aktien besaßen oder jemanden kannten, der sie besaß, riet, sie abzuladen. Aus San Francisco kam die Nachricht, dass eine Clique von Maklern den Niedergang anstrebte.

Am darauffolgenden Montag eröffnete der Markt an der San Francisco Stock Exchange stark und lebhaft, und es sah für einen Moment so aus, als ob die Verkaufsbewegung zusammengebrochen wäre. Ich fühlte mich erleichtert.

Mein Telefon klingelte. Ein Börsenmakler aus Tonopah rief mich per Ferngespräch an.

„Bieten Sie 10.000 Lou Dillon mit 48“, sagte er. „Willst du sie?“

Lou Dillon war eine Sullivan-Aktie, die mit 25 befördert worden war; 48 lag nun allerdings einen Punkt unter dem Marktwert.

„Wir nehmen sie“, sagte ich. "Was ist los?"

„Hier wurde gemunkelt, dass Ihre Bücher vom Postamt geprüft werden. Sie haben in den letzten Wochen fünf neue Männer in Ihren Büchern gehabt, und jemand hat hier die Geschichte verbreitet, dass Nixon die Regierung an Sie verarscht hat.“ "

Ich habe es natürlich bestritten. Bei den fünf Männern, um die es ging, handelte es sich um Experten, die von der Wirtschaftsprüfungsgesellschaft, die uns die amerikanische Nationalbank empfohlen hatte, aus San Francisco entsandt worden waren und auf unseren eigenen Wunsch dort waren. Die Geschichte war eine rohe Ente.

Im Laufe des Tages wurde die Sullivan Trust Company aufgefordert, den San Francisco-Markt zu unterstützen und fast alle großen Aktienpakete von Sullivan zu übernehmen, die in den Lagern von Tonopah und Manhattan gehalten wurden. Bevor unsere Dementis die Verkäufer erreichen konnten, war der Schaden bereits angerichtet. Und es waren vier Tage lang täglich 250.000 Dollar nötig, um den Markt gegen diesen neuen Ansturm zu halten.

ein Jahr zuvor in den Spalten des *Denver Mining Record* ein Angriff auf mich verübt worden war, Farbe verliehen . Gerüchten zufolge sollte die Dosis wiederholt werden. In den ersten Tagen des Camps, als ich Leiter der Werbeagentur Goldfield-Tonopah war, hatte ich den *Denver Mining Record* in Goldfield vertreten. Als Agent hatte ich dafür Werbeverträge abgeschlossen, die meiner Agentur Provisionen in der Größenordnung von 10.000 US-Dollar pro Jahr einbrachten. Die Eigentümer der Zeitung kamen auf die Idee, dass ich auf Provisionsbasis zu viel Geld verdiente, und schickten Wing B. Allen, ehemals aus Salt Lake, an den Tatort, um meinen Platz einzunehmen. Herr Allen arbeitete für ein geringeres Gehalt. Er wollte, dass ich meine Provision für laufende Geschäfte aufteile, und ich weigerte mich. Die Verleger übernahmen die Rolle von Herrn Allen. Infolgedessen habe ich die gesamte Werbung aus den Rubriken des *Denver Mining Record entfernt*, für die meine Agentur verantwortlich gewesen war, und der *Denver Mining Record* konnte den verlorenen Boden nie wieder zurückgewinnen.

Kurz bevor die Razzia in unseren Aktien begann, war Mr. Allen in Goldfield aufgrund eines von LM Sullivan eidesstattlichen Haftbefehls verhaftet worden, vor Richter Bell wegen Erpressung angeklagt und der Grand Jury überstellt worden. Bei der Anhörung vor Richter Bell legte die Sullivan Trust Company Beweise vor, wonach Mr. Allen gedroht hatte, dass der *Denver Mining Record* mich in seinen Spalten persönlich angreifen würde, wenn wir seiner Zeitung nicht einen Teil der Werbeanzeigen der Sullivan Trust Company überließen, und dass dies der Trust Company aufgrund meiner früheren Vergangenheit ernsthaften Schaden zufügen würde.

Bei der Anhörung wurden Depeschen vorgelegt, die Mr. Allen im Goldfield-Büro der Western Union Telegraph Company eingereicht hatte. Darin hatte er seiner Zeitung mitgeteilt, dass sie den Angriff besser fortsetzen sollte, da weder Mr. Sullivan noch ich Anzeichen von Nachgeben zeigten. Bei der Anhörung habe ich unter Eid und in einem überfüllten Gerichtssaal Mr. Allen und seine Zeitung öffentlich als Erpresser der allerabscheulichsten Art angeprangert, und Mr. Sullivan tat dasselbe. Als Richter Bell Mr. Allens Depeschen an seine Zeitung der Western Union vorlegte, berief er ihn umgehend vor die Grand Jury.

Auf Anraten des ehemaligen Gouverneurs Thomas von Colorado, dem die Sullivan Trust Company einen Honorar als Anwalt bezahlte und der später Chefanwalt der Goldfield Consolidated wurde, beauftragte ich Christopher C. Clay aus Denver, eine Klage gegen die Eigentümer einzuleiten *Bergbaurekord in Denver*. Daraufhin erwirkte ich von ihnen eine Einigung, in der sie sich bereit erklärten, meinen Namen in ihrer Zeitung nicht mehr zu erwähnen. Ich wurde damals belästigt, sonst hätte ich keine Kompromisse gemacht. Das im *Denver Mining Record gedruckte Zeug*, das von jedem Erpresser, der jemals versucht hat, Geld von mir zu verlangen, wieder aufgewärmt wurde, war zu etwa zwei Zehnteln wahr und zu acht Zehnteln falsch. Es handelte sich um eine wörtliche Kopie einer anonymen

Veröffentlichung, die von einer Gruppe von Erpressern herausgegeben worden war, die Jahre zuvor, als ich Chef der Maxim & Gay Company war, versucht hatten, sie in New York in Umlauf zu bringen. Ich hatte damals Tausende von Dollar ausgegeben, um die Urheberschaft zu reduzieren, aber ohne Erfolg. Den Anwälten war es gelungen, Tausende von Exemplaren der Veröffentlichung zu beschlagnahmen und sie zu verhaften, sie konnten jedoch weder die Urheberschaft des Textes noch den Besitz der Zeitung nachweisen, weshalb die Täter nicht bestraft wurden. Als Herr Clay in Denver einen Strafbefehl beantragte , wurde er zunächst gebeten, einen Nachweis der Urheberschaft vorzulegen, was uns unmöglich war, da die Artikel nicht unterzeichnet waren.

EINIGE PERSÖNLICHKEITEN

Dasselbe Zeug erschien kürzlich ohne Unterschrift in einer Goldfield-Zeitung, die ursprünglich durch ein Zwangsvollstreckungsverfahren in den Besitz von George Wingfield gelangte, und in einer Abendzeitung aus Reno, die von Senator Nixon kontrolliert wird, der einen großen Teil der Hypothek der Zeitung besitzt. Es erschien auch in anderen Zeitungen, die Wingfield und Nixon „freundlich" gegenüberstanden. Zehntausende Exemplare der Goldfield-Publikation mit der anonymen Verleumdung wurden im Rundfunk verschickt.

Andere Zeitungen haben das verleumderische Zeug reproduziert, einige unschuldig und andere aus schmutzigen Gründen, aber dazu später mehr. In meiner beruflichen Laufbahn kommt es immer wieder zu Erpressungsversuchen und Erpressungsversuchen von Feinden. Wenn ich es mir vornehmen sollte, die Fälle aufzulisten, in denen Männer und Interessengruppen, von mittellosen Zeitungsreportern bis hin zu Finanzzeitungsverlegern und Bergbau-Börsenmaklern und Marktbetreibern, die im Hintergrund Marktbriefe veröffentlichen oder das Kapital für Bergbaupublikationen bereitstellen, versucht haben Um Tribut zu erheben oder mich durch den Einsatz einer so abscheulichen Waffe zur Unterwerfung zu zwingen, müsste ich gezwungen sein, ein großes Buch über dieses Thema zu schreiben.

Und hier möchte ich zu Protokoll geben, dass der größte Mangel, der meine Karriere im Bergbau- und Finanzsektor geprägt hat, wohl darin bestand, dass ich eine jugendliche Vergangenheit hatte – eine Vergangenheit, die im letzten Jahrzehnt nie ernsthaft in Betracht gezogen wurde von Männern, die enge Geschäftsbeziehungen mit mir unterhalten haben, was aber natürlich den Männern und Interessen ein Dorn im Auge ist, deren Geboten ich nicht Folge geleistet habe.

Ich fordere jeden heraus, mir einen einzigen Fall zu nennen, in dem ich mich während meiner gesamten Karriere als Förderer der Unehrlichkeit bei einem

Bergbaugeschäft oder einem Geschäftsgeschäft jeglicher Art schuldig gemacht habe. Ich war furchtlos – zu furchtlos sogar. Ich war ein fanatischer Enthusiast. Ich habe versucht, etwas aufzubauen. Ich habe Gnade gewährt, aber nie welche angenommen. Ich war ehrlich. Wäre ich wirklich unehrlich gewesen, hätte ich jede Veröffentlichung eines schwerwiegenden Angriffs auf mich verhindern können, indem ich mich im Voraus den niederen Absichten meiner Verleumder beugte, und ich hätte jetzt Millionen, weil ich mit ihnen Kompromisse geschlossen habe. Es ist die reine Wahrheit des Himmels, dass in neun von zehn Fällen, in denen ich in der Presse angegriffen wurde, das Motiv der angreifenden Partei niederträchtig war und die Fakten so verzerrt oder falsch dargestellt wurden, dass die Konstruktion eine Lüge war. Auch die Grausamkeit der Operation hat niemanden davon abgehalten.

Genau in dem Moment, als ich in Goldfield wusste, dass der *Denver Mining Record* die Sullivan Trust Company nicht erneut angreifen würde, weil meine Anwälte die Verleumdungsklage außergerichtlich beigelegt hatten, kamen neue Gerüchte auf, dass der *Denver Mining Record* sich auf einen weiteren Angriff vorbereitete und Zehntausende Exemplare dieser Zeitung in Umlauf gebracht werden sollten. Aber man kann ein Gerücht nicht durch die Erklärung der Wahrheit stoppen, und die Sullivan Trust Company entschied, dass es unklug wäre, in gedruckter Form ein Dementi zu veröffentlichen, denn dadurch würde sie allen Aktionären mitteilen, dass die Sullivan-Aktien tatsächlich angegriffen würden, und so zu weiteren „Angstverkäufen" führen.

Sichtschecks von Maklern aus New York, Chicago, Salt Lake und San Francisco, die auf die Sullivan Trust Company ausgestellt waren und mit großen Bündeln von Sullivan-Aktien verbunden waren, strömten über die örtlichen Banken zur Vorlage in unser Büro. John S. Cook & Company hatte sich auf diese Bankabteilung spezialisiert, und die meisten unserer Schecks wurden über die Wingfield-Nixon-Bank abgewickelt. Mir wurde berichtet, dass Senator Nixon offen über das enorme Volumen der auf uns hereinströmenden Aktien sprach und unsere Fähigkeit in Frage stellte, der Flut Einhalt zu gebieten. Als strategische Maßnahme beschloss die Sullivan Trust Company, „Kreuzverkäufe" an der Börse von San Francisco durchzuführen, um über die Banken große Aktienpakete mit Schecks gegen die Makler von San Francisco aus dem Lager zu versenden und so den örtlichen Bankiers zu vermitteln, dass wir große Aktienpakete verkauften und kauften. Das Volumen der „Kreuzgeschäfte" sorgte in San Francisco für einiges Gerede und wurde von Maklern, die auf den Rückgang hinarbeiteten, noch verstärkt.

Einige unserer Makler in San Francisco verlangten nun eine unabhängige Bankgarantie, dass die auf uns ausgestellten Wechsel eingelöst würden. Wir haben bei der State Bank & Trust Company um eine Kreditlinie gebeten. Es wurde umgehend gegeben. So schnell wie die Makler eine Bürgschaft verlangten, telegrafierte ihnen die State Bank & Trust Company offiziell, dass sie unser Papier in jedem Fall mit 20.000 oder 30.000 US-Dollar bezahlen würde. Um die Bank zu schützen und um in der Lage zu sein, einen großen Geldbetrag zu leihen, falls wir ihn im Falle einer erneut einsetzenden Verkaufsbewegung benötigen, haben wir Aktien mit einem Marktwert von 1.500.000 US-Dollar bei der State Bank & Trust Company hinterlegt unterzeichnete ein Dokument, dass diese Sicherheit für Kredite in Höhe aller Beträge gelten sollte, die uns die State Bank & Trust Company auf offene Rechnung gewähren würde.

Ein paar Tage später liehen wir uns von der Bank 300.000 US-Dollar in bar, und wir kamen überein, dass uns diese umgehend zur Verfügung gestellt würden, wenn wir weitere 300.000 US-Dollar für die gleiche Sicherheit benötigen würden. Wir brauchten das Geld noch nicht, aber mir wurde klar, dass es in einer solchen Notlage wünschenswert wäre, Bargeld zusammenzubekommen. Dies war auch kein ungewöhnlicher Vorgang. Während des Manhattan-Booms gab es eine Zeit, in der der Überziehungskredit der Sullivan Trust Company bei der Nye & Ormsby County Bank 695.000 US-Dollar betrug. Gegen diesen Überziehungskredit behielt die Bank Sullivan-Aktien zum Aktionspreis. Fast alle dieser Aktien waren zu diesem frühen Zeitpunkt noch nicht börsennotiert.

Der Gedanke, die Unterstützung zurückzuziehen und den Markt zusammenbrechen zu lassen, kam mir überhaupt nicht. Wie bereits erwähnt, glaubte ich, dass die Aktien das Geld wert waren. Aber das war nicht der Hauptgrund für meine hartnäckige Marktposition. Ich war sehr stolz darauf, dass jede börsennotierte Aktie der Sullivan Trust Company den Aktionären einen großen Gewinn einbrachte. Ich betrachtete das größte Kapital der Trust Company nicht als ihr Geld, sondern als ihr Prestige, und ich hegte große Vorstellungen von einer Zukunft, die ich für das Unternehmen geplant hatte. Ich ahnte nicht, dass eine organisierte Kampagne im Gange war, um uns zu zerstören, und dass die herrschenden Interessen des Lagers nach allem griffen, was in Sicht war. Auch hatte ich keine Verwendung für Geld zum Horten. Das einzige, was mich ernsthaft ärgerte, war die Tatsache, dass die Sullivan Trust Company gezwungen worden war, Kreditnehmer zu werden.

Bevor die erste Verkaufsbewegung begann, waren unsere Vermögenswerte 3.000.000 US-Dollar höher als unsere Verbindlichkeiten. Aber diese

3.000.000 Dollar waren nicht nur Bargeld. Tatsächlich wurde es zum Teil durch Aktien repräsentiert, die wir auf dem Markt gekauft hatten, in der Vorstellung, dass es sich dabei um gute Aktien handelte und dass sie der Treuhandgesellschaft einen großen Gewinn bescheren würden, wie sie es auch getan hatten. Wir hätten 3.000.000 US-Dollar in bar einsammeln können, aber das hatten wir nicht getan. Jetzt, innerhalb eines Monats, war unser gesamtes verfügbares Bargeld in neue Linien unserer eigenen Wertpapiere gesteckt worden, wir waren gezwungen, andere Linien zu verkaufen, und das Unternehmen war ein Kreditnehmer. Ich war stur – zu stur für einen Mann, der mit so wenig Erfahrung in einem so großen Spiel prahlte. Es war eine meiner Lieblingsüberzeugungen, dass Hindernisse Charakter schaffen. Ich befand mich mitten im Gefecht und kämpfte mich gegen enorme Widerstände durch. Das Gefühl gefiel mir eher.

Ein weiterer dominanter Charakterzug, der in den letzten Jahren tief in meinem Innern der Grundton meines Handelns war, ist die Tatsache, dass meine Philosophie mich lehrt, dass man die Wahrheit nicht unterdrücken kann, dass eine Lüge nicht überleben kann und dass *am Ende Gerechtigkeit herrschen wird* . Hätte ich immer die Betonung auf „am Ende" gelegt und meiner Philosophie ein wenig „Dope" beigemischt, wonach die Gerechtigkeit zwar *am Ende immer siegt, die Ungerechtigkeit aber oft eine Zeit lang siegt* , wäre ich vielleicht besser dran gewesen.

In einem früheren Kapitel habe ich erklärt, dass „Wall Street Geschäfte mit Trotteln macht" und dass „Denker, die glauben, sie wüssten Bescheid, es aber nicht wissen", die Trottel sind, nach denen Wall Street ihre Netze auswirft. Ich habe auch erklärt, dass die Förderer der Wall Street erkannt haben, dass „ein bisschen Wissen eine gefährliche Sache ist" und dass dieses „bisschen Wissen" diese besondere Art von Trotteln in die Irre führt. Indem ich in Goldfield der Philosophie „verfalle", dass „die Gerechtigkeit am Ende immer siegt", indem ich sie ganz und gar schlucke und die Tatsache nicht in Betracht ziehe, dass die Gerechtigkeit manchmal zu spät kommt, auch wenn sie am Ende siegt, verleihe ich mir hiermit eine Medaille als Spitzenreiter der *Trottelklasse* – im akademischen Sinne –, die ich beschrieben habe und in der ich den Begriff „Trottel" üblicherweise verwende.

Erneut hörten die Verkäufe auf, und es sah so aus, als müsste die Sullivan Trust Company nur auf eine allgemeine Marktwende warten, um sich vom Gelddruck zu befreien und einige der großen Aktienpakete zu veräußern, die sie in diesen Zeiträumen angesammelt hatte einer schweren Liquidation.

WOLKEN AM WESTHIMMEL

Eine neue dunkle Wolke zeichnete sich am Horizont ab. In Goldfield drohte ein Arbeitskampf. Das Verhalten von George Wingfield ließ deutlich erkennen, dass er die Bergleute provoziert hatte, und die Bevölkerung von

Goldfield war offenbar der Meinung, er wolle Unruhe stiften. Die Bergleute hatten höhere Löhne gefordert. Die Sullivan Trust Company, die sieben Liegenschaften mit einem Monatslohn von 50.000 Dollar betrieb, war die erste, die ihre Bereitschaft zum Eingehen dieser Bedingungen zum Ausdruck brachte. Wingfield und Nixon lehnten ab. Die Bergleute beantragten ein Schiedsverfahren. Dieses wurde abgelehnt. Die Minen wurden daraufhin für einige Tage geschlossen und die Pachtbedingungen verlängert.

Während der Schließung kam es zu massiven Verkäufen aller Goldfield-Aktien. Überall waren nun Gerüchte zu hören, dass Wingfield und Nixon große Aktienpakete über Bord warfen. Konnte es sein, dass sie selbst das Schiff versenkten, das ihnen eine so glorreiche Überfahrt beschert hatte?

Erneut war die Sullivan Trust Company aufgefordert, hinter dem Markt zu stehen.

Bald ertönte im Lager ein Notschrei von Investoren und Börsenmaklern, die sich mit Wertpapieren überhäuft hatten und sich bei den Banken in Millionenhöhe verschuldeten und Lagerbestände als Sicherheit hinterlegten. Die Untersuchung ergab, dass alle Banken in Goldfield und Tonopah überlastet waren. Dieser Zustand war durch die liberalen Bedingungen entstanden, die von den Wingfield-Nixon-Banken während des „Ballons" von Goldfield Consolidated gewährt worden waren, als die Konföderation, nach allgemeiner Überzeugung, Aktien im Wert von mehreren Millionen Dollar in kleine Unternehmen abgab Unternehmen und nutzte den Erlös, um den Kauf der Aktien mehrerer Integrale zu finanzieren, die die große Fusion bildeten.

Ich begann, neben mich selbst zu kommen und „eine Ratte zu riechen". Ich hatte noch nie einen Streit mit Mr. Wingfield oder Mr. Nixon gehabt, war noch nie mit ihnen in Geschäftsbeziehungen verwickelt, und die Kampagne gegen die Treuhandgesellschaft, von der ich überzeugt war, dass sie von Anfang an geplant worden war Ich vermutete nun, dass die Interessen der republikanischen politischen Maschine Teil eines allgemeinen Plans waren, um an alles und jeden zu gelangen, was im Lager wertvoll war. Durch die Zerschlagung der Sullivan Trust Company könnten sie der Demokratischen Partei des Staates schaden, mit der wir verbunden waren und von der man derzeit glaubte, dass wir die Kriegssehnen lieferten. Indem sie uns zerschlagen würden, könnten sie auch die Bank lahmlegen, mit der wir Geschäfte machten und die sowohl in Goldfield als auch in Tonopah, insbesondere in Tonopah, ein gewaltiger Konkurrent ihrer Bankinteressen war. Und so könnten sie auch einen Rückgang des Marktes begünstigen, der die Kreditnehmer bei ihren Banken aus ihren Beständen vertreiben würde.

Ich habe es mir folgendermaßen ausgedacht: Wingfield und Nixon wussten, dass wir törichterweise versucht hatten, den Markt für unsere Aktien zu stützen, dass andere Förderer in Goldfield dasselbe getan hatten und dass Investoren und Makler in Goldfield bei allen Banken hohe Kredite aufgenommen hatten. John S. Cook & Company verlangten von ihren Kunden mehr Sicherheiten, und Immobilien wurden zu den Pfandrechten der Bergbau-Wertpapiere hinzugefügt. Was wäre einfacher, wenn auch teuflischer, als den Markt zu „ertragen", die Aktionäre verschiedener wichtiger Minen des Lagers auszusortieren, ihnen ihre Aktien durch Zwangsvollstreckung wegzunehmen und die Wertpapiere im Wert von mehreren Millionen Dollar, die sie während des Booms abgestoßen hatten, zu Konkursverkaufspreisen wieder in Besitz zu nehmen?

Wenn dies das Komplott von Wingfield und Nixon war, dann hätte das, was geschah, nicht perfekter sein können.

Herr Wingfield ging Tag und Nacht bis an die Zähne bewaffnet durch die Straßen und forderte jeden der Bergleute offen heraus, „ihn zu holen". Er drohte mit einer weiteren Schließung, einer Lohnkürzung, der Einrichtung von Umkleidekabinen in den Minen und anderen schlimmen Dingen, alles offenbar darauf ausgerichtet, den Zorn der Minenarbeiter zu erregen.

Die Bergleute fielen auf den Köder herein, wurden streitlustig und böse und taten Dinge, mit denen die Gemeinde kein Verständnis hatte. Von Tag zu Tag wurde die Situation kritischer.

Während einer der folgenden Schließungen offenbarte Senator Nixon seine Hand, indem er eine Sitzung der Exekutivkomitees der beiden Goldfield-Börsen einberief. Er bestand darauf, dass die Börsen geschlossen würden, und argumentierte, dass die Aktienkurse im Einklang mit den Arbeitsproblemen sinken sollten. Er dachte nicht an die Männer des Lagers, die zu Boompreisen auf der Long-Seite des Marktes engagiert waren und Tag und Nacht daran gearbeitet hatten, den Boom zu schaffen, der Wingfield und Nixon Reichtümer beschert hatte, die weit über alle Träume hinausgingen Habsucht. Die Broker weigerten sich, die Börsen zu schließen.

Die Goldfielder begriffen nur langsam die wahre Bedeutung dessen, was sich abspielte. Die Dinge waren sehr unruhig. Optimismus würde heute angesichts scheinbar inspirierter Gerüchte vorherrschen, dass die Differenzen zwischen den Minenbesitzern und den Bergleuten im Begriff seien, beigelegt zu werden. Am nächsten Tag herrschte Trübsinn im Lager, weil die Gewerkschaft sich ungünstig auf die Friedenspläne einließ. Es fanden nächtliche Konferenzen statt. Es war unmöglich, sich einen genauen Überblick über die Situation zu verschaffen. Menschenmengen versammelten sich um die Miners' Union Hall, wo die Treffen stattfanden, und jeder suchte nach etwas Greifbarem, auf das er seine Marktaktivitäten stützen konnte. Die Funktionäre der Gewerkschaft waren auf dem Markt und wieder draußen und nutzten ihre offiziellen Positionen, um jede günstige oder ungünstige Entwicklung vorherzusehen.

Es war eine äußerst sensible Marktsituation. Der Trend ging jedoch unverkennbar nach unten. Die Werte begannen zu schmelzen wie Schnee bei Tauwetter im Frühling.

Während all dieser Zeit stand die Sullivan Trust Company tapfer hinter ihren Wertpapieren auf allen Märkten, auf denen sie gehandelt wurden – bis zum Äußersten. Ich war stur. Ich hatte noch nie zuvor einen Bergbauboom solchen Ausmaßes erlebt und erkannte nicht, dass eine Reaktion folgen musste, ob sie nun von Wingfield und Nixon erzwungen wurde oder nicht. Zehntausende von Sullivan-Aktien wurden unseren Maklern an der San Francisco Stock Exchange und der New York Curb täglich zugeworfen, und wir nahmen sie alle an und weigerten uns, den Markt dem Druck nachgeben zu lassen.

VOM KREDIT ZUM CRASH

Um eine Vorstellung von der Stellung der LM Sullivan Trust Company in dieser entscheidenden Zeit zu vermitteln, möchte ich ein Beispiel anführen. Logan & Bryan, Mitglieder der New York Stock Exchange, der Chicago Stock Exchange, des Chicago Board of Trade, der New Orleans Cotton Exchange und aller anderen wichtigen Börsen, die ein Mietleitungssystem von Küste zu Küste zu Kosten von 300.000 Dollar pro Jahr betreiben und über 100 Korrespondenten in fast ebenso vielen Städten haben, die alle als Börsenmakler von hohem Ansehen sind, machten der Sullivan Trust Company Anfang Dezember ein vorläufiges Angebot, ihr Leitungssystem mit unserem Büro in Goldfield zu verbinden und uns die exklusive Leitungsverbindung für Nevada zu einer jährlichen Miete von 100.000 Dollar zu überlassen. Dieses Angebot wäre nicht gemacht worden, wenn die Kreditwürdigkeit der Sullivan Trust Company nicht auf hohem Niveau gehalten worden wäre oder wenn ich persönlich nicht seriöse Männer davon überzeugt hätte, dass ich absolut ehrlich bin, ob mit oder ohne „Vergangenheit".

Ben Bryan, das aktive Mitglied dieser Firma, war zu dieser Zeit in Goldfield. Er fragte nach unseren Finanzen. Es war Kassierer JL Lindsey von der State Bank & Trust Company anwesend.

„Wie viel würde Ihre Bank der Sullivan Trust Company auf unbesichertem Papier und jederzeit kurzfristig leihen?" Ich habe Herrn Lindsey gefragt.

„Eine Viertelmillion oder mehr", antwortete Herr Lindsey.

Dies stellte Herrn Bryan offenbar zufrieden.

Unsere Bewertung bei Bradstreet's und Dun's war „AA1". In einer von Bradstreet herausgegebenen Privaterklärung hieß es, dass unser Rating zwar nur 1.000.000 US-Dollar betrug und wir zum Zeitpunkt der Ratingabgabe nur über ein Kapital und einen Überschuss von 1.000.000 US-Dollar verfügten, Goldfield jedoch glaubte, dass wir viel mehr wert seien, und dass wir Wir hatten unsere Ressourcen tatsächlich unterbewertet, weil wir es für eine schlechte Politik hielten, die großen Gewinne im Werbegeschäft preiszugeben.

Bis zum 15. Dezember hatte sich der Zustand der Sullivan Trust Company etwa wie folgt entwickelt:

Unser Überschuss von 3.000.000 US-Dollar war auf 2.000.000 US-Dollar reduziert worden, und alle diese 2.000.000 US-Dollar zuzüglich des Verlusts wurden durch unsere eigenen zurückgekauften Aktien repräsentiert. Wir hatten kein Geld, außer etwa 50.000 Dollar, die von den 300.000 Dollar übrig blieben, die wir von der State Bank & Trust Company geliehen hatten. Wir haben über diese 50.000 US-Dollar hinaus an Makler für Aktien im Transit gebunden, aber durch den „Crossing"-Prozess konnten wir eine Kette aufrechterhalten, die unseren reduzierten Barbestand intakt hielt. Wir gingen davon aus, dass ein neues Darlehen von 300.000 US-Dollar, zusätzlich zu den 300.000 US-Dollar, die wir bereits von der State Bank & Trust Company erhalten hatten, es uns ermöglichen würde, alle unsere Papiere aufzunehmen und die „Cross"-Geschäfte einzustellen. Wir arrangierten umgehend den Kredit, und Kassierer Lindsey von der State Bank & Trust Company teilte uns mit, dass er unserem Konto sofort gutgeschrieben würde, wenn wir das Geld benötigten. Die Zinsbelastung betrug 1 Prozent. Damals hatte ich einen Monat im Lager verbracht, und deshalb habe ich nicht darum gebeten, dass uns der Betrag sofort gutgeschrieben wird. Ich habe der State Bank & Trust Company einen weiteren großen Stapel Aktien als Sicherheit für den versprochenen Kredit geschickt und dafür eine Quittung erhalten, aus der hervorgeht, dass sie als Sicherheit auf unserem Konto für „offene Kredite" akzeptiert wurde.

Der Markt für Sullivan-Aktien hatte sich inzwischen stabilisiert und es schien, dass es unmöglich sein würde, weitere Verkäufe von Bedeutung durchzuführen. Wir hatten auf dem freien Markt ganze 50 Prozent zurückgekauft. aller von der Treuhandgesellschaft geförderten Aktien. Die Verteilung der Bestände unserer frühen Werbeaktionen erfolgte ursprünglich auf so breite Weise, dass es nun so aussah, als müsste der Verkauf zwangsläufig verstreut werden. Wir fühlten uns etwas verkrüppelt, aber nicht in Gefahr und waren „noch im Ring".

Nieder mit der Sullivan Trust Company

Zu diesem Zeitpunkt war ich körperlich völlig am Ende. Ich hatte eine Zyste, die seit fünfzehn Jahren gewachsen war, am Hinterkopf. Sie hatte sich entzündet. Ich war von einer Blutvergiftung bedroht. Ich litt sehr unter Schmerzen. Ich war fast drei Jahre in der Wüste gewesen und hatte sie keinen Tag verlassen. Meine Kollegen bestanden darauf, dass ich sofort nach Los Angeles ging, um mich behandeln und ausruhen zu lassen. Da ich glaubte, dass die Treuhandgesellschaft sicher war, traf ich Vorbereitungen für die Abreise. Vor meiner Abreise beschäftigte ich mich mit der Vorbereitung eines Dutzends ganzseitiger Anzeigen über Sullivan-Immobilien, die die Salt Lake *Tribune* und der Salt Lake *Herald* in ihren Neujahrsausgaben veröffentlichen sollten. Diese sind ein jährlicher Bestandteil dieser Zeitungen. Ich beschloss, auf meiner Rückreise von Los Angeles nach Salt Lake zu fahren und am Neujahrstag mit unserer Mailingliste dort zu sein, um den Versand der Zeitungen an alle Aktionäre von Sullivan-Immobilien zu überwachen. Aufgrund des großen Werts, den wir der Mailingliste beimaßen, wollte ich diese Aufgabe niemandem außer mir selbst anvertrauen. Ich verbrachte Weihnachten in Los Angeles und kam am Neujahrstag arbeitsbereit in Salt Lake an.

war ich im Büro des Salt Lake *Herald beschäftigt* , als der freundliche Peter Grant hereinkam, ein Partner von Mr. Sullivan, mit dem Mr. Sullivan zu Beginn seine Anteile an der Sullivan Trust Company geteilt hatte. Ich fragte Mr. Grant, der mit Mr. Sullivan das Ruder übernommen hatte, während ich nicht in Goldfield war, nach geschäftlichen Angelegenheiten. Er versicherte mir, dass das Darlehen von der State Bank & Trust Company nicht nur wie nötig ausgezahlt würde, sondern dass Kassierer Lindsey ihm mitgeteilt habe, dass wir 500.000 statt 300.000 Dollar zusätzlich bekommen könnten, wenn wir es wirklich brauchten, und dass die Bank uns bei Bedarf mit insgesamt einer Million Dollar unterstützen würde.

Als ich am nächsten Morgen das Büro von James A. Pollock & Company, unserem Korrespondenten in Salt Lake City, anrief, war ich erstaunt, als ich erfuhr, dass ihnen aus San Francisco Gerüchte telegrafiert worden waren, dass unsere Zeitung in Goldfield aufgehalten werde.

"Das ist Unsinn!" sagte Herr Grant. „Na ja, Lindsey hat mir sein Wort gegeben, und daran kann es keinen Zweifel geben."

„Vielleicht hat er sich auf uns festgelegt", sagte ich, „und das wäre ——!"

"Unsinn!" sagte Herr Grant. „Ich werde ihm telegraphieren, dass er nicht nur unsere Goldfield-Zeitung mit dem von ihm geliehenen Geld belohnen muss, sondern auch 150.000 US-Dollar auf unseren Kredit in San Francisco überweisen muss, und Sie und ich können noch heute in den Zug einsteigen und nach San fahren." Francisco und unterstützen Sie den Markt direkt vor

Ort. Wenn sich diese Gerüchte in San Francisco verbreitet haben, wird es viele Leerverkäufe geben und der Markt wird Unterstützung brauchen.

Ich stimmte zu.

Mr. Grant, James A. Pollock & Company und ich waren so zuversichtlich, dass mit uns alles in Ordnung war, dass wir einen großen Begleitauftrag erteilten und annahmen, der am nächsten Tag an der Börse von San Francisco eingelöst werden sollte, während Mr. Grant und ich bereits im Zug in die Küstenstadt saßen.

Wir kamen spät abends in San Francisco an. Eine Reihe von Maklern empfing uns und überbrachte uns die Nachricht, dass die State Bank & Trust Company uns „übers Ohr gehauen" hatte. Inzwischen hatten sich im Hotel Depeschen vom Kassierer der Sullivan Trust Company an uns gestapelt. Er erklärte uns die Situation wie folgt:

Zwei Tage vor Neujahr waren alle Züge, die Wechsel nach Goldfield transportierten, durch Schneestürme blockiert. Der nächste Tag war Sonntag. Montag war Neujahr, ein gesetzlicher Feiertag. So hatte sich die Post von fünf Tagen angesammelt, und am Dienstag wurden die verspäteten Wechsel alle auf einmal vorgelegt.

LM Sullivan, Präsident der Treuhandgesellschaft, der sich eigentlich an Deck in Goldfield aufhalten sollte, befand sich in Tonopah, wo ihm Berichten zufolge in unmittelbarer Gefahr schwebte, verhaftet zu werden, weil er während einer Neujahrsschlägerei beinahe einen Chauffeur erschlagen hätte ein Hintern eines Revolvers.

Die Bankleute wurden alarmiert.

Bei der Anforderung der 300.000 US-Dollar hatten wir erklärt, dass wir sie Stück für Stück abfordern würden, wie es in der Vergangenheit üblich war. In der fünftägigen Post waren Wechsel in Höhe fast des gesamten Betrags angehäuft worden. Ich war in Goldfield abwesend. Mr. Grant war weg, und Mr. Sullivan auch. Mitarbeiter führten den Betrieb. Kassiererin Lindsey kam zu dem Schluss, dass wir „übertrieben" waren. Darüber hinaus hatte Donald Mackenzie, der größte Einleger der State Bank & Trust Company, noch am selben Morgen eine große Summe von angeblich 400.000 US-Dollar abgehoben und nach San Francisco überweisen lassen. In unseren Telegrammen aus Goldfield hieß es, er habe Angst vor Gerüchten, dass die Sullivan Trust Company in Schwierigkeiten sei und dass die State Bank & Trust Company darin verwickelt sein würde.

Damit war die Sache erledigt. Das Unternehmen, das ich aus so mageren Anfängen zu einer Treuhandgesellschaft im Wert von 3.000.000 US-Dollar aufgebaut hatte, brach zusammen und ließ uns in den finanziellen Untiefen eines überboomten Bergbaulagers stranden.

EINIGE RÜCKBLICKE, DIE ZU SPÄT KOMMEN

Ich führe die Zerstörung der Sullivan Trust Company auf sechs Faktoren zurück, nämlich (1) Politik; (2) Erpressung; (3) mangelnde weite Verbreitung unserer späteren Werbeaktionen, da wir die meisten dieser Aktien während der aufregenden Boom-Tage in großen Blöcken über Makler an Spekulanten verkauft haben, anstatt sie in kleinen Mengen direkt an Investoren zu veräußern; (4) meine mangelnde Kenntnis der Märkte und meine Unerfahrenheit in der Marktmanipulation; (5) mein eigener hartnäckiger Stolz und Optimismus und (6) das Versäumnis der State Bank & Trust Company, ihr Hilfsversprechen einzuhalten.

In Nevada wird von allen ehrlichen Männern zugegeben, dass ausnahmslos alle von der LM Sullivan Trust Company geförderten Grundstücke wertvoll waren und dass für die Minenentwicklung großzügig Geld bereitgestellt wurde, solange die Treuhandgesellschaft existierte. Die Immobilien wurden mit großer Sorgfalt ausgewählt. Ihre Qualität lag deutlich über dem Durchschnitt. Die in Manhattan bergen bis zum heutigen Tag Schätze und könnten aus bergbaulicher Sicht noch einen schönen Gewinn einfahren. Die Leute von Fairview bieten fair, die Leistung zu duplizieren. Hätte ich mich aus der Politik herausgehalten, wäre ein guter Marktgeneral gewesen und hätte mir bewusst gemacht, dass das Gesetz von Angebot und Nachfrage auf den Bergbau-Aktienmärkten ebenso unerbittlich ist wie in jedem anderen Bereich menschlicher Unternehmungen, ich hätte mich und meine Mitarbeiter retten können vor dem finanziellen Ruin.

Es wäre mutiger gewesen, Bob Acres nachzueifern – aufzustehen und „zu überleben, um an einem anderen Tag zu kämpfen". Stattdessen versuchte ich das Unmögliche, um die Liquidationswelle aufzuhalten, und erschöpfte unsere Mittel bis zum letzten Dollar, um die Sullivan-Aktien zu überhöhten Preisen über den Aktionspreisen zurückzukaufen. Damals wusste ich noch nicht, dass es die gängige Praxis der erfolgreichen Marktteilnehmer ist, mit der Masse zu gehen – einen Anstieg zu unterstützen, wenn die Öffentlichkeit kauft, und mit gleicher Leichtigkeit einen Rückgang zu fördern, wenn jeder verkaufen will. Es war meine erste Erfahrung, und wie so viele Anfänger war ich zu selbstsicher, hatte kein Urteilsvermögen und war völlig unwissend über die Feinheiten des Spiels.

Der völlige Zusammenbruch der Finanzstruktur, die ich mit so viel Mühe aufgebaut hatte, war ein schwerer Schlag für das Lager und markierte den Anfang vom Ende des großen Goldfield-Mining-Aktienbooms.

Unsere Feinde hatten das Ziel verfehlt. Das Vertrauen der Öffentlichkeit war durch die Zerschlagung der Treuhandgesellschaft unwiederbringlich zerstört, und es wäre für Goldfield und Nevada besser gewesen, wenn Wingfield und Nixon vorausschauend genug gewesen wären, uns zu Hilfe zu eilen, statt unsere Zerstörung zu begünstigen. Geld, das Monat für Monat ohne Unterlass in das Lager geflossen war, um die Minen zu erschließen, begann nun in die andere Richtung zu fließen.

Weniger als ein Jahr später, als die finanzielle Katastrophe an der Wall Street jegliche Marktaktivitäten zum Erliegen brachte, standen die großen Vermögen von Wingfield und Nixon auf dem Spiel. Und wäre da nicht eine schnelle Transaktion gewesen, bei der die United States Mint in San Francisco Gold im Wert von 500.000 Dollar per Express an Reno und Goldfield weiterleitete, wäre der Bankrott von Wingfield und Nixon und ihrer Kette von Banken möglicherweise der Höhepunkt des von ihnen gehegten Machtaufbauplans gewesen.

Es gab damals Gerüchte, dass dieses Geld entweder von der Regierung als Einlage für die Nixon National Bank in Reno oder unter großen Opfern von Wall-Street-Bankern erhalten worden sei, und das nur aufgrund von Herrn Nixons Position als Vorsitzender der National Bank Dem Ausschuss für Nationalbanken des US-Senats gelang es ihm, das Unterfinanzministerium in New York dazu zu bringen, die Münzprägeanstalt in San Francisco anzuweisen, das Gold in dieser entscheidenden Zeit zu liefern, als im Osten Fiat-Geld im Umlauf war. Ob es sich um eine Regierungseinlage handelte oder nicht, Senator Nixon bekam sie – und er brauchte sie.

Bis zum heutigen Tag sind Wingfield und Nixon damit beschäftigt, die Verantwortung für die Zerstörung des großen Bergbaulagers Goldfield, das heute den Friedhof einer Million zerstörter Hoffnungen markiert, auf mich abzuwälzen.

Am Vorabend der Wall Street-Panik von 1907 gingen alle Banken in Goldfield und Tonopah, die den Bergbauboom überstanden hatten, mit Ausnahme derer von Wingfield und Nixon, pleite, und alle Goldfield-Broker, mit ein oder zwei Ausnahmen, gingen pleite. Die Geschäftsinteressen des Lagers erlitten dieselbe Erfahrung. Wingfield und Nixon gelang es, die Überreste des Goldfield-Bankgeschäfts zu annektieren, zusammen mit der Kontrolle über fast alle Goldfield-Liegenschaften, auf die sie es anscheinend abgesehen hatten. Tatsächlich kontrollieren Wingfield und Nixon heute sowohl die Politik als auch das Bank- und Edelmetallbergbauwesen des Staates. Sie haben gesiegt, aber Goldfield wurde, mit Ausnahme der großen Mine und ein oder zwei anderer Minen von geringer Bedeutung, die ihnen nicht gehören, erdrosselt und stirbt den Tod. Hätten Wingfield und Nixon ein Spiel mit großem Spielraum gespielt, wäre das Lager zweifellos immer noch auf der Landkarte und könnte statt nur zwei oder drei Minen jetzt mit dreißig prahlen.

So schnell wie möglich berief ich eine Versammlung der Gläubiger der Sullivan Trust Company ein, die zufällig allesamt westliche Makler oder Banken waren. Der Markt war zusammengebrochen und unsere Verbindlichkeiten beliefen sich auf 1.200.000 Dollar. Die Vermögenswerte, berechnet auf der Grundlage des niedrigen Marktpreises der Wertpapiere, der nach der öffentlichen Bekanntgabe der Verlegenheit erreicht wurde, überstiegen immer noch die Verbindlichkeiten. Die Gläubiger stimmten im Handumdrehen zu, dass sie, wenn wir alle Wertpapiere aushändigen würden, 80 Prozent des Nettoerlöses als vollständige Begleichung unserer Verbindlichkeiten akzeptieren und die anderen 20 Prozent an die Treuhandgesellschaft zurückzahlen würden.

Thomas B. Rickey, Präsident der State Bank & Trust Company, wurde zum Manager des Pools ernannt und außerdem zum Präsidenten der Sullivan Trust Company gewählt, die bis heute in einem sterbenden Zustand ist. Herr Rickey hatte eine noch höhere Meinung vom Wert der Wertpapiere als wir und weigerte sich, eines davon zu den damals geltenden Preisen zu verkaufen. Er hielt durch. Während der Bankerpanik von 1907 scheiterte die State Bank & Trust Company mit etwa 3.000.000 US-Dollar. Die Sullivan-Minen mussten geschlossen werden. Mr. Rickey hielt immer noch durch. Manhattan, das Bergbaulager, traf den Rodel. Gleichzeitig brach der Boom der Goldfield-Wertpapiere zusammen. Die Sullivan-Aktien schrumpften wie der Rest der Liste auf fast nichts.

Soweit ich weiß, haben weder die Bank noch die Maklergläubiger noch die Mitglieder der Sullivan Trust Company jemals einen Dollar als Ergebnis der Einigung erhalten. Wären die Wertpapiere unmittelbar nach der Peinlichkeit veräußert worden, hätte die Trust Company Dollar für Dollar gezahlt . Diejenigen aus der Öffentlichkeit, die ihre Anteile an den Sullivan-Unternehmen nicht verkauften, als wir den Markt mit mehr als 3.000.000 Dollar stützten, verloren den größten Teil ihrer Investition. Diejenigen, die verkauften – die meisten von ihnen – verdienten Geld. Der Marktwert dieser Wertpapiere betrug auf dem Höhepunkt des Booms über 5.000.000 Dollar. Der Preis, den die Öffentlichkeit dafür zahlte, lag, wie bereits erwähnt, bei etwa 2.000.000 Dollar.

Nachdem ich mich mit den Gläubigern der Sullivan Trust Company auf der eben dargelegten Grundlage geeinigt hatte, verließ ich Goldfield ebenso pleite wie bei meiner Ankunft vor drei Jahren. Das einzige Geld, das ich oder meine Partner während des Bestehens der Treuhandgesellschaft aus dem Geschäft bezogen hatten, betrug etwa 5.000 US-Dollar, gerade genug, um den Lebensunterhalt zu bestreiten. Meine Ausgaben nach New York, wo ich mich einer Kopfoperation unterziehen ließ – wundern Sie sich? –, wurden durch den Erlös aus dem Verkauf meines Sitzes an einer der Goldfield-Börsen gedeckt, aus dem ich netto 400 Dollar einnahm. Mit 200 Dollar in der Tasche landete ich zurück in der Großstadt, genau der Summe, mit der ich die Stadt vor drei Jahren verlassen hatte.

Meine Belohnung für drei Jahre unermüdlicher Arbeit in der Wüste war ein großer Fundus an Erfahrung. Glauben Sie mir, ich dachte, es würde mich eine Weile durchhalten! Aber das war nicht der Fall.

KAPITEL VI

NIPISSING UND GOLDFIELD CON

Die Niederlage der LM Sullivan Trust Company war für Goldfield verheerend. Der Niedergang und Untergang des Lagers dauerte von dieser Stunde an.

Die *Goldfield News*, die damals eine landesweite Auflage hatte und bis dahin ungebunden war, versuchten, dieser Flut Einhalt zu gebieten. Sie veröffentlichten einen in zwei Teilen gedruckten Leitartikel, in dem sie erklärten, die Sullivan Trust Company sei in einem fallenden Markt mit ihrer an die Mastspitze genagelten Flagge untergegangen und habe ihren letzten Dollar verloren, der ihre eigenen Aktien stützte.

Das Lager fasste Mut. Bald wurde klar, dass der anfängliche Einbruch der Börsenwerte nicht ausreichte, um die Eingeborenen davon zu überzeugen, dass die Totenglocke für den Markt ihrer zahlreichen Bergbaupapiere geläutet war.

Die Bevölkerung von Goldfield betrug 15.000. Sein Leben konnte nicht an einem Tag ausgelöscht werden. Der Marktwert der Goldfield-Bergbauaktien sank stark, aber noch nicht in einem Ausmaß, das auf die fast vollständige Vernichtung der Werte hindeutete, die darauf folgte. Die endgültige Zerstörung der Gesamtliste kam, mit einigen vereinzelten Ausnahmen, erst nach einer „aushungernden" Belagerung durch Investoren, die sich weigerten, sich weiter zu engagieren und nach und nach zur Liquidation übergingen.

Die börsennotierten Wertpapiere von Goldfield – fast 200 an der Zahl, deren Marktwert während des Booms bei über 150.000.000 Dollar lag – verzeichneten innerhalb von zwei Monaten einen Rückgang ihres Marktwertes um 60.000.000 Dollar, doch im Durchschnitt waren sie noch immer höher notiert als die Angebotspreise.

Am 18. Januar 1907, fünfzehn Tage nachdem die Zeitungen im ganzen Land auf den Titelseiten über das Scheitern der Sullivan Trust Company berichteten, waren die von der Trust Company beworbenen Aktien immer noch auf allen Bergbauaktienmärkten des Landes gefragt Durchschnittspreis, der nicht unter dem Preis liegt, zu dem Originalzeichnungen vom Publikum angenommen wurden.

Jumping Jack, der mit 25 Cent beworben wurde, wurde mit 30 Cent geboten. Stray Dog Manhattan, beworben für 45 Cent, war für 49 Cent gefragt. Lou Dillon, der mit 25 Cent befördert wurde, wurde mit 26 immer noch gesucht. Indian Camp, das ursprünglich mit 25 Cent an die Öffentlichkeit verkauft wurde, wurde mit 85 Cent notiert. Die mit 25 beworbene Silver Pick Extension kostete 21 Gebote, was einem Verlust von 4 Cent gegenüber dem Aktionspreis entspricht. Eagle's Nest Fairview wurde mit 25 notiert, 10 Cent weniger als der Werbepreis. Diese Preise stellten enorme Verluste gegenüber den „Höchstständen" dar, die während des Höhepunkts des Goldfield-Booms erreicht worden waren, dennoch lag der durchschnittliche Marktpreis immer noch über dem Zeichnungspreis der Aktien, zu dem die Öffentlichkeit erstmals teilnehmen durfte. Bemerkenswert an dieser Demonstration war, dass diesen Aktien zwanzig Tage lang keine interne Unterstützung gewährt wurde. Da die Sullivan Trust Company in Schwierigkeiten steckte, waren die Märkte der Gnade von Leerverkäufern und Scharfschützen im Allgemeinen ausgeliefert.

Nachdem ich die Verbindlichkeiten der Treuhandgesellschaft in Höhe von 1.200.000 Dollar beglichen hatte, indem ich alle Wertpapiere und sonstigen Vermögenswerte treuhänderisch gebunden hatte, wobei die Gläubiger sich verpflichtet hatten, 80 Prozent des Erlöses als volle Quittung zu akzeptieren und 20 Prozent an die Treuhandgesellschaft zurückzugeben, kehrte ich in der letzten Januarwoche nach New York zurück. Ich war wieder arbeitslos – und pleite.

Ich besuchte die Mitarbeiter der Börsenmakler für Bergbauunternehmen in der Wall Street und der Broad Street. Wo immer ich auch hinkam, wurde mir herzlich die Hand gereicht. Keiner der Börsenmakler im Osten war auch nur mit einem einzigen Dollar an der Pleite der Sullivan Trust Company beteiligt.

Die Makler waren überzeugt, dass die Peinlichkeit ehrlich war. Die Kreditwürdigkeit der Treuhandgesellschaft war immer gut gewesen. Wäre der Bankrott geplant gewesen, hätte ich Eastern Brokers für mindestens 1.000.000 Dollar einschalten können. Da ich das nicht tat, zögerten die New Yorker Makler nicht, ihre Zustimmung zu bekunden. Einige von ihnen boten mir ihre Hilfe an, falls ich ein neues Unternehmen gründen wollte.

Merkwürdigerweise – oder soll ich sagen, natürlich – war ich so voller Tatendrang wie der ganze Monat Mai, nachdem ich die Millionen der Treuhandgesellschaft, von denen die Hälfte mir gehörte, in dem vergeblichen Versuch, den Markt für ihre Aktien zu stützen, weggeworfen hatte. Ich war schon einmal pleite gewesen, und das Gefühl war mir nicht neu. Und trotzdem hatte ich profitiert. Ich hatte einen neuen Erfahrungsschatz gesammelt. Auch wenn ich durch meine harte Arbeit in Goldfield keine Schekel gesammelt hatte, hatte ich etwas gelernt – ich hatte mir die Grundlagen eines großen Geschäfts angeeignet.

Goldfield war das Bergbauzentrum – die Sicherheitsfabrik. New York war das anerkannte Handelszentrum. Die Handhabung des Marktes war meine Schwachstelle gewesen. Jetzt hatte ich die Gelegenheit, Zeuge der Darbietung einiger Meister der Marktmanipulation zu werden, und ich versuchte, das Beste aus dieser Gelegenheit zu machen.

Ich verfolgte die täglichen Sitzungen des New York Curb aufmerksam. Ich war stündlich in den Maklerbüros und wieder draußen. Nichts von dem, was durchsickerte, entging mir.

Binnen eines Monats hatte ich genug gehört und gesehen, um mich davon zu überzeugen, dass die Fusions- und Übernahmepläne der Goldfield Consolidated zwar gewagt waren, den Preis ihrer Wertpapiere bei ihrer Einführung um rund 29.000.000 Dollar (400 Prozent) über den akzeptierten inneren Wert hinaus aufblähten und es ihnen gelang, die Öffentlichkeit zu Höchstpreisen zu gewinnen, ihre Aktivitäten jedoch im Vergleich zu der Börsenkampagne in Nipissing, die sich jetzt an der New Yorker Börse abspielte, bloß amateurhaft waren.

Im Nipissing-Wahlkampf gingen Dutzende Millionen öffentlicher Gelder verloren, die Vermögen einiger großer Veranstalter wurden wie durch Zauberei in die Höhe getrieben, einige große Namen und große Rufe wurden beschmutzt und Dollarblöcke im Wert von 1.000.000 Dollar wurden unter den Fingerspitzen von Taschenspielern wie Glaskugeln jongliert.

Eine Orgie der Marktmanipulation

Dieses Börsenmelodrama war gut inszeniert. Es hatte einen sensationellen Auftakt und jede Minute war die Handlung hochspannend. Als ich in New York ankam, hatte die Aufführung bereits sieben Monate gedauert und näherte sich ihrem Höhepunkt. Es war eine wilde Orgie der Marktmanipulation und Geldverschwendung, die in der Geschichte von den frühen Comstock-Tagen bis einschließlich Greenwater beispiellos war. Als Boom der Bergbauaktien war es ein schwindelerregender, verwirrender Erfolg – voller Feuer und Explosionen bis zum letzten Vorhang.

WB Thompson, Minenförderer und Geldverdiener in Montana; Kapitän Joseph R. Delamar, berühmt als mutiger Abenteurer zu Lande und zu Wasser und in letzter Zeit ein äußerst erfolgreicher Finanzier, Minenbesitzer, Börsenbetreiber und Kunstsammler; John Hays Hammond, Bergbauingenieur, Förderer, Politiker und ehrgeiziger Gesellschaftsführer; A. Chester Beatty, millionenschwerer Bergbauingenieur, und die sieben Guggenheim-Brüder gehörten zur Starbesetzung. Da Herr Thompson Marktleiter war, stand er am meisten im Rampenlicht, obwohl er zeitweise von den anderen verdeckt wurde.

Mr. Thompson stammte aus Butte, Montana. Schon früh hatte er die Lektion der Wall Street gelernt, dass „Aktien zum Verkaufen da sind". Geboren und aufgewachsen in Butte, hatte er ohne einen silbernen Löffel im Mund, nie „im Geld" gelegen, bevor er in den Osten kam. Die große Geldsumme im Osten erschien ihm offenbar besser als die, die einige seiner Nachbarn in Butte bei ihren Tiefbauarbeiten verpasst hatten. Er war der ideale Mann für den Job in Nipissing, wie spätere Ereignisse in seiner Karriere deutlich bestätigen. Mr. Thompsons Weg von Montana zur Broad Street führte über Boston, wo er seinen ersten sichtbaren Anteil erwarb, indem er Aktien der Shannon-Minengruppe vermarktete.

Als die Aufregung um das Kobaltbergwerk noch in den Kinderschuhen steckte, eilte Mr. Thompson zum Lager. Die Nipissing-Mine war das Beste, was man sehen konnte. Sie produzierte echtes Silber. Das Unternehmen gehörte einem kleinen Club, der aus EP Earle, einem Spezialisten für seltene Metalle, Captain Delamar, einem millionenschweren Glücksritter, EC Converse, einem Bankier und Stahlmagnaten, Ambrose Monnell, RM Thompson, dem inzwischen verstorbenen Joseph Wharton aus Philadelphia und Duncan Coulson, einem reichen kanadischen Anwalt, bestand. Es wurden beträchtliche Mengen Silber produziert. Die Adern waren jedoch äußerst schmal, nicht mehr als ein paar Zentimeter breit. Es war unmöglich, das Erz so weit abzubauen, dass man eine Meinung über das wahre Ausmaß des Reichtums der Mine hätte bilden können. Die Eigentümer waren nicht abgeneigt, Herrn Thompson bei seinem Angebot eine Option auf 100.000 Aktien des eigenen Bestands von 1.200.000 Fünf-Dollar-Aktien (6.000.000 $) zu 2 $ pro Aktie und weitere 100.000 Aktien zu 2,50 $ zu geben. Später verkauften sie ihm eine Option auf 50.000 oder 100.000 Aktien für etwa 7 $. All dies geschah im Sommer 1906, sechs Monate bevor ich in New York ankam und zu einer Zeit, als es im Land Anzeichen dafür gab, dass die Aktienkurse des Staates Nevada im Zuge des Goldminenbooms an der New Yorker Börse um Hunderte Prozent gestiegen waren.

Nachdem der Goldfield-Boom im Herbst 1906 gewaltige Fortschritte gemacht hatte, als Mohawk von 10 Cent pro Aktie auf die 20-Dollar-Marke kletterte, die er während des Höhepunkts erreichte, verbreitete sich die Aufregung um die Kobalt-Minenaktien wie ein Lauffeuer. Plötzlich entstand eine Nachfrage nach Nipissing-Aktien. Ungefähr zu dieser Zeit schloss sich Herr Thompson dem alteingesessenen und konservativen Bankhaus C. Shumacher & Company an der Wall Street an. Die Zugehörigkeit sollte dem Förderer der Nipissing-Aktie großes Ansehen verschaffen. Der Umzug hat seinen Zweck voll erfüllt. Die Öffentlichkeit griff nach den Aktien. Der Preis stieg im Handumdrehen auf 4,50 $. Nachdem die 4-Dollar-Marke erreicht war, begann Herr Thompson, Aktien abzugeben. Er verdiente viel Geld, gab seine Optionsaktien aber sehr vorsichtig aus, und zwar täglich etwa 5.000 Aktien, jeden Tag mit einem Vorschuss. Als der Preis 7 US-Dollar erreichte, wurde Mr. Thompson misstrauisch. Irgendetwas an dem Stück konnte er nicht verstehen. Er hatte es nicht für nötig gehalten, auf dem Curb-Markt viel Wäsche zu waschen. Jedes Mal, wenn er Aktien anbot, wurde diese stillschweigend und vollständig aufgeschlürft. Jedes Mal, wenn seine Makler den Mund öffneten, um die Zertifikate zu verkaufen, wurden sie verschlungen.

Mr. Thompson stellte die Ausgabe weiterer Aktien ein und eilte zu Cobalt, um zu sehen, was los war. Es fiel ihm schwer, die Insider-Informationen herauszufinden, aber er erfuhr genug, um sich davon zu überzeugen, dass in der Tiefe reiches Erz gefunden worden war. Bei seiner Rückkehr nach New York entdeckte er, dass Captain Delamar diese billigen Aktien über SHP Pell & Company gekauft hatte und selbst dann noch der größte Einzelinhaber war, eine Position, die ihm während der gesamten Kampagne nur einmal in Frage gestellt wurde, und zwar von einem krasseren Außenseiter, der über Eugene Meyer Jr. operierte, dessen Name nie öffentlich erwähnt wurde und mit dem Glücksspiel in Zusammenhang stand. Dieser „Unbekannte" war ein ruhiger, sanftmütiger, auf dem College ausgebildeter Gentleman. Er machte in Nipissing 1.500.000 Dollar – und behielt sie.

Nach der Rückkehr von Herrn Thompson von Cobalt lernten die Veranstalter ihre Arbeit kennen. Die vergleichsweise bescheiden begonnene Manipulation zeigte nun den Geist des Zockers, der „die Decke um das Limit" spielt. Neues marktförderndes Zubehör kam zum Einsatz. Sie haben ihre Arbeit getan. Das Spiel wurde immer heißer.

DIE GUGGENHEIMS KOMMEN NIPISSING

Boom! Boom! Boom! machte Nipissing. Als der Preis die 20-Dollar-Marke überschritt, waren die Spieler und Spekulanten zweier Kontinente außer sich vor Aufregung. Bald sprach man darüber, dass die Familie Guggenheim eine Option auf 400.000 Nipissing-Aktien zu 25 Dollar pro Aktie erworben hatte, wodurch die Investition 10.000.000 Dollar betrug und der Wert des Grundstücks 32.000.000 Dollar betrug. Darüber hinaus wurde bekannt gegeben, dass der Deal auf Grundlage des Berichts und der Beratung von John Hays Hammond abgeschlossen worden war, eines international tätigen Bergbauingenieurs, Kumpan von Cecil Rhodes und berühmt als Oberhaupt der Branche. Als Teil dieser bemerkenswerten Geschichte wurde offiziell erklärt, dass die Guggenheims 2.500.000 Dollar in bar für die Option bezahlt hätten. WB Thompson soll die Transaktion ausgehandelt haben.

Die Bestätigung des Deals brachte die Spieler in den Wahnsinn. Es konnte kein Risiko eingehen, einer Führung wie der der Guggenheims zu folgen, die vom berühmten Hammond unterstützt wurde. Der Markt stieg auf 30 US-

Dollar und boomte dann majestätisch auf 33,25 US-Dollar. Die Transaktionen dieser einzelnen Emission beliefen sich auf Hunderttausende Aktien pro Tag. Kellner, Barkeeper, Schneider, Näherinnen und Filetschönheiten konkurrierten mit Bankiers, Kaufleuten, Fachleuten an den regulären Börsen und sogar Predigern des Evangeliums um das Privileg, Nipissing-Aktien im Wert von mehr als 40.000.000 US-Dollar für die Mine zu kaufen.

Auf dem Weg nach oben schwebte die ursprüngliche Gruppe von Insidern aus ihren Beständen. Die meisten von ihnen hatten weniger als 20 Dollar eingenommen. Einige von ihnen blieben draußen; andere kehrten zurück und erlitten, wie die Motte, einen Brand. Es heißt, WB Thompson habe den Großteil seiner 250.000 bis 300.000 Aktien ab 24,50 US-Dollar abgegeben und auf persönliche Konten zwischen 4.500.000 und 5.000.000 US-Dollar bereinigt, so die Schätzungen enger Freunde, die ihm damals vertraut waren. Es gab nie einen saubereren Fall, Geld für Mr. Thompson zu „beschaffen". Die manipulative Kampagne, deren Leiter er war, war ein Riesenerfolg. Die einzige Fähigkeit oder Fertigkeit, die nach Abschluss des Guggenheim-Deals – aus Marktsicht ein brillanter Deal! – erforderlich war, war der Sinn, an seinen Optionsaktien festzuhalten, bis seine Partner, die Guggenheim-Anhänger und die Öffentlichkeit ein reiches, reifes und saftiges Geschäft machten Markt dafür.

Herr Thompson nahm anschließend an Cumberland-Ely, El Reyo, Inspiration, La Rose, Utah Copper, Mason Valley und anderen Bergbauaktionen teil und wird nun mit 10.000.000 bis 12.000.000 US-Dollar bewertet. Wenn es einen guten Markt gibt, ist er im Allgemeinen auf der Ernährungs- oder Verkaufsseite prominent und leitet heute eine Makler- und Bergbauförderungsfirma an der New Yorker Börse, die eine eigene Zeitung herausgibt.

Aber was ist mit Nipissing passiert? Es ist viel und noch viel mehr passiert. Wie bereits erwähnt, stieg die Aktie sprunghaft auf 33,25 US-Dollar, blieb eine ganze Weile deutlich über 30 US-Dollar und begann dann langsam zu fallen. Selbstgefällig im Bewusstsein, dass sie über die größte Silbermine der Welt verfügten, ließen die Guggenheims alle ihre Freunde an ihrem Glück teilhaben.

Plötzlich gerieten Aktien aus mysteriösen Quellen unter Druck auf den Markt. Es kam in großen Mengen und ohne Nachlassen. Im Guggenheim-Lager wurde Verdacht geweckt. Sie schickten A. Chester Beatty, einen ihrer besten Ingenieure und ehemaligen Schützling von John Hays Hammond, nach Cobalt, um das Problem zu wittern. Der Text seines Berichts wurde nie gedruckt. Das musste nicht sein. Die Fakten übertrafen es.

Ein Großteil des auffälligen Minerals, auf dem leuchtende Berichte über den sagenhaften Wert des Anwesens beruhten, enthielt wenig oder gar kein Silber. Es handelte sich um *Smaltit* , ein Erz des Metalls Kobalt, das vielen Silbererzen sehr ähnelte.

Es wurde die Geschichte verbreitet, dass Herr Beatty aufgrund der ungünstigen Ergebnisse der Minenerschließungen, die im Anschluss an Herrn Hammonds Bericht durchgeführt wurden, negativ berichtet hatte. Die Bergleute seien einige hundert Fuß tief auf unproduktiven Kalkspat gestoßen, hieß es.

Tatsächlich konnte aufgrund der in der Zwischenzeit vorgenommenen unterirdischen Erschließung kein Zustand auf dem gesamten Grundstück erkennbar sein, als Herr Beatty seine Untersuchung durchführte, der nicht ebenso offensichtlich gewesen wäre, als Herr Hammond seinen Bericht vorlegte.

Der Schauspieler gelangte voreilig zu dem Schluss, dass die Mine eine „Todesmine" sei.

Seitdem wurden Silberbarren im Wert von vielen Millionen aus dem Anwesen geholt, und es ist immer noch ein großer Produzent, aber das ist eine andere und prosaischere Geschichte. Hier geht es um den Aktienspekulationsaspekt der Aufzeichnung.

In jenen Tagen des Jahres 1907, kurz nach meiner Rückkehr von Goldfield, kam es auf dem Curb zu wildesten Ausschreitungen. Die Guggenheims „machten" ihre Option geltend und zogen sich so gut wie möglich zurück. Veröffentlichten Berichten zufolge verbuchten sie die ursprünglich eingesetzten 2.500.000 Dollar als Gewinn und Verlust und zahlten zusätzlich die Verluste von 1.500.000 bis 2.000.000 Dollar an persönlichen Freunden, für deren Unglück sie sich persönlich verantwortlich fühlten. Wie dem auch sei, die Guggenheims gingen aus der Kampagne mit einem Schaden an ihrem Ruf und Ansehen an der Börse hervor, von dem sie sich nie ganz erholt haben. Vor ihrer Bekanntschaft mit dem Kobalt-Bonanza hatten sie eine blinde, vergötternde Anhängerschaft, die Hunderte von Millionen für einen Tipp von ihnen ausgegeben hätte. In dieser Hinsicht haben sie nie wieder die Position erreicht, die sie damals innehatten.

NIPPELN AUF DER RODEL

Der Kurs von Nipissing schoss mit rasender Geschwindigkeit von 33 auf unter 6 Dollar. WB Thompson und seine Partner, die ihre Anteile auf dem Weg nach oben abgestoßen hatten, sollen den Beatty-Bericht ausgenutzt und auf dem Weg nach unten Aktien leerverkauft haben, wodurch sie einen weiteren Millionengewinn machten. Die Aktie geriet auf dem Abstieg an einigen Stellen ins Wanken, aber als die Trümmer weggeräumt und die Toten und Verwundeten versammelt waren, gab es nicht einmal die Hälfte der Kapazitäten in den Krankenhäusern oder Leichenhallen. Das abschließende Blutbad und die Verstümmelung waren unbeschreiblich schockierend.

Die Öffentlichkeit war wieder einmal mit der Ware zufrieden. Es hatte die Nipissing-Aktie mit einer Bewertung von 43.000.000 US-Dollar verschlungen, die innerhalb weniger Tage auf 7.000.000 US-Dollar oder 8.000.000 US-Dollar fiel. Dieses Gemetzel von 35.000.000 US-Dollar stellt nur einen Bruchteil der tatsächlichen Verluste dar, da sagenhafte Summen auf marginalen Konten geopfert wurden. Die tägliche Summe der offenen Konten in Nipissing während der Monate der größten Aufregung betrug im Durchschnitt wahrscheinlich nicht weniger als das Fünffache der Gesamtkapitalisierung. Die tatsächlichen Verluste waren daher weitaus größer, als es eine bloß oberflächliche Berechnung vermuten ließe. Die Öffentlichkeit spendete 75.000.000 bis 100.000.000 US-Dollar in den Nipissing-Erlebnisfonds.

Es war immer mehr oder weniger ein Rätsel, was John Hays Hammond den Guggenheims mündlich sagte, um sie in die Krönung ihrer Geschäftskarriere zu führen. Es erschien nicht in seinem schriftlichen und veröffentlichten Bericht, denn in diesem Dokument findet sich eine nette kleine Absicherung, die besagt, dass „wenn" die ihm mitgeteilten Bedingungen aufrechterhalten würden, die Werte unverändert blieben usw. usw. Dieses kleine „wenn" war die Rettungsklausel von Hammond, obwohl sie ihm weder seinen Job mit einem Jahreseinkommen von einer Million Dollar rettete, über den einige seiner Bewunderer gerne im freudigen Chor sprachen, noch die Öffentlichkeit vor einem Massaker bewahrte.

Ein weiteres Nipissing-Rätsel ist die anhaltende berufliche und persönliche Herzlichkeit, die zwischen dem bedeutenden John Hays Hammond und dem kaum weniger bedeutenden A. Chester Beatty immer noch besteht. Nachdem Mr. Beatty seinen Chef ablehnen musste, schienen ihre Beziehungen für kurze Zeit angespannt gewesen zu sein. Aber das dauerte nicht lange. Herr Beatty trennte sich auch von der Guggenheim-Gehaltsliste, und die beiden großartigen Ingenieure waren bald wieder in bester Verständigung und sind es auch heute noch.

An regnerischen Tagen, an denen die Ticker dröhnen und es keine aufregenden Neuigkeiten gibt, neigen böswillige Abtrünnige der denkwürdigen Nipissing-Kampagne dazu, herauszufinden, wie viel ein Mann auf dem Markt hätte verdienen können, wenn er die beiden negativen Meldungen im Voraus gewusst hätte, und dann darüber nachdenken welche sportlichen Chancen für ein „Doppelkreuz" eine solche Situation bergen würde.

Auch Skandalmacher, die die Freundschaft zwischen WB Thompson und John Hays Hammond genau beobachtet haben, fragen oft unfreundlich, was die Bindung zwischen den beiden gefestigt hat. Als der Rocky Mountain Club kürzlich ein neues Clubhaus brauchte, zeichneten die Herren Hammond und Thompson einen gleichen Betrag – eine stattliche Summe – für den Bau.

Sie werden oft zusammen in der Öffentlichkeit gesehen und scheinen viele gemeinsame Geschmäcker zu haben. Mr. Thompson, dessen seltsam glücklicher Wahlkampf in Nipissing on the New York Curb durch den Hammond-Bericht an die Guggenheims zu einem triumphalen Aufstiegshöhepunkt verholfen wurde, hat Mr. Hammond dafür nicht böse – und wer würde ihm das freundliche Gefühl verdenken ?

Wer hat die 75.000.000 Dollar bekommen?

Aber was ist mit der Öffentlichkeit? Sie hat 75 bis 100 Millionen Dollar in das Spiel investiert und hat noch immer nicht erfahren, wer das Geld bekommen hat. Wer hat es bekommen? Einige Einzelheiten des großen Trennungsplans wurden bereits oben dargelegt, aber nicht annähernd genug, um die Neugier der Öffentlichkeit zu befriedigen, die die Rechnung bezahlt, die Fracht bezahlt und den ganzen ungeheuren Betrag beigesteuert hat.

Hat der Autor des Berichts, auf dessen Grundlage eine Armee von trügerischen Investoren und Spekulanten zig Millionen Dollar in Nipissing investierte, durch das Missgeschick oder den Fehlschuss oder wie auch immer man das „Come-on"-Dokument nennen mag, jemals an Vermögen eingebüßt? Nicht, dass man es bemerken würde. Er hat zwar seinen angeblichen 1.000.000-Dollar-Job bei den Guggenheims aufgegeben. Aber ist er nicht ein großzügiger Spender für den republikanischen Wahlkampffonds, ein enger persönlicher Freund der Regierung, und hat er nicht diese großartige Regierung als Sonderbotschafter bei der Krönung des englischen Königs vertreten? War er nicht als Vizepräsidentschaftskandidat für Herrn Taft im Gespräch, und hat er nicht vor zwei Jahren die National League of Republican Clubs gegründet? Er ist unermesslich reich und hat runde Schultern unter einer berghohen Bürde von Ehren.

Der Sohn jeder Mutter aus der alten Nipissing-Menge ist genau in dieser Stunde in Regionen, in denen das Geld der Öffentlichkeit fließt. Viele von ihnen haben das Grundstück noch immer im Griff. Es war eine gute alte Kuh zum Melken. EP Earle, der 1906 Präsident von Nipissing war, leitete das Unternehmen vier Jahre später. Captain Delamar hat sich abgesetzt (er ist jetzt bei der vielgepriesenen Porcupine Dome Mines Company dabei), und das Gleiche gilt für EC Converse, dessen ganze Zeit mit der Verwaltung des Banknotengravurmonopols der Börse und einiger Banken und Treuhandgesellschaften beschäftigt ist. WB Thompson, der 1907 in das

Nipissing-Verzeichnis aufgenommen wurde, bleibt trotz der schrecklichen
Erfahrung von 1906–07 bestehen.

Hat jemals eine empörte Regierung lautstark gegen diese herausragenden
Industriekapitäne geklagt? Noch nicht und auch nicht bald.

Welchen Unterschied gibt es zwischen den respektablen
Multimillionärsbankiers, die eine verlorene Beförderung vortäuschen, und
dem kleinen Kerl? Beide mögen gleich ehrlich oder gleich krumm sein, doch
in Gerechtigkeit haben beide Anspruch auf die gleiche Behandlung und die
gleiche Gegenleistung. Ihre Operationen unterscheiden sich nur im Grad.
Das Ziel jedes einzelnen ist es, an das Geld der Öffentlichkeit zu kommen.
Und der große Kerl ist um hunderttausend Grad gefährlicher.

Wo gibt es konkrete Beweise für eine Betrugsverschwörung in Nipissing?
Gibt *es welche*? Nun wage ich zu behaupten, dass man jedem jungen Mann,
der die öffentlichen Schulen abgeschlossen hat, auf die Spur kommen
könnte, und innerhalb von dreißig Tagen würde er genügend Beweise
zusammenbringen, um jeder Jury im Land zu beweisen, dass die
Manipulatoren dieser Rasse unangemessene Maßnahmen ergriffen haben
um das Geld der Öffentlichkeit zu bekommen.

Eine Untersuchung der Zeitungsarchive während der übelriechenden
Nipissing-Kampagne bringt viele merkwürdige Vorkommnisse ans Licht. Sie
zeigt unter anderem die bemerkenswerte Bereitschaft der damaligen
Finanzjournalisten, jedes nur erdenkliche gute Wort für die Manipulatoren
zu verlieren und den Appetit der Öffentlichkeit auf sensationelle Gerüchte
über das Glücksspiel zu stillen.

Wie das geschah, ist für diejenigen, die mit der Werbung an der Wall Street
vertraut sind, leicht nachvollziehbar. Es war damals an der Wall Street ein
offenes Geheimnis, dass viele Journalisten der Versuchung erlegen waren,
sich an dem Spiel der Werbung zu beteiligen. Die Spalten der Tageszeitungen
liefern Beweise dafür, dass diese Versuche nicht immer vergeblich waren.

Eine kleine Geschichte soll die angewandten Methoden illustrieren. Der
Geschäftsführer einer weithin bekannten und angesehenen täglichen
Finanzzeitschrift wurde eines Tages von einem in Nipissing tätigen Mann
angehalten und ihm mitgeteilt, er habe 500 Aktien von Nipissing zum
Marktpreis erworben, als die Aktie noch unter 10 Dollar gehandelt wurde
und zu der Zeit, als sie für den darauf folgenden, gewaltigen Anstieg
vorbereitet wurde, der erst nach Überschreiten der 33-Dollar-Marke seinen
Höhepunkt erreichte. Der Zeitungsmann war sich nicht zu schade, einen
Umweg über die Straße zu machen, aber er war dagegen, es auf diese Weise

zu tun. Er lehnte das Angebot höflich ab und sagte, er wolle nichts damit zu tun haben.

Der Versucher ging dann auf einem anderen Weg zu ihm und erklärte sich bereit, die Aktien für ihn zu tragen, so dass er überhaupt kein Risiko eingehen würde, und bemerkte gleichzeitig, dass er als Gegenleistung für die großzügige Anerkennung in den Nachrichtenspalten der Veröffentlichung zur Unterstützung der Curb-Kampagne, wäre zu erwarten. Wieder lehnte der Zeitungsmann ab, dieses Mal mit deutlichem Nachdruck. Er deutete heimtückisch an, dass man ihn vielleicht einstellen würde, ihm aber nicht sagen würde, wann er aussteigen solle, und fügte hinzu, dass er entlassen werden könnte, wenn er auf so etwas hereinfallen würde.

Als der Marktpreis von 33 US-Dollar auf etwa 6 US-Dollar zurückfiel, brachte die Zeitung dieses Mannes keinen Artikel auf der Titelseite, der die öffentliche Empörung anprangerte.

Ich weiß nicht, ob die Drahtzieher Nipissings seine Arbeitgeber „getroffen" haben, aber ich kenne einige Zeitungen in New York, die sich vor der Öffentlichkeit als Verkörperung der allerhöchsten Art von Zeitungsmoral darstellen und an deren Spitze, entweder als Teilhaber oder als Herausgeber, Männer stehen, die von den Wall-Street-Magnaten zu einer Zeit unter Kontrolle gebracht wurden, als sie für ihren täglichen Lebensunterhalt von ihrem Wochenlohn abhängig waren, und die durch die Anstellung in „guten Dingen" in die Millionärsabteilung gehoben wurden. Glauben Sie, dass Zeitungen, die von diesen Männern geleitet werden, ein Wort gegen die Unternehmen ihrer Wohltäter verlieren werden? Und umgekehrt, wenn ihre Wohltäter zufällig von einem Mann belästigt werden, dessen Geschäftsziele ihren zuwiderlaufen, wie weit würden diese Herren der Presse Ihrer Meinung nach in ihren eigenen Nachrichtenspalten gehen, um die Öffentlichkeit gegen das Unternehmen des Feindes ihres Gönners aufzuhetzen?

Als ich den Höhepunkt von WB Thompsons wunderbar erfolgreichem Wahlkampf in Nipissing am New York Curb miterlebte, war ich frisch aus Goldfield. Ich erinnere mich, dass mein Hauptgedanke damals, als ich den Goldfield Consolidated-Betrug noch frisch im Kopf hatte, einfach war, dass der westliche Multimillionär und Highbinder-Promoter nicht mit seinem östlichen Prototyp mithalten konnte. Tatsächlich schienen die beiden verschiedenen Arten anzugehören, so unterschiedlich wie der bescheidene, aber laute Kojote vom abessinischen menschenfressenden Tiger.

Im späten Frühjahr 1907 war ich wieder in Nevada. Ich wählte Reno als zentralen Wohnort und beschloss, mich dort anzusiedeln. Die östlichen Aktienmärkte schienen außerhalb meines Horizonts zu liegen. Es schien ganz offensichtlich, dass das westliche Spiel im Vergleich zum östlichen ein Spiel der Murmeln gegen Millionen war. Im New Yorker Finanzmarkt fühlte ich mich wie eine Elritze in einem Meer aus Barschen. Ohne Millionen von Kapital schien mir Nevada ein wahrscheinlicheres Feld für die Nutzung zu sein. Ich glaubte an die Bodenschätze Nevadas. Nachdem ich gesehen hatte, wie sich Goldfield von einer Zeltstation in der Wüste mit hundert Einwohnern zu einer Stadt mit 15.000 Einwohnern entwickelte; Von einem Bezirk mit ein paar „Goldvorkommen" in eine Reihe von Minen, die das gelbe Metall im Wert von fast 1.000.000 US-Dollar pro Monat produzieren, war ich begeistert von der Idee, dass es in dem vom Kampf gezeichneten Staat noch andere Goldfelder gab, die noch unerforscht waren, und von dieser Gelegenheit Ich würde bestimmt zu mir kommen, wenn ich mein Zelt auf dem Boden aufschlug.

Der Ansturm auf das Wunderbergbaulager

Ich war gerade eine Woche zurück in Nevada, als ein Massenansturm auf ein neues Bergbaulager namens „Wonder" stattfand. Ich schloss mich sofort dem Ansturm an. Die Philadelphia- Bande, die die Kontrolle über die große Tonopah-Mine besaß, hatte dort ein Grundstück annektiert, das sie „Nevada Wonder" nannten. Es rühmte sich einer großen Menge an minderwertigem Silber-Gold-Erz.

Als ich in Wonder ankam, fand ich meinen ehemaligen Partner aus Goldfield, LM Sullivan, vor Ort. Er bat mich, ihm zu erlauben, an jedem Geschäft, das ich abschloss, beteiligt zu sein. Wir einigten uns auf einen Handel. Er willigte ein, das ganze Geld vorzustrecken, und ich sollte die Hälfte des Gewinns für meine Arbeit erhalten. Die Gesellschaft Sullivan & Rice wurde gegründet. Wir kauften die Rich Gulch-Gruppe von Claims, ein vielversprechendes Stück Land mit einem gut definierten Felsvorsprung, und gründeten die Rich Gulch Wonder Mining Company. Zur Bewirtschaftung des Grundstücks wurde eine Gesellschaft mit der üblichen Kapitalisierung von einer Million Aktien gegründet. Ein hochkarätiger Direktorenposten wurde gesichert. TF Dunnaway, Vizepräsident und Generaldirektor der Nevada, California & Oregon Railroad, nahm die Präsidentschaft an. Hon. John Sparks, Gouverneur von Nevada, wurde erster Vizepräsident. US Webb, Generalstaatsanwalt von Kalifornien, nahm die zweite Vizepräsidentschaft an. DB Boyd, 25 Jahre in Folge Schatzmeister von Washoe County, Nevada, wurde zum Schatzmeister ernannt.

Das erste angekündigte Angebot von Aktien der Rich Gulch Wonder trug die Namen von vierzig führenden Börsenmaklern aus verschiedenen Städten von New York bis Honolulu, die mit ihrer Unterschrift ihre Bereitschaft zum Verkauf von Aktien zu 25 Cent pro Aktie auf Basis einer Provision von 20 Prozent bekundet hatten. Die ersten tausend Aktien der Aktien zu 25 Cent wurden an Superintendent McDaniel von der Nevada Wonder Mine

verkauft. Dies überzeugte uns davon, dass wir eine gute „Perspektive"
hatten.

Ich hatte meine Zweifel, ob zu dieser Zeit irgendein Bergbauunternehmen
in Nevada erfolgreich vorankommen würde, wegen des fürchterlichen
Einbruchs der Goldfield-Aktien und auch wegen der Ohrfeige, die die
Investoren in Bergbauaktien gerade in Nipissing erhalten hatten. Ich war der
Meinung, dass, wenn das Rich Gulch Wonder für uns Geld einbringen
würde, die Auszahlung verschoben werden müsste, bis Mühlen errichtet und
das Grundstück produktiv würde. Auf dieser Grundlage war ich bereit,
weiterzumachen.

Der Verkauf der eigenen Aktien verlief schleppend, doch wurde genügend
davon veräußert, um die Kosten für die Minenerschließung von mindestens
2.000 Dollar monatlich für sechs Monate zu rechtfertigen, und das schien
ausreichend, um im Voraus vorzusorgen.

Bis dieser Vorschlag finanziell umgesetzt war, beschloss ich, eine Zeitung in
Reno zu finanzieren, die den Spekulanten auf Bergbauaktien eine
unvoreingenommene Darstellung der aktuellen Bergbau- und
Marktbedingungen bieten würde. In den Bergbaulagern galt es als
finanzieller Selbstmord, wenn die Zeitung in der Heimat über die Vorzüge
von Eigentum in lokalem Besitz sprach. Beschränkungen galten als
„Knockers", und „Knockers" waren in Bergbaulagern tabu. Außerdem
konnten die Zeitungen in den Bergbaulagern zu dieser Zeit kaum über die
Runden kommen, ohne von internen Interessen unterstützt zu werden, und
unvoreingenommene Tatsachenberichte, die sich nachteilig auf ein lokales
Eigentum auswirkten, konnten kaum erwartet werden.

Merrill A. Teague wurde zum Herausgeber der neuen Publikation ernannt,
die den Namen *Nevada Mining News trug* . Herr Teague war gerade von
Goldfield nach Reno gereist, wo er mit dem Nevada Mines News Bureau,
einem täglichen Marktblatt, in Verbindung stand. Bevor er nach Nevada
kam, war er als Redakteur für den *Baltimore American* und den *Philadelphia
North American tätig* . Mr. Teague besitzt einen einfachen Stift. Bei 50 Dollar
pro Woche, was zu Beginn sein Gehalt war, war ich überzeugt, dass die
Nevada Mining News einen billigen Redakteur hatten. Wenn es kaum
Nachrichten gab, konnte er über nichts mehr schreiben als jeder andere
Mann, den ich je zuvor getroffen hatte. Übrigens konnte er in einem
Kreuzzug weiter gehen, ohne einen Halt zu finden, als jeder andere Mann,
dem ich je begegnet war. Das war sein Nachteil. Verglichen mit der Arbeit
anderer Zeitungsleute, die damals in Nevada beschäftigt waren, waren seine
Werke jedoch eine Klasse für sich und kommerziell sehr wertvoll.

Teague attackiert Senator Nixon

Herr Teague war erst eine Woche im Amt, als er loslegte und einen Angriff auf den US-Senator George S. Nixon aus Nevada startete. Der Artikel überschrieb ihn mit „Goldfield in den Fängen der Wall Street-Haie". In dem Artikel hieß es, Senator Nixon habe 1.000.000 Dollar benötigt, um die Fusionspläne der Goldfield Consolidated abzuschließen, und habe diese durch BM (Berney) Baruch von der New Yorker Börse, Faktotum von Thomas F. Ryan, zu schrecklichen Kosten erhalten. Das Darlehen wurde zu einem Zeitpunkt gewährt, als die Goldfield Consolidated-Aktie etwa 10 Dollar pro Aktie kostete. Als Gegenleistung für das Darlehen gewährte Senator Nixon Herrn Baruch im Namen des Unternehmens eine Option auf 1.000.000 eigene Aktien der Goldfield Consolidated zu 7,75 Dollar pro Aktie. Als Herr Teague seinen Angriff startete, waren die Aktien der Goldfield Consolidated von 10 auf 7,50 Dollar gefallen. Herr Teague behauptete, dass der Aktienmarkt manipuliert und Spekulanten ausgebeutet würden. Herr Baruch, so behauptete er, habe die Aktie aufgrund seiner Option auf 7,50 Dollar pro Aktie herunterverkauft und sei nun versucht, den Markt zu durchbrechen, die Aktie leer zu verkaufen und alles zu viel niedrigeren Preisen zu decken.

Innerhalb von zwei Wochen nach der Veröffentlichung von Herrn Teagues Enthüllung der Bedingungen der ausstehenden Option an Herrn Baruch fielen die Aktien von Goldfield Consolidated auf unter 6 Dollar. Die Geschichte hatte offensichtlich ihre Wirkung.

Die Ausgabe der Zeitung, die den Bruch mit dem 6-Dollar-Kurs dokumentierte, enthielt einen Leitartikel mit der Überschrift „Nixon in der Rolle des Brutus". Darin wurde Senator Nixon aufgefordert, hinter der Aktie zu stehen und den Markt zu unterstützen. Außerdem wurde er aufgefordert, die Dividendenzahlungen bekannt zu geben, die er den Aktionären in seinem zwei Monate zuvor datierten Jahresbericht versprochen hatte.

Die Leute in Nevada begannen zu fragen: „Wer ist Teague?" Herr Teague veranlasste den Herausgeber der *Nevada Mining News* , Hugh Montgomery, ehemaliger Geschäftsführer der *Chicago Tribune* , über seine Unterschrift zu erklären, dass Herr Teague der politische Herausgeber des *Baltimore American* und später Redakteur für die Zeitung gewesen sei *Philadelphia North American* , und dass er während seiner Zeit auf der *Philadelphia North American* gegen schnell reich werdende Betrüger gekämpft hatte, die ihren Hauptsitz in Philadelphia hatten, mit dem Ergebnis, dass die Storey Cotton Company, das Provident Investment Bureau, die Haight & Freese Company und andere Bucketshop Konzerne wurden aus dem Geschäft gedrängt. Aufgrund der von ihm vorgelegten Beweise wurde festgestellt, dass Herr Teague die Verurteilung von Stanley Frances und Frank C. Marrin durch die Regierung der Vereinigten Staaten als Hauptverschwörer im 400.000-Dollar-Baumwollbetrug in Storey sichergestellt habe. Schließlich hieß es in dem Artikel, Herr Teague sei von einer renommierten Zeitschrift beauftragt worden, die Ungerechtigkeiten von Bucketshops in den Vereinigten Staaten aufzudecken. Diese Artikelserie erschien 1906.

Die biografische Skizze schien die Leser davon zu überzeugen, dass sie Goldfield Consolidated direkt in den Griff bekamen. Mein Name erschien zu diesem Zeitpunkt nicht im Zusammenhang mit der Veröffentlichung, außer als Teil der Gruppe von Sullivan & Rice, die darin Werbung machte, aber ich wurde von den Herren Nixon und Wingfield offen beschuldigt, die Politik der Zeitung diktiert zu haben. Das war eine Halbwahrheit. Mein Mitgefühl galt den Aktionären von Goldfield Consolidated – das ist alles.

In Nevada wird die Geschichte erzählt, dass Senator Nixon, als er den Scheck über 1.000.000 US-Dollar von Berney Baruch erhielt, nachdem er die von ihm als Präsident unterzeichneten und von ihm als Einzelperson bestätigten Banknoten des Goldfield Consolidated ausgestellt hatte, im Waldorf-Astoria zu Mittag aß New York. Als der Kellner die Rechnung vorlegte, überreichte der Senator demonstrativ den Scheck über 1.000.000 US-Dollar als Zahlung. Der Kellner machte dem Senator einen Strich durch die Rechnung, indem er höflich erklärte, dass Wirt Boldt sich zweifellos um die Angelegenheit für ihn kümmern würde, wenn er seinen Essensscheck aus dem Erlös bezahlen wolle. Der Senator war gezwungen, dem Kellner zu sagen, dass er „nur einen Scherz" machte.

Die *Nevada Mining News* schienen Anklang zu finden und druckten nun wöchentlich 28.000 Exemplare. Musterexemplare wurden in alle Richtungen verschickt, mit der Idee, Investoren über seine Existenz zu informieren.

Einen Tag nach Erscheinen der Ausgabe mit dem Leitartikel, in dem Senator Nixon beschuldigt wurde, die Rolle des Brutus gespielt zu haben, wurde ich auf der Straße vom Herausgeber der *Reno Gazette angehalten* , einer Zeitung, die dem Senator und seinen Freunden treu verbunden ist.

„Der Senator möchte Sie sehen, Rice. Gehen Sie besser sofort zur Bank. Wenn Sie wissen, was gut für Sie ist, werden Sie es tun", sagte der *Gazette*-Mann.

"Ich möchte --!" Ich antwortete. „Mein Büro befindet sich oben im Clay Peters Building, und wenn der Senator mir etwas zu sagen hat, kann er mich anrufen. Ich gehöre nicht zu seinen Speichelleckern und werde auch nicht hingehen."

Ich bin nicht gegangen.

traf mich der Herausgeber der *Gazette* erneut. „Senator Nixon möchte Sie sofort in seinem Büro sehen", sagte er unverblümt.

"Worüber?" Ich habe nachgefragt.

Nevada Mining News erschienen sind ", antwortete er.

„Sehr gut", antwortete ich, „ich schicke den Redakteur vorbei."

Ich wandte mich an Mr. Teague und sagte: „Ich habe nichts mit Senator Nixon zu tun, und wenn er etwas bezüglich der Zeitung mitzuteilen hat, sind Sie, der Herausgeber, der Mann, dem er es sagen kann."

Herr Teague ging zur Nixon National Bank und betrat das Zimmer der Direktoren. Mein Stenograph begleitete ihn bis zur Tür und nahm draußen im Bankzimmer Platz.

Als Mr. Teague eintrat, sprang Senator Nixon auf. Er sah schwarz wie Donner aus. Er zitterte vor Wut.

„Warum kommt Rice nicht selbst hierher? Er wagt es nicht! In diesen Schubladen stecken seine Aufzeichnungen aus seiner Kindheit. Auch wenn ich sie nicht gelesen habe, kenne ich die Geschichte und werde sie haben in einer Reihe von Zeitungen veröffentlicht, damit die Welt weiß, wer mich der öffentlichen Verachtung aussetzt!" der Senator stotterte.

Als Mr. Teague mir später erzählte, was vorgefallen war, teilte er mir mit, dass ihm die zornige Entrüstung des Senators so grotesk komisch vorkam, dass er am liebsten gelacht hätte. Er hielt es jedoch für einen schlechten Zeitungstrick, ihn noch mehr aufzustacheln, in einem Moment, in dem es so aussah, als könne er ihn durch Beschwichtigung zu Redseligkeit verleiten. Bald hatte Mr. Teague den Senator beruhigt und ein langes Interview voller Bitterkeit und Affektiertheit abgeliefert, das Mr. Teague in den *Nevada Mining News zu veröffentlichen versprach* .

Herr Teague berichtete mir, dass der Senator seine beruhigende Haltung dahingehend interpretiert habe, dass ich zweifellos „auf die Vernunft hören" würde und dass seine Drohung ganz sicher ihren Zweck erfüllen würde.

„Aufruf zum Showdown"

Als Mr. Teague mir zu Ende erzählt hatte, war ich außer mir. Dann gab ich ihm folgende Anweisungen: „Schreiben Sie das Interview mit dem Senator auf. Lassen Sie zwei Kopien anfertigen. Wenn Sie fertig sind, bringen Sie die drei Kopien zum Senator und lassen Sie ihn sie lesen und mit seinem OK versehen. Nachdem Sie das getan haben." , geben Sie dem Senator eine Kopie, geben Sie eine Kopie an den Drucker und legen Sie die andere Kopie in den Safe. Sobald die Kopie des Interviews in den Händen des Druckers ist, setzen Sie sich hin und schreiben Sie einen Leitartikel mit einem erpressenden Verstand.' Veröffentlichen Sie meine Akte vollständig. Erzählen Sie von allem, was ich je getan habe, ob gut oder schlecht. Sagen Sie den Menschen von Nevada alle Fakten über die Drohung des Senators bitte sie, zwischen uns zu wählen.

Am 25. Mai 1907 erschien der Leitartikel mit der Überschrift „Nixon, ein Senator mit erpressendem Verstand". Es war eine leidenschaftliche Anklage, die das Blut in Wallung bringen sollte. Außerdem erschien dort das vollständige Interview von Senator Nixon.

In dem Interview hatte der Senator versucht, sich aus einem scheinbar unentwirrbaren Netzwerk zu lösen, in das er verstrickt war, und die Zeitung enthielt noch einen weiteren Leitartikel, in dem er heftig kritisiert wurde, weil er versuchte, die Leichtgläubigkeit der Leser der Zeitung zu üben. Der Herausgeber warf ihm Zweideutigkeit, geschicktes Ausweichen, Falschfärbung, Übertreibung, Unterdrückung der Wahrheit, Gier und Gaunerei vor.

Die Anklage erregte zweifellos Aufsehen.

Die Wirkung auf die Öffentlichkeit in Nevada war unverkennbar. Es erinnerte mich mehr als alles andere an die bewegungslose und atemlose Haltung eines Publikums beim Höhepunkt des dritten Akts eines Dramas mit vier Akten. Der Senator wurde danach zwei Monate lang nicht auf den Straßen von Reno gesehen. Vierzehn Tage lang besuchte er nicht einmal die Filialen der Bank. Als er schließlich seine Bankbesuche wieder aufnahm, kam er mit seinem Auto. Er wurde zur Tür des Gebäudes gebracht, versteckte sich sofort im Zimmer des Direktors und war nicht zu erreichen.

Führende Bürger, darunter die Direktoren mehrerer Banken in Reno, machten heimliche Anrufe in meinem Büro, schüttelten mir die Hand, beglückwünschten mich zu meinem Standpunkt und gingen weg. Sogar George Wingfield, der Partner des Senators, unterstützte mich in meinem Standpunkt (und ich bestätigte dies später aus den Lippen von George Wingfield selbst). Die allgemeine Meinung im Staat schien zu sein, dass es sich bei der Drohung um einen einfachen Trick handelte, und dass ich mich für beides am wenigsten schämen musste.

Als der Senator den Artikel mit der Überschrift „Nixon, ein erpressender Senator" las, soll er an den ehemaligen Gouverneur Thomas von Colorado, seinen Anwalt, telegrafiert und ihn gebeten haben, nach Reno zu kommen.

„Wenn ich auf diesen schrecklichen Angriff nichts erwidere, ersticke ich!" rief der Senator, als er nervös über den Boden ging.

„Haben Sie das Interview unterschrieben, das sie veröffentlicht haben?", fragte Gouverneur Thomas.

„Ja", sagte der Senator.

„Also gut, wenn Sie jetzt überhaupt etwas sagen, *werden sie Sie* erwürgen ", antwortete Gouverneur Thomas.

Während unserer Angriffe auf Senator Nixon in den *Nevada Mining News* , die in verschiedenen Abständen folgten, beschuldigte die Zeitung ihn, den Aktionären von Goldfield Consolidated vorzeitige Dividenden versprochen zu haben, von denen er wusste, dass er sie nicht halten konnte; dass er während des Huntington-Regimes, als die Parlamente gekauft wurden, Staatsvertreter der Southern Pacific Company in Nevada für 150 US-Dollar pro Monat gewesen sei; dass er das investierende Publikum in Goldfield um Millionen gebracht hat; dass er sein Vermögen, das ihm und seinem Partner die Übernahme der Kontrolle über die Goldfield Consolidated ermöglichte, aus einem Glücksspielhaus in Tonopah herausgeholt hatte; dass er seine ersten Bergbaugrundstücke und Bergbaubeteiligungen in Goldfield von Goldsuchern erworben hatte, die Geld verloren und ihre Bergbauansprüche und Aktienzertifikate anstelle des Geldes an die Spielbank abgegeben hatten; und im Allgemeinen ein finanzieller und politischer Freibeuter der verabscheuungswürdigsten Sorte zu sein. Und der Senator hat weder eine Klage wegen Verleumdung eingereicht noch in irgendeiner Weise vor Gericht einen Widerruf erwirkt.

MANIPULIEREN VON GOLDFIELD CON

Ungefähr eine Woche nach der Veröffentlichung des Leitartikels mit der Überschrift „Nixon, ein Senator mit erpressendem Verstand", als die Aktie von Goldfield Consolidated auf etwa 7 US-Dollar eingebrochen war, forderte die *Nevada Mining News* ihre Leser in großen, fett gedruckten Buchstaben dazu auf, Kaufaufträge für Goldfield zu erteilen Konsolidiert auf 4 US-Dollar pro Aktie, mit der Aussage, dass New Yorker Bergbau-Aktienmakler ihren Kunden mitgeteilt hätten, dass die Aktie aufgrund der Fehler des Senators bei der Finanzverwaltung des Unternehmens mit ziemlicher Sicherheit auf diesen Wert sinken würde. Diese Ausgabe enthielt einen weiteren Leitartikel über Senator Nixon mit der Überschrift „Branding a Bilker". Sie beschuldigte ihn, in seinem Jahresbericht vor einigen Monaten gesagt zu haben, dass in Kürze mit der regelmäßigen Dividendenzahlung begonnen werden würde, und stellte diese Aussage dem unterzeichneten Interview gegenüber, das in den *Nevada Mining News veröffentlicht wurde* und in dem er sagte, dass Dividenden ausgezahlt würden gezahlt, „wann immer die Treuhänder dies für sinnvoll hielten *und nicht vorher* ".

Innerhalb eines Tages danach platzte die Aktie bei einem Gebotskurs von 5 1/8 und einem Briefkurs von 5 ¼ Dollar, und die gesamte Goldfield-Aktie stürzte aus Sympathie noch weiter ab. Bis zum 8. Juni war Goldfield Consolidated auf 4,50 Dollar abgestürzt.

Beim Einbruch von 7,50 auf 4,50 Dollar bot sich Berney Baruch und seinen Mitarbeitern die Möglichkeit, alle Aktien, die sie auf dem Weg von 10 auf 7,75 Dollar (dem Optionspreis) verkauft hätten, auf dem freien Markt zurückzukaufen. Dann wurde der Kurs prompt wieder auf 7 Dollar manipuliert. Auf dem Weg zurück auf 7 Dollar mussten die ausstehenden Leerverkäufe (anderer Händler, die den Rückgang mit ihren Verkaufsaufträgen begleitet hatten) gedeckt werden.

Um die Deckung durch Außenstehende bis zur 7-Dollar-Marke zu unterstützen, verbreiteten Vertreter von Senator Nixon in Reno einen Bericht, wonach vor Ende Juni eine Dividende erklärt werden würde, und fast gleichzeitig gab der Generaldirektor der Bergbaugesellschaft in Goldfield einen ähnlichen Tipp ab. Als sich der Markt in Richtung der 7-Dollar-Marke zu erholen begann, ging Senator Nixon nach San Francisco und war häufig bei den Sitzungen der San Francisco Stock and Exchange Board zu sehen. Am Tag vor dem Anstieg auf 7 Dollar wurde er in einer Zeitung in San Francisco mit den Worten zitiert, Goldfield Consolidated sei eine so gute Sache, dass er für seine Anteile keine 20 Dollar pro Aktie nehmen würde.

Als die Aktie 7 Dollar erreichte und die Leerverkäufer am härtesten unter Druck gerieten, wurde Senator Nixon in einem weiteren Interview mit den Worten zitiert, eine Dividende sei nicht mehr weit. Dieses Interview wurde von Associated Press über die Telegrafenleitungen an alle Börsenzentren übertragen. Zur gleichen Zeit wurde in der New York *Times ein Artikel abgedruckt*, in dem es hieß, an der Börse sei berichtet worden, dass J. Pierpont Morgan im Auftrag der Baruch-Ryan-Clique die Kontrolle über die Goldfield Consolidated übernommen habe. Die Leerverkäufer wurden erfolgreich zur Deckung gezwungen. Dann fiel der Preis innerhalb eines Tages wieder von 7 auf 6 1/8 Dollar .

Einen Monat später wurde Herr Teague Chefredakteur des *Nevada State Journal* und beendete seine Zusammenarbeit mit den *Nevada Mining News* . Ich wurde sein Nachfolger als Redakteur und mein Name erschien an der Spitze der Leitartikelspalten. Etwa zur gleichen Zeit wurde das Unternehmen Sullivan & Rice aufgegeben. Ich fand heraus, dass Herr Sullivan das meiste Geld, das er in die Firma gesteckt hatte, von einem Mitglied meiner Familie geliehen hatte, bei dem er den Großteil seiner Aktien der Firma verpfändet hatte. Es kam zu einem Tumult, der mit der Schließung des Ladens endete.

Bis August war Goldfield Consolidated wieder auf 8,37½ Dollar je Aktie manipuliert worden. Die Option von Herrn Baruch könnte für ihn sicherlich von geringem Wert sein, es sei denn, die Aktie wird zu Zeiträumen von mehr als 7,50 US-Dollar verkauft. Doch nun fiel es ihm offensichtlich schwer, die Aktie über 7,50 Dollar zu halten. Bis September war er wieder auf 7,40 $ zurückgegangen. Zu dieser Zeit wurde in Reno berichtet, dass George Wingfield, der das schlechte Geschäft seines Partners satt hatte, anfing, sich durchzusetzen und verlangte, dass die Baruch-Option um jeden Preis annulliert werde.

Die sprunghafte Kursbewegung der Aktie führte zu einem Vertrauensverlust der Öffentlichkeit. Die Manipulation schien krass zu sein. Ohne dass es irgendwelche wichtigen Ereignisse gegeben hätte, abgesehen von den Nachrichten über die Baruch-Option und den von Zeit zu Zeit abgegebenen unterschiedlichen Erklärungen von Senator Nixon über die Pläne des Unternehmens, das nun auf den Bau einer riesigen Fabrik wartete, bevor es mit der regulären Produktion beginnen konnte, war die Aktie von 10 auf 4,50 Dollar gefallen, hatte sich dann auf 7 Dollar erholt und war auf 6 1/8 Dollar gesunken , hatte sich auf über 8 Dollar erholt und war dann wieder im Sinkflug.

Man räumte ein, dass die Option an Herrn Baruch aus Unternehmenssicht praktisch ein völliger Fehlschlag war, da Herr Baruch in neun Monaten nur 20.000 Aktien aus der Unternehmenskasse gekauft hatte. Es herrschte der Eindruck vor, dass Herr Baruch den Markt ausnutzte und die Option hauptsächlich als Mittel zur Verwirklichung seiner Marktziele hielt. Darüber hinaus war zu diesem Zeitpunkt fast jeder in Goldfield ansässige Makler, Investor und Spekulant aufgrund der Launen dieser Aktie auf dem Markt pleitegegangen, und die Verluste durch uneinbringliche Kredite und ungesicherte Überziehungskredite, die die von den Herren Nixon und Wingfield kontrollierte Bank von John S. Cook & Company erlitten hatte, beliefen sich infolge des fast allgemeinen Zusammenbruchs der Marktwerte auf fast 2.000.000 US-Dollar. Die gesamte Goldfield-Liste, mit Ausnahme von Goldfield Consolidated, wurde jetzt zu 25 Cent pro Dollar verkauft, verglichen mit den Boom-Preisen von vor weniger als einem Jahr, und es war ein ziemlich gewöhnlicher „Kleinhändler" oder Spekulant in Goldfield, der sich zu dieser Zeit nicht rühmen konnte, bei der Bank von John S. Cook & Company irgendwo zwischen 15.000 und 100.000 Dollar „einzusacken".

Am 23. September traf sich die Direktion von Goldfield Consolidated in Goldfield. Nach der Versammlung wurde offiziell bekannt gegeben, dass die von Herrn Baruch gehaltene Option auf 1.000.000 Aktien zu einem Preis von 7,75 US-Dollar annulliert wurde und dass Herrn Baruch genügend

Optionsaktien zur Verfügung gestellt wurden, um die Verpflichtung des Unternehmens in Höhe von 1.000.000 US-Dollar zu erfüllen, sodass das Unternehmen von dieser Verpflichtung befreit war Schulden und eine Barreserve von fast 2.000.000 US-Dollar. Es wurde angegeben, dass Herrn Baruch ursprünglich die Option für Dienstleistungen zur Sicherung des Darlehens in Höhe von 1.000.000 US-Dollar von J. Kennedy Todd & Company aus New York für 13 Monate mit einem Zinssatz von 6 Prozent eingeräumt worden war, und dass der Preis von 7,75 US-Dollar waren ein „durchschnittlicher" Wert, was darauf hindeutet, dass Herr Baruch eine Option auf Aktien zu unterschiedlichen Beträgen auf einer Skala von einem deutlich niedrigeren Preis als 7,75 US-Dollar hielt, die er ganz oder teilweise hätte ausüben können.

Es wurde auch bekannt gegeben, dass ein großer Aktienblock von Goldfield Consolidated als Sicherheit für die Anleihe hinterlegt worden war. Da die Verantwortlichen des Unternehmens per Beschluss erklärten, dass die „nicht genutzten Zertifikate annulliert werden" würden, ging man allgemein davon aus, dass die gesamten 1.000.000 Aktien unter der Option an Herrn Baruch als Sicherheit hinterlegt worden seien.

In der offiziellen Erklärung des Unternehmens hieß es, die Option sei „auf zufriedenstellender Basis" an das Unternehmen zurückgegeben worden. Es wurden keine Zahlen herausgegeben. In Sendungen aus San Francisco an die *Nevada Mining News* , die ich umgehend veröffentlichte, wurde behauptet, dass Herrn Baruch 200.000 oder mehr Aktien von Goldfield Consolidated zur Begleichung des Darlehens an die Gesellschaft in Höhe von 1.000.000 US-Dollar und zur Abgabe seiner Option auf 1.000.000 Aktien gegeben wurden ein Durchschnittspreis von 7,75 $.

Die 200.000 Aktien wurden an einem Tag, an dem Goldfield Consolidated etwa 7,50 US-Dollar verkaufte, zu einem Satz von 5 US-Dollar pro Aktie aus der Sicherheit entnommen, nachdem die Aktie zu einem Fare-Ye-Well und zu einem Marktpreis von 10 US-Dollar manipuliert worden war die Aktie am Tag der Gewährung der Option.

Es wurde nie ein Dementi veröffentlicht. Meiner Meinung nach, basierend auf privaten Untersuchungen und der Analyse der Unternehmensberichte, ist es Herrn Baruch sogar besser ergangen als oben beschrieben.

Durch die Gewährung der Option war es für jeden außer Herrn Baruch gefährlich geworden, zu versuchen, die Aktie über 7,75 US-Dollar je Aktie zu halten, nachdem die Option gegeben worden war, und das Unternehmen war nun außerdem wegen der Differenz zwischen dem niedrigen Preis je Aktie bei welche Vereinbarung mit Herrn Baruch getroffen wurde und der Preis, zu dem die Aktie hätte verkauft werden können, wenn sie während des Zeitraums von neun Monaten vor dem Datum der Stornierung stillschweigend auf dem Markt veräußert worden wäre. Tatsächlich bestand überhaupt keine Notwendigkeit, das Darlehen mit Aktien zu begleichen, da die Kassen des Unternehmens mehr als ausreichten, um das Darlehen zurückzuzahlen, und das Geld nicht fällig war. Der eigentliche Zweck bestand offenbar darin, den genauen Betrag, der Herrn Baruch zur Befreiung des Unternehmens von der Option gegeben wurde, im Dunkeln zu halten und die Goldfield-Bank der Herren Nixon und Wingfield, die die Depotbank des Bergbauunternehmens war, in Geldern zu halten.

Anstatt die Aktionäre zu beruhigen, rückte der Verzicht auf die Option die gesamte Transaktion erneut ins Rampenlicht und erwies sich als eine Verschärfung der Lage.

Die unmittelbare Folge war, dass der Kurs von Goldfield Consolidated wieder zu fallen begann und innerhalb weniger Tage auf 6,50 Dollar fiel. Von diesem Punkt an dümpelte er wochenlang weiter, bis er bei 3,50 Dollar lag – was einer Abwertung des Marktpreises von 23.400.000 Dollar entspricht, wenn man die Kapitalisierung des Unternehmens innerhalb eines Jahres nach seiner Gründung mit 10 Dollar pro Aktie bedenkt –, bevor er sich wieder erholte.

ENTER, NAT. C. GOODWIN & CO.

Kurz zuvor war in Reno eine Bergbaupartnerschaft zwischen dem Schauspieler Nat. C. Goodwin und Dan Edwards gegründet worden. Dan Edwards war ein geschäftiger junger Bergmann, der sich darauf spezialisiert hatte, Grundstücke an Projektentwickler zu „veräußern". Im August, als Goldfield Consolidated für etwa 7,50 Dollar gehandelt wurde, hatte mich Mr. Edwards gebeten, ihm einen guten Markttipp zu geben. Ich riet ihm, Goldfield Consolidated zu verkaufen.

Als der Kurs um den 1. Oktober herum 6,50 $ erreichte, grüßte er mich mit den Worten: „Das muss man Ihnen lassen. Ich habe versucht, meine neue Firma zu etablieren, aber es scheint nicht zu funktionieren. Ich glaube, ich weiß nicht, wie ich in Zeiten wie diesen mit der Situation umgehen soll. Möchten Sie sich uns anschließen?"

„Wie viel Kapital haben Sie?", fragte ich.

„Fünftausend von Nats Geld", antwortete er.

„Suchen Sie sich einen anderen Mann mit 5.000 Dollar", sagte ich, „und ich werde mit Ihnen reden."

Ein junger Oststaatler namens Warren A. Miller, der im Bergbau tätig war, hielt sich im Riverside Hotel auf. Innerhalb einer Stunde hatte Mr. Edwards ihn unter Vertrag genommen. Eine Woche später wurde Nat. C. Goodwin & Company gegründet, mit Nat. C. Goodwin als Präsident, Mr. Miller als Vizepräsident und Geschäftsführer und Dan Edwards als Sekretär. Das neue

Unternehmen verpflichtete sich, mir ein Gehalt für die Einweisung in die Firma und einen Anteil an anderen wichtigen Leistungen zu zahlen.

Innerhalb von zwei Wochen verdiente die Gesellschaft Nat. C. Goodwin & Company Geld, allerdings nicht als Förderer, sondern als Demoter. Anstatt zunächst ein Bergbauunternehmen zu fördern und seine Gewinne auf der konstruktiven Seite des Marktes zu erwirtschaften, drehte sie den Spieß um und verdiente Geld auf der destruktiven Seite – bei Goldfield Consolidated.

In der ersten Hälfte des Jahres 1907 hatte ich mit der Werbeliteratur der Sullivan & Rice Corporation Tag für Tag den spekulativen Puls des Landes gespürt. Obwohl sein neues Bergbauunternehmen, das Rich Gulch Wonder, mit einer hochkarätigen Führung prahlte und dem Grundstück ein Verdienst zugestanden wurde, weigerte sich die Öffentlichkeit, begeistert zu sein. Anstatt große Blöcke zu abonnieren, wurden vereinzelte Käufe getätigt und das Geld in Tropfen und Tropfen widerwillig zurückgezahlt. Der Boom des Wonder-Bergbaulagers war „ausgestorben". Die Anleger schienen schon seit einiger Zeit genug von Spekulationen über Bergbauaktien zu haben.

Die Preise der börsennotierten Nevada-Papiere fielen wie Seersucker im Regen. Zu diesem Zeitpunkt hatte das fürchterliche Chaos, das durch die Fehler von Nixon und Wingfield in den Goldfield-Angelegenheiten angerichtet worden war, zu einer Abwertung des Marktwertes der börsennotierten Nevada-Papiere um mehr als 100.000.000 Dollar geführt. Dies allein reichte aus, um die Kauflaune weltweit zu vernichten.

Um ein erfolgreicher Promoter zu sein, muss man von Natur aus ein Regenbogenjäger sein, aber selbst ich begann trotz meines chronischen Optimismus den Einfluss der Geschehnisse zu spüren. Ich machte eine Kehrtwende und wurde zum Bären auf dem gesamten Markt.

Am 17. Oktober ereignete sich in New York die Pleite der Heinze-Bank. Fünf Tage später wurde die Blamage der Knickerbocker Trust Company bekannt gegeben. Ich lauschte gespannt.

Nat. C. Goodwin & Company hat den Bergbauaktienmarkt so weit leerverkauft, wie es das begrenzte Kapital erlaubte. An dem Tag, an dem Herr Heinze übertrieben hatte, hatte das Unternehmen bereits 2.000 Aktien von Goldfield Consolidated zu einem Preis von rund 6 US-Dollar geshortet. Als sie erfuhr, dass die Knickerbocker Trust Company in Schwierigkeiten steckte, leerverkaufte sie umgehend weitere 2.000 Aktien zu einem niedrigeren Preis.

An dem Nachmittag, als Reno die Nachricht von der Verlegenheit der Knickerbocker Trust Company erreichte, erhielt ich ein privates Telegramm aus Chicago, in dem es hieß, dass die Zeitung der State Bank & Trust Company aus Goldfield, Tonopah und Carson City nach San Francisco protestiert habe. Das ließ mein Blut kribbeln. Ich wusste, dass das eine allgemeine „Pleite" in Nevada bedeutete.

Am nächsten Morgen verkaufte Nat. C. Goodwin & Company weitere 2.000 Aktien von Goldfield Consolidated zu einem Kurs von etwa 5 1/8 Dollar . Später am selben Tag wurde die Pleite der State Bank & Trust Company bekannt gegeben. Es folgte ein Ansturm auf die Nye & Ormsby County Bank und ihre Filialen in Reno, Carson City, Tonopah, Goldfield und Manhattan, und innerhalb von zwei Stunden schloss auch diese Bank ihre Türen.

Goldfield Consolidated fiel prompt auf 4 USD je Aktie. Ungefähr zu diesem Zeitpunkt deckte Nat. C. Goodwin & Company seine Leerverkäufe nach eigenem Ermessen.

Infolge der Pleite der beiden Bankinstitute in Nevada kam es auf allen Nixon-Banken in Nevada zu einem Ansturm. Dasselbe galt für die anderen Banken.

Gouverneur Sparks wurde zwischen zwei Sonnen von Nevadas Bankbeamten gebeten, ihm zu Hilfe zu kommen. Ohne zu zögern verhängte er eine Reihe von gesetzlichen Feiertagen, um den noch auf den Beinen stehenden Banken des Staates eine Atempause zu verschaffen. Diese Banken öffneten schließlich ihre Türen, doch als sie das taten, begegneten die Banken von Reno den Abhebungen der Einleger mit Aktivgeld statt mit gesetzlichem Zahlungsmittel. Die einzige Bank in Reno, die sich geweigert hatte, die erzwungenen gesetzlichen Feiertage in Anspruch zu nehmen, war die Scheeline Banking & Trust Company. Und als schließlich als Notbehelf auf Aktivgeld zurückgegriffen wurde, wurde der Präsident M. Scheeline zum Verwalter der Anleihen ernannt, die von den angeschlossenen Banken in Reno zur Sicherung der Zahlungen ausgegeben wurden. Dies stellte das Vertrauen wieder her.

Zur Zeit des Scheiterns der Bergbaubanken, der State Bank & Trust Company und des Nye & Ormsby County glaubte man in Nevada, dass es der Nixon-Institution in Goldfield ohne diese Tatsache schwergefallen wäre, den Sturm zu überstehen Man ging davon aus, dass die Goldfield-Bank mehr als 2.000.000 US-Dollar des Geldes der Goldfield Consolidated Mines Company auf Lager hatte.

Als die State Bank & Trust Company in Konkurs ging, beschuldigte mich Senator Nixon in einem in seiner Zeitung in Reno veröffentlichten Interview für das Scheitern der State Bank & Trust Company. Er behauptete, dass die State Bank & Trust Company durch den Zusammenbruch der Sullivan Trust

Company vor zehn Monaten 375.000 US-Dollar verloren habe und dass ich die Bank ruiniert habe. Die Verbindlichkeiten der Bank beliefen sich auf 3.000.000 US-Dollar, und der Verlust der Sullivan Trust Company war nur „ein Tropfen auf den heißen Stein". Der Senator hat niemanden getäuscht, nicht einmal sich selbst. Sein Versuch war ein kaum verhohlener Versuch, die Öffentlichkeit gegen mich zu gewinnen, und wurde von den Menschen in Nevada als solcher aufgenommen.

Senator Nixon gönnte sich ein weiteres „Interview", um die Liquidationswelle bei Goldfield Consolidated einzudämmen. Ungeachtet der Tatsache, dass das Unternehmen erst kürzlich zum Zweck der Geldbeschaffung auf den Verkauf eigener Aktien zurückgegriffen hatte, behauptete er, dass wahrscheinlich eine vierteljährliche Dividende, zahlbar am 25. Januar, beschlossen werde. Es steht außer Frage, dass diese Aussage zu Marktzwecken zu einer Zeit gemacht wurde, als der Senator Geldblut schwitzte.

Aufgrund der starken Dividendenprognose schwankte die Aktie prompt weiter. Die Interviews des Senators waren inzwischen zu einem ständigen Witz in der Gemeinde geworden. Spekulanten und Makler hatten gelernt, dass es klug ist, alles zu „kupfern", was der Senator sagte.

DIE GESCHICHTE DER GOLDFIELD LABOR „RIOTS"

Eine große Anzahl von Bergarbeitern wurde aus den Goldfield Consolidated-Liegenschaften entlassen. Die Entscheidung des Unternehmens, seine Leute in einer so schwierigen Zeit zu entlassen, wurde angeprangert. Es wurde behauptet, Senator Nixons Goldfield Bank könne es sich nicht leisten, das auf das Konto des Unternehmens gelegte Geld auszuzahlen, da es für Bankzwecke benötigt werde. Das Geld wurde offenbar während der Geldknappheit gehortet, um der Bank aus der Klemme zu helfen. Die nachfolgenden Ereignisse schienen diese Theorie voll und ganz zu bestätigen.

Mitten in der Panik, während der deprimierten und unruhigen Tage in der zweiten Novemberhälfte – als die laufenden Finanzen tief in Mitleidenschaft gezogen wurden; als Goldfield Consolidated unter der 4-Dollar-Marke verkaufte und die gesamte Nevada-Aktienliste einen durchschnittlichen Wertverlust von etwa 85 Prozent erlitten hatte. von den „Höchstständen", die während des Goldfield-Booms im Jahr zuvor erreicht wurden; Als der Staat Nevada von Anfang bis Ende von schweren Verlusten geplagt wurde, die den Bürgern durch den Zusammenbruch der Bankenkette des Nye & Ormsby County und der State Bank & Trust Company entstanden waren und sich auf fast 6.000.000 US-Dollar beliefen, schien es, dass die Kreditwürdigkeit der Der Staat war bereits fast irreparabel zerstört – ein neuer Schlag wurde verabreicht.

Berichten zufolge waren Regierungstruppen auf dem Weg von San Francisco nach Goldfield, „um das Gesetz zu wahren". Dem Präsidenten der Vereinigten Staaten war dargelegt worden, dass sich Goldfield in einem Zustand der Anarchie befinde. Goldfield war es nicht. Tatsächlich war die Lage der Bergleute in Goldfield vom Standpunkt der Gesetze und Ordnung aus gesehen nie gut, aber sie war damals so gut wie seit achtzehn Monaten nicht mehr. Zwar hatte es einige Gesetzesverstöße gegeben, aber keinen Aufruhr, und der Sheriff des Landkreises hatte den Gouverneur überhaupt nicht um Hilfe gebeten.

In den ersten Tagen der Panik hatte Nixons und Wingfields Goldfield-Bank, John S. Cook & Company, den Bergleuten die ungesicherten Aktien der Bank anstelle von Geld für die Lohnzahlung angeboten. Die Bergleute verweigerten die Annahme. Sie waren bereit, Zeitschecks von zwei, drei oder vier Monaten mit der Unterschrift des Bergbauunternehmens in Anspruch zu nehmen, scheuten sich jedoch davor, Gläubiger der Bank zu werden.

Mehrere Goldminenmakler, die damals im Lager anwesend waren, haben mir gegenüber erklärt, dass die Bergleute sogar beschlossen hätten, in diesem Punkt nachzugeben, als ein Außenseiter durch Intrigen und Geld bei einer Sitzung des Exekutivausschusses der Bergarbeitergewerkschaft genügend Stimmrechte erlangte, um eine Resolution gegen die Bankaktien zu verabschieden. Die von George Wingfield dominierte Goldminenbesitzervereinigung nutzte die Weigerung, die Bankaktien anzunehmen, sofort als Vorwand, um eine Aussperrung zu beschließen und gleichzeitig ein Eingreifen der Bundesregierung zu fordern.

Wenn die Bank von Herrn Nixon und Wingfield Geld brauchte, wie das Angebot ungesicherter Wertpapiere nur allzu deutlich zeigte, war die vollständige Schließung, die der Bank ungefähr 2 Millionen Dollar auf dem Konto der Goldfield Consolidated Mines Company als verfügbare Mittel beließ, eine perfekte Überbrückung; und die Notwendigkeit der Truppenpräsenz war ein guter zufälliger Vorwand für die Schließung. Ganz nebenbei würde dies Goldfield die Bergarbeitergewerkschaft befreien, die bis auf den letzten Mann gegen Senator Nixons republikanische Kandidaten für das Amt gestimmt hatte, und die Einfuhr ausländischer Arbeitskräfte ermöglichen, ein Mittel, das später erfolgreich eingesetzt wurde.

Senator Nixon übte Druck auf Washington aus. Er rief Uncle Sam an und drängte darauf, Bundestruppen in den Staat zu schicken. Kongressabgeordneter Bartlett unterstützte ihn dabei, die Angelegenheit den Ministerien vorzulegen. Die Leitungen zwischen Goldfield, Reno, Carson City und Washington wurden durch einen Meinungsaustausch auf Hochtouren gehalten. Präsident Roosevelt teilte dem Senator schließlich mit, dass er die Soldaten nicht schicken könne, wenn der Gouverneur von

Nevada ihm nicht telegraphiere, dass tatsächlich ein Zustand der Anarchie herrschte, den der Staat selbst nicht unterdrücken könne.

Gouverneur Sparks, der ehrlich war und keinerlei Betrug oder Manipulation vermutete, hörte einem Komitee der Goldfelder zu und ließ zu, dass gegen seine Unterschrift eine Depesche nach Washington geschickt wurde, in der die Existenz solcher Bedingungen bestätigt wurde.

Daraufhin wurde Brigadegeneral Funston an der Spitze von zweitausend Soldaten nach Goldfield beordert. Da es im Staat keine Milizen gab und Gouverneur Sparks in seinen Depeschen deutlich darlegte, dass in Goldfield tatsächlich ein Zustand der Anarchie herrschte, gab der Präsident schließlich nach.

Das Manöver war ebenso schnell wie unerwartet. Die Menschen in Nevada konnten zunächst nicht verstehen, worum es ging. Aus den Meldungen von Goldfield an Reno ging hervor, dass es in der Stadt ruhig sei. Der angebliche Diebstahl von ein oder zwei Kisten Dynamit, etwa 300 Fuß Zündschnur und einer Menge Zündkapseln, die angeblich heimlich aus dem Gebäude entfernt worden waren, kam einer offenkundigen, kürzlich dokumentierten Tat am nächsten Booth-Mine in Goldfield. Der Diebstahl, falls es sich um einen Diebstahl handelte, wurde den Bergleuten zur Last gelegt, es fehlten jedoch Beweise.

Bei der Ankunft der Truppen in Goldfield kündigte die Goldfield Consolidated eine neue Lohnskala an, die die Löhne der Bergleute von 5 $ auf 4 $ und in einigen Fällen von 5 $ auf 3,50 $ senkte. Dies war ein neuer Schritt, der darauf abzielte, den Zorn der Lohnarbeiter zu erregen und die Aussperrung zu verlängern. Die Bank der Herren Nixon und Wingfield in Goldfield kündigte gleichzeitig an, dass sie danach alle Gehaltsabrechnungen des Unternehmens in Gold begleichen werde. Da die Minen jedoch geschlossen wurden, gab es damals keine nennenswerten Lohn- und Gehaltsabrechnungen.

Bei seiner Ankunft in Goldfield interviewte General Funston Minenbetreiber, Gewerkschaftsbergleute und Bürger im Allgemeinen, um festzustellen, ob es notwendig ist, dort Regierungstruppen zu stationieren. Er entdeckte, dass die Regierung hintergangen worden war. Der General übermittelte dem Präsidenten seine Meinung. Präsident Roosevelt entsandte schnell eine Kommission nach Goldfield, um eine öffentliche Untersuchung durchzuführen. Diese Kommission bestand aus Charles B. Neal, Arbeitskommissar; Herbert Knox Smith, Kommissar für Unternehmen, und Lawrence O. Murray, stellvertretender Sekretär des Ministeriums für Handel und Arbeit. Sie hörten eine Woche lang Tag und Nacht Zeugenaussagen.

Sie berichteten Präsident Roosevelt, dass es keinen Anlass für die Anwesenheit von Truppen in Goldfield gebe und dass die von Gouverneur Sparks an Präsident Roosevelt telegrafierten Erklärungen, die auf die Existenz eines Zustands der Anarchie hindeuteten, unbegründet seien. Der Bericht wurde der Associated Press übergeben und erhielt große Beachtung. Der Präsident gab auch eine Breitseite heraus, in der er die Ergebnisse untermauerte und weit und breit telegrafiert wurde.

Leitartikel aus dem Osten überschütteten Gouverneur Sparks mit Beschimpfungen. Senator Nixon blieb unversehrt.

DER TOD DES GOUVERNEURS SPARKS

Ich fühlte mich Gouverneur Sparks gegenüber verpflichtet, der fast alle Beförderungen der Sullivan Trust Company als Präsident geleitet hatte, und versuchte redaktionell in den *Nevada Mining News* , das Vorgehen des Gouverneurs zu rechtfertigen. Aber es war eine winzige Stimme, die in einem Meer negativer Meinungen versunken war und keinerlei Echo hatte. Es beruhigte nicht einmal den Gouverneur.

Der Gouverneur, ein ehrlicher, einfacher alter Mann mit gebrochenem Geldbeutel, schlechter Gesundheit und geistiger Verfassung, trauerte über die Denunziation des Präsidenten, legte sich zu Bett und starb an gebrochenem Herzen.

Bei seiner imposanten Trauerfeier in Reno, an der Tausende von Trauergästen teilnahmen, die aus allen Teilen des Staates angereist waren, um dem großen alten Mann zu huldigen, und die dem Leichenwagen zum Friedhof folgten, Senator Nixon und sein Partner George Wingfield , fielen durch ihre Abwesenheit auf.

Selbst als sich das Grab über seinen sterblichen Überresten schloss, verließen die Truppen Goldfield.

„Es ist der ‚Tote Marsch‘“, sagte einer der Hinterbliebenen.

Der Einsatz von Bundestruppen nach Goldfield hat seinen Zweck erfüllt. Die Bergarbeitergewerkschaft wurde zerstört und es wurde genügend Zeit gewonnen, um eine Klärung der finanziellen Situation zu ermöglichen. Als die Truppen abzogen, war Goldfield Consolidated auf 5 Dollar je Aktie gestiegen. Die Panik war vorbei. Das Geld war wieder vergleichsweise einfach.

Ich bitte den Leser um Nachsicht dafür, dass er den Tatsachen, die sich auf das Erscheinen von US-Truppen in Nevada zu einem Zeitpunkt beziehen, als es keinen triftigen Anlass für ihre Anwesenheit gab, so viel Raum gewidmet habe. Ich glaube, dass es ein wichtiges Kapitel meiner Erfahrungen ist und für den allgemeinen Leser von großem Interesse ist, weil es zeigt, wie einfach es ist, die mächtige Maschinerie unserer großen Regierung so zu steuern, dass sie die Machenschaften böser Menschen in die Tat umsetzt.

Nach dieser Demonstration der Anstrengungen, die Senator Nixon unternommen hat, um ein gesetztes Ziel zu erreichen, und nachdem er Zeuge des Erfolgs geworden ist, der mit seinen Bemühungen einherging, könnte man denken, dass es sich um einen von Armut betroffenen Menschen wie mich handelte, der den Mut gehabt hatte, eine Zeitungskampagne durchzuführen in der Heimatstadt des Senators im Vergleich zu seinen finanziellen und politischen Aktivitäten, würde es als den größten Teil der Tapferkeit erachten, aus dem Staat auszuwandern. Nun ja, das habe ich nicht. Ich blieb genau an Ort und Stelle. Dass ich später aus Washington hören würde, daran hatte ich keinen Zweifel, aber ich blieb trotzdem dabei, bis mich meine geschäftlichen Interessen zurückriefen.

Ich lag mit meinen Schlussfolgerungen nicht falsch. Ein paar Monate später besuchte ein Postinspektor mein Büro in Reno, der offenbar „auf die Arbeit fixiert" war, und ohne die schnelle telegrafische Vermittlung des US-Senators Francis B. Newlands aus Nevada beim Generalpostmeister in Washington bin ich sicher, dass einflussreiche Einflüsse schon damals erfolgreich „etwas in Gang gesetzt" hätten. Aber davon mehr zu einem anderen Zeitpunkt, ich greife meiner Geschichte vor.

KAPITEL VII

ROHLEDER

Da Rawhide, das neue Goldlager in Nevada, während der Finanzkrise von 1907 entstand, konnte ich aus der Perspektive des Förderers – nicht „durch ein Fernglas" – keine Zukunft für das Lager erkennen. Es erfordert Kapital, um vielversprechende Goldvorkommen in dividendenauszahlende Minen umzuwandeln, und ich konnte mir nicht vorstellen, woher das Geld kommen sollte. Die Wertpapiermärkte im Osten waren in einer Flaute. Zeitgeld war mit einem hohen Aufschlag verbunden. Die Preise für alle Arten von Bergbauaktien waren auf fast Null gesunken. Die Anleger waren mit ihrem Latein am Ende, um bereits eingegangene Verpflichtungen zu schützen. Überall waren die Finanziers deprimiert. Eine Abkehr von der Spekulation hatte eingesetzt, scheinbar für immer. Nur ein hirnrissiger Enthusiast der wilden Art konnte in einer solchen Zeit hoffen, beim Vermarkten neuer Bergbauaktien erfolgreich zu sein.

Eine Finanzpanik ist für Goldsucher jedoch kein Schrecken. Der Verlockung des Goldes kann man nicht widerstehen. Die Geldknappheit verstärkt den natürlichen Anreiz nur noch. In der ersten Januarwoche 1908 hielten sich Berichten zufolge 2.000 Menschen in Rawhide auf. Ende Januar war die Bevölkerungszahl auf 3.000 angewachsen.

Das Lager nahm mühelos die zentrale Stellung im Bergbausektor von Nevada ein.

Viele der Rawhide-Pioniere stammten aus Tonopah und Goldfield. Ausnahmslos waren diese Veteranen der Meinung, dass die Oberflächenvorkommen des neuen Bezirks die der beiden älteren Lager übertrafen. Nie zuvor in der Geschichte des Bergbaus im Westen war eine Quarzlagerstätte entdeckt worden, die an oder nahe der Oberfläche so reich an dem gelben Metall zu sein schien und gleichzeitig ein so großes Gebiet mit goldhaltigen Mineralvorkommen umfasste. Goldfield war in diesem frühen Alter nur eine Ansammlung von Prospektorzelten gewesen, während Rawhide ein blühendes, geschäftiges und bevölkerungsreiches Lager mit mehr als hundert Leasingfirmen war, die systematische Bergbauarbeiten durchführten.

Reno erfuhr von einem phänomenalen Fund auf Grutt Hill in Rawhide. Gesteinsproben aus einer Erzschicht ergaben einen Wert von 300.000 Dollar pro Tonne. Die Kearns-Pacht auf Balloon Hill meldete 15 Fuß verschiffbares Erz auf der 65-Fuß-Ebene, dessen Wert zwischen 300 und 500 Dollar pro Tonne betrug.

Dies wurde vollständig überprüft. Außerdem wurden regelmäßig Lieferungen an die Goldfield-Reduktionswerke durchgeführt.

In der Stadt gingen Gesteinsproben ein, die mit kostenlosem Gold besetzt waren. Ich war begeistert. Aussagen von Camp-„Boostern“, dass ein Teil von Balloon Hill „aus Gold mit einem kleinen Stein darin“ sei, waren keine Übertreibungen, wenn man die Exemplare betrachtet, die mir zur Verfügung gestellt wurden.

Meine Apathie begann zu schmelzen. Entgegen meinem früheren Urteil begann ich nun, meine Einstellung zu ändern.

Das Lager sah aus wie „echt“, Panik hin oder her.

Warum sollte die amerikanische Öffentlichkeit nicht auch in diesen finanziell schwierigen Zeiten von einem Goldlager mit Möglichkeiten zum Geldverdienen, wie sie hier geboten werden, schwärmen, fragte ich mich. Greifen Ertrinkende nicht nach Strohhalmen? Ist es nicht die Angewohnheit von Pferderennspielern, wenn sie fünf Rennen hintereinander verlieren, eine Sprungwette auf das sechste Rennen abzuschließen, um am Ende auszusteigen? Diese Panik hatte Hunderttausende verarmt. Was wäre natürlicher, als dass diejenigen, die hart getroffen wurden, nun übereinander herfallen, um an den guten Dingen von Rawhide teilzuhaben? Wenn es dem Lager genauso gut geht wie Goldfield, so überlegte ich, werden die frühen Investoren Gewinne in Millionenhöhe erzielen.

Ich habe das Lager besucht. Was ich sah, elektrisierte mich. Bald war ich von einem Zauber verzaubert.

ECHTES GOLD BEI RAWHIDE

Ein halbtägiger Marsch durch die Berge schien auszureichen, um jeden davon zu überzeugen, dass die besten Bergleute Nevadas dem Bezirk ihren Stempel aufgedrückt hatten. Die meisten der über hundert Pachtverträge von Rawhide gehörten diesen Steinbergleuten. Mehr als ein halbes Dutzend oberflächlicher Öffnungen auf Grutt Hill wiesen Massen von goldbesetztem Quarz auf. An der Kreuzung der beiden Hauptverkehrsstraßen von Rawhide brachte eine Reihe von Schüssen in einem kühnen Quarzvorkommen Gold-Silber-Erz zum Vorschein, das 2.700 Dollar pro Tonne wert war. Ein mit Goldbändern durchzogener Gang aus Quarz-Rhyolith ragte kühn durch den hoch aufragenden Gipfel von Grutt Hill. Ich ging entlang seines Verlaufs und schlug mit einer gewöhnlichen Spitzhacke Proben im Wert von 2 bis 5 Dollar pro Pfund ab.

Jenseits des Stingaree Gulch im Süden bildete der schroffe Hogback von Balloon Hill eine Verbindung zwischen Grutt und Consolidated Hills. Die Kearns-Pachtgebiete Nr. 1 und 2 auf Balloon Hill waren Schauplatz von

Funden von so außerordentlichem Reichtum, dass sie allein in Alaska eine Massenpanik ausgelöst hätten. Das Murray-Pachtgebiet auf Consolidated Hill wurde als wahrer Goldschatz eingestuft. Dort sah ich Quarz, der zu einem Drittel aus Gold bestand.

Am Südhang des Hooligan Hill bauten mehrere Pächtergruppen so reichhaltiges Erz ab, dass die ganze Nacht Wachen standen, um Verluste durch Diebstahl zu verhindern. Beim Alexander-Pachtgebiet am Hooligan Hill zerkleinerten die Bergleute den reichhaltigeren Quarz aus ihrem Schacht und wuschen Gold im Wert von 20 Dollar pro Pfanne aus.

Dies waren die drei Hauptzentren der Aktivität, aber sie umfassten keineswegs das gesamte produktive Gebiet des Bezirks. Hohe, skelettartige Galgengerüste säumten die Landschaft kilometerweit in alle Richtungen. Das Surren der Benzinmotoren erinnerte an das Atmen eines geisterhaften Titanen in herkulischer Anstrengung. Auch die Klasse der Bergleute bei der Arbeit beeindruckte mich sehr.

Es schien mir, als gäbe es keinen Raum mehr für Kritik an den Möglichkeiten der Investoren, die ihr Geld in das Lager steckten, ein Vermögen zu machen. Rawhide war weniger als ein halbes Jahr alt und erwies sich als die aktivste Bergbauregion, die ich in einem annähernd vergleichbaren Alter je gesehen hatte.

Ich schlussfolgerte, dass Goldfield fast drei Jahre brauchte, um eine so gute Leistung abzuliefern.

Während meiner früheren Bemühungen, Pressevertreter für die Bergbaucamps im Süden Nevadas zu sein, musste ich mir vor Augen führen, wie die Realität aussehen würde, wenn die Hälfte der Hoffnungen der Camp-Enthusiasten in Erfüllung gehen würde. Hier handelte es sich offenbar eher um eine Erfüllung als um ein Versprechen. An der Schwelle zur ersten Phase seiner Entwicklungsära konnte sich Rawhide mit mehr tatsächlichen Produzenten und fast so vielen Betriebsliegenschaften rühmen, wie Goldfield im Alter von drei Jahren beanspruchen konnte.

Ich erinnerte mich, dass Cripple Creek in Panik geboren worden war, aber die akute Phase von 1893–96 überstanden hatte, um zu den größten Goldlagern der Welt aufzusteigen.

Ich war mehr als überzeugt. Überschäumende Begeisterung löste meine frühere Skepsis ab. „Die Geschichte ist dabei, den Rekord von Cripple Creek zu wiederholen", schlussfolgerte ich.

DAS RAWHIDE COALITION MINES COMPANY

Grutt Hill, Hooligan Hill, ein Teil von Balloon Hill und das dazwischenliegende Gelände, das eine kompakte Gruppe von acht Claims

(160 Acres) bildete, waren im Besitz einer Partnerschaft aus acht Prospektoren. Das Gebiet bildete das Herz und das Rückgrat des gesamten Bergbaubezirks.

Ich habe dieses Eigentum bald für Nat. C. Goodwin & Company aus Reno, mit der ich identifiziert wurde, „gebunden". Eine Firma mit 3.000.000 Aktien mit einem Nennwert von 1 Dollar pro Aktie wurde gegründet, um den Titel zu übernehmen. Sie erhielt den Namen Rawhide Coalition Mines Company.

Von der gesamten Kapitalausstattung gingen 750.000 Aktien in die Kassen der Rawhide Coalition Mines Company. Nat C. Goodwin & Company wurden zu Agenten für den Verkauf der eigenen Aktien und erhielten von der Firma eine Option auf 250.000 Aktien, um der Kasse 57.500 Dollar für Verwaltungszwecke und Minenentwicklung zuzusprechen. Die Goodwin Company kaufte außerdem 1.850.000 Aktien der 2.250.000 Aktien des Eigentums, was einem Wert von 443.500 Dollar oder einem Kurs von 23,3 Cent pro Aktie zuzüglich einer Provision von 12.500 Dollar entspricht, die an einen Vermittler zu zahlen ist.

Die von den ursprünglichen Eigentümern verbliebenen Eigentumsaktien und der Restbestand an eigenen Aktien, insgesamt 900.000 Aktien, wurden in einen Pool eingebracht.

Als ich diesen Deal abschloss, betrug das Bargeld auf der Bank von Nat. C. Goodwin & Company etwa 15.000 Dollar. Es lag an mir, das Unternehmen zu finanzieren. Das tat ich.

Der Vertrag, den ich abgeschlossen habe, sah nur 10.000 US-Dollar in bar und die pünktliche Zahlung des Restbetrags vor. Nat C. Goodwin & Company hat sich kein Geld von einer Bank oder Einzelperson geliehen, noch hat irgendjemand, der mit dem Konzern identifiziert ist, seine persönlichen Ressourcen in der Höhe eines einzigen Dollars belastet, um das Geschäft abzuschließen. Das Geld wurde zunächst für die Staatskasse der Koalition und später für die Verkäufer gesammelt, indem direkt an den Spekulationsinstinkt des amerikanischen Anlegerpublikums appelliert wurde. Auch die Öffentlichkeit zahlte die Kosten, die für die Erreichung dieser Ziele anfielen. Dies wurde dadurch erreicht, dass Nat C. Goodwin & Company einen Preisvorschuss für Koalitionsaktienkäufe gezahlt wurde, der über den Selbstkostenpreis hinausging.

Nat. C. Goodwin & Company hatte sich verpflichtet, der Staatskasse und den Verkäufern etwas mehr als 23 Cent pro Aktie ohne jegliche Abzüge zuzusprechen. Sämtliche Werbekosten und sonstige Ausgaben für die Verkaufsförderung, so wurde vereinbart, mussten von Nat. C. Goodwin & Company getragen werden und nichts von der Bergbaugesellschaft.

Wie war das System? Wie wurde es gemacht?

Eine Rasse von Spielern

Vor der Gründung von Rawhide hatte ich sieben Jahre lang den Spekulationstrieb (Glücksspieltrieb) der amerikanischen Öffentlichkeit bedient, hauptsächlich durch den Bau von Bergbaulagern und die Finanzierung von Bergbauunternehmen. Jetzt wurde mir klar, dass ich, um das vor mir liegende Vorhaben erfolgreich zu erfüllen, nämlich das neue Lager Rawhide auf die Investitionslandkarte zu bringen, erneut lautstark an den Glücksspieltrieb des Landes appellieren musste.

Vielleicht denken Sie, lieber Leser, dass ein Mann, der dem Spieltrieb seiner Mitmenschen nachgibt, ganz gleich, ob seine Absichten ehrlich oder unehrlich sind, eine höchst unmoralische Person ist. Ist er das?

Wussten Sie, dass der Spieltrieb für das wunderbare Wachstum der Bergbauindustrie in den Vereinigten Staaten verantwortlich ist? Würden Sie glauben, dass ohne den Spieltrieb die Erschließung der großen natürlichen Ressourcen dieses Landes fast unmöglich wäre?

Mit wenigen Ausnahmen wurde jedes erfolgreiche Bergbauunternehmen in den USA in der Vergangenheit durch direkte Ansprache des Spieltriebs finanziert. Im Jahrzehnt vor diesem Jahr wurden auf diese Weise deutlich mehr als eine Milliarde Dollar aufgebracht und investiert.

Konservative Anleger, die mit drei bis sechs Prozent ihres Geldes zufrieden sind, kaufen keine Minen oder Minenaktien. Spekulanten (Glücksspieler), die bereit sind, einen Teil ihres Vermögens zu riskieren, in der Hoffnung, in einem oder wenigen Jahren das Fünffache oder mehr zu gewinnen – das sind die Leute, die in Minen und Minenaktien investieren.

Davon gibt es unzählige. Den besten verfügbaren statistischen Informationen zufolge sind in den Vereinigten Staaten nicht weniger als 500.000 Männer und Frauen Aktionäre von Bergbauunternehmen.

Tatsächlich wird der Spieltrieb in der Bergbauindustrie schon lange vor der Erschließung eines Vorkommens genutzt, in der es als erkundungswürdig eingestuft werden kann. Der Goldsucher, der seinem Esel in die Bergfestungen oder durch die Wüste folgt, setzt oft sein Leben aufs Spiel, wenn es um den Erfolg seiner Suche geht; diejenigen, die ihm Futter geben, setzen ihr Geld aufs Spiel.

Der Spieltrieb scheint für alle Zeiten eine wichtige Rolle in der Bergbauindustrie zu spielen, oder bis entweder die Glücksjagdinstinkte des Menschen ausgerottet sind oder alle Schätze der Welt abgebaut sind.

Nun, wenn die Praxis, dem Spielinstinkt nachzukommen, schädlich ist, dann bin ich ein Übeltäter. Das Gleiche gilt dann auch für so hochkarätige Finanziers wie die Herren Rothschild, Rockefeller, Morgan, die

Guggenheims und andere. Meiner Meinung nach sind es der *Brauch* und die Zeiten, die für die Aufrechterhaltung des großen Spiels verantwortlich sind, und nicht Einzelpersonen.

Die Wahrheit ist, wir sind eine Rasse von Spielern und *wir erlauben den Industriekapitänen, das Spiel für uns zu spielen* .

Neben Geld und politischer Macht wird Publizität von allen „Machern" als der mächtigste Hebel angesehen, um Großes zu erreichen. Nicht selten kann Publizität erreichen, was weder Geld noch politische Macht können. Im Allgemeinen kann Publizität entweder durch Geld oder politische Macht gesichert und kontrolliert werden.

Als Rawhide geboren wurde, hatte ich weder Geld noch politische Macht. Das Lager brauchte Publicity. Ich hatte nichts, womit ich Publicity erlangen konnte, außer meinem Witz. Ich habe mir sofort den Witz, den ich hatte, zunutze gemacht und ihn voll und ganz eingesetzt.

Es besteht ein wichtiger Unterschied zwischen dem Besitz einer Reihe ausgezeichneter Goldminenvorkommen, die enorme Spekulationsmöglichkeiten bieten, und der Anerkennung durch die Öffentlichkeit als solche. Für einen Hersteller ist es eine Sache, sich zu vergewissern, dass sein Artikel ein besseres Preis-Leistungs-Verhältnis bietet als der seines Konkurrenten. Es ist eine andere Sache, den Verbraucher zu überzeugen. Darin liegt der Wert der organisierten Öffentlichkeit.

Der vor mir liegende Vorschlag bestand darin, die Aufmerksamkeit des großen amerikanischen Anlegerpublikums auf das Lager von Rawhide zu lenken. Wie sollte dies bewerkstelligt werden? Display-Werbung in den Zeitungen ist kostspielig und erfordert viel Kapital; umso mehr der Kauf von Lesehinweisen in Publikationen, die diese Art von Geschäft akzeptieren.

Aus meiner frühen Tätigkeit als PR-Agent in Goldfield ist mir eine wichtige Tatsache besonders in Erinnerung geblieben: Nur wenige Nachrichtenredakteure bringen es übers Herz, gute Texte in den Papierkorb zu werfen, insbesondere wenn sie nichts enthalten, was zu einer Wiederauflage führen könnte.

Ich beschloss, als Presseagent für das Lager zu arbeiten.

KAPITEL VIII

DER PRESSEAGENT UND DAS GELD DER ÖFFENTLICHKEIT

Das wahrscheinlich am meisten wissenschaftliche Presse-Agentur-Camp in Nevada war Bullfrog. Bullfrog wurde zwei Jahre nach Goldfield gegründet. Das Goldfield-Werbebüro hatte zu diesem Zeitpunkt seine Kunst und seine Effizienz erheblich verbessert.

Als der Bullfrog-Boom noch in den Kinderschuhen steckte, reiste der verstorbene US-Senator Stewart, damals achtzig Jahre alt und arbeitslos, nach Ablauf seiner Amtszeit aus Washington ins Bullfrog-Lager. Dort ließ er sich als Anwalt nieder. Sofort besorgte sich das Pressebüro ein Kabinettsfoto des ehrwürdigen Abgeordneten und verfasste eine Geschichte über seinen Neuanfang in der Wüste. Die Geschichte gefiel den Sonntagsredakteuren der großen Stadttageszeitungen im ganzen Land so gut, dass Bullfrog sich umsonst Dutzende Seiten mit unbezahlbaren Anzeigen in den Nachrichtenspalten sicherte.

Der Senator baute sein Haus, so die Geschichte, an einer Stelle, an der noch vor weniger als einem Jahr Wüstenwanderer verdurstet waren und Kojoten ihr Unwesen trieben. Das Innere des Hauses in der Wüste wurde detailliert beschrieben. Olivfarbene Chintzvorhänge schützten den bärtigen Patriarchen vor den brennenden Strahlen der Sonne, während er in seinem Arbeitszimmer arbeitete. Alte Florentiner Kabinette, kostbare byzantinische Vasen und unvergleichliche Exemplare von Sèvres füllten seine Wohnzimmer. Zolldicke persische Seidenteppiche bedeckten den Boden. Miniaturgemälde in venezianischen Rahmen von ehemaligen Präsidenten der Vereinigten Staaten und Freiheitskämpfern vergangener Tage zierten die Wände. Kostbare Bronzen und Marmorstatuetten waren in Hülle und Fülle verstreut. Besucher konnten nicht umhin zu schlussfolgern, dass der Senator nichts für zu gut hielt für seinen Wüstenlebensraum. *Der Name Bullfrog tauchte in jedem Absatz der Geschichte auf; außerdem der Name einer Mine, in deren Nähe dieses verlassene Herrenhaus errichtet wurde und an deren Ausbeutung der Presseagent ein eigennütziges Interesse hatte.*

Das Bemerkenswerte an dieser Geschichte, die mit Bildern des Senators in einer großstädtischen Zeitung mit großer Auflage und Prestige abgedruckt wurde, die an einem Sonntag eine ganze Seite füllte und von dieser Zeitung an zwanzig andere Zeitungen weitergereicht wurde, war, dass die einzige Wahrheit darin die Tatsache war, dass der Senator beschlossen hatte, Bullfrog zu seinem Zuhause zu machen, um dort eine Anwaltskanzlei zu eröffnen. Aber es war eine gute Geschichte aus der Sicht des Presseagenten von Bullfrog und aus der Sicht des Sonntagsredakteurs, und selbst der

Senator zuckte nicht mit der Wimper. Er erkannte darin, wie auch andere Bewohner von Bullfrog, eine Camp-"Werbung" von höchster Effizienz.

Während des Manhattan-Booms, der auf den von Bullfrog folgte, wurde das Werbebüro ehrgeiziger. Es unternahm an Wochentagen eine Kampagne gegen die Nachrichtenspalten der Großstadtpresse und hatte damit Erfolg.

Zu dieser Zeit förderte die Sullivan Trust Company aus Goldfield die Jumping Jack-Manhattan Mining Company. James Hopper, der begabte Magazinist, schrieb eine Geschichte, in der in fast jeder zweiten Zeile die Namen „Jumping Jack" und „Sullivan Trust Company" auftauchten. Es wurde per Post an eine große New Yorker Tageszeitung weitergeleitet und umgehend als Nachrichten veröffentlicht. In dem Artikel wurde erzählt, dass der Mann, der für den Benzinmotor an der Mündung des Jumping-Jack-Schachts verantwortlich war, während der Arbeit völlig verrückt geworden war, und dass der Präsident der Sullivan Trust Company, der zufällig am Boden lag, nicht schnell eingegriffen hätte , hätte eine Tragödie durchaus die Folge sein können.

Der Bergmann, so heißt es in der Geschichte, stieg am Schachtkopf in die Schaufel und bat den Mann im Maschinenhaus, ihn auf eine Tiefe von 300 Fuß hinabzulassen. Blitzschnell wurde die Schaufel hinabgelassen. Als die 200-Fuß-Marke erreicht war, gab es einen plötzlichen Stopp. Mit einem Rasseln und Brüllen wurde die Schaufel ruckartig bis auf 50 Fuß unter die Oberfläche zurückgezogen. Daraufhin wurde sie wieder hinabgelassen und schnell wieder hochgezogen, und der Vorgang wiederholte sich ständig, bis der arme Bergmann das Bewusstsein verlor und als klirrende Masse auf den Boden der Schaufel fiel.

Als Mr. Sullivan die ersten Schreie des Bergmanns hörte, eilte er ihm zu Hilfe. Er schlug den Mann im Maschinenhaus bewusstlos und fesselte ihn. Dann holte er den Eimer herauf, in dem sich der fast leblose Körper des Bergmanns befand.

Mr. Sullivan wandte sich an den Dämon, der die Maschine steuerte und inzwischen wieder zu Bewusstsein gekommen war, und rief:

„Wie können Sie es wagen, so etwas zu tun?"

Der Mann antwortete: „Er heißt Jack, nicht wahr?"

„Na und, was soll's?", brüllte Mr. Sullivan.

„Oh, ich habe nur *übertrieben* !", kicherte der „Verrückte".

Dieses Kindermärchen wurde in den Spalten einer angesehenen New Yorker Zeitung als wahre Nachricht abgedruckt. Der Grund, warum die Redakteure es durchgehen ließen, war zweifellos, dass man glaubte, es sei wahr, aber vor allem war es geschickt geschrieben.

Ich war zu Beginn des Rawhide-Booms zu beschäftigt, um etwas Wichtiges zu schreiben oder auch nur bestimmte Themen für Geschichten vorzuschlagen. Ich dachte, die aufregenden Ereignisse des Alltags während des wahnsinnigen Booms würden den Korrespondenten genug Stoff liefern, um den Nachrichtentopf ständig am Kochen zu halten. Ich versammelte die leuchtendsten Sterne der Reno-Zeitungsgemeinschaft um mich und stellte sie auf die Gehaltsliste.

Wochenlang wurde auf den Titelseiten der großen Tageszeitungen an der Küste durchschnittlich mindestens eine Kolumne mit aufregenden Nachrichten über den Massenansturm in Rawhide veröffentlicht. Die Werbekampagne ging fröhlich weiter. Ich beobachtete genau den Charakter der Nachrichten, die verschickt wurden, und stellte mit Freude fest, dass, wenn überhaupt, nur sehr wenig falsche Farben verwendet wurden. Es war ein ausgelassener Ansturm auf das Bergbaulager im Gange, der in seiner Intensität nur dem Klondike-Aufruhr von elf Jahren zuvor in nichts nachstand, und es gab fast jeden Tag zahlreiche Live-Nachrichten, die es zu berichten gab.

Nachdem ich von einer meiner Reisen nach Rawhide zurückgekehrt war, wurde ich beunruhigt, als ich auf der Titelseite der führenden Zeitungen in San Francisco eine erschütternde zweispaltige Geschichte über die Art und Weise las, wie Ed. Hoffman, Minenaufseher der Rawhide Coalition, war am Tag zuvor auf einer dunklen Wüstenstraße aufgelauert und um 10.000 Dollar Gold geraubt worden, das er zu den Minen trug, um dort die Lohn- und Gehaltsabrechnung zu begleichen.

Ich hatte Mr. Hoffman gerade in Rawhide zurückgelassen und er war nicht aufgelauert worden.

Ich habe nach dem Mann geschickt, der für die Geschichte verantwortlich war.

„Sag mal, Jim", sagte ich, „du bist verrückt. Es gibt ein Comeback dieses Garns, das dich deinen Job als Korrespondent deiner San Francisco-Zeitung kosten wird. Das ist harte Arbeit. Schluss damit!"

„Mensch, Whilikins!" er antwortete. „Wie kann ich? Hier ist ein Auftrag für eine zweispaltige Nachverfolgung und ich habe ihn bereits eingereicht."

„Was hast du in deiner zweiten Geschichte gesagt?" Ich habe nachgefragt.

„Nun, ich erzählte, wie eine bis an die Zähne bewaffnete Bande die Räuber verfolgte und erklärte, dass sie sich im Umkreis von drei Meilen um Walker Lake auf der Verfolgungsjagd befanden."

„Du bist ein Verrückter!" Ich protestierte. „Töte diese Räuber und sei schnell; tu es heute Abend, damit du die Nachfrage nach mehr Kopien erstickst, sonst bist du verloren!"

Am nächsten Tag telegrafierte der Korrespondent an seine Zeitungen, dass die Gruppe die Räuber nach Walker Lake gejagt hatte, wo sie ertränkt wurden.

An der Stelle im Walker Lake, wo die Räuber nach Angaben des Korrespondenten ein Wassergrab gefunden hatten, wussten einige Einwohner von Reno, dass der See drei Meilen lang in beide Richtungen flach war und dass das tiefste Wasser in dieser Umgebung weniger als einen Meter betrug. Das sorgte in Reno für einiges Gelächter. Dennoch gab es kein Comeback. Die Zeitungen erfuhren nie von der Täuschung. Der Korrespondent war bei der Übermittlung der Geschichte geschickt genug gewesen, um die örtlichen Korrespondenten aller anderen Zeitungen außerhalb der Stadt umfassend zu informieren. Sie hatten praktisch die gleiche Geschichte verschickt und den Schnappschuss daher nicht preisgegeben.

In den frühen Tagen des Rawhide-Booms erreichte das Lager ein Gerücht, dass Death Valley „Scotty", die berühmte Persönlichkeit, die als Besitzer eines geheimen Golconda von einem Ende des Landes zum anderen geschickt worden war, im Begriff war, eine Massenpanik in neue Ausgrabungsstätten zu starten. Das Nachrichtenbüro beschloss, den Widerstand abzustellen. Die Zeitungen des Landes wurden wie folgt befragt:

„Scottys Versteck wurde im Death Valley entdeckt. Es handelt sich um ein Versteck mit einer Reihe leerer Wells-Fargo-Geldkisten. Scotty hat offenbar die Beute alter Postkutschenräuber geplündert. Wie viele Wörter?"

Die Zeitungen haben das einfach aufgefressen. Kolumne um Kolumne wurden aus Nevada telegrafiert. Die Quelle von Scottys Reichtum wurde zur Zufriedenheit der Leser der „Gelbzeitung" aufgeklärt, Scottys Wert als Minenförderer wurde jedoch ernsthaft gemindert.

Als ich den Korrespondenten aus Reno dafür rügte, dass er die falsche Geschichte über den Raubüberfall auf den Minenmanager der Rawhide Coalition verbreitet hatte, argumentierte er, dass er nur in einer Hinsicht einen Fehler gemacht habe. Er sagte, er hätte dafür sorgen sollen, dass der

Minenmanager tatsächlich ausgeraubt wurde! Das, sagte er, hätte die Gefahr eines Rückschlags ausgeschlossen.

Vor Jahren war die Öffentlichkeit in New York überrascht, als man von einer Schauspielerin las, die ihr Bad in purer Milch nahm. Ein paar Wochen später waren die Zeitungsleser geschockt, als sie von einem anderen Star am Theaterhimmel berichteten, der seine Morgentoilette in einem Bottich mit Champagner vornahm.

„Wenn Sie es nicht glauben", sagte die Presseagentin zu einer Zeitungsreporterin, die geschickt worden war, um über die Geschichte zu berichten, „dann gebe ich Ihnen die Gelegenheit, die Dame in Aktion zu sehen."

Dies geschah, und natürlich waren die Zeitungen davon überzeugt, dass es sich nicht um den Traum eines müßigen Presseagenten handelte. Natürlich hatte keine dieser Frauen die Angewohnheit, in Milch oder Champagner zu baden. Eine Wanne Milch kostet weniger als 10 US-Dollar und eine Wanne Champagner weniger als 200 US-Dollar, aber diese Art von Werbung für diese Künstler hätte man für auch nur annähernd so absurd niedrige Beträge nicht kaufen können, wenn man die Werbesäulen der Zeitungen genutzt hätte. Die Werbung wäre auch nicht annähernd so effektiv gewesen. Die absurde Milchgeschichte fand bei den Zeitungslesern großen Anklang und brachte der Schauspielerin ein großes Vermögen ein.

WERBUNG DURCH ELINOR GLYN

Zu diesem frühen Zeitpunkt in Rawhides Geschichte war „Three Weeks" die vorherrschende literarische Sensation auf zwei Kontinenten. Nichts, so argumentierten die Korrespondenten, würde mehr Aufmerksamkeit auf das Lager lenken, als Frau Elinor Glyn in Rawhide zu haben, insbesondere wenn sie sich dort auf eine Art und Weise verhalten würde, die der Kritik von Kirchenmitgliedern entgegentreten könnte.

Sam Newhouse, der Multimillionär und Bergbaubetreiber aus Utah, der auf zwei Kontinenten als charmanter Gastgeber bekannt ist, vor allem wenn Prominente zu Gast sind, machte Halt im Fairmont Hotel in San Francisco. Frau Glyn war zur gleichen Zeit in San Francisco. Mr. Newhouse und Ray Baker, ein Reno Beau Brummel, Clubmitglied, Kumpel von MH De Young, Besitzer und Herausgeber des San Francisco *Chronicle* und Spross eines Hauses, das die Aristokratie von Nevada repräsentiert, erwiesen der angesehenen Autorin die Gastfreundschaft der Küste.

Eine Nachricht wurde an Herrn Baker geschickt, die im Wesentlichen wie folgt lautete: „Bitte schlagen Sie Herrn Newhouse und Frau Glyn vor, dass es ratsam ist, Rawhide zu besuchen. Die Dame kann viel Lokalkolorit für ein neues Buch besorgen. Wenn Sie das Wild erlegen, werden Sie ein Held sein."

Ray machte sich an die Arbeit. Innerhalb von drei Tagen kam Mrs. Glyn in Begleitung der Herren Newhouse und Baker nach einer 38-stündigen Reise mit der Eisenbahn und dem Auto von San Francisco in Rawhide an.

Als die Gruppe in der Abenddämmerung im Lager ankam, wurde ihnen vorgeschlagen, in ein Spielcasino zu gehen und sich ein echtes Stud-Poker-Spiel anzusehen, wie es in der Wüste gespielt wird.

Sie betraten einen Raum. Sechs Spieler saßen um einen Tisch. Die Männer waren ohne Mantel und schmutzig. Ihre unrasierten Gesichter, rau wie Muskatreiben, waren zu seltsamen Grimassen verzogen. Sie alle schienen vom Alkohol ziemlich angeschlagen zu sein. Vor jedem Mann war ein Haufen Elfenbeinsplitter in verschiedenen Farben aufgetürmt, und daneben ruhte ein Sechsschüsser. Aus der Gesäßtasche der Hosen jedes Spielers ragte eine weitere Pistole. Jeder Mann trug einen Gürtel voller Patronen. Obwohl es sich um ein improvisiertes Spiel handelte, war es gut inszeniert.

Ein Mann mit blutunterlaufenen Augen mischte die Karten und blätterte sie durch. Dann teilte er jedem eine Hand aus.

„Ich wette mit Ihnen um 10.000 $", erklärte der erste Spieler laut.

„Nennen Sie das und Sie gewinnen 15.000 $", rief der Zweite, während er einen Stapel Gelber in Richtung Mitte schob.

„Erhebt euch!", riefen zwei andere fast im Chor.

Bevor der Jackpot ausgeschüttet wurde, hatten 300.000 US-Dollar (in Chips) den Weg in die Mitte des Tisches gefunden, und vier Männer standen voller Tapferkeit auf ihren Sitzen und hatten die Mündungen ihrer Waffen bösartig aufeinander gerichtet . In den Augen der Kriegsparteien war so viel vom lauernden Teufel zu sehen, dass den Zuschauern ein nervöser Schauer über den Rücken lief.

Als die Schießerei begann, entschieden sich Mrs. Glyn und die Herren Newhouse und Baker für „groß und unbeschnitten".

Als sich die Tür schloss und man die Gestalten der Besucher um die gegenüberliegende Straßenecke verschwinden sah, richteten alle Männer im Raum ihre Gewehre gen Himmel und schossen auf die Decke, die aus Segeltuch bestand. Der scharfe Knall der Revolverschüsse hallte durch die Luft. Darauf folgten hohle Stöhngeräusche, die das Blut der zurückweichenden Gruppe gefrieren lassen sollten, und ein kratzendes und schlurfendes Geräusch, das die Vorstellung eines heftigen Kampfes zwischen mehreren Personen erweckte.

Fünfzehn Minuten später wurden zwei Tragen mit den „Toten" zum Bestattungsunternehmen gebracht. Mrs. Glyn und Mr. Newhouse standen mit hängenden Kinnladen daneben und sahen dem schaurigen Schauspiel zu.

Natürlich war der „Mord" an diesen beiden Spielern während eines Kartenspiels um sensationell hohe Einsätze und in Anwesenheit der Autorin von „Drei Wochen" ein schöner Schlagzeilenartikel auf der Titelseite der Zeitungen. Rawhide wurde in jedem Absatz der Geschichten als Bergbauzentrum dargestellt, das groß genug war, um die Aufmerksamkeit eines Multimillionärs und Minenmagnaten vom Kaliber eines Sam Newhouse und einer Autorin von weltweitem Ruf wie Elinor Glyn zu erregen. Das Lager erhielt Unmengen kostenloser Werbung, die die Öffentlichkeit davon überzeugen sollte, dass es sich nicht um eine Eintagsfliege handelte, und genau das war es, was beabsichtigt war.

Am nächsten Abend wurde Elinor Glyn, die sich vom Schock des aufregenden Pokerspiels erholt hatte, durch Stingaree Gulch eskortiert. Die Gasse war auf beiden Seiten über eine Länge von 600 Metern von Tanzhallen und Bordellen gesäumt. Mrs. Glyn besichtigte sie alle.

Schreiber aus Rohleder sahen hier eine Gelegenheit für einige schöne Schriften:

Die ausgezehrten Wangen und ausgezehrten Formen der gebrechlichen Menschlichkeit, wie man sie letzte Nacht im gelblichen Licht sah, das von den purpurroten Lampen und Vorhängen von Stingaree Gulch reflektiert wurde, berührten die begabte englische Autorin sichtlich. Sie übermittelten Mrs. Glyn eine bejahende Antwort auf die in letzter Zeit so oft gestellte Frage, ob es gegen die öffentliche Moral verstoße, eine Heldin in „Drei Wochen" aus einem vergnügungsbleichen Opfer der Oberschicht zu machen. Frau Glyn wurde deutlich gemacht, dass sich ihre Heldin von der Sorte Stingaree Gulch nur dadurch unterschied, dass ihre Wangen weniger verblasst waren als ihr Charakter.

Das ist die Art von Laura-Jean-Libby-Kommentar zu Mrs. Glyns Rundgang durch Stingaree Gulch, den einer der Rawhide-Korrespondenten mit „Gelb" versehen hat, um dem Herausgeber zu gefallen und eine positive Akzeptanz seines Exemplars sicherzustellen.

Später in der Nacht wurde Feueralarm ausgelöst. Die örtliche Feuerwehr reagierte wie im Wilden Westen. Der Brand, der nur zu Mrs. Glyns Gunsten gelegt worden war, breitete sich mit der Geschwindigkeit einer Flutwelle aus. Er brachte eine gemischte Menge des Pöbels des Lagers an den Ort des Geschehens. Der Tumult der Stimmen erhob sich laut und deutlich. Das Feuer erfasste alle verlassenen Hütten und das Abfallholz am Fuße einer der

Minen. Der großzügige Einsatz von Kerosin und ein günstiger Wind verursachten ein heftiges Feuer. Es spuckte Funkenregen in die Dunkelheit und leuchtete wie ein Leuchtfeuer für verlassene Wanderer. Die wilden Schreie der Feuerwehrleute schallten weit und breit. Plötzlich stürzte sich ein Mann mit wildem Haar aus der Menge und sprang durch die Tür einer brennenden Hütte. Er verschwand in den Flammen. Einen Meter hinter der Tür befand sich ein Geheimgang, der in den Tunnel einer angrenzenden Mine führte. Mrs. Glyn wusste das natürlich nicht. Sie lobte die Tat als mutigen Heldenmut.

Das Wasser im Lager war knapp, daher musste auf Fassbier und Dynamit zurückgegriffen werden. Bald waren die Flammen des verzehrenden Feuers erloschen. Wiederum enthielten die Zeitungen im ganzen Land telegrafierte Berichte über die bemerkenswerten Erfahrungen der vieldiskutierten Autorin von „Three Weeks" im neuen, großen Goldlager Rawhide. Der Pressevertreter war in seiner Pracht.

„AL" MILLERS BELAGERUNG

Elinor Glyns Erfahrungen in Rawhide waren keineswegs die interessantesten, die Zeitungsleser in den Vereinigten Staaten im Laufe der Pressearbeit des Lagers lesen durften.

„Al" Miller war einer der ersten erfahrenen Bergbaubetreiber, der in Rawhide einstieg. Er landete Anfang 1907 im Lager. Nach einer gründlichen Inspektion der Minenvorkommen im gesamten Bezirk entdeckte er den Hooligan Hill-Abschnitt des Rawhide Coalition-Grundstücks als wahrscheinlichen Standort für die Entwicklung von Golderz. Herr Miller war seit vielen Jahren im Bergbau tätig und wurde mit einigen wichtigen Bergbauprojekten in Colorado in Verbindung gebracht. Als er einen Pachtvertrag für den Teil des Koalitionsgrundstücks beantragte, der einen Großteil von Hooligan Hill umfasste, wurde ihm dieser ohne Verhandlung gewährt.

Herr Miller finanzierte sein Projekt direkt im Lager von Rawhide. Er interessierte fünf weitere Bergleute. Es wurde ein Syndikat gebildet. Jeder dieser sechs hatte das gleiche Interesse. Alle einigten sich darauf, einen Treasury-Fonds zu zeichnen, um die Entwicklungskosten zu decken.

Auf einem sehr reichen Golderzvorkommen wurde ein Schacht angelegt. Als es eine Tiefe von etwa 40 Fuß erreicht hatte, galt der Miller-Pachtvertrag als einer der großen „Anwärter" des Lagers. Tatsächlich wurde an allen Seiten und am Boden eines $4\frac{1}{2}\times7\frac{1}{2}$ Fuß großen Schachts ein guter Erzgehalt freigelegt. Die Probenkosten beliefen sich auf bis zu 2.000 US-Dollar pro Tonne.

In dieser Phase des Unternehmens wurde eine Betriebsgesellschaft gegründet. Diejenigen, die das ursprüngliche Syndikat gebildet hatten, teilten die Eigentumsanteile unter sich auf. Herr Miller erhielt die volle Verantwortung und erhielt für seine Dienste ein Gehalt. Tag für Tag konnte man ihm bei der Arbeit zusehen, wie er Stahl schärfte, eine Ankerwinde drehte, um den Dreck vom Boden des Schachts zu heben, nachdem jede Schussladung abgefeuert worden war, und wie er als Minenverwalter, Schmied, Straßenräuber usw. seine volle Arbeit leistete Schichtchef.

Eines Tages saß ich in meinem Büro in Reno, als ich eine telefonische Nachricht erhielt, dass es einen großen Streit um die Kontrolle über den Miller-Pachtvertrag gebe. Herr Miller und ein großer Schwede, der für ihn arbeitete, hatten sich in der Mine verbarrikadiert. Sie drohten jedem, der sich näherte, mit dem Tod. Wir hatten ein oder zwei Tage lang Hunger und Durst nach Live-Nachrichten aus dem Lager. Mein journalistischer Instinkt war beschäftigt. Ich habe unseren Rawhide-Korrespondenten befragt. Er teilte mit, dass die Situation wirklich ernst sei und dass ein echter Konflikt drohte. Herr Miller hatte in der Mine ein großes Arsenal installiert und etwa drei Tage Proviant bereitgestellt. Er erklärte sich bereit, auf unbestimmte Zeit durchzuhalten.

Ich schickte unserem Korrespondenten in Rawhide ein Telegramm mit der Anweisung, einen Artikel mit 1.000 oder 1.500 Wörtern einzureichen. Natürlich herrschte im Lager große Aufregung. Bald versammelten sich Hunderte von Menschen an Aussichtspunkten entlang des Gipfels des Hooligan Hill und der umliegenden Erhebungen. Jeder wartete gespannt auf interessante Entwicklungen. Dem zufälligen Zuschauer schien es, als könnten möglicherweise zwanzig oder mehr Leute, die bereit standen, die Mine zu stürmen, in den Kampf verwickelt werden. Tatsächlich konnte niemand sagen, wie bald die Feindseligkeiten ausbrechen würden.

Anhand der Telegramme, die ich aus dem Lager erhalten hatte, diktierte einer meiner Männer einen Artikel mit den Fakten und schickte ihn an den Reno-Korrespondenten der Associated Press. Der Artikel wurde ohne Zögern aufs Kabel gesetzt.

Herr Miller hatte einen Wall um den Schachtkragen errichtet. Gesacktes Erz wurde bis zu einer Höhe von etwa fünf Fuß aufgeschüttet. Das mit Gold beladene Material umgab den Schacht auf allen Seiten, mit Ausnahme der Nordwestseite. Dort neigte sich Hooligan Hill in einem Winkel von weniger als zwanzig Grad zur Vertikalen nach oben. Aufgrund dieser Vorgehensweise war Herr Miller gezwungen, sich ständig vor Angriffen zu schützen. Er hielt es unseren Depeschen zufolge für notwendig, ständig Wache zu halten, um die Möglichkeit einer Überraschung auszuschließen. Er und sein schwedischer Begleiter wechselten sich ab, um Ausschau zu halten.

Gelegentlich wurde das unruhige Rauschen der Benzinmotorabgase der Bergbauanlagen auf Balloon Hill und Grutt Hill durch den scharfen Knall eines Sechsschützen unterbrochen, wenn die belagerten Parteien entweder tatsächlich oder mythisch eine drohende Annäherung des Feindes beobachteten.

Obwohl die Anzahl der Hauptdarsteller in diesem kleinen nachgeahmten Krieg auf vielleicht weniger als zwanzig beschränkt war, wurde jedes Ereignis oder Detail genutzt, um eine sehr bedrohliche und äußerst interessante Situation zu schaffen, in der mehrere Leben auf dem Spiel standen. Es besteht kein Zweifel, dass zumindest Mr. Miller und vielleicht auch sein schwedischer Begleiter jedem Versuch widerstanden hätten, „Fort Miller", wie wir es nannten, einzunehmen, selbst wenn er sein Leben dafür geopfert hätte, denn er war als Mann der Tat bekannt, der sich in zahlreichen kritischen Situationen befunden hatte, ohne auch nur die geringste Bewegung seines Urinstinkts zu zeigen. Die Tatsache, dass Rawhide vor einem Zwischenfall bewahrt wurde, der die tragische Bedeutung einer offenen Schlacht hätte erreichen können und den Verlust einer Reihe von Menschenleben verursachte, war zweifellos der geduldigen Bereitschaft von Mr. Millers Partnern und ihren Unterstützern zu verdanken, sich mit einer Belagerung zufrieden zu geben und die beiden Männer, die die Mine besaßen, auszuhungern, anstatt zu versuchen, sie in die Flucht zu schlagen.

Die Geschichte verbreitete sich wie ein Lauffeuer und wir wurden nach weiteren Geschichten und einer Fortsetzung der Originalgeschichte bedrängt. Drei Tage lang hielten wir die Geschichte am Leben und die Nachrichten waren vollgestopft mit Einzelheiten über die Belagerung und den erfolglosen Sturm auf Camp Miller, Hooligan Hill, Nevada.

Ich wage zu behaupten, dass Mr. Hearst mit seinem bekannten Talent, einer sensationslüsternen Anhängerschaft scharfe Sachen zu servieren, in diesem Punkt nie übertroffen wurde. Die Geschichten, die im ganzen Land im Fernsehen gesendet wurden, scheiterten an dieser interessanten Episode in der Bergbauentwicklung von Rawhide.

Die Geschichte versprach, mindestens eine Woche lang gut zu sein, als wir etwas überrascht waren, als wir hörten, dass Mr. Miller kapituliert hatte. Es scheint, dass er, als er seine Festung mit Futtermitteln versorgte, nur eine Gallone Whisky geliefert hatte, und als dieser am zweiten oder dritten Tag zur Neige ging, unternahm er im Alleingang eine Futtersuche auf der Suche nach einem weiteren Vorrat an John Barleycorn. Während seiner Abwesenheit hisste sein schwedischer Begleiter eine Waffenstillstandsfahne, und als Miller zum Einsatzort zurückkehrte, fand er seine Mine im Besitz seiner Feinde.

Charles G. Gates, Sohn von John W. Gates, dem bekannten Börsengänger, besuchte Rawhide zweimal. Tagsüber verbrachte er seine Zeit damit, die zahlreichen Minenanlagen zu inspizieren, von denen nicht weniger als fünfundsiebzig in vollem Gange waren. Abends war er ein häufiger Gewinner an den Spieltischen. Sein Erscheinen in Rawhide wurde weit und breit bekannt gemacht und trug dazu bei, das allgemeine Interesse zu erregen.

Eine junge Frau von umwerfender Schönheit und feiner Ausstrahlung wurde ohne Begleitung im Lager entdeckt. Geschichten über Schicksale, die in einer Nacht gemacht wurden, hatten sie zu diesem Schauplatz angezogen . Während einer hitzigen Befragung durch einige führende Bürger gab sie die Tatsache preis, dass sie von ihrem Zuhause in Utah weggelaufen war, um im Alleingang in der Wüste ihr Glück zu suchen. Sie äußerte in schelmischer Manier die Meinung, dass ihr ihre Mission bald gelingen würde, wenn man ihr erlaubte, ihren eigenen Weg zu gehen. Über die Art und Weise, wie sie vorgehen wollte, wollte sie jedoch nichts preisgeben. Sie gestand, dass sie kein Geld hatte. In ihren Augen lag ein ruhiger, aber ruhiger Ausdruck der Melancholie, der jeden, der sie sah, in seinen Bann zog.

Viele umherziehende Abenteurer der besseren Klasse im Bezirk, die dem Ruf der Wildnis gelauscht hatten und sich dennoch im Salon eines Millionärs der Fifth Avenue genauso wohl gefühlt hätten wie im Boom-Camp, erklärten ihre Schönheit für eine Klasse für sich. Es gab im Camp kein Gesetz, das die Deportation des Mädchens rechtfertigte, aber dennoch schien ein Einschreiten angebracht. Innerhalb weniger Augenblicke wurden 500 Dollar als Geldbeutel gestiftet, um dem Mädchen eine Ausreise aus dem Camp und einen Neuanfang im Leben zu ermöglichen. Der verstorbene Rennbahn-Taucher Riley Grannan, der bekannte Spieler Nat. C. Goodwin und drei andere spendeten jeweils 100 Dollar. Sie weigerte sich, das Geschenk anzunehmen. Am nächsten Tag verschwand sie.

Es handelte sich um eine spannende Geschichte von menschlichem Interesse. Zeitungen überall veröffentlichten die Geschichte. Zwei Jahre später wurde das Foto dieses Mädchens ohne ihr Wissen an die Jury eines berühmten Schönheitswettbewerbs in einem Bundesstaat im äußersten Westen geschickt. Die Jury war kurz davor, ihr ohne weiteres den Preis zuzusprechen, als die Untersuchung ihrer Vergangenheit ihre Rawhide-Eskapade ans Licht brachte. Der Preis wurde einer anderen Person verliehen.

Als das Lager vier Monate alt war und Wasser noch 3 bis 4 Dollar pro Fass kostete, während ein normales Bad 5 Dollar kostete, wurde ein Festessen für 50 Dollar pro Teller an hundert Glücksritter serviert, die aus fast allen Gegenden hierher gelockt worden waren. Die Festgäste waren bis auf den letzten Mann gut mit Messer und Gabel. Der Geist der *Kameradschaft* durchdrang das Fest. Es wurde viel getrunken, nach dem Essen wurde viel geredet, es herrschte ungezügelte Fröhlichkeit. *Bonmots* flogen von Lippe zu Lippe. Gesang und Scherze wurden ausgetauscht. Die Luft klang heiter. Nat. C. Goodwin begann eine witzige, merkwürdige, gewagte Unterhaltung über den Tisch hinweg. Dann hielt er eine gelungene Rede. Andere folgten ihm in ähnlicher Weise. Üppige und ungezügelte Fantasie und schnittiger Witz kennzeichneten die meisten Gespräche. Die Feierlichkeiten endeten in einem Fest.

Die Korrespondenten haben die Nachrichten zum Thema dieses Banketts verbrannt. In der Erinnerung des ältesten Goldsuchers hatte es noch nie eine Szene wie diese in einem Bergbaulager in der Wüste gegeben, als er noch so jung war und das Land gerade aus einer Panik herauskam, die für eine Weile sein gesamtes Finanzgefüge zu zerstören schien .

Die Trauerrede für RILEY GRANNAN

Im April 1908 starb Riley Grannan, der bekannte Rennbahn-Taucher, an einer Lungenentzündung in Rawhide, wo er ein Glücksspielhaus betrieb. Er war nur wenige Tage krank und sein Leben erlosch wie der Erlöschen einer Kerze. Wenn das ganze Gold in den hoch aufragenden Bergen von Rawhide zu Goldbarren geworden sein wird und nicht einmal ein Posten übrig bleibt, der den Wüstenwanderer zu dem Ort führt, an dem die größte Massenpanik in der westlichen Bergbaugeschichte stattfand, wird sich die Nachwelt an Rawhide für die Grabrede erinnern, die HW Knickerbocker, der Ordensträger und Förderer des Bergbaus, über der Bahre von Mr. Grannan hielt.

Die Rede, die Herr Knickerbocker bei dieser Gelegenheit hielt, war ein bemerkenswertes Beispiel für anhaltende Beredsamkeit. Herr Knickerbocker sprudelte aus erlesenen Gedanken und brillanter Sprache, ohne auf die Länge seiner Sätze zu achten und ohne auch nur ein Bleistiftnotizbuch zu verwenden. Mit einer Ausdrucksstärke, die rein wie Poesie war, drängte Herr Knickerbocker seine Zuhörer darauf, dass der verstorbene „tote Sportfreund" sein Leben nicht umsonst gelebt habe. Bald war die Menge, die mit gespannter Aufmerksamkeit zuhörte, in schmelzender Stimmung. Während Herr Knickerbocker mit seiner Rede fortfuhr, wurden seine Phasen von krampfhaften Trauerausbrüchen unterbrochen.

Die Korrespondenten von Rawhide werteten den gesamten Wert des Ereignisses aus Sicht der Presseagenten neu aus. Mr. Grannan war ein weltberühmter Turf-Plunger gewesen, und die Korrespondenten arbeiteten bis spät in die Nacht, um ihrem Thema gerecht zu werden.

Einige weitere Licht- und Schattenseiten der Presseagententätigkeit von Rawhide sind in der folgenden Meldung enthalten, die in der Frühphase des Booms in einer Zeitung in San Francisco erschien:

GOLDFIELD , 19. Februar.—WH Scott vom Goldfield-Maklerhaus Scott & Amann, der heute Morgen aus Rawhide zurückgekehrt ist, ist der Meinung, dass dieses Lager innerhalb eines Jahres der größte Goldproduzent des Staates sein wird. „Wenn ein Mann in Rawhide pleite ist", sagte Mr. Scott, „kann er immer essen. Er braucht nur zu einer Pacht zu gehen und sein Frühstücksgeld zusammenzukratzen. Auf jeder Halde gibt es reiches Erz, und jeder Mann ist willkommen."

HW Knickerbocker hat dies an eine Zeitung in Reno geschickt:

Gold, Gold, Gold! Die weisen Männer der Antike suchten nach einer Alchemie, mit der sie unedle Metalle in Gold verwandeln konnten. Damals war es eine vergebliche Suche, heute ist es eine sinnlose Suche. Rawhide wurde entdeckt! Keine Blumen blühen auf ihrer felsigen Brust. Keine Bäche küssen ihren Boden, damit er grün wird und unter der Berührung des Sonnenstrahls in laminiertem Silber aufblitzt. Keine Blumen, keine Nahrung, keine Schönheit, kein Nutzen an der Oberfläche; aber aus ihrem wüstenbedeckten Herzen gießt Rawhide einen Strom gelben Goldes auf die Welt, der sich nicht nur in Nahrung, Häuser und Komfort umsetzen lässt, sondern auch in Bilder, Poesie, Musik und all die Dinge, die auf objektive Weise zur Entwicklung einer vollmundigen Männlichkeit beitragen.

Joseph S. Jordan, der bekannte Bergbauredakteur aus Nevada, schickte diese Meldung an die Zeitungen seiner Korrespondenten an der Küste:

Genau durch die heutige Hauptstraße von Rawhide zogen im Jahr 1849 die Macher Kaliforniens auf ihrem Weg in das neue Eldorado. Sie mussten viele Strapazen ertragen, bevor sie das Gold erreichten, das sie lockte, und Tausende, die durch die Berge von Rawhide zogen, erreichten ihr Ziel nie. Sie wurden von den Indianern massakriert oder fielen dem Durst und der Hitze der Wüste zum Opfer, und viele Jahre lang war der Weg über die Ebenen von den weiß werdenden Knochen der Pfadfinder markiert. Und hier lagen die ganze Zeit über die Schätze von Captain Kidd, das Lösegeld in Form von Kronen.

Harry Hedrick, der erfahrene Journalist der Bergbaulager im Fernen Westen, schickte seiner Zeitung Folgendes:

An einem Tag auf zwanzig verschiedenen Claims zu stehen, wie ich es getan habe; das jungfräuliche Gestein vom Felsvorsprung zu nehmen, es zu Brei zu zermahlen und dann zuzusehen, wie ein Strang der heiligenverführerischen Schlacke die Pfanne umgibt; dem Prüfer über die Schulter zu blicken, während er den kostbaren Knopf aus dem Tiegel nimmt

– das sind die überzeugenden Dinge an diesem neuesten und größten aller Goldlager. Es ist nichts Neues, dass die Proben Tausende kosten. Tatsächlich ist es alltäglich. Von Funden von ein paar Hundert Dollar pro Tonne zu berichten, scheint ein Antiklimax zu sein.

Es gab eine Menge tatsächlicher Ereignisse in Rawhide, die es mir ermöglichen, im Rückblick auf die energische Werbekampagne, die das phänomenale Wachstum des Unternehmens im ersten Jahr markierte, zu sagen, dass es neunzig Prozent waren. Die Korrespondenz, einschließlich der Sondersendungen aus dem Lager und aus Reno, die in Zeitungen der Vereinigten Staaten veröffentlicht wurde, beruhte nicht nur auf Tatsachen, sondern entsprach insofern buchstäblich der Wahrheit, als dass jeder Zeitungsreporter sie genau beschreiben konnte Veranstaltungen.

Bitten Sie jeden hochkarätigen Zeitungsbesitzer oder -redakteur, seine Meinung zu den „Fälschungen" zu äußern, die etwa zehn Prozent der hier beschriebenen Pressearbeit für Rawhide ausmachten, und er wird Ihnen sagen, dass diese Arbeit eine Schande für den Journalismus ist. Vielleicht ist das so, aber wir leben in einer Zeit, in der diese Arbeit von Presseagenten die Regel und nicht die Ausnahme ist. Der Presseagent, der auf diese Weise erfolgreich agieren kann, kann im Allgemeinen ein Jahresgehalt verlangen, das so hoch ist wie das des Präsidenten der Vereinigten Staaten. Die Leistung in Rawhide war nicht kriminell, da es keine absichtliche Falschdarstellung hinsichtlich des Charakters oder der Qualität irgendeiner Mine im Rawhide-Lager gab. Die Korrespondenten wurden wiederholt gewarnt, äußerst vorsichtig zu sein und in dieser Hinsicht die Grenzen nicht zu überschreiten.

Zugegebenermaßen gibt es Grade der „Fälschung", zu denen sich kein Presseagent herablassen würde.

Irgendwo in De Quinceys „Confessions of an Opium Eater" beschreibt er einen seiner Hirngespinste als perfekten Schwarzgebrannten, der, wie die Skulpturen der Pendellampe in „Christabel", *vollständig aus dem Gehirn des Schnitzers geschnitzt wurde* . Die Korrespondenten von Rawhide und Reno haben nur sehr wenige Arbeiten gemacht, auf die De Quinceys Beschreibung genau zutrifft. Fast alles, worüber sie schrieben, hatte eine Grundlage, sogar die angebliche Entdeckung von Scottys geheimem Schatzlager im Death Valley, denn diese Geschichte war, obwohl sie bis dahin unveröffentlicht war, seit über 18 Monaten in Nevada im Umlauf. Während des Manhattan-Booms wurde zwar in einer einzigen Geschichte über den Verrückten, der den Aufzug des Jumping Jack steuerte, auf haltlose, haltlose Erfindungen zurückgegriffen, aber dies war eine Ausnahme von der Regel und die Geschichte war harmlos.

UNTER DEN „GROSSEN KERLEN"

Wenn Sie, lieber Leser, nicht glauben, dass die Arbeit des Presseagenten während des Rawhide-Booms vergleichsweise edel und harmlos war, dann müssen Sie sich eines Besseren belehren. Zu einer Zeit, als der Preis von Goldfield Consolidated an der New Yorker Börse schwankte und der Markt Unterstützung brauchte, kurz bevor der Börsenkurs der Aktie von 7 auf rund 3,50 Dollar abstürzte, druckte die New York *Times* an auffälliger Stelle auf ihrer Finanzseite eine Meldung, wonach JP Morgan & Company kurz davor stünde, die Kontrolle über das Unternehmen zu übernehmen. Das ist ein Beispiel für eine *schädliche* „Fälschung", wie sie die Wall Street gelegentlich verwendet, um Trottel zu fangen.

Hier ist noch eins:

Thompson, Towle & Company, Mitglieder der New Yorker Börse, geben wöchentlich eine Zeitung namens *News Letter heraus* . Ein großer Teil der Zeitung ist einem Überblick über die Situation des Kupfers in den Minen und an den Aktienmärkten gewidmet. WB Thompson, Chef der Firma, der durch seine Marktmanipulationen in Nipissing berühmt wurde, ist mit Millionen an Inspiration, Utah Copper, Nevada Consolidated, Mason Valley und anderen Kupferbergbauunternehmen beteiligt. Am 25. Januar 1911, als sowohl die Kupfermetall- als auch die Kupferaktienmärkte krank waren und sowohl der Preis des Metalls als auch die Aktien kurz vor einem Rückgang standen, der zeitweise eintrat, hieß es im *News Letter* in einem Artikel mit der Überschrift „Kupfer":

Jeder Felsvorsprung im Land wurde untersucht und es ist nicht bekannt, wo man nach neuen Liegenschaften suchen kann.

Die Leser des *Newsletters* wurden darauf hingewiesen, dass in diesem Land keine weiteren Kupferminen mehr entdeckt würden und dass aufgrund dieser und anderer im Newsletter genannter Umstände die Vorräte des Metalls bald erschöpft sein müssten und der Preis des Metalls und der Kupferwertpapiere steigen müsse.

Die Aussage im *News Letter* , dass alle Felsvorsprünge des Landes untersucht worden seien und man nicht wisse, wo man nach neuen Vorkommen suchen könne, ist eine Tatsache. Selbst wenn sich die gesamte Bevölkerung Nordamerikas zusammenschließen würde, um die Aufgabe der Prospektion der Rocky Mountains und der Sierra Nevada allein zu übernehmen, könnten sie diese Aufgabe kaum in ihrem ganzen Leben bewältigen.

Der Einsatz des Automobils hat in den letzten Jahren zweifellos zu einem Impuls für die Entdeckung von Minen geführt, der die Mineralproduktion dieses Landes in den nächsten zwei Jahrzehnten verdoppeln dürfte, und wer kann schon sagen, was das Fluggerät in dieser Hinsicht leisten wird? Darüber hinaus senken neue Schmelzverfahren und verbesserte Reduktionsanlagen im Allgemeinen täglich die Kosten der Erzaufbereitung und machen kommerziell wertvolle Erzkörper mit niedrigem Gehalt, die bisher als wertlos galten, zunichte.

Die Bergleute dieses Landes sind nach bestem Wissen und Gewissen der Meinung, dass unsere Bodenschätze noch nicht „abgeschöpft" seien und dass der Bergbauboden im Westen des Landes noch nicht ausreichend „abgekratzt" sei.

Daher ist die Aussage einer angeblich den Interessen der Investoren verpflichteten Zeitung, man müsse nicht mit der Entdeckung weiterer Kupferminen rechnen, eine Falle, die darauf angelegt ist, Unvorsichtige in die Falle zu locken.

Das Vorstehende ist ein Beispiel für eine sehr schädliche, aber verhältnismäßig plumpe Täuschung, die von einigen Förderern der Multimillionärsklasse an der Wall Street eingesetzt wird, wenn ihre Aktien eine Marktunterstützung benötigen.

Hier ist ein Beispiel für die *heimtückische* Art von „Schnell reich werden"-Fälschung. Am 7. März 1911 druckte die New York *Sun* in der zweiten Spalte ihrer Titelseite die folgende Meldung:

TACOMA , Washington, 6. März. - F. Augustus Heinze hat wieder einmal ein Vermögen gemacht: Diesmal hat er ein Vermögen in den Porcupine-Goldfeldern in Kanada gemacht.

Charles E. Herron, ein Bergarbeiter aus Nome, der gerade von den neuen Goldfeldern zurückgekehrt ist, ist die Autorität für die Aussage, dass Heinze „im großen Geld drinsteckt". Er hat die Foster-Gruppe von Claims gekauft, die an die berühmte Dome-Mine angrenzt, aus der man in diesem Jahr schätzungsweise 25.000.000 Dollar gewinnen wird und für deren Erschließung derzeit eine Eisenbahn gebaut wird.

Das Porcupine-Goldfeld ist laut Herron eines der Wunder unserer Zeit. Ein Goldgräber hat die Ader auf einer Länge von fünfzehn Metern freigelegt und stellenweise poliert, so dass das Gold überall sichtbar ist. Sein Graben ist drei Fuß tief und er verlangt dafür in seinem jetzigen Zustand 200.000 Dollar in bar.

Eine Gruppe Alaskaner bot dem Besitzer dieses Claims 50.000 Dollar pro Schuss für alles Erz, das mit zwei Stangen Dynamit gesprengt werden konnte, aber er lehnte ab.

Eine solche Pressearbeit führt höchstwahrscheinlich dazu, dass die Öffentlichkeit zu Unrecht ihr Geld verliert.

Der Gegenstand dient als hervorragendes Beispiel für einen der „ungreifbaren und raffiniert ausgedachten Tricks, die die Klügsten in die Irre führen und die Sie landen lassen", die ich zu Beginn von „Meine Abenteuer mit Ihrem Geld" offenzulegen versprochen habe. Ich sagte in meinem Vorwort:

Sind Sie sich darüber im Klaren, dass die höchsten Mächte so kunstvoll und geschickt Methoden anwenden, um Sie dazu zu bringen, sich von Ihrem Geld zu trennen, um Ihren Spielinstinkt zu befriedigen, sodass sie Sie vollständig täuschen? Könnten Sie sich vorstellen, dass es eine Tatsache ist, dass in fast allen Fällen, in denen Sie feststellen, dass Sie bereit sind, sich auf eine bestimmte Spekulation einzulassen, Mittel und Wege gegen Sie angewendet wurden, die in ihrer Heimtücke fast wissenschaftlich sind?

In dem Artikel der New York *Sun* heißt es, man werde in diesem Jahr schätzungsweise 25.000.000 Dollar aus der Dome-Mine in Porcupine gewinnen. Die Wahrheit ist, dass kein Ingenieur je den Erzwert der gesamten Mine geschätzt hat, allen bisher veröffentlichten Aussagen zufolge liegt er bei auch nur der Hälfte dieses Bruttobetrags, und die Mine selbst kann in diesem Jahr unmöglich auch nur 100.000 Dollar einbringen.

Die Geschäftsleitung hat eine Mühle mit einer Kapazität von 240 Tonnen pro Tag bestellt, die voraussichtlich am 1. Oktober, aber nicht früher, in Betrieb gehen wird. [2] Laut dem *Porcupine Hand Book von HP Davis* , einer anerkannten Autorität, soll der Erzpreis "durchschnittlich 10 bis 12 Dollar pro Tonne betragen". Die niedrigsten geschätzten Kosten für Abbau und Verarbeitung betragen 6 Dollar. Eine faire Gewinnschätzung läge daher bei 5 Dollar pro Tonne, ohne Berücksichtigung der Kosten für Minenerkundung in anderen Bereichen des Grundstücks oder anderer Nebenkosten, die sich bei der Produktion zweifellos auf 1 Dollar pro Tonne belaufen. Die Produktion von 240 Tonnen Erz pro Tag bei einem Nettogewinn von 4 Dollar pro Tonne würde einen Nettoertrag von 28.800 Dollar pro Monat bedeuten. Wenn die Mühle den gesamten Oktober, November und Dezember dieses Jahres in Betrieb ist, wird das Unternehmen im Jahr 1911 86.400 Dollar "einnehmen" und nicht 25.000.000 Dollar, wie der Artikel in der New York *Sun* suggeriert. [3]

Wie übertrieben die Schätzung der New York *Sun von* 25.000.000 Dollar ist, kann man aus der Aussage ersehen, dass, um 25.000.000 Dollar in einem Jahr aus einer Mine zu gewinnen, deren Erz im Durchschnitt 11 Dollar wert ist und die Kosten für Abbau, Verarbeitung und neue Erschließung 7 Dollar betragen, der Bruttowert der Tonnage, die in der Mine während eines Jahres verarbeitet wird, mindestens 53.571.000 Dollar betragen muss. Um eine solche Menge Erz dieser Qualität in einem einzigen Jahr zu Goldbarren zu verarbeiten, müsste man Mühlen mit einer Kapazität von 17.260 Tonnen pro

Tag errichten. Wie erwähnt, beträgt die tatsächliche Tageskapazität der Mühle, die derzeit im Bau ist, 240 Tonnen. [4]

Zweifellos wird die Dome Mining Company bald an die Börse gehen und der Öffentlichkeit wird es "erlaubt" sein, die Aktien zu zeichnen oder sie an der New Yorker Börse zu einem für die Initiatoren akzeptablen Preis zu kaufen. Dies scheint sicher, denn wozu sonst diese ganze rohe Pressearbeit? [5]

In dem Artikel heißt es, eine Reihe von Alaskanern hätten 50.000 Dollar pro Schuss für alles Erz geboten, das mit zwei Stangen Dynamit gesprengt werden könnte, aber sie hätten abgelehnt. In keiner mir bekannten Literatur habe ich eine Aussage eines Wilderers gesehen, der heute hinter Gefängnisgittern sitzt und deren eklatante Falschdarstellung der Tatsachen an diese heranreicht. Das gesamte Erz, das mit einem Schuss von zwei Stangen Dynamit gesprengt werden könnte, würde nicht mehr als vier Tonnen betragen. Um den Investor zurückzuzahlen, müsste dieser Erzpreis also im Durchschnitt mehr als 12.500 Dollar pro Tonne betragen. In der Geschichte der New York *Sun* heißt es, der Eigentümer sei trotz dieses Angebots bereit gewesen, das gesamte Grundstück für 200.000 Dollar zu verkaufen. Stellen Sie sich Folgendes vor: Auf dem Grundstück befinden sich vier Tonnen Gestein im Wert von 12.500 Dollar pro Tonne, auf einer Strecke von 50 Fuß schimmert Gold an der Oberfläche, und auf demselben Grundstück befinden sich Hunderttausende Tonnen Gestein in der gleichen Formation, und trotzdem ist der Eigentümer bereit, das alles für 200.000 Dollar zu verkaufen! Diese Aussage ist absurd und ungeheuerlich. De Quincey beschreibt es als „alles aus dem Gehirn des Steinmetzes geschnitzt".

Das umgekehrte Englisch

Nun zum „umgekehrten Englisch" in dieser Art der Pressearbeit. Ähnliche Mittel und Wege, lieber Leser, die in ihrer Heimtücke ebenso wissenschaftlich sind, wurden bei Ihnen angewandt, um Sie vom Wert der Bergbauinvestitionen konkurrierender Förderer abzuschrecken , obwohl sich herausgestellt hat, dass dies im Interesse mächtiger Männer liegt.

Als im September 1910 die Büros von BH Scheftels & Company, mit der ich identifiziert wurde, in sieben Städten vom Spezialagenten Scarborough (inzwischen zum Rücktritt zugelassen) des Justizministeriums der Regierung der Vereinigten Staaten durchsucht wurden, wurden zwei der Männer durchsucht Die Männer, die aktiv an der Durchführung der Razzia beteiligt gewesen waren, versammelten sich im Salon des Astor House mit den Zeitungsleuten, die von New Yorker und Brooklyner Zeitungen mit der Berichterstattung über die Geschichte beauftragt worden waren. Dort gaben sie die Information bekannt, dass Ely Central, dessen Kauf ich zu einem Preis von 50 Cent pro Aktie bis zu 4 US-Dollar und wieder weniger empfohlen hatte, mir und meinen Partnern tatsächlich in großen Blöcken zu 5 Cent angeboten werden könne. Tatsächlich lag der durchschnittliche Preis, den meine Leute für diese Optionsaktie in echtem Geld zahlten, bei über 90 Cent pro Aktie, ohne dass auch nur ein Penny zu den Kosten für Bergbauingenieure, Werbung oder irgendetwas anderes hinzukam. Meine Leute hatten auch teilweise für einen bei einem Privatverkauf gekauften Block zum Preis von 3 US-Dollar pro Aktie bezahlt und außerdem Zehntausende Aktien auf dem freien Markt für 4 US-Dollar und mehr gekauft. Die New York *Times* und die New York *Sun* , zwei Zeitungen, die von der Korrektheit ihrer Nachrichten- und Werbekolumnen profitieren, veröffentlichten diese Aussage zusammen mit vierzig anderen, die ebenso falsch, wenn nicht sogar noch falscher waren. Das taten auch der New York *American* und die anderen Hearst-Zeitungen der Vereinigten Staaten.

Der Artikel der New York *Times* berichtete, dass ich durch meine Marktaktivitäten in fünfzehn Monaten nicht weniger als 3.000.000 US-Dollar eingesammelt habe. Tatsächlich hatten ich und meine Mitarbeiter uns selbst verarmt, als wir versuchten, die Aktie auf dem freien Markt gegen die konzertierten Angriffe rivalisierender Förderer und anderer mächtiger Interessen zu stützen, auf deren finanziellen Füßen wir getreten waren. Das weiß jeder gut informierte Mensch an der Wall Street.

Die New York *Times* erklärte, dass jeder Mann, der mit BH Scheftels & Company in Verbindung steht, versucht habe, eine Mitgliedschaft im New York Curb zu erhalten, und dass alle Anträge abgelehnt worden seien. Es wurde nie ein Antrag auf Mitgliedschaft gestellt, weil erstens die Regeln des Curb die Mitgliedschaft in Körperschaften untersagten und zweitens die Firma Scheftels bereits mehrere Mitglieder mit regulärem Gehalt und mehr als ein Dutzend Mitglieder auf Provisionsbasis beschäftigte.

Es wurde außerdem angegeben, dass BH Scheftels & Company beim Boston Curb einen Antrag auf Mitgliedschaft gestellt habe und dass ihr Antrag abgelehnt worden sei. Auch das war eine Lüge aus reiner Luft.

In drei Monaten seien, so die New York *Times* , nicht weniger als 400.000 Briefe als Antwort auf Rundschreiben von BH Scheftels & Company eingegangen. Das sind durchschnittlich über 5.000 Briefe pro Werktag im Zeitraum von drei Monaten. Die Übertreibung betrug hier etwa 5.000 Prozent.

Alle von der Firma Scheftels beworbenen Immobilien wurden in dem Artikel der New York *Times* als „praktisch wertlos" bezeichnet. Das war völliger Blödsinn und so irreführend, dass die Wirkung nicht schädlicher hätte sein können, wenn man mich der Taschendiebstahl beschuldigt hätte.

Die Rawhide Coalition hatte Goldbarren im Wert von über 400.000 US-Dollar produziert, war nach Einschätzung gut informierter Männer vor Ort wahrscheinlich fast ebenso hochgradig „hochwertig" gewesen und hatte nicht weniger als fünf Meilen unterirdische Erschließungsarbeiten durchgeführt wurden auf dem Grundstück durchgeführt. Entwicklungsarbeit und Produktion hatten keinen Tag lang geruht. Außerdem hatte ich, als das Rawhide-Lager noch in den Kinderschuhen steckte, ursprünglich die Mehrheitsbeteiligung an Nat erworben. C. Goodwin & Company mit einem Wert von 700.000 US-Dollar für die Mine.

Die Kontrolle über Ely Central war von BH Scheftels & Company übernommen und mit einem Wert von weit über einer Million Dollar für das Grundstück bezahlt worden, und in den vierzehn Monaten, in denen die Scheftels-Quasi-Mine betrieben wurde, waren mehr als 200.000 Dollar in die Minenentwicklung investiert worden. Kontrolle. Jumbo Extension war ein berühmter Produzent von Goldfield. Nach der Razzia wurde ein Zwanzigstel der Fläche für 195.000 US-Dollar an die Goldfield Consolidated verkauft. Am 15. Juli des laufenden Jahres schüttete das Unternehmen eine Dividende in Höhe von 95.000 US-Dollar aus, was einer Dividende von 10 Prozent entspricht. auf dem Niveau der ausgegebenen Kapitalisierung. Bovard Consolidated, das als Spekulation mit 10 Cent pro Aktie beworben wurde, hatte sich nach einer Phase aktiver Minenentwicklung als „Zitrone" herausgestellt, da die Erzwerte in der Tiefe sanken, aber BH Scheftels & Company hatte sofort informiert Aktionäre in diesem Sinne.

Die New York *Times* gab an, dass BH Scheftels & Company Aktien von Ely Central im Wert von fünf oder sechs Millionen in bar verkaufte und dabei einen Gewinn von 3.000.000 Dollar machte. Die Bücher der Firma Scheftels zeigen, dass das Unternehmen mit dem Verkauf von Ely Central nicht nur kein Geld verdiente, sondern tatsächlich enorme Summen verlor.

Die New York *Times* berichtete, dass eine Waggonladung Erz als Probe aus der Ely Central Mine verschickt worden sei, die Regierung jedoch nicht in der Lage gewesen sei, herauszufinden, an wen diese Waggonladung Erz versandt worden sei. Tatsächlich war die Sendung an die bekannteste Schmelzhütte der Vereinigten Staaten gerichtet, das Erz enthielt durchschnittlich sieben Prozent Kupfer und konnte nur über eine einzige Eisenbahnlinie, die das Monopol hat, aus dem Lager verschifft werden – eine leicht nachvollziehbare Transaktion.

BH Scheftels & Company wurde von der New York *Times beschuldigt*, in drei Monaten fast 600.000 Dollar für die Werbung für die South Quincy Copper Company ausgegeben zu haben. Tatsache ist, dass die Firma Scheftels die Werbung einstellte, nachdem sie 30.000 Dollar an Zeichnungen erhalten und aufgrund des Einbruchs des Kupferpreises alle Zeichnungen auf Anfrage zurückgewiesen hatte. Sie stellte die Werbung ein und beantragte nie die Notierung der Aktien an irgendeiner Börse. Die Firma Scheftels verlor hierdurch eine große Summe.

Sogar bei der Angabe der Strafe für den Missbrauch der Post, der von dem Regierungsbeamten angeklagt wurde, der später aufgrund seines Verhaltens, das die Regierung nicht guthieß, zurücktrat, gab die New York *Times* an, dass die Strafe fünf Jahre Gefängnis sei, was eher ein Irrtum war. Das Verbrechen ist ein Vergehen und die Höchststrafe für eine Ordnungswidrigkeit beträgt achtzehn Monate.

Ich habe nicht weniger als fünfhundert unbegründete und irreführende Aussagen dieser Art über mich und meine Mitarbeiter gezählt, die im vergangenen Jahr von Zeitungen und Presseverbänden gemacht wurden. Der Schatten wurde für die Substanz gehalten.

Wie ich zu gegebener Zeit beweisen werde, war der Überfall auf Scheftels der Höhepunkt einer so erbittert geführten Kampagne der Falschdarstellung und des finanziellen Raubes, wie sie noch nie verzeichnet wurde. Chronologisch ist eine Einführung in das Thema hier nicht angebracht. Die Wirkung der Pressearbeit, die Teil der Zerstörungskampagne war, ist jedoch für das hier behandelte Thema relevant.

Die unmittelbare Folge war, dass Tausende Aktionäre der verschiedenen Bergbauunternehmen, die von der Firma Scheftels gesponsert worden waren, um eine Gesamtsumme in Millionenhöhe betrogen wurden, die dem daraus resultierenden Rückgang des Marktwerts der Aktien entsprach.

Die Zeitungskampagne der Falschdarstellung und Verunglimpfung war für die Pläne und Absichten der Männer, die mir die Regierung angetan haben, von wesentlicher Bedeutung. Die endgültige Zerstörung des öffentlichen Vertrauens in die Wertpapiere, mit denen ich identifiziert wurde, wurde notwendig, um das gesamte Verfahren in der öffentlichen Meinung zu rechtfertigen.

Oberflächlich betrachtet wurde in dem Stück der Eindruck erweckt, die Regierung der Vereinigten Staaten habe sich zu Recht für die Unterdrückung einer gefährlichen Verbrecherbande eingesetzt. Die Geschichte in der New York *Times* und anderen Zeitungen am Tag nach der Razzia war eine Rechtfertigung für diesen Zweck.

Die Tatsache, dass Zehntausende unschuldiger Aktionäre durch den üblen Einsatz einer mächtigen, ungeschickten Werbemaschinerie ihr gesamtes Vermögen verlieren könnten, hielt die Verschwörer keinen Augenblick davon ab. Ich hatte eine jugendliche Vergangenheit und daher gingen die Zeitungen kaum ein Risiko ein, etwas zu veröffentlichen, ohne

Nachforschungen anzustellen und Beweise vorzulegen. Und sie gingen an ihre Grenzen, insbesondere jene Zeitungen, die von Zeit zu Zeit die Nutzung ihrer Nachrichtenkolumnen gestatten, um die Werbemaßnahmen mächtiger Interessen zu unterstützen.

Im Gegensatz zu der vergleichsweise harmlosen „Fälschung", die Rawhides Pressearbeit kennzeichnete, unterscheidet sich die rohe Arbeit der gerade beschriebenen Zeitungen so sehr wie Engelskuchen von Antimon. Wenn Sie noch nicht überzeugt sind, hören Sie sich das an:

DIE MACHT DES ÖFFENTLICHEN DRUCKS

In der *Saturday Evening Post* vom 31. Dezember 1910 erschien ein Artikel mit der Überschrift „Gründung einer Gesellschaft. Wie die Piraten und Kaufleute des Handels die Segel setzten. Von Edward Hungerford", aus dem ich zitiere, ohne dass so viel weggelassen oder geändert wurde als Komma. Meiner Meinung nach bezieht sich Herr Hungerford auf Ely Central, das von mir und meinen Mitarbeitern gefördert wird:

Hier ist ein typischer Fall – ein kürzlich ausgebeutetes Bergbaugrundstück auf dem Bordsteinmarkt, die Werft vieler dieser Piratenschiffe: Ein Grundstück unweit einer der Goldgruben des Westens wurde von einer Reihe von Männern ausgenutzt, die ihnen nachfolgten Sie hatten sich davon überzeugt, dass es sich nicht lohnen würde, ließen es fallen und machten sich kaum Gedanken über das Unternehmen, das sie gegründet hatten.

Eines Tages erhielten sie über einen Anwalt ein Angebot von viertausend Dollar für die gerade Million Aktien, die sie zum Nennwert von fünf Dollar pro Aktie ausgeben wollten. Ihnen wurde gesagt, dass ein wohlhabender junger Mann bereit sei, einen Viertausend-Dollar-Flieger auf das Grundstück zu bringen, in der Hoffnung, dass dort Erz gefördert werden könnte. Der Deal wurde gemacht. Bald darauf wurde ein bekannter Mann als Miteigentümer der Mine benannt, der alle daran Interessierten „versprach", sich zu bereichern.

Das war nicht das erste Mal, dass der Marktwert eines bekannten Namens zur Ausbeutung eines Unternehmens genutzt wurde. Jeder angesehene Mann hat viele solcher Angebote.

Die Aktien, die für je vier Cent gekauft worden waren, wurden am Straßenrand für fünfzig Cent verkauft. Dann wurden sie auf sechzig Cent erhöht. Bald wurde ein sogenannter „Markt" geschaffen, und die Aktien fanden einen schnellen Verkauf. Schritt für Schritt wurde es vorangetrieben, bis es tatsächlich eifrig von Investoren gesucht wurde, die nicht nur bereit, sondern sogar bereit waren, vier Dollar pro Aktie dafür zu zahlen.

Herr Hungerford erklärt im Vorstehenden: „Diese Mine wurde von einer Reihe von Männern kapitalisiert, die ausstiegen, nachdem sie überzeugt waren, dass es sich nicht lohnen würde." Die Aussage ist falsch, wenn sie sich auf Ely Central bezieht, was meiner Meinung nach der Fall ist. Die Haupteigentümer und Organisatoren versuchten, es über ein New Yorker Börsenhaus am New York Curb zu einem Preis von über 7 US-Dollar pro Aktie oder zu einem Wert von mehr als 8.000.000 US-Dollar für die Mine zu bewerben, doch die Bankerpanik von 1907/08 kam dazwischen. und aus *diesem Grund* haben sie aufgehört. Die Aktie wurde 1906 an der New Yorker Börse für über 7,50 Dollar pro Aktie verkauft, zwei Jahre bevor ich mich damit identifizierte.

Herr Hungerford sagt, dass diese Männer eines Tages *über einen Anwalt ein Angebot von 4.000 US-Dollar für eine Million Aktien erhielten und verkauften* .

Wie grausam falsch diese Aussage ist, kann niemand mehr spüren als ich. Der durchschnittliche Preis, den meine Mitarbeiter für die Mehrheitsbeteiligung an den 1.600.000 Kapitalisierungsaktien in bar zahlten, lag, wie bereits erwähnt, bei über 90 Cent, also insgesamt deutlich über einer Million Dollar. Zusätzliche 600.000 US-Dollar oder mehr wurden verwendet, um den Markt für die Aktie zu schützen, wodurch sich unsere Kosten, ohne einen Cent für Werbekosten hinzuzufügen, auf etwa 1,50 US-Dollar pro Aktie statt vier Cent beliefen – mehr als 2.000.000 US-Dollar für die Immobilie und nicht 5.000 US-Dollar.

Zeile für Zeile und Wort für Wort konnte ich die Aussage von Herrn Hungerford analysieren und zeigen, dass 95 Prozent. davon ist sowohl in der Prämisse als auch in der Deduktion falsch. Aber das wäre nur in einem Punkt kumulativ. Ich entschuldige mich für die Erwähnung dieses Artikels, um ein eindrucksvolles Beispiel für die verblüffende Kraft und Macht zu geben, die mit heimtückischer Zeitungspublizität, wie sie in der New York *Times zitiert wird, verbunden ist* . Herr Hungerford „fiel" darauf herein und bot sich unschuldig den Zwecken der Männer an, die die Geschichte gesponsert hatten, indem er sie selbst an die Leser der *Saturday Evening Post weitergab* .

Hier wollte ich zeigen, wie die amerikanische Öffentlichkeit in den Nachrichtenspalten von Tageszeitungen und anderen Publikationen täglich betrogen wird. Ich konnte dem Leser jedoch nur eine vage Vorstellung davon vermitteln, wie tief diese Wahrnehmung geht. Aus Platzgründen kann ich nicht weiter darauf eingehen, sonst würde ich meine Liste mit Beispielen gern endlos erweitern.

Heutzutage hört man viel über den Missbrauch des Journalismus. Ein Großteil der Kritik richtet sich gegen Verleger, die ihre Rubriken für „Werbung" nutzen, die ihren Anzeigenkunden zugute kommen soll. Dem anderen Übel wird jedoch wenig Aufmerksamkeit geschenkt, nämlich dem

Einsatz der Nachrichtenspalten zum Zweck der Vernichtung von Geschäftskonkurrenten, politischen Rivalen und im Allgemeinen Feinden von Männern, die über genügend Einfluss verfügen, um diese Methode anzuwenden.

Diese Verzweigung des Themas gefällt mir, weil sie für die Bürger mindestens ebenso bedeutsam ist wie die der inspirierten Geschwätzigkeit. Ich glaube, dass die Öffentlichkeit in Zukunft viel mehr von diesem Aspekt des Zeitungsmissbrauchs hören wird als in der Vergangenheit. Die Gemeinschaft wacht auf und zeigt den Wunsch, mehr über diese abscheuliche Praxis zu erfahren.

WIEDER ROHHAUT

Um zu Rawhide zurückzukehren. Als Folge der „wissenschaftlichen" Pressearbeit, die das Lager erhielt, kam es zu einem wilden Ansturm. Der Ansturm war so groß, dass er in der westlichen Bergbaugeschichte seinesgleichen sucht. Nicht weniger als 60.000 Menschen reisten während der Aufregung durch die trostlosen, windgepeitschten Gebiete der Gebirgswüste Nevadas. Nicht weniger als 12.000 davon blieben mehrere Monate lang am Boden.

Rekorde in den Bergbaugebieten wurden gebrochen. Die höchste Einwohnerzahl von Goldfield auf dem Höhepunkt des Booms betrug etwa 15.000, aber es dauerte mehr als drei Jahre und die Entdeckung der Goldmine mit dem höchsten Goldgehalt der Welt, um diese Zahl an Menschen anzulocken. Cripple Creek war zwei Jahre nach seiner Entdeckung kaum mehr als ein Weiler. Von Leadville hörte man im ersten Jahr kaum etwas.

Die Szenen, die sich in Rawhide abspielten, als der Boom seinen Höhepunkt erreichte, lassen sich kaum beschreiben. Der Wert von Immobilien stieg in einem halben Jahr genauso stark an wie der von Goldfield in drei Jahren. Eckgrundstücke an der Main Street wurden für bis zu 17.000 US-Dollar verkauft. Die Grundmiete für Grundstücke mit einer Größe von 25×100 Fuß belief sich auf 300 US-Dollar pro Monat. Sowohl tagsüber als auch nachts waren die Spieltische der Vergnügungspaläste voller Spieler, und die Abenteuerlustigen waren gezwungen, sich buchstäblich durch die dichtgedrängten Reihen der Zuschauer durchzukämpfen, um am Spiel teilzunehmen. Die Bergleute waren bündig. Viele Prüfämter, die den „Hochgradern" angehörten, stellten Goldbarren aus außerordentlich ergiebigem Erz her, das von einem bestimmten Element der unter Tage arbeitenden Männer leicht vermutet werden konnte.

Die Eröffnung von „Tex" Rickards Glücksspiel-Resort in Rawhide wurde mit einer Orgie gefeiert, die für Veranstaltungen dieser Art in Süd-Nevada neue Maßstäbe setzte. Die Bareinnahmen summierten sich auf über 2.000 US-Dollar. Es wurde berichtet, dass die Spiele für Herrn Rickard am ersten Tag 25.000 US-Dollar gewonnen hätten. Champagner war das übliche Getränk. Der Tag verschmolz mit der Nacht und die Nacht mit dem Tag. Mit geschminkten Kurtisanen von Stingaree Gulch sorgten sie für den nötigen Schuss ‾ Auf den dicht bevölkerten Straßen modisch gekleidete Ostler, Goldsucher mit Grabstiefeln, schmutzige Bergleute, geschäftige Makler, Förderer, Minenbetreiber und Kaufleute, mit hier und da verstreuten „Zinnhörnern" drängten sich gegenseitig und bildeten einen sich ständig verändernden kaleidoskopischen Strudel der Menschheit.

In den umliegenden Hügeln war das Knarren der Ankerwinde, das Klirren der Kette und das Summen und Tuckern der Benzinhebebühne zu hören, unterbrochen in regelmäßigen Abständen von heftigen Detonationen explodierenden Dynamits.

Auslaufende, mit Erz beladene Frachter, die von Maultiergespannen mit zehn Spannweiten gezogen wurden, machten die Straßen, die das Lager mit den nahegelegenen Zugangspunkten verbanden, nahezu unpassierbar. Aus der Gegenrichtung kamen schwerbeladene Wagen mit Holz und Vorräten sowie Autos, die mit Menschenfracht dicht vor den Wachen standen, und blockierten die Straßen.

Rawhides Werbekampagne war aus der Sicht eines Presseagenten ein voller Erfolg. Aus Sicht des Projektträgers waren die Ergebnisse jedoch gemischt. Nat. C. Goodwin & Company konnte mit ihrer Förderung der Rawhide Coalition Mines Company mehr als nur eine finanzielle Pattsituation erzielen, doch sie profitierten nicht in dem Maße, wie sie es hätten tun können, wenn die Zeiten günstig gewesen wären.

Es dauerte nicht lange, bis ich entdeckte, dass meine ersten Schlussfolgerungen, die ich zu Beginn des Rawhide-Booms gezogen hatte, nämlich dass das Land finanziell nicht in der Lage war, die Anerkennungsansprüche eines neuen Bergbaulagers wohlwollend zu prüfen, richtig waren und dass es besser gewesen wäre, die Gründung von Rawhide für eine gewisse Zeit oder bis das Land finanziell wieder zu Atem kommen konnte, zu verzögern. Massen kamen nach Rawhide, aber nur wenige hatten Geld. So schmeichelhaft das Ausmaß des Zustroms auch war, es war leicht zu erkennen, dass die Ernte unermesslich höher ausgefallen wäre, wenn die Werbekampagne eine Zeit lang unterdrückt worden wäre. Wären die finanziellen Bedingungen richtig gewesen, hätte die Bemühung, dem Lager „wissenschaftliche" Werbung zu machen, zweifellos viele Ergebnisse für „die Insider" einer Persönlichkeit gebracht, die viel größere Geldsummen auf der Bank bedeutet hätten.

Nat. C. Goodwin & Company erkannte auch, dass sie durch den Versuch, ein großes Bergbauunternehmen in so großer Entfernung von östlichen Finanzzentren wie Reno zu finanzieren, einen großen Nachteil hatten. Wir waren dem Ost-Promoter kaum gewachsen, der aufgrund der günstigen Lage seiner Büros in der Lage war, engen persönlichen Kontakt zu seinen Anhängern zu halten.

Das übliche Bergbaugeschehen ereignete sich in Rawhide. Die außergewöhnlich reichen Oberflächenvorkommen öffneten sich in der Tiefe zu riesigen Erzkörpern mittlerer und geringer Qualität. Rawhides einziger Bedarf schien eine Eisenbahn und eine Mühlenanlage mit einer Kapazität von 500 oder 600 Tonnen pro Tag zu sein. Es wurde beschlossen, dass ich nach Osten kommen und versuchen sollte, das Unternehmen für die Erschließung tiefer Minen, den Mühlen- und Eisenbahnbau zu finanzieren und auch den mit den Verkäufern der Mehrheitsbeteiligung getroffenen Deal abzuschließen. Für Nat wurde die Zahlungsfrist verlängert. C. Goodwin & Company, und die Kaufoption wurde nun von der Firma Goodwin mit einem Vermögen bewertet.

In New York, über die Unterschrift von Nat. Die Firma C. Goodwin führte unter meiner Leitung eine Zeit lang eine Zeitungskampagne mit Display-Anzeigen zugunsten der Ausgabe durch, die nun an der New York Curb gelistet war. Hayden, Stone & Company, Bankiers aus Boston und New York, die seitdem erfolgreich die Kupferunternehmen Ray Consolidated und Chino finanziert haben, verpflichteten sich, ihren Ingenieur nach Rawhide zu schicken, um das Grundstück im Hinblick auf die Finanzierung des Eisenbahnunternehmens zu untersuchen und Mahlausrüstung im Wert von über einer Million Dollar. Unter dem Impuls dieser Nachricht und des Nat. Durch die Werbekampagne von C. Goodwin schoss der Marktpreis der Aktien auf 1,46 US-Dollar, was einem Wert von über vier Millionen US-Dollar für die Immobilie entspricht.

Einige Wochen später kam es zu einem scharfen Markteinbruch. Jemand hat die Nachricht vor Nat erfahren. C. Goodwin & Company gab an, dass der Ingenieur auf den Millionen-Dollar-Finanzierungsvorschlag negativ reagiert hatte. Das Unternehmen hatte keine systematischen unterirdischen Erschließungsarbeiten durchgeführt. Es wurde eine enorme Menge an Arbeit geleistet, die jedoch im Rahmen des Leasingsystems erledigt werden konnte. Die Pächter, die mangels Mahlanlagen nicht in der Lage waren, einen Erzgewinn von weniger als 40 US-Dollar pro Tonne zu erzielen, hatten alle Anstrengungen unternommen, um hochwertiges Transporterz an die Oberfläche zu bringen, und hatten keine Anstrengungen unternommen überhaupt, um die bekannten großen Mengen an mittel- und minderwertigem Material auszublenden und sichtbar zu machen. Ingenieure halten nichts für selbstverständlich, und dieser berichtete, dass der

Vorschlag, eine Million Dollar auszugeben, abgelehnt werden sollte, weil eine entsprechende Tonnage nicht blockiert und in Sichtweite gebracht worden sei.

Bis heute hat sich das Lager ohne angemessene Verarbeitungsanlagen durchgeschlagen, war aber praktisch selbsttragend. Aus physischer Sicht gelten die heutigen Minen als sehr vielversprechend. Das Unternehmen wird ehrlich und effizient geführt. Präsident war vom Tag der Gründung bis heute EW King, früher Präsident der Montana Society of Mining Engineers, Direktor mehrerer Banken in Montana und anerkannt als einer der fähigsten Goldminenmanager des Westens. M. Scheeline, Präsident der Scheeline Banking & Trust Company in Reno, der als ältester und konservativster Bankier im Staat Nevada gilt, war von Anfang an Schatzmeister.

Die Geschichte von Rawhide ist noch nicht abgeschlossen und ihr letztes Kapitel ist noch lange nicht geschrieben. Und es ist auch nicht im Bereich des Möglichen, dass die latenten Produktionspotenziale, die in Rawhide geschaffen wurden, noch lange größtenteils ungenutzt bleiben.

An der Wall Street wurde das Geschäft von Nat. C. Goodwin & Company mit den Verkäufern der Kontrolle über die Rawhide Coalition später erfolgreich finanziert. Dies geschah, indem man an den Spekulationsinstinkt jener Anlegerklasse appellierte, die gewohnheitsmäßig mit Bergbauaktien spekuliert. Der Versuch, das Bergbauunternehmen selbst so weit zu finanzieren, dass es mit den großen dividendenzahlenden Goldminen des Westens mithalten konnte, war nicht so erfolgreich.

---

[2]

Durch den Brand im Juli wird sich die Installation auf einen späteren Zeitpunkt verzögern.

[3]

Wenn ich zu diesen Zahlen komme, bin ich mehr als fair. Jüngste Schätzungen belaufen sich auf einen durchschnittlichen Wert der Erze von 8 US-Dollar, und ich kenne einige Schätzungen von sehr kompetenten Bergleuten, die auf nur 4 US-Dollar belaufen. Einige Ingenieure meinen, selbst für einen Kostenvoranschlag von 4 US-Dollar gebe es keine Rechtfertigung. Der Dome ist vom Standpunkt der Mine aus noch keineswegs ein nachgewiesener kommerzieller Erfolg, obwohl er aufgrund der unsicheren Durchschnittswerte über große Erzvorräte verfügt.

[4]

Es wurde durch den Brand im Juli zerstört und muss ersetzt werden.

[5]

Der vorstehende Kommentar zur Porcupine-Situation wurde durch die Entwicklungen nach dem Datum dieses Artikels mehr als gerechtfertigt. Die erste Batterie mit vierzig Briefmarken in der ersten Briefmarkenfabrik war erst im April 1912 in Betrieb, mehr als ein Jahr nach dem Datum der Vorhersage, dass im Jahr 1911 25.000.000 US-Dollar gesammelt werden würden.

KAPITEL IX

DAS WALL-STREET-SPIEL

Ein Mann, der glaubt zu wissen, was mir an der Wall Street passiert ist und *warum es passiert ist* , schlägt vor, dem New Yorker Abschnitt von „Meine Abenteuer mit Ihrem Geld" Folgendes voranzustellen:

Dies ist die Geschichte eines energischen, selbstbewussten, aggressiven, optimistischen, enthusiastischen, nervösen, furchtlosen, unvorsichtigen, kompromisslosen, anmaßenden *Narren* .

Vielleicht war er einer Gefolgschaft würdig, weil er sein eigenes Schicksal mit denen teilte, die er bat, ihm zu folgen, aber er war trotzdem ein gefährlicher Anführer, weil er die Risse in seiner eigenen Rüstung nicht sah und es ihm an Vorsicht, Umsicht und Diskretion mangelte. Er sah ein Ziel voraus und ging voran, aber er versäumte es immer, einen Umstand in seiner Jugend zu berücksichtigen, der einen Schandfleck auf seinem Wappen hinterließ und unfairen Gegnern eine vergiftete Waffe in die Hände legte, die einsatzbereit war. Er sah nicht die Notwendigkeit, sich seine Konkurrenten zu Freunden zu machen und seine Kritiker im Laufe seines Lebens zu beschwichtigen. Tatsächlich rechnete er mit diesen Elementen überhaupt nicht. Er machte sich viele Feinde und wenige Verbündete. Er ging nie Kompromisse ein. Natürlich erlitt er eine verheerende Niederlage für sich selbst und die Loyalen, die ihr Vertrauen in ihn setzten.

Ich bin nicht einverstanden. Ich war kein Dummkopf. Ich habe mich geweigert, ein Schurke zu sein, und es tut mir nicht leid. Ich denke an einen Mann mit Talent, der als Aktionär seit Jahren die Drecksarbeit der skrupellosen Multimillionär-Wall-Street-Bergbauförderer erledigt. Unehrlich in seinen geäußerten Meinungen und ein Speichellecker in jeder seiner Handlungen, liegt das Interesse des Wall-Street-Machthabers immer bei ihm und nicht bei dem des ungeschützten Investors. Ich betrachte diesen Mann als eine abscheuliche Person. Ich könnte nicht tun, was er tut, wenn meine Existenz von einem solchen Verhalten abhängen würde. Ich wäre lieber für den Rest meines Lebens aus dem Geschäft und pleite, als er. Wenn ich den niederträchtigen Zwecken hochrangiger Gauner dienen würde, nur weil sie Geld und Macht haben, würde das bedeuten, dass ich meine Seele verschachere und meinen Seelenfrieden verliere. Ich würde beides nicht für alles Geld der Welt verkaufen.

Ehrlichkeit währt am längsten. Der Typ Mensch, den ich beschrieben habe, kann nicht lange bestehen. Er muss offensichtlich völlig untergehen. Das Geschäft dieser Welt gründet und baut auf individueller Integrität auf. Der Geschäftsmann, der sich dazu benutzen lässt, die niederen Ziele von

Männern in hohen Positionen zu erfüllen, verliert den Respekt derer, denen er dient, wird von ihnen für immer misstraut und verliert seinen Status in genau dem Kreis, bei dem er die Gunst zu gewinnen versucht.

Ich behaupte, dass mächtige, unehrliche Interessen an der Wall Street es aus egoistischen Gründen für notwendig hielten, mich aus dem Geschäft zu drängen. Ich erkläre, dass sie abgewartet haben, bis der Zeitungsgeschrei gegen sogenannte Werde-reich-schnell-Promoter so weit angefacht, geweckt und angespornt wurde, dass die Bürger von der Vorstellung durchdrungen wurden, dass alle Promoter, die die Litfaßsäulen von Zeitungen nutzen, Betrüger seien. Und ich behaupte, dass die Regierung, als sie ihre seltene Befugnis zur Beschlagnahme, Durchsuchung und Konfiszierung gegen mich und meine Mitarbeiter einsetzte, keinerlei Beweise dafür vorbrachte, dass gegen ein Regierungsgesetz verstoßen worden war. In diesem und dem abschließenden Kapitel von „Meine Abenteuer mit Ihrem Geld" führe ich die Fakten an, die meiner Meinung nach diese Aussagen bis zur letzten Silbe belegen.

GUTER GROßER FISCH VS. Schlechter kleiner Fisch

Bitten Sie den gelegentlichen Zeitungsleser, das zusammengesetzte Adjektiv „Schnell reich werden" zu definieren, und er wird Ihnen sagen, dass es ausschließlich auf professionelle Promoter angewendet wird, die extravagante Werbemethoden anwenden, große spekulative Gewinne versprechen und andere Mittel verwenden, die darauf abzielen, die Öffentlichkeit davon abzugrenzen sein Geld und sind in jedem Fall unehrlich. Das ist die Idee, die mächtige „Interessen" der Öffentlichkeit durch subtile, beharrliche Pressearbeit eingeimpft haben.

Im Verlauf von „Meine Abenteuer mit deinem Geld" habe ich immer wieder versucht zu zeigen, dass die wirklich gefährlichen „Wer schnell reich"-Mächte die Männer in hohen Positionen sind, die durch den geschickten und heimtückischen Einsatz der Nachrichtenspalten „freundlich" sind „Veröffentlichungen und andere, die davon kopieren, entfremden die Öffentlichkeit von Millionen und Abermillionen."

Ich habe in meinem Vorwort Folgendes gesagt:

Die gefährlicheren Übeltäter sind die Männer in hohen Positionen, die eine gute Immobilie übernehmen, sie überkapitalisieren, ihren Wert um ein Vielfaches schätzen, raffinierte Methoden anwenden, um die denkende Öffentlichkeit zu täuschen und sie glauben zu machen, die Aktie sei ihren Nennwert oder mehr wert, und sie den Investoren zu einem Preis aufschwatzen, der ihnen große Geldsummen raubt. In den Vereinigten Staaten gibt es über eine Million Opfer dieser Praxis.

Niemand darf davon ausgehen, dass ein Werbetreibender, der Aktien über Display-Werbung in Zeitungen verkauft, *per se* ein „Schnell reich werden"-Unternehmen ist. Es gibt ehrliche, professionelle Werbetreibende, die Display-Werbung betreiben, und es gibt unehrliche, genauso wie es ehrliche und unehrliche Werbetreibende gibt, die Multimillionäre sind.

Der *ehrliche* , trompetenzüngige Bergbauförderer, der an Zeitungsanzeigen glaubt und erfolgreich Unternehmen finanziert, indem er lautstark an die spekulative Anlegerschaft appelliert, leistet einen echten Dienst und hat Anspruch auf einen Platz unter ehrenwerten Männern. Tatsächlich ist er der Held der Prospektoren und „armen" Minenbesitzer des Westens. Er allein steht zwischen diesen Männern und dem habgierigen Monopol.

Bergarbeiter, Aktionäre und Finanziers im ganzen Land wissen das, auch wenn den Zeitungslesern im Osten weisgemacht wurde, dass diese Art von Unternehmern nur auf das Ziel ausgerichtet sei, schnell reich zu werden.

Ein Broker an der Wall Street, der auf eigene Rechnung mit Wertpapieren der New Yorker Börse spekuliert, gilt als unsicher. EH Gary, Vorstandsvorsitzender des Steel Trust, erklärte im Juni in Washington unter Eid, dass JP Morgan niemals spekuliert. Fragen Sie den Durchschnittsteilnehmer der New Yorker Börse, welche Chancen der Börsenspieler hat. Wenn er offen ist, zuckt er mit den Schultern und antwortet etwa so:

„Wenn das Spiel geschlagen werden könnte, glaubst du, ich wäre ein Makler? Wäre ich nicht ein Spieler?"

Der Gesamtmarktwert der Sitze an der New Yorker Börse beträgt fast 100.000.000 US-Dollar. Es kostet jedes Jahr mehr als hundert Millionen Dollar mehr, das spekulative Geschäft, das den Großteil der Transaktionen der Mitglieder ausmacht, über Büros und Zweigstellen zu sammeln und abzuwickeln. Das „Kitty" oder „Rake-Off" ist enorm. Wer zahlt es? Man hört, dass der Börsenmakler jeden Sommer mit seiner Yacht nach Europa fährt. Wie viele seiner Handelskunden reisen auf diese Weise?

Wer bezahlt die Fracht? Kann ein Spiel geschlagen werden, bei dem so viele Multimillionäre unter denen entstehen, die sich „drinnen" befinden, und bei dem jedes Jahr ein so großer Prozentsatz des Geldes der Spekulanten herauskommen muss, um die enormen Kosten für die Aufrechterhaltung eines riesigen Systems von Börsenmaklerbüros zu bezahlen? , Börsen, Telegrafen- und Telefonleitungen, Zeitungen, Werbebüros, Yachten, Fifth Avenue-Paläste, große Spenden für nationale und staatliche politische Kampagnen usw.?

Man hört einen Aufschrei gegen die sogenannten Bucketshops. Es gibt kein Bundesembargo gegen Bucketshopping. Und doch wird auf die eine oder andere Weise die Maschinerie des Justizministeriums eingesetzt, um diese Art von Glücksspielinstitutionen zu zerschlagen. Was ist nun der prinzipielle Unterschied zwischen dem Glücksspiel auf Margenbasis bei einem Bucketshop und dem Glücksspiel über eine New Yorker Börse?

Das ist der unwichtige Unterschied:

Der Bucketshop-Keeper übernimmt die andere Seite des Spiels: Er zahlt Ihnen aus eigener Tasche, wenn der Markt zu Ihren Gunsten läuft, und behält Ihr Geld, wenn er gegen Sie läuft. Er liefert niemals Aktien aus.

Von dem Mitglied der New Yorker Börse wird erwartet, dass es Ihre Aktien für Sie kauft und *führt* (einige tun dies, die meisten jedoch nicht, wie weiter unten gezeigt wird). In diesem Fall werden Ihnen jedoch auch keine Aktien geliefert.

Die Transaktion ist im Prinzip die gleiche wie im Bucketshop, was die Glücksspielfunktion betrifft. Der einzige wirkliche Unterschied besteht darin, dass, wenn man über die Bucketshops auf Marktschwankungen setzt, kein Beitrag zum „Katzengeld" der New Yorker Börse geleistet wird.

DIE GERECHTE WALL STREET UND DIE „SAUGER"-ÖFFENTLICHKEIT

Das Mitglied der New York Stock Exchange wird Ihnen sagen, dass das Übel des Bucketshopping darin besteht, dass der Bucketshopper, wenn die Öffentlichkeit lange auf Aktien setzt, in Versuchung gerät, den Markt durch starke Leerverkäufe zu drücken. Auf der anderen Seite drängt der Bucketshopper darauf, dass sein Geschäft darin besteht, gegen Schwankungen zu spielen, an deren Entstehung er nicht beteiligt ist, und dass die Finanzkräfte der Wall Street auf denselben Trick zurückgreifen, der ihm gelegentlich vorgeworfen wird. Die „Interessen" wissen zu jeder Tageszeit ungefähr, wie viele Aktien zur Lieferung gegen „Leerverkäufe" geliehen wurden oder wie viele Aktien auf Marge für die Long-Rechnung gehalten werden. Sie wissen, was das kurzfristige oder langfristige Interesse der Öffentlichkeit ist, und auch sie haben die Macht, die Öffentlichkeit jederzeit abzuschütteln. Schlimmer noch: Es ist allgemein bekannt, dass auf diese Praxis ständig zurückgegriffen wird. Aktien werden bei schlechten Nachrichten hochgesetzt und hochgehalten und bei guten oder gar keinen Nachrichten herabgestuft und niedrig gehalten. Nachrichten werden zurückgehalten und dem Anlass entsprechend hergestellt. Seit Jahren ist der Markt bis zum Rand manipuliert. Die „Trottel" des Margin-Handels wurden ausgebremst. George E. Crater, Jr., schreibt:

Der Marginhandel an der New Yorker Börse ist die gefährlichste und destruktivste Form des Glücksspiels, die es gibt, denn da er „legal" und daher „respektabel" ist, lockt er Hunderttausende von Menschen an, die nie auf die Idee kommen würden, ihr Geld bei „Faro", „Rouge-et-noir", „Roulette" oder einem der anderen Glücksspiele zu riskieren. Statistiken zeigen, dass durch Aktienwetten mehr Menschen physisch, moralisch und finanziell ruiniert werden als durch alle anderen Formen des gewöhnlichen Glücksspiels zusammen. Monte Carlo ist im Vergleich zur „Wall Street" eine christliche Philanthropie. Sie haben in Monte Carlo genauso gute, wenn nicht sogar bessere Chancen, ein Vermögen zu gewinnen, als wenn Sie „Margins" gegen die Kursschwankungen der Börse setzen, und wenn Sie sich in Monte Carlo ruinieren, wird Ihnen der Eigentümer zumindest so viel Geld zurückerstatten, dass Sie Ihre Heimreise bezahlen können. Der Mann, der durch „Margins" „pleitegeht", findet weder an der Börse noch bei den Maklern Erleichterung. Es gäbe in diesem Land nicht so viele Millionäre, wenn es nicht so viele Idioten gäbe, die bereit wären, ihr Geld für Margengeschäfte zum Fenster hinauszuwerfen.

Pferderennen werden mit lautem Geschrei verurteilt. Zeitungen, Zeitschriften, Politiker, Enthusiasten, Kreuzritter und Scharlatane aus allen Lebensbereichen werden ermutigt, lautstark dagegen zu protestieren. Pferderennen sind wie das Einkaufen im Supermarkt eine Möglichkeit für Spekulationen – Glücksspiele – und halten viel Geld von der Wall Street fern. Fakire, die Werkzeuge der Wall Street, kassieren von der Wall Street für ihre Dienste und schlagen gleichzeitig moralisches oder politisches Kapital aus ihrem Eifer im Kampf gegen den Glücksspielwettbewerb der Wall Street.

Der kleine Bergbauunternehmer, der kein Mitglied der Börse ist, zahlt keinen Zoll an die großen Unternehmen, steht außerhalb der Disziplin und Kontrolle des Leitungsgremiums der New Yorker Börse und ist kein Teil der Maschinerie. Er baut ein wettbewerbsfähiges Geschäft auf, das den Spieltrieb in Form schwankender Bergbauaktien bedient. Die spekulierende Öffentlichkeit bekommt etwas, mag es und investiert Geld, das man für den Margenhandel an der New Yorker Börse oder für „Investitionen" in die ständig schwankenden niedrigpreisigen Industriewerte oder höherpreisigen Bergbauaktien hätte verwenden können, die von großen Interessengruppen mit Verbindungen zur New Yorker Börse gesponsert werden.

Sofort wird die Maschinerie der Wall Street eingesetzt, um ihn zu vernichten. In den Zeitschriften und Zeitungen werden Kolumnen über die „Schnell reich werden"-Strategie gedruckt. Ein echter „Schnell reich werden"-Täter wird verurteilt – ein kleiner Kerl, der schuldig ist, aber nicht mehr als sein „lizenzierter" Bruder weiter oben, der unendlich größeren Schaden anrichtet. Derjenige, hinter dem *eine* Clique hochklassiger Wall-Street-Hinterwäldler wirklich her ist, weil er ihre Betrügereien durchkreuzt hat, indem er sie in seiner Zeitung entlarvt hat, gegen den sie aber nichts vorbringen können, hat ein Skelett im Schrank. Sie bringen es ans Licht, lassen es in der Luft baumeln, lassen die Öffentlichkeit glauben, er müsse auch ein Schurke sein, und während des Aufruhrs wird er von einem Regierungsagenten durchsucht; und sie „kommen ungeschoren" davon. Der „gerechte" Kreuzzug gegen „Schnell reich werden" wird bis zum Äußersten von Presseagenten unterstützt. Die Öffentlichkeit „fällt" auf den „Stoff" herein. Endlich hat die Regierung Maßnahmen zum Schutz der Anleger ergriffen!

Würde es Sie nicht verwelken lassen?

Selbst wenn PT Barnum wiedergeboren würde und sein unglaublicher Verstand durch ein Wunder millionenfach erweitert würde, wäre es ihm immer noch unmöglich, sich eine so gigantische Täuschung der amerikanischen Öffentlichkeit auszudenken, wie sie in den letzten Jahren stattgefunden hat.

Und die Öffentlichkeit ist nicht „dabei". Schlaue Intriganten an der Wall Street täuschen die „Trottel-Öffentlichkeit" immer wieder und sehen keinen Grund, warum sie mit dieser Praxis aufhören sollten, sondern finden es sogar sehr lukrativ, damit weiterzumachen.

Die Vermarktung von Bergbauaktien

In der Regel ist viel Geld erforderlich, um aus einem vielversprechenden Vorkommen eine rentable Mine zu machen. Später im Verlauf der Mine, während der Bauphase, sind in der Regel weitere sehr große Summen erforderlich, um die Erschließung einer Erzreserve zu finanzieren und Mühlenanlagen für die Zerkleinerung der Erze bereitzustellen.

Der umherwandernde Bergbausucher unseres westlichen Bergbauimperiums – der unerschrockene Minensucher, der über die Not lacht und den Gedanken an die Gefahr lächerlich macht, der Gila-Monster und den Wüstenrassler zu Gefährten macht, deren einzige Rettung in der ewigen Stille der unberührten Weiten der Wüste liegt „Abfälle" ist der Sexruf des Kojoten – er hat die Wahl zwischen nur zwei Märkten für den Verkauf seines „Fundstücks". Er kann entweder eine vergleichsweise geringe Summe vom Vertreter eines mächtigen Bergbausyndikats für seinen Interessenten annehmen oder einen fairen Spekulationspreis vom professionellen Promoter erhalten.

Die großen Minenfinanzierer dieses Landes konkurrieren selten miteinander um den Kauf von Bergbaugrundstücken. Dies gilt insbesondere dann, wenn einer der anderen Anbieter zufällig in dem Bezirk tätig ist, in dem sich das Grundstück des kleinen Minenbesitzers befindet.

In der Regel befindet sich der ursprüngliche Eigentümer, dessen gesamtes Vermögen möglicherweise in der Immobilie gebunden ist, dann in der Lage, entweder das erste, noch so kleine Angebot, das ihm von einem dieser beherrschenden Interessen unterbreitet wird, anzunehmen oder finde, dass dieser Markt für ihn verschlossen ist.

Seine Alternative besteht, wie bereits erwähnt, darin, vergleichsweise geringe Mittel an den unabhängigen Minenbetreiber zu verkaufen, der ein Unternehmen gründet, das das Grundstück besitzt und erschließt, und den Betrieb von Anfang bis Ende durch den Verkauf von Unternehmensanteilen an die Öffentlichkeit finanziert.

Die Methode dieser Klasse professioneller Werbetreibender – die Hoffnung des kleinen Minenbesitzers – bei der Vermarktung von Aktien besteht normalerweise darin, die Litfaßsäulen von Zeitungen großzügig zu nutzen. Ihm mangelt es an „Anziehungskraft" oder Macht, die ausreicht, um in der damaligen Finanzliteratur über seine und meine Aktien in einem Maße positiv zu sprechen, dass das öffentliche Interesse geweckt wird, und so muss er seine eigenen Werbekräfte aufbauen.

Werbung kostet Geld und die Öffentlichkeit zahlt den Tribut. Aber wenn der Promoter ehrlich ist, ist dieser Kostenfaktor an sich kein Argument für Aktienangebote des Multimillionärs-Minenkapitalisten, der die Werbesäulen der Zeitungen nicht besucht. Es stellt auch keinen Anspruch auf die Waren des Veranstalters dar, der dies tut. Die Werbekosten, die dem Werbeträger entstehen, erreichen in ihrer Gesamtheit nicht annähernd die Differenz zwischen dem Selbstkostenpreis und dem Preis, zu dem der Magnatenförderer normalerweise die Öffentlichkeit zur Beteiligung an ähnlichen Unternehmen einlädt.

Zum Beispiel: Vor ein paar Jahren kaufte ein bestimmter Mann eine bestimmte Mine für 1.000.000 Dollar bei pünktlicher Zahlung. Er hat einen Markt für die Aktien dieser Mine an der New Yorker Bordsteinkante zu einem durchschnittlichen Preis von über 8 US-Dollar pro Aktie oder mehr als 8.000.000 US-Dollar für das Grundstück geschaffen. Sein Unternehmen, ein Mitglied der New York Stock Exchange, rät den Menschen in ihrer weit verbreiteten Marktliteratur, die Aktie zu diesem Preis zu kaufen. Und doch ist das Grundstück ohne Bauarbeiten, es werden 2.500.000 bis 3.000.000 US-Dollar mehr als das Geld benötigt, das sich jetzt in der Unternehmenskasse befindet, um ein solches zu errichten, wobei dieses Geld noch irgendwo und irgendwie aufgebracht werden muss und die Produktionsära des Unternehmens unmöglich beginnen kann frühestens jedoch zwei Jahre. Ich könnte viele solcher Beispiele anführen.

Als Nat. C. Goodwin & Company aus Reno während des aufregenden Booms im Rawhide-Lager Anfang 1908 die Kontrolle über die Rawhide Coalition erwarb, wurde für das Grundstück ein Wert von 700.000 Dollar vereinbart. Das war erheblich mehr, als die ursprünglichen Eigentümer damals von großen Investoren dafür bekommen konnten. Auch hier waren Mühlenanlagen erforderlich.

In der Tat, aber für den Erfolg der Minenförderer des Nat. C. Goodwin & Company und BH Scheftels & Company-Klasse, die große Comstock-Ader, die über 600.000.000 US-Dollar an Gold- und Silberbarren produzierte, wäre wahrscheinlich unerschlossen geblieben. Die große öffentliche Nachfrage nach Comstock-Bergbauaktien aller Art entstand Anfang der 70er Jahre durch eine Reihe extravaganter Börsengänge und aggressiver Börsenkampagnen. Wenn der Con. Wenn sich die Virginia-Mine nicht in einer Tiefe von 1.400 Fuß zu einem Erzkörper voller Goldgrube geöffnet hätte, wäre die Hektik der Spekulationen mit Comstock-Aktien möglicherweise als eine weitere Südseeblase in die Geschichte eingegangen.

Der „Brass-Band"-Promoter ist daher im Fernen Westen nicht ohne Ehre. Entzieht man dem Minensucher die Dienste eines solchen Unternehmensprojektors mit seiner Betriebsmaschinerie, nämlich der Möglichkeit, das spekulierende und investierende Publikum anzusprechen, versetzt man dem kleinen Bergarbeiter im Westen einen Schlag ins Herz. Umgekehrt ist jedes Hindernis, das dem Minenpromoter mit lauten Methoden und gemäßigten Mitteln in den Weg gelegt wird, ein zusätzlicher Grund zur Freude für den Multimillionär und Minenkapitalisten der Wall Street.

Als BH Scheftels & Company, mit der ich identifiziert wurde, im September 1910 von der Regierung der Vereinigten Staaten eine Razzia durchführte, ertönte ein Klagegeschrei des westlichen Minenbetreibers an seinen Vertreter im Kongress. Die besten Gefühle des Fernen Westens, soweit ich sie erfassen konnte, begünstigten die Vorstellung, dass die letzte Hoffnung des kleinen westlichen Minenbesitzers zerschlagen worden sei. Während der kurzen Zeit der Tätigkeit von BH Scheftels & Company in New York sammelte das Unternehmen direkt fast 2.000.000 US-Dollar für westliche Bergbaugrundstücke und beeinflusste indirekt mindestens 10.000.000 US-Dollar in dieser Richtung.

Die Razzia war ein schwerer Schlag für den kleinen westlichen Minenbesitzer, der Kapital für die Entwicklung seiner Grundstücke benötigt und keine Verbindungen zu Kapitalisten hat. Seit der Razzia kenne ich keinen Minenbesitzer aus einem der großen Staaten des Fernen Westens, der ein Bergbauvorhaben im Osten erfolgreich finanziert hätte, außer indem er sein gesamtes Eigentum in die Hände einer großen Beteiligung übereignete, die es übernommen hat für einen Betrag, der unbedeutend ist im Vergleich zu dem, was die Öffentlichkeit letztendlich dafür zahlen dürfte, wenn die Aktie schließlich an den Börsen und an der Börse vermarktet wird.

Ich lehne das Wall-Street-Spiel ab

Nachdem ich die große Lagerwerbekampagne von Rawhide durchgeführt hatte, die ich durchgeführt hatte, um die Aufmerksamkeit der amerikanischen Anlegeröffentlichkeit auf die spekulativen Möglichkeiten der Aktien der Rawhide Coalition Mines Company zu lenken, und auf diese Weise versucht hatte, diese zu finanzieren Vorschlag – nachdem es mir mit dieser Methode trotz der Bankierpanik von 1907/08 nicht gelungen war, über genügend Aktien zu verfügen, um das Unternehmen für die Erschließung tiefer Minen, die Mühlenausrüstung und die Zahlung des Kaufpreises an die ursprünglichen Eigentümer zu finanzieren Nach der vereinbarten Kontrolle kam ich Ende Oktober 1908 nach New York und wollte unbedingt versuchen, mein ursprüngliches Ziel zu erreichen, indem ich die Öffentlichkeit durch Anzeigen in den Zeitungen direkt ansprach und einen Teilvertrag abschloss das Unternehmen mit den „Großen".

Ich fand die Aktien der Rawhide Coalition am Curb notiert vor, und der Markt war ruhig. Das öffentliche Interesse am Osten war bis zu einem gewissen Grad geweckt, aber der Markt nahm die Aktien nicht auf. Der Versuch, führende Börsenmakler dazu zu bewegen, die Ausgabe in ihren Börsenbriefen positiv zu erwähnen, schlug fehl. Diejenigen, die bereit waren, der Aktie etwas Publizität zu verleihen, verlangten entweder einen „Call" auf Aktien zu einem niedrigen Preis oder einen deutlichen Abschlag unter den Marktkurs für die Aktien, die sie veräußerten.

An solche Zugeständnisse war nicht zu denken. Es war die Absicht von Nat. C. Goodwin & Company unterstützt einen wachsenden Markt für Rawhide Coalition. Meine Goldfield-Erfahrung mit Bergbau-Börsenmaklern hat mich überzeugt, dass von nur wenigen erwartet werden kann, dass sie die Interessen der Aktionäre an einem solchen Unternehmen schützen. Kommissionäre Bergbau-Börsenmakler jener Zeit, die ihre Kunden beispielsweise zu 30 in eine Aktie investierten, waren versucht, zu Gewinnmitnahmen zu raten, wenn der Preis beispielsweise auf 50 stieg, weil sie durch die Operation eine weitere Provision erhielten und oft verdienten eine zusätzliche oder dritte Provision, indem sie ihre Kunden mit Gewinn aus der Aktie in eine andere verlagern und für jede Transaktion eine Provision erheben.

Nat. C. Goodwin & Company beschloss, es direkt mit Bergbauaktienspekulanten zu versuchen, indem sie diese über die Anzeigenspalten der Zeitungen ansprachen und sie baten, die Aktien am New York Curb über ihre eigenen Makler zu kaufen. Auch Hayden, Stone

& Company, das Bostoner und New Yorker Bankunternehmen, ließ sich dazu bewegen, 1.000.000 Dollar für das Unternehmen für Eisenbahn- und Mühlenzwecke aufzubringen, wenn ihr Ingenieur einen positiven Bericht abgeben würde.

Ausgestattet mit Geld für den Kauf von Werbeflächen und Aktienzertifikaten zur Versorgung des Marktes startete Nat. C. Goodwin & Company eine aktive Werbekampagne am New York Curb.

Der Leser wird in mehreren Einzelheiten über die Geschehnisse aufschlussreich sein, unter anderem durch diese:

(1) Der freiberufliche Bergbauunternehmer bekommt nicht immer das nötige Geld, wenn es ihm gelingt, einen lebhaften Markt für seine Anteile zu schaffen.

(2) Einige Börsenmakler von scheinbar hohem Ansehen würden einen Bergbauförderer dieser Größenordnung genauso schnell „übers Ohr hauen“, wie einen gewöhnlichen Spekulanten. Sie haben keine Favoriten.

(3) Seien Sie ein noch so ehrlicher Minenunternehmer, denn ohne Verbindungen zur New Yorker Börse werden seine Motive zwangsläufig missverstanden, wenn er einen Fehler macht. Die „großen“ Leute werden ihm die Zeitungen oder Zeitungsleute an den Kopf werfen, die sie kontrollieren oder beeinflussen. Der Öffentlichkeit wird Staub in die Augen gestreut, damit sie die Waren der großen Leute kauft, die hauptsächlich an der New Yorker Börse verkauft werden, und sie werden möglicherweise für immer Vorurteile gegenüber den kleinen Leuten hegen.

Die Kampagne in der Rawhide Coalition machte gute Fortschritte. Es war Anfang November 1908. Sechs Wochen lang hatte ich den Markt für die Aktie an der New York Curb für Nat unterstützt. C. Goodwin & Company aus Reno. Mein Büro war eine Wohnung in einem Fifth Avenue Hotel; Unsere Makler waren Mitglieder der New York Stock Exchange. Einen Monat lang hatten wir jeden Tag Anzeigen in den Finanzkolumnen der New Yorker Tageszeitungen geschaltet, die von Nat signiert waren. C. Goodwin, um die Aktie zu boomen. Etwa 600.000 Aktien befanden sich in Publikumshand. Der Markt, der sich am New York Curb befand, war „real“. Spekulative Käufe hatten den Preis von 40 Cent auf 1 Dollar pro Aktie steigen lassen. Meine Berichte waren rosig. Es fand eine weite Verbreitung des Bestandes statt.

Die Öffentlichkeit zeigte großes Interesse. Der Nat. In Anzeigen von C. Goodwin wurde dargelegt, dass 2 US-Dollar für die Aktie bis zum Weihnachtstag angemessen erscheinen dürften. Es gab Gründe. Es wurden mehrere vielversprechende Minen erschlossen. Ein hochrangiger Ingenieur untersuchte das Grundstück. Sollte sein Bericht positiv ausfallen, war ein Deal praktisch gesichert, der die Ausgabe von 1.000.000 US-Dollar für die Erschließung tiefer Minen, eine Eisenbahn und angemessene Mühlenanlagen beinhalten würde. Dies würde wiederum eine vorzeitige Dividende für die Aktionäre bedeuten. Erfahrene, konservative Bergleute hatten die Meinung geäußert, dass das Grundstück die unverkennbaren Merkmale eines Großproduzenten trage.

Die Aktie wurde zum Merkmal des Curb-Marktes. Es nahm problemlos die Mitte der Bühne ein. Nicht weniger als 20 Broker konnten in der Menge gezählt werden, die während der täglichen Sitzung fast zu jeder Stunde Aufträge ausführte. Die Tatsache, dass ein New Yorker Börsenhaus die unterstützenden Befehle „von innen" ausführte, beeindruckte das „Talent". Öffentliche Käufe durch andere Börsenhäuser der New Yorker Börse überzeugten die Curb-Veteranen weiter davon, dass die Aktie „die Ware" sei. Der Preis stieg unter dem Impuls öffentlicher Käufe. Die Bordsteinmakler selbst haben sich die Infektion zugezogen. Bis zum 7. Dezember stieg der Preis auf 1,40 US-Dollar pro Aktie. Das war ein Vorsprung von 500 Prozent. über dem „Tief" der Aktie vor einem halben Jahr.

DIE „DOPPELTE KREUZUNG" DER RAWHIDE-KOALITION

Am Ende des Tagesgeschäfts am 7. Dezember meldeten unsere Makler, ein einzelnes Unternehmen, Mitglieder der New Yorker Börse, den Kauf von 17.100 Aktien auf dem freien Markt zu einem Durchschnittspreis von etwa 1,39 US-Dollar und den Verkauf von 1.800 Aktien etwas über diesem Durchschnitt. Zum ersten Mal in der Kampagne schien es Verkaufsdruck zu geben. Wir hatten 15.300 Aktien „long" gekündigt. Zur Bezahlung der „Long"-Aktie war ein Bargeldbetrag von 21.000 US-Dollar erforderlich.

Am 8. Dezember, dem Tag darauf, berichtete dieselbe Maklerfirma, dass sie 17.800 Aktien zu einem Durchschnittspreis von 1,37½ US-Dollar gekauft und 12.800 Aktien zu einem Durchschnittspreis von 1,40 US-Dollar verkauft hatte – „long" am Tag 5.000 Aktien.

Am 9. Dezember beliefen sich unsere Käufe über dieses Unternehmen auf insgesamt 16.800 Aktien zu einem Durchschnittspreis von 1,40 US-Dollar, während unsere Verkäufe bei einem leichten Anstieg nur 6.400 Aktien betrugen.

Nat. C. Goodwin & Company war nun bei den dreitägigen Transaktionen mit 30.700 Aktien „long" und musste 43.000 US-Dollar hinter den Markt werfen, um diese zu halten. Das war eine vergleichsweise kleine Ladung, die uns nicht beunruhigte. Wir hielten die Aktie für ihr Geld wert. Wir waren jedoch neugierig, den Grund für den Verkauf zu erfahren.

Nat. C. Goodwin & Company hatte die meisten ausstehenden Aktien direkt von Reno aus zu einem Preis von 25 Cent bis 1 US-Dollar pro Aktie beim Anleger platziert, und die frühen Käufer ernteten eine große Ernte. Dies schien jedoch nicht die Erklärung für alle Verkäufe zu sein. Das Interesse an der Aktie war mittlerweile groß. Es gab kostenlose öffentliche Käufe und für jeden tatsächlichen Gewinnmitnehmer schien es einen neuen Käufer zu geben. Anscheinend hat jemand die Aktie „short" verkauft.

Spät in der Nacht besuchte mich ein Mitarbeiter unserer Maklerfirma, die unsere unterstützenden Aufträge ausgeführt hatte, in meiner Wohnung. Ich fragte ihn, welche Schutzanordnungen seiner Meinung nach die Aktie am nächsten Morgen benötigen würde, um sich vor professionellen Angriffen zu schützen. Er antwortete:

„Ich denke, wenn Sie uns einen Kaufauftrag über 5.000 Aktien zu 1,35 Dollar erteilen, wird es keine Schwierigkeiten geben."

Ich hatte es so verstanden, dass er am nächsten Morgen die Marktabwicklung für mich übernehmen wollte und dass er mich natürlich umgehend benachrichtigen würde, wenn weitere unterstützende Aufträge erforderlich wären.

Der Auftrag wurde erteilt. Es war eine ganz normale Vorsichtsmaßnahme, denn es gibt kaum eine Aktie auf der Liste, die nicht von Profis geplündert würde, wenn nicht bekannt wäre, dass unterstützende Aufträge auf dem Markt sind. Da Samstag nur eine kurze zweistündige Sitzung ist, war ich von der Idee wirklich angetan.

Ich ging spät ins Bett und hinterließ einen Anruf für 11 Uhr. Am nächsten Morgen wurde ich gegen 10:45 Uhr von meinem Diener geweckt. Er sagte, Nat. C. Goodwin wolle mich übers Ferngespräch anrufen. Mr. Goodwin war in Cincinnati, wo er eine Woche lang auftrat.

"Hallo", sagte Mr. Goodwin. "Haben sie Sie erwischt? Soll ich der Knickerbocker Trust Company telegrafisch 25.000 Dollar überweisen, damit sie den Markt stützen? Wie ich hier höre, haben sie Sie in die Klemme gebracht."

„Was ist los?", fragte ich.

„Die hiesigen Makler sagen, die Aktie sei kurz nach Handelsbeginn auf 60 Cent eingebrochen", sagte er. Das war mir neu.

„Ich brauche kein weiteres Geld", antwortete ich. „Ich habe geschlafen. Unsere Makler waren an der Arbeit. Ich werde nachsehen, was los ist, und Ihnen in Kürze Bescheid geben. Machen Sie sich keine Sorgen." Und ich legte auf.

Ich rief unsere Makler an und sie berichteten mir, dass sie bei der Eröffnung 5.000 Aktien zu 1,35 Dollar gekauft und die Unterstützung zurückgezogen hätten. „Zu viele Aktien drängten zum Verkauf", sagten sie.

„Das ist die Hölle. Sie hätten nicht zulassen dürfen, dass der Markt so einbricht. Stützen Sie die Aktie!", sagte ich. „Kaufen Sie 7.500 Aktien am Markt!"

Innerhalb weniger Augenblicke meldete diese Maklerfirma, dass sie den Kurs auf 1,16 Dollar hochgetrieben hatte. Die Erholung war jedoch nur vorübergehend. Ein weiterer Kursanstieg ließ die Aktie auf 60 Cent fallen.

Unsere Broker hatten 7.000 Aktien zu einem Preis zwischen 1 und 1,16 US-Dollar gekauft und dann aufgehört. Der Mitarbeiter ihrer Firma, der unsere Bestellungen während dieser Kampagne bearbeitet hatte, sagte, der Kauf dieses neuen Aktienpakets habe unser Barguthaben bei seiner Firma aufgebraucht. Sie hatten eine Reihe von Wechseln zum Einzug bereit, die mit an westliche Makler verkauften Aktien verbunden waren und uns noch nicht gutgeschrieben worden waren. Es gab auch einen großen Block Koalitionsaktien, der uns von ihnen geschuldet wurde. Dies war die Aktie, die sie aufgrund unserer unterstützenden Bestellungen gekauft hatten. Sie weigerten sich jedoch, die Wechsel oder die Aktien als Kredit zu betrachten.

Bei einer Reihe anderer Broker hatten wir Bareinlagen und Kredite. Ich habe sofort mehrere von ihnen angerufen, um große Aktienpakete zu einem Limit von 95 Cent zu kaufen. Das lag 35 Punkte über dem mir vorgelegten Angebot. Es wurde gemeldet, dass bei diesen Aufträgen keine einzige Aktie gekauft wurde.

Ich sprang in ein Taxi und fuhr zum Büro des Maklers, der unsere Aufträge bearbeitet hatte.

Die Situation war kritisch. Mir war völlig klar, dass ein solcher drastischer Einbruch des Marktpreises einer Aktie, die so stark ausgebeutet worden war, für die Anleger schockierend sein musste. Ich befürchtete, dass das Vertrauen der Öffentlichkeit völlig erschüttert würde.

"Das ist ein Skandal!" Ich protestierte. „Kaufe 5.000 Aktien zu 95!" Ich habe fünf 1.000-Dollar-Scheine als Vorauszahlung abgegeben.

Es war fünf Minuten vor zwölf, als ich die Bestellung aufgab. Mittags meldeten sie, dass sie 2.000 Aktien gekauft hätten, wofür ich ihnen das Geld gab. Der Markt schloss 95 Gebote für eine „Wagenladung" ab.

Auf den ersten Blick schien es, als sei der Markt durch den Kauf von 2.000 Aktien von 60 auf 95 gestiegen. Dies war ein weiterer Beweis dafür, dass an dem Stück irgendetwas faul sein musste.

Die Ermittlungen überzeugten mich davon, dass ich „hintergangen" worden war.

Die eine Maklerfirma, Mitglieder der New Yorker Börse, die unsere Aufträge bearbeitet hatte, fungierte als unser Clearinghaus und verwaltete unsere Aktien und unser Geld. Sie hatte einen Vorteil, den Börsenmakler gut kennen. Da sie die meisten unserer unterstützenden Aufträge ausgeführt hatten, waren ihre Agenten am Curb auch in der Lage, den Puls der professionellen und der Laienspekulation genau einzuschätzen. Es war leicht für jemanden, uns „eins auszuwischen".

Kurz nach Mittag erfuhr ich, dass der Ingenieur von Hayden, Stone & Company das Angebot abgelehnt hatte, 1.000.000 Dollar für den Bau der Eisenbahn und des Werks vorzuschießen. In der Mine war nicht genügend Erz vorrätig. Zweifellos war diese Information schon früh am Tag im Besitz der Makler.

Während ich schlief, war dem Markt irreparabler Schaden zugefügt worden. Als der Preis auf dem Weg nach unten 1 Dollar erreichte, hatte der Handel enorme Ausmaße angenommen. Eine Clique von Curb-Brokern soll die ganze Zeit über hartnäckig verkauft haben. Ihre Identität machte sehr deutlich, dass der Betrugsversuch nur zu seinem eigenen Vorteil eingesetzt worden war.

Ich warf unserem Makler vor, unsere Interessen – die Interessen der Aktionäre – nicht zu schützen. Ich machte einen Aufschrei. Er telegrafierte einem anderen Mitglied seiner Firma, das auf einer Jagdreise war, und bat ihn, in die Stadt zurückzukommen. Am nächsten Abend trafen sich beide Männer, Nat. C. Goodwin und ich, hinter verschlossenen Türen in meiner Wohnung. Ihre Firma erklärte sich bereit, 3.000 der 5.000 Aktien, die sie für uns zu 1,35 Dollar gekauft hatte, auf ihr eigenes Konto zu buchen. Es wurden noch einige andere kleinere Zugeständnisse gemacht.

Am Tag nach der „Pause" schwadronierten die New Yorker Zeitungen mit aufsehenerregendem Gerede über die Ursachen des Kursverfalls der Aktie. In den vorangegangenen Monaten waren an der New York Curb und der New York Stock Exchange nicht weniger als ein Dutzend anderer Wertpapiere zu unterschiedlichen Zeitpunkten völlig aus dem Verkehr gezogen, aber Börsenhäuser waren Sponsoren dieser Wertpapiere, und die Zeitung hielt Stillschweigen. Bei diesen Gelegenheiten gab es in den Zeitungen nie einen Hinweis darauf, dass möglicherweise jemand die Öffentlichkeit von ihrem Geld getrennt hatte.

Nat. C. Goodwin und ich wurden zu Unrecht beschuldigt, den Markt absichtlich zerschlagen zu haben, um die Öffentlichkeit abzuschütteln. Die New York *Sun* druckte auf der Titelseite oben in der letzten Spalte einen Bericht über die „Pause". Es begann mit einer Melodie, die vertrauensvollen Lesern zeigte, dass Chormädchen durch die Empfehlungen von Mr. Goodwin ihre Ersparnisse verloren hatten.

Die *Sun* druckte die Liste der Beamten der Rawhide Coalition Mines Company und betonte die Tatsache, dass ich „von Sullivan Trust Company berühmt" zweiter Vizepräsident sei.

Die *Sun* erwähnte das „Doppelkreuz" nicht. Auch keine der anderen Zeitungen, mit Ausnahme einer, tat dies auch.

Die New York *Tribune* sagte:

Einem Börsenhaus, das Orders für die Aktie ausgegeben hat, wurde gestern vorgeworfen, den Angriff auf die Aktie angeführt zu haben, aber Mitglieder der Firma gaben an, dass sie lediglich als Makler für Kunden im Rahmen der regulären Geschäftsabläufe gehandelt hätten.

Nach den Zeitungs-„Roasts", die das Vertrauen der Öffentlichkeit noch weiter zerstörten, griffen zwei Makler des kontinentalen Telegrafensystems von Logan & Bryan zu einer Art Taktik, um die Preise zu senken. Dieses Telegrafensystem hat über einhundert Verbindungen zu Maklern außerhalb der Stadt. Über das Telegrafensystem wurde eine Meldung verschickt, dass Nat. C. Goodwin & Company pleite sei. Eine weitere Meldung folgte, dass die Rawhide Coalition Mines Company kurz davor stehe, in die Hände eines Insolvenzverwalters zu fallen. Die *Nevada Mining News* beschuldigten Nat. Boas aus San Francisco und JC Weir aus New York, entsprechende Nachrichten über das Telegrafensystem von Logan & Bryan ausgetauscht zu haben, damit alle Korrespondenten im Telegrafensystem die falschen Meldungen erhalten würden. Sowohl Boas als auch Weir galten als „short" in der Aktie. Beide strebten offen einen weiteren Rückgang an. Diese und ähnliche Taktiken führten zu einem weiteren Preisrückgang auf 40 Cent am 24. Dezember, dem „Tief" der Bewegung.

Zwei Wochen nach Weihnachten stieg der Kurs auf 58 Gebot und 59 Brief, und der Markt war wieder stabil. Am 14. Januar schnellte der Kurs auf 70 hoch. Zu diesem Zeitpunkt wurde die Aktie erneut zum Angriffsziel. Bis zum 20. Januar war der Kurs wieder auf 50 gefallen.

Bisher war das Nettoergebnis der verschiedenen Kampagnen von Nat. C. Goodwin & Company gegen die Rawhide Coalition die Ausgabe von rund 600.000 Aktien. Die Emission war gut ausgenutzt worden. Sie hatte eine große Anhängerschaft und einen breiten Markt. Einige hervorragende Minenwertkenner waren Aktionäre geworden. Das Unternehmen war jedoch für einen langen Zeitraum der systematischen Minenentwicklung und des Mühlenbaus noch immer nicht finanziert.

Uns war völlig klar, dass wir eine perfektere Vereinbarung treffen mussten, um eine Wiederholung der Schwierigkeiten zu vermeiden, die uns das Maklerunternehmen der New Yorker Börse bereitet hatte.

"INSIDE" MARKTUNTERSTÜTZUNG

Es kam zum Umzug des Chicagoer Börsenmaklerunternehmens BH Scheftels & Company nach New York und zur dortigen Vertretung von Nat C. Goodwin & Company aus Reno sowie zur Zusammenlegung der Makler- und Promotionsinteressen der beiden Firmen.

Für den Umzug gab es einen Präzedenzfall. In diesem Land gibt es tausend weitere Unternehmensbeteiligungen, die eng mit der Börse und anderen Maklerhäusern verbunden sind, da einer oder mehrere ihrer Direktoren oder Eigentümer Partner des Unternehmens sind. Tatsächlich wäre es schwierig, einen Finger auf ein einzelnes großes Interesse dieser Art zu legen, das nicht über eine solche Repräsentation verfügt. Diese Häuser machen es natürlich zur Regel, den Kauf von Aktien zu empfehlen, an denen ihre Auftraggeber interessiert sind. Verbindungen dieser Art gelten als wesentlich für die erfolgreiche Finanzierung von Unternehmen. Eine Reihe von New Yorker Börsenhäusern, die von Männern geleitet oder kontrolliert werden, die stark an Bergbauunternehmen interessiert sind, die eine Finanzierung erfordern, sind Vertreter dieser Methode im Bergbaubereich.

Den meisten von ihnen ist es gelungen, Projekte zu fördern, an denen sie oder ihre Partner stark interessiert sind, und zwar mit Hilfe der Bank- und Maklerdienstleistungen, die ihnen dadurch zur Verfügung stehen. Diese Häuser haben ihren Kunden hauptsächlich durch die Verwendung von Marktliteratur und begleitender Marktmanipulation die Wertpapiere ihrer Firmenmitglieder und Partner unterbreitet. Sie haben dies erreicht, indem sie ein Makler-, Bank- und Werbegeschäft betrieben, ohne in der Öffentlichkeit zur Schau zu stellen, obwohl sie nie die gemischte Natur ihres Geschäfts leugneten.

Damit der Leser die Notwendigkeit dieser Geschäftsabwicklungsmethode versteht, sollte er das zugrunde liegende Prinzip der Unternehmensfinanzierung über die börsennotierte Börse verstehen.

Es gibt zwei Möglichkeiten, ein Unternehmen mit dem Geld anderer Leute zu finanzieren. Die eine ist die primitive Methode, die Öffentlichkeit in marktschreierischer Manier direkt um Zeichnungen zu bitten, das Geld an sich zu nehmen und dann darauf zu verzichten, die Aktien zu notieren oder einen offenen Markt dafür zu schaffen. Heutzutage kann man mit einem solchen Verfahren kein bedeutendes Unternehmen mehr finanzieren. Es ist praktisch unmöglich, von Banken oder Kreditmaklern auf Wertpapiere zu leihen, die keinen festen Marktwert haben. Es muss ein Markt geschaffen werden, denn ohne einen Markt, auf dem man verkaufen kann, werden intelligente Investoren nichts kaufen.

Die allgemein gebräuchliche Methode und die einzige, die sich von Finanziers als wirksam erwiesen hat, besteht daher darin, eine Nachfrage nach dem Wertpapier zu schaffen, Spekulationen zu fördern, einen aktiven Markt einzurichten und Aktien auf dem Markt entsprechend der Notwendigkeit bei jeder Finanzierung zu veräußern ist erforderlich. Dies impliziert und erfordert, dass die internen Interessen die Sicherheit auf dem offenen Markt unterstützen müssen. Daher ist es für die erfolgreiche Vermarktung der Aktien durch die Projektträger notwendig, dass die Aktionäre, sobald eine Nachfrage entsteht und öffentliche Käufe im Gange sind, über die neuesten Entwicklungen auf dem Grundstück und auf dem Markt auf dem Laufenden gehalten – versorgt werden mit Neuigkeiten über ihre Interessen, damit sie den Wert ihrer Aktienbestände beurteilen können. Dieser Prozess ist besonders wichtig während der Finanzierungsphase des Unternehmens und der Phase der Wertpapierverdauung der Öffentlichkeit.

Kurz gesagt, in dieser Hinsicht besteht der ultimative Zweck der gesamten Werbemaschinerie der Wall Street – der Maschinerie, die Wertpapiere im Wert von mehreren Milliarden Dollar an Anleger ausgegeben hat – darin, Aktien dort zu platzieren, wo sie „bleiben", d. h. nicht wieder auf den freien Markt treten, um die Interessen zu blamieren, die hinter dem Unternehmen stehen und die gezwungen sind, den Markt über einen längeren Zeitraum zu unterstützen.

Über die Frage der Ethik der Marktunterstützung durch „innen" ließe sich ein ganzes Buch schreiben. Ich werde hier nicht versuchen, das Thema ausführlich zu diskutieren. Es genügt zu sagen, dass die „innere" Unterstützung eines börsennotierten Wertpapiers meiner Meinung nach nicht stichhaltig ist, wenn sie mit dem Ziel erfolgt, einen breiten Markt zu schaffen, das öffentliche Interesse zu wecken und den Preis auf ein Niveau zu erhöhen, das innerhalb der Grenzen des Eigeninteresses liegt plus angemessenen spekulativen Wert. Die Unterstützung des Marktes bis hin zur Stimulierung stellt jedoch eine moralische Abneigung dar, wenn sie auf unehrliche Weise nur zum Nutzen der „Insider" und zum Schaden des Aktionärs erfolgt. Diese Art der Marktunterstützung ist nur eine Spur weniger verwerflich als Manipulationen, die darauf abzielen, den Marktpreis eines Wertpapiers unter seinen tatsächlichen Wert zu senken, was meiner Meinung nach fast immer berüchtigt ist.

Ich möchte hiermit festhalten, dass ich nur einmal eine Aktie „von innen" „getragen" habe, und bei dieser Gelegenheit war es eine vorübergehende

Angelegenheit, die durch den Wunsch verursacht wurde, zu einem reduzierten Preis ein großes Aktienpaket zu erwerben, das von einer Seite zum Verkauf angeboten wurde, zu der ich nicht verpflichtet war. Selbst in diesem Fall gab ich dem Investor einen Großteil des Nutzens, den meine Kollegen erzielten, indem ich ihm die Aktie zu demselben Preis überließ, zu dem „von innen" sie erworben wurde. Auch habe ich nie versucht, den Preis einer Aktie auf ein höheres Niveau zu treiben, als ich es aufgrund des vernünftigen spekulativen und nachgewiesenen inneren Werts des Wertpapiers für gerechtfertigt hielt.

KAPITEL X

ENTER, BH SCCHEFTELS & COMPANY

BH Scheftels & Company, Incorporated, Bergbau-Börsenmakler, Nachfolger von BH Scheftels & Company, viele Jahre lang Börsenmakler in Chicago, öffnete am 18. Januar 1909 seine Türen in der Broad Street, New York. Lange Zeit war BH Scheftels & Company aus Chicago als Ost-Vertreter der Gesellschaft Nat. C. Goodwin & Company aus Reno angepriesen worden, deren Präsident Mr. Goodwin gewesen war. Nun wurde bekannt gegeben, dass Nat. C. Goodwin Vizepräsident der neuen Gesellschaft BH Scheftels & Company geworden war. Da Mr. Goodwin von Beruf Schauspieler und kein Börsenmakler war und aufgrund der persönlichen Beschimpfungen, die er in der ungerechtfertigten Kritik der Zeitungen erlitten hatte, die auf den „Einbruch" des Börsenkurses von Rawhide Coalition einen Monat zuvor folgte, war er durchaus bereit, als Vizepräsident statt als Präsident zu fungieren. Außerdem konnte er sich neben seinem Beruf nicht die Zeit nehmen, sich eingehend um das Geschäft zu kümmern.

Die neue Gesellschaft BH Scheftels & Company trat in die Öffentlichkeit, indem sie in ihrer Börsenliteratur sofort den Ratschlag zum Kauf von Aktien der Rawhide Coalition Mines Company veröffentlichte. Ich wurde Werbeleiter der Scheftels Corporation, Leiter ihrer Werbeunternehmen und mit der Wahrung der Interessen der Gesellschaft auf allen Märkten betraut, auf denen ihre Aktien gehandelt wurden.

Bald führte ich eine neue Kampagne mit Investoren durch, die so heiß, so aufregend und so groß wurde, dass ich neunzehn Monate lang durchschnittlich sechzehn Stunden am Tag, einschließlich Sonntagen, arbeitete, ohne in der Lage zu sein, die angesammelten Geschäfte eines Tages an einem einzigen Tag abzuschließen. Das Unternehmen wuchs, bis BH Scheftels & Company jährlich mehr als 1.000.000 US-Dollar für Büro- und Werbekosten ausgab. In den neunzehn Monaten seines Bestehens kaufte, verkaufte und lieferte das Unternehmen etwa 15.000.000 Bergbauaktien. Die Scheftels Corporation brach in dieser Hinsicht jeden Rekord, der jemals von einem Bergbau-Aktienmakler- und Promotionhaus in der Geschichte der Wall Street aufgestellt wurde. Im Laufe seiner Karriere wurde es von vielen Seiten heftig angegriffen, aber es konnte sich behaupten. Durch ihren Einfluss auf die spekulierende Bevölkerung der Bergbauaktien, die eine gerechtere Behandlung als je zuvor erfuhr, überlebte sie die konzertierten Angriffe einer Reihe wichtiger Interessen, mit denen sie konkurrierte und die sie bekämpfte, bis eines Tages im September 1910 ein Haftbefehl erfolgte Allein von einem gewissen George Scarborough vereidigt, seither zurücktreten dürfen, mit dem Amt und der Macht eines Spezialagenten des Justizministeriums bekleidet, wurden seine Büros durchsucht, seine Bücher und Papiere beschlagnahmt, sein Eigentum beschlagnahmt und seine Beamten und Angestellten verhaftet .

Die jährlichen Ausgaben von BH Scheftels & Company betrugen 1.000.000 USD oder mehr.

Es folgt eine tabellarische Aufstellung der Ausgabenpositionen. Die Zahlen sind ungefähre Angaben. Aus den Büchern des Unternehmens, die sich jetzt im Besitz des US-Justizministeriums befinden, geht wahrscheinlich hervor, dass die jährlichen Ausgaben höher waren. Da die Bücher nicht ohne weiteres verfügbar sind, wird hier versucht, bei der Angabe der Zahlen äußerst konservativ zu sein:

JÄHRLICHE AUSGABEN VON BH SCHEFTELS & COMPANY

Einrichtung einer Hauptniederlassung und sechs Zweigstellen (Mobiliar, Einrichtung etc.)	$	40.000
Büromieten		35.000
Privates Kabelsystem, das Zweigstellen in sechs Städten mit New York verbindet		25.000
Telefone		5.000
Telegrafengebühren		100.000
Gehälter (alle Büros)		200.000
Täglicher und wöchentlicher Marktbrief (Druck und Versand)		100.000
Allgemeine Bürokosten usw.		100.000
Verschiedenes Porto		25.000
Verschiedene Druck- und Schreibwarenartikel		25.000
Werbung, Öffentlichkeitsarbeit usw.		200.000
Fachkundige Buchhalter		15.000

Provisionen und Gehälter für Curb-Makler		50.000
Bergbauprüfungen, Ingenieurhonorare, Anwaltskosten usw.		50.000
Zinskosten		30.000
Gesamt	$	1.000.000

Bevor die Scheftels Corporation einen Monat lang ihre Geschäfte aufnahm, wurde klar, dass sie „einen lang gehegten Wunsch erfüllte". In fast allen Branchen übte es eine Funktion aus, die für Bergbauspekulanten und Investoren zufriedenstellender war als die seiner Konkurrenten.

Der Hauptartikel war der Nachrichtendienst „Market Letter", der normalerweise 16 Seiten umfasst. Es erreichte bald eine Auflage von 34.000 Exemplaren unter den hochkarätigsten und am besten informierten Aktionären der Bergbauunternehmen des Landes. Es wurde außerdem regelmäßig an mehr als 2.500 Börsenmakler verschickt, darunter Mitglieder der New York Stock Exchange, der New York Cotton Exchange, der Boston Stock Exchange, der New York Produce Exchange usw.

Bevor die Scheftels Corporation fünf Monate alt war, wurde die Arbeit ihres Market Letter durch die *Mining Financial News ergänzt*, eine Wochenzeitung, die lange Zeit in Reno als *Nevada Mining News*, zuletzt als *Mining Financial News*, veröffentlicht wurde wurde nach New York verlegt, als das Unternehmen Scheftels feststellte, dass die Öffentlichkeit der Bergbauaktien hungrig nach echten Live-Nachrichten und der Wahrheit über die Bergbauvorschläge anderer Staaten sowie Nevadas war. Die *Mining Financial News* und der Scheftels Market Letter, die im Abstand von drei Tagen veröffentlicht wurden, wurden mit Nachrichten aus praktisch denselben Quellen versorgt. Die Zeitung wurde an alle Leser des Market Letter verschickt.

Die fähigsten und zuverlässigsten Bergbaukorrespondenten, die man gegen Geld in Tonopah, Goldfield, Ely, Rawhide, Cobalt, Butte, Globe und anderen Bergbaulagern finden kann, und die erfahrensten Marktnachrichtensammler in den Bergbau- und Börsenzentren von Salt Lake, San Francisco, Boston, Philadelphia, Toronto und New York wurden auf die Gehaltsliste gesetzt. Makler in diesen und anderen Städten, darunter Duluth, Seattle und Butte, lieferten weitere Neuigkeiten.

Überall dort, wo Bergbau oder Marktaktivitäten stattfanden, wurde eine Darstellung von höchster Qualität gesucht. Immer wenn es für Händler von Bergbauaktien wichtig war, gab es Nachrichten, unabhängig von den Kosten. Es wurden nie Kosten gescheut, wenn die Informationen als wertvoll für den Spekulanten oder Investor angesehen wurden. In den New Yorker Büros der Scheftels Corporation und der *Mining Financial News* , die aneinander grenzten, versammelte sich ein Stab von Zeitungsleuten mit langjähriger Erfahrung im Bergbaufinanzwesen. Wenig, was in den Minen oder auf den Märkten passiert ist, ist ihnen jemals entgangen. Tage bevor die Bergbauzeitungen des Westens den Osten erreichten, verbreiteten der Scheftels Market Letter oder die *Mining Financial News* Neuigkeiten über die Minenentwicklung. Sie enthielten außerdem eine tägliche und wöchentliche Börsendiagnose und -prognose. Diese basierten auf den Nachrichten, die von geschulten Kräften gesammelt und von Zeit zu Zeit durch geheime Informationen unterstützt wurden, die in die Büros gelangten. Dieser Dienst erreichte bald eine Genauigkeit, die auf der Straße bisher unbekannt war.

Es gibt wahrscheinlich nicht einen von fünfhundert Börsenmaklern, der eine Mine unter Tage erkennen würde, wenn er eine sähe. Auf den Gehaltslisten von BH Scheftels & Company und der *Mining Financial News* standen dreißig Männer, die buchstäblich in den Minen aufgewachsen waren und die wussten, worüber sie schrieben, als sie die Feder zu Papier brachten. Die Firma Scheftels und die Zeitung lieferten Investoren, die zuvor mit Fehlinformationen, Vermutungen und Geschwätz überschwemmt worden waren, qualitativ hochwertige Informationen über Minen und Märkte. Sie versuchten, den Spekulanten auf Minenaktien den richtigen Weg zu weisen.

Mining Financial News so zu handhaben , dass dumme Leute nicht glauben würden, es handele sich um eine völlig unabhängige Zeitung. Es war wünschenswert, dass seine Unabhängigkeit bis zu einem gewissen Grad gewahrt bliebe, damit der volle Wert der *Mining Financial News* als Eigentum wachsen könne. Die Absicht bestand darin, die Scheftels-Allianz eines Tages, als die *Mining Financial News* auf bezahlter Basis standen, aufzulösen.

Die *Mining Financial News* waren schon immer eine eigenständige Institution. Bis dahin wurde sie zeitweise von Bergbauunternehmen finanziell unterstützt, mit denen ich in Verbindung gebracht wurde, und war aus diesem Grund immer eine Art Hausblatt. Aber sie bewahrte sich stets eine gewisse Unabhängigkeit in ihren Nachrichtenspalten und zumindest eine solche Teilunabhängigkeit in Bezug auf die Eigentümerschaft, die es ihr ermöglichte, auf eigenen Beinen zu stehen.

MEHR WAHRHEIT ÜBER DIE „MINING FINANCIAL NEWS"

Als die *Mining Financial News* nach New York umsiedelten, musste Herr Scheftels viel Überzeugungsarbeit leisten, um die Eigentümer dazu zu bewegen, den Titel an die Firma Scheftels zu übertragen. Zugegeben, wenn die Firma Scheftels sich auf der ersten Seite ihrer Redaktion damit brüsten könnte, Eigentümer der Zeitung zu sein, wäre das eine große Ehre für Scheftels und könnte Investoren zu der Annahme verleiten, dass eine

Organisation, die eine erstklassige, großstädtische Zeitung wie die *Mining Financial News besitzen und veröffentlichen kann* , schon aus diesem Grund finanzielle Anerkennung verdient.

Thompson, Towle & Company, Mitglieder der New Yorker Börse, drucken ein kleines Muster einer solchen Zeitung mit dem Namen *News Letter* . Hayden, Stone & Company und Paine, Webber & Company aus Boston und New York sollen großen Einfluss auf das *Boston News Bureau haben* , eine Zeitung, die Nachrichten über Minen und Bergbauaktienmärkte veröffentlicht. Das *Boston News Bureau* hat zeitweise keine Display-Werbung gedruckt, manchmal auch. Es wird von Bostoner Bergbau-Börsenmaklern, die die Kupferwertpapiere von Michigan und Arizona verwalten, als notwendige Ergänzung zu ihrer Marktliteratur angesehen. *Walker's Copper Letter* und der *Boston Commercial* sind weitere Beispiele. *Walker's Copper Letter* , der keine Werbung enthält, sagt seit Jahren die allerschönsten Dinge über Kupferwertpapiere, die von wichtigen Interessengruppen in Boston und New York gefördert und ins Leben gerufen wurden. Es erübrigt sich zu erwähnen, dass das, was *Walker's Copper Letter* , der *Boston Commercial* und das *Boston News Bureau* über die Bergbauvorschläge ihrer Freunde sagen , in der Regel auf Tatsachen basiert. Der Punkt ist, dass die Projektträger es für notwendig halten, dass Neuigkeiten über die Märkte, die Wertpapiere und die Minen, an denen sie interessiert sind, einer breiten Öffentlichkeit zugänglich gemacht werden.

Die Eigentümer der *Mining Financial News* , zu denen BH Scheftels, Präsident und 25-prozentiger Eigentümer des Stammkapitals von BH Scheftels & Company, nicht gehörte, waren der Ansicht, dass jeder, der die nötigen Kräfte lieferte, während die Zeitung auf die Beine kam und sich etablierte, Anspruch auf die gesamte Publizität hatte, die die Zeitung ihm konsequent und ehrlich bieten konnte. Mit dieser Übereinkunft ging die Firma Scheftels davon aus, alle Einnahmen der *Mining Financial News zu erhalten* und alle laufenden Kosten zu tragen, bis die Zeitung sich selbst tragen konnte.

Dabei leistete es der gesamten Bergbauindustrie einen großartigen Dienst, da der Platz, der den Scheftels-Unternehmen darin gewidmet war, durchschnittlich nicht mehr als ein Achtel des Ganzen ausmachte, und es gab Dollars aus, um die Nachrichten aller Aktien zu liefern, an denen andere Bergbauunternehmen beteiligt waren Veröffentlichungen auf diesem Gebiet gaben ein paar Cent aus.

Um sicherzustellen, dass die Öffentlichkeit verstand, dass die *Mining Financial News* quasi das Hausorgan der Scheftels Company war, wurden viele Vorsichtsmaßnahmen getroffen. Es wurde kein Antrag auf Zulassung zur Post als Ware zweiter Klasse gestellt und die Zeitung wurde mit einem Porto von ein, zwei Cent verschickt. Der Name Harry Hedrick wurde als

Vizepräsident der Gesellschaft, der die *Mining Financial News gehörte* , ganz oben auf die Seite gesetzt, da Herr Hedrick offen bei der Scheftels Company als Leiter der Korrespondenzabteilung angestellt war. Mein eigener Name wurde später als Redakteur oben auf die Redaktionsseite gesetzt, wobei die Scheftels Company keinen Hehl aus meiner Position als uneingeschränkter Leiter ihrer Werbeabteilung, ihrer Werbeunternehmen und aller Märkte für die Scheftels-Werbeaktien machte. Diese Verbindung war zuvor sogar noch enger gewesen. Ich war früher als Vizepräsident von Nat. C. Goodwin & Company in Reno und Vizepräsident der Rawhide Coalition Mines Company angekündigt worden, und die Scheftels Company hatte angekündigt, dass Nat. C. Goodwin war sein eigener Vizepräsident.

Darüber hinaus gab die Firma Scheftels in ihrer Börsenliteratur bekannt, dass sie aufgrund der Verbindung zu Nat. C. Goodwin ein eigennütziges Interesse daran habe, den Markt für die Aktie zu schützen. Gelegentlich wurden auf der Titelseite der *Mining Financial News Börsenartikel unter der Unterschrift von BH Scheftels veröffentlicht* . Wann immer jemand den Scheftels Market Letter anforderte, wurde ihm regelmäßig kostenlos ein Exemplar der *Mining Financial News zugeschickt* . In den *Mining Financial News* wurden sehr häufig Artikel unter der Unterschrift anderer Führungskräfte und Mitarbeiter abgedruckt, die früher bei Nat. C. Goodwin & Company in Reno und später bei BH Scheftels & Company in New York tätig waren .

Der wohl wichtigste Grund, warum das Unternehmen Scheftels eine solche Vereinbarung mit *Mining Financial News getroffen hat* , war, dass es dies mit nur sehr geringem Zusatzaufwand erreichen konnte. Die Firma Scheftels hielt es für notwendig, in allen Bergbau- und Marktzentren Korrespondenten zu beschäftigen, und die gleichen Korrespondenten konnten für beide Unternehmen arbeiten. Ein weiteres wirtschaftliches Argument bestand darin, dass enorme Einsparungen bei den Telegrafengebühren erzielt werden könnten, da alle an die Zeitung adressierten Sendungen zum Pressetarif versandt würden. Diese Depeschen standen der Firma Scheftels und ihrer Kundschaft stets zur Verfügung.

Die Scheftels-Organisation ging davon aus, dass das in Bergbauaktien investierende Publikum dringend die richtige Führung brauchte und dass jedes Maklerhaus, das es richtig führte, bald nicht mehr in der Lage sein würde, alle ihm angebotenen Geschäfte abzuwickeln.

Und genau das ist passiert. Bevor das Unternehmen Scheftels sechs Monate alt war, mussten die fünfzehn Männer in der Buchhaltung Tag und Nacht arbeiten – immer wieder die ganze Nacht bis 6 Uhr morgens –, um ihre Arbeit nachzuholen.

Wenn der Nachrichtendienst von Scheftels so perfekt war, wie es Geld und Verstand nur zuließen, wären seine Möglichkeiten zur Ausführung von Aufträgen an der New York Curb, der Boston Curb, der San Francisco Stock Exchange, der Salt Lake Stock Exchange, der Toronto Stock Exchange und anderen zu nennen Die Bergbaumärkte waren unübertroffen. Die Büros in New York und Boston waren über exklusive private Leitungen mit Zweigstellen in Philadelphia, Chicago, Detroit, Milwaukee und Providence verbunden, und die Verbindung zu Büros außerhalb der Stadt erfolgte nahezu augenblicklich.

Die New Yorker Büros lagen direkt gegenüber dem Curb-Markt in der Broad Street im Erdgeschoss des großen Gebäudes des *Wall Street Journal*, 15 mal 61 Meter groß und hatte eine Grundfläche von etwa 930 Quadratmetern. Das zwei Stockwerke umfassende Büro in Boston lag nur 30 Meter vom Curb-Markt entfernt. Die öffentlichen Leitungen der Telegrafengesellschaften ermöglichten eine schnelle Verbindung zwischen San Francisco, Salt Lake City und Toronto, wo Geschäfte über die Mitglieder der Bergbau- und Wertpapierbörsen dieser Städte abgewickelt wurden. Die privaten Leitungen der Scheftels-Gesellschaft wurden zu jeder Handelsstunde ständig mit schnellen Kursnotierungen und Markt-, Bergwerks- und Unternehmensnachrichten überflutet. In New York beschäftigten die Scheftels-Makler, manche davon auf Gehaltsbasis, manche auf Provisionsbasis, selten weniger als zehn, zeitweise sogar über zwanzig.

Die Korrespondenzabteilung wurde lange Zeit von zwei der bestbeschäftigten Männer des Bergbaumarktes geleitet, die man für Geld anstellen konnte. Aus dieser Abteilung gingen in der Regel die Leiter auswärtiger Büros hervor. Im Kassiererkäfig waren sechs Männer mit einem durchschnittlichen Gehalt von über 100 Dollar pro Woche damit beschäftigt, Vorräte zu registrieren, Vorräte entgegenzunehmen, Geld zu bezahlen und Schecks auszustellen. Die Lohnsumme der Postabteilung, die in Zusammenarbeit mit den *Mining Financial News betrieben wurde* , war vergleichsweise gering. Kostensparende Maschinen zur Abwicklung des großen Aufkommens an Marktbriefen und Zeitungen leisteten hervorragende und wirtschaftliche Dienste. In der Korrespondenzabteilung waren regelmäßig etwa zehn Stenographen beschäftigt. Gelegentlich, wenn besondere Anstrengungen unternommen wurden, um die Öffentlichkeit für eine Sicherheit zu interessieren, die dem Unternehmen besonders am Herzen lag, wurde eine Truppe von vierzig zusätzlichen Stenotypisten für kurze Zeiträume in Dienst gestellt.

DIE SCHEFTELS-PRINZIPIEN

Als das Unternehmen BH Scheftels & Company seine Türen in New York öffnete, hatte es keinerlei Verbindungen zu anderen Wall-Street-Interessen.

Es hatte außer seinen eigenen keine Äxte zu schleifen. Es war praktisch eine freiberufliche Tätigkeit. Es zerschmetterte seine eigenen Waren, wobei es darauf achtete, sich stets an die Fakten zu halten, und nahm kein Blatt vor den Mund über die Qualität der Waren seiner Zeitgenossen. Der Grundsatz sowohl der Scheftels Corporation als auch der *Mining Financial News bestand darin* , mit ihren Marktprognosen immer *richtig zu liegen*. Der allgemeine Auftrag an Nachrichtensammler und Marktprognostiker bestand darin, FAKTEN ZU GEBEN .

Das festgelegte Gesetz lautete: Wenn die Nachricht schlecht ist und wahrscheinlich die Interessen unserer besten Freunde schädigt, sagen Sie sie im Interesse des Anlegers. Wenn es gut ist und die Unterstützer der betroffenen Aktie zufällig unsere schlimmsten Feinde sind, sagen Sie es. Unabhängig davon, auf welcher Seite des Marktes Ihrer Meinung nach BH Scheftels & Company eigene Spekulationen betreibt, teilen Sie dem Kunden alle Neuigkeiten mit. Stellen Sie sich die Sache des Bergbauaktienhändlers als denjenigen vor Augen, den Sie immer weiter vorantreiben müssen. Übertreibe niemals. Letztendlich muss sich diese Politik auf unsere Kreditwürdigkeit und unseren Gewinn auswirken.

Letztendlich führte diese Politik zu unserem Ruin. Unsere Politik der Wahrheitsfindung war direkt für den Verlust von Millionen an konkurrierende Veranstalter verantwortlich, und sie schlossen sich zusammen, um uns zu zerstören.

Die Werbe-, Verkaufsförderungs- und Vermittlungsaktivitäten des Unternehmens waren so groß und dabei so einfach, dass sie sofort die Aufmerksamkeit der Straße herausforderten. Bevor die Scheftels Corporation ein halbes Jahr alt war, begannen Veteranen des Finanzgeschäfts zu glauben, dass hinter dem Unternehmen ein großes Interesse steckte. Seine schneidigen Marktmethoden, seine mächtigen Werbemaßnahmen und seine zügellose Selbstsicherheit erregten große Aufmerksamkeit. Von allen Seiten erreichten die Expertenmeinungen die Firma Scheftels, dass ihre Arbeitsweise in dem Punkt überzeugend sei, dass sie sich mit dem Geschäft auskenne. Aber die allgemeine Meinung der Talente schien zu sein, dass das neue Unternehmen zu viel Geld ausgab und dass es sich nicht durchsetzen konnte, wenn es nicht zu einem großen Boom bei den Bergbauaktien kam.

Die Markttaktiken der Firma Scheftels in ihren Promotion-Unternehmen sind uralt. An der New Yorker Börse waren sie schon tausend Mal im Einsatz gewesen. Die Methode wird wahrscheinlich alle Zeiten überleben. Das Unternehmen versuchte, die Aktien, deren Sponsor es wurde – zuerst Rawhide Coalition, dann Ely Central, später Bovard Consolidated und schließlich Jumbo Extension –, über das bewährte Wall-Street-System zu verteilen, das öffentliches Interesse und Nachforschungen herstellte und einen aktiven Markt herbeiführte. Ziel war es, höhere Preise für die Wertpapiere zu erzielen, stets im Rahmen des inneren und angemessenen spekulativen Wertes. Alle Bemühungen waren darauf ausgerichtet.

Solche Pläne werden jedoch manchmal durchkreuzt. Die Märkte erkranken. Es werden mehr Aktien zum Verkauf angeboten, als die "Insidern" Geld haben, um sie zu bezahlen. Die Aktienkurse brechen ein. Dann kann der Promoter kein Geld verdienen und könnte viel davon verlieren. Da das Geldverdienen sein Hauptziel ist und der Aktienvertrieb zweitrangig, muss er genau hinsehen, wann die Märkte der Gewohnheit des Preisverfalls unterliegen. Hier stellte BH Scheftels & Company durch sein Maklergeschäft nach kurzer Zeit fest, dass es in der Lage war, sich gegen fallende Märkte zu versichern.

Ohne die vorhandenen Werbevorräte – die der Großhandel zu niedrigeren als den garantierten Werten beschafft – von denen er auf einem steigenden Markt Hunderttausende Dollar profitieren könnte, wären die Millionen-Dollar-Jahresausgaben des Unternehmens Scheftels nicht gerechtfertigt gewesen . Als der Markt nach niedrigeren Niveaus suchte und mit den Werbeaktionen kein Gewinn mehr erzielt werden konnte, bedeutete dies eine Einstellung des Geschäfts im großen Stil.

Die Versicherung des Unternehmens bestand aus dem freien Markt für Aktien auf der allgemeinen Liste und seinem Maklergeschäft.

Von Zeit zu Zeit leerverkaufte das Unternehmen offen Zehntausende von Aktien, an denen es überhaupt kein Interesse als Promoter hatte, indem es sie auf dem freien Markt an alle Bieter gegen spätere Lieferung verkaufte, indem es sie von Maklern borgte und sofort verkaufte Lieferung und durch Leerverkäufe im Allgemeinen.

Spekulanten spielen auf dem Markt, und das tat auch die Firma Scheftels, aber nie gegen ihre eigenen Aktien. Spekulanten kaufen jedoch Bergbauaktien direkt oder auf Kredit, weil sie spekulieren wollen. Die Firma Scheftels spielte aus genau dem entgegengesetzten Grund auf dem Markt. Sie wollte nicht alle Eier in einen Korb legen und wollte sich gegen Marktrückgänge versichern, um die Werbeverluste abzudecken, die bei einem allgemeinen Markteinbruch eintreten müssten.

Und die Firma Scheftels hat dabei weder eine Scheinbuchhaltung eingeführt, noch sich sonst hinter irgendwelchen Büschen versteckt.

Darüber hinaus nutzte das Unternehmen niemanden aus. Die Karten waren nicht gefälscht. Es wurde nicht von unten gehandelt. Die Marktmeinung, für die das Unternehmen direkt oder indirekt verantwortlich war, war bis zur letzten Äußerung authentisch. Es wurden keine Nachrichten über irgendwelche Wertpapiere zurückgehalten. Das Unternehmen gab seinen Kunden und der Öffentlichkeit alle wichtigen externen oder internen Informationen über alle in seinem Besitz befindlichen Wertpapiere der allgemeinen Liste preis. Genau in dem Moment, als es die größten Aktienverkäufe verzeichnete, erlangten seine Marktprognosen dem Unternehmen einen Ruf der Genauigkeit, wie man ihn noch nie erlebt hatte.

Wenn die Aktien, bei denen es zu Engpässen kam - Aktien auf der allgemeinen Liste, die wahrscheinlich 15 % des gesamten Geschäftsvolumens ausmachten, während die übrigen Transaktionen alle in „Hausaktien" erfolgten (an diesen „Hausaktien" konnte es nicht mangeln, da der Gründer Optionen auf Hunderttausende von Aktien hatte) - wenn die auf diese Weise „geshorteten" Aktien auf der allgemeinen Liste im Preis stiegen und die Gesellschaft gezwungen war, später an die Börse zu gehen und mit großem Verlust ihre Verluste „einzudecken", dann war es für die Gesellschaft stets ein Herzensanliegen, ein Danklied zu singen, denn sie konnte es sich gut leisten, die Verluste, die sie bei der allgemeinen Liste erlitt, aus den höheren Profiten zu bezahlen, die mit den „Hausaktien" gemacht würden, die ja am allgemeinen Aufschwung teilhaben mussten.

Von Kunden als Sicherheit für den Kauf anderer Aktien hinterlegte Sicherheiten wurden den Konten der Kunden gutgeschrieben und mit den eigenen Sicherheiten des Unternehmens vermischt. In jedem Fall war eine ordnungsgemäße Indossierung der als Sicherheit hinterlegten Zertifikate erforderlich. Jedes Aktienzertifikat trägt auf der Rückseite eine Blankovollmacht. Die Unterschrift der Person, an die das Zertifikat ausgestellt wurde, macht es für den Makler verhandelbar. Es war die Hausregel, diejenigen, die Sicherheiten als Sicherheit in die Geschäftsstelle brachten, stets darüber zu informieren, dass die Aktien verwendet würden und dass sie die identischen Zertifikate nicht wieder zurückerhalten würden. In einer Reihe von Fällen wurde Einspruch erhoben. Die Annahme der Aktien als Sicherheit wurde dann umgehend abgelehnt. Wenn es vereinzelte Ausnahmen von dieser Regel gab, geschah dies gegen die Anweisungen und aufgrund von Nachlässigkeit oder Unwissenheit. Immer wenn ein Kunde sein Konto schloss und die Rückgabe seiner Sicherheiten verlangte, wurden Aktien gleicher Beschreibung und Stückelung zurückgerufen und ausgeliefert.

Dieselbe Regel galt für Aktien, die der Gesellschaft als Darlehensverpfändung überlassen wurden. Im vom Kreditnehmer unterzeichneten Schuldschein wurde ausdrücklich darauf hingewiesen, dass dem Kreditgeber das Vorrecht zur Verwendung der Aktien eingeräumt wurde.

Diese Vorgehensweise ist unter Bergbauaktienhändlern so weit verbreitet und die Regel so allgemein bekannt, dass die Kunden selten Einwände erhoben.

Um die allgemeine Praxis zu testen, schickte ein Freund auf meinen Vorschlag hin vor kurzem Aktienzertifikate an 17 Börsenmakler, die derzeit an der Wall Street Geschäfte machen. Drei von ihnen waren Mitglieder der New Yorker Börse und 14 waren Mitglieder der New Yorker Börse, der Bostoner Börse oder einer Bergbaubörse. An jeden der 17 wurde ein Brief mit im Wesentlichen folgendem Inhalt geschickt:

Anbei finden Sie ...... Aktien von ...... , die als Sicherheit für den Kauf eines zusätzlichen Blocks von ...... Aktien verwendet werden können. Bitte kaufen Sie am Markt und melden Sie sich umgehend.

Die 17 Aufträge wurden von den 17 einzelnen Häusern ausgeführt. Einen Monat später, als die bestellten Aktien am Markt gestiegen waren, wurde an jedes der 17 Häuser der folgende Brief geschickt:

Bitte verkaufen Sie die ...... Aktien von ...... , die Sie vor einem Monat auf dem Markt für mich gekauft haben, und geben Sie mir das Aktienzertifikat zurück, das ich Ihnen als Sicherheit mit Scheck für meinen Gewinn geschickt habe.

Es dauerte fast zwei Monate, bis alle 17 geliefert wurden. Als sie dies taten, gab keiner von ihnen das gleiche Zertifikat zurück, das als Sicherheit hinterlegt worden war.

Seien Sie nicht schockiert, lieber Leser, über diese Enthüllung. Es ist der *Brauch* .

Und denken Sie bitte nicht, dass Bergbau-Aktienmakler sich nur auf die allgemeine Praxis konzentrieren. Wenn Sie den Kauf eines Aktienpakets gegen Bareinschuss bei einem Börsenhaus der New York Stock Exchange bestellen oder einem von ihnen ein Aktienzertifikat als Sicherheit anstelle von Bargeld für den Kauf weiterer Aktien senden, erhalten Sie einen Bestätigungsbeleg der Handel, der im Allgemeinen etwa so lautet:

Wir behalten uns das Recht vor, diesen Bestand in unsere allgemeinen Kredite usw. einzumischen.

Das heißt, es bleibt vorbehalten und wird auch tatsächlich davon Gebrauch gemacht, das Eigentum an den Zertifikaten unverzüglich auf den Broker zu übertragen.

Sofern ein Zertifikat nicht auf den Namen eines Kunden ausgestellt ist und nicht von ihm indossiert wurde, hat er keine Kontrolle darüber. Laut Gesetz hat ein Makler das Recht, ihm verpfändete Wertpapiere oder Waren zu verpfänden oder zu verleihen, um das zur Deckung des Kaufpreises erforderliche Geld aufzubringen, und solche Wertpapiere sind nicht zweckgebunden. Mit anderen Worten, der Kunde hat keinen Anspruch auf bestimmte Aktien, so dass Aktien, die mit dem Geld eines Kunden gekauft wurden, an einen anderen Kunden geliefert werden können.

Was das Unternehmen Scheftels betrifft, das sich dem Vorwurf des „Bucketshopping" mit „Leerverkäufen" von Aktien ausgesetzt sieht, hätte man von einer solchen Möglichkeit nie träumen können. Das Strafrecht des Staates New York, Abschnitte 390 bis einschließlich 394, ist das einzige Strafgesetz, das Marktoperationen abdeckt, die allgemein als Bucketing und Bucketshops bekannt sind. In jedem Abschnitt und jeder Unterteilung ist vorgesehen, dass eine Straftat begangen wurde, wenn *beide* Parteien beabsichtigen, dass es keinen tatsächlichen Kauf oder Verkauf geben soll, sondern dass die Abrechnung auf der Grundlage von Kostenvoranschlägen erfolgen soll beabsichtigen usw." oder „wo *beide Parteien* nicht beabsichtigen usw." Die Firma Scheftels war nie an einer solchen Vereinbarung beteiligt. Und es war immer üblich, die bestellten Waren innerhalb einer angemessenen Frist zu liefern, nachdem der Kunde den fälligen Betrag vollständig bezahlt hatte.

Nun sind weder ich noch die Scheftels Corporation für die Maklerbedingungen in ihrer jetzigen Form oder für die geltenden Gesetze verantwortlich. Gewohnheit und Praxis sind verantwortlich. Der Zweck hier besteht darin, die genaue Natur der Geschäftsmethoden der Straße, wie ich sie vorgefunden habe, zu vermitteln und insbesondere diejenigen hervorzuheben, die kritikwürdig sind.

DAS SCHEFTELS-UNTERNEHMEN GEGEN MARGIN-HANDEL

Das Unternehmen Scheftels förderte den Margenhandel seiner Kunden nicht. Tatsächlich wurde gegen die Praxis gewettert. Immer wieder prangerte die *Mining Financial News* redaktionell das Geschäft mit dem Margin-Handel an. Der Weekly Market Letter des Unternehmens äußerte sich in die gleiche Richtung. Bei mehreren Gelegenheiten verurteilte die Firma Scheftels in großen, in den Zeitungen veröffentlichten Anzeigen die Praxis und forderte die Öffentlichkeit auf, den Handel dieser Art einzustellen.

Dafür gab es eigennützige Gründe. Bei der Vermarktung ihrer Aktien stellte die Firma Sccheftels fest, dass nicht mehr als 20 Prozent der an andere Makler erteilten öffentlichen Aufträge für diese Wertpapiere ausgeführt wurden, oder dass die Aktien, wenn sie ausgeführt wurden, sofort wieder am Markt verkauft wurden, während die Makler oder ihre Verbündeten auf dem Handel „standen".

Wäre es der Firma Sccheftels gelungen, dieser Praxis durch ihre Publizitätskampagne ein Ende zu setzen, hätte sie in den neunzehn Monaten ihres Bestehens zweifellos drei- bis viermal so viele Bergbauunternehmen erfolgreich fördern können, wie es tatsächlich der Fall war, und ihre Gewinne wären viermal so hoch gewesen.

Der Appell an die Öffentlichkeit war jedoch vergebens. Laute, wiederholte Aufforderungen an Margin-Händler, ihre Sollsalden zu zahlen und die Herausgabe ihrer Zertifikate zu verlangen, was jeden Broker dazu zwingen würde, auf den Markt zu gehen und die Aktien zu kaufen, die er bei seinen Kunden leerverkauft hatte, scheiterten kläglich.

Die Lehre aus dieser Erfahrung war, dass es den Spekulanten völlig egal war, ob ihre Broker Aktien im Angebot hatten oder nicht. Alles, was sie wollten, war offenbar die Gewissheit, dass sie ihre Aktien, Gewinne oder Guthaben zurückbekommen würden, wenn sie ihre Konten schließen wollten.

Was ist das Übel an Leerverkäufen der hier beschriebenen Art? Das einzige Übel, das ich jemals entdecken konnte, ist, dass dem Markt die Unterstützung vorenthalten wird, die die tatsächliche Aktienhaltung bieten soll. Diese Härte lastet am schwersten auf dem Promoter. Es scheint keine Heilung zu geben. Selbst wenn ein Makler die Aktien kauft und sie nicht selbst wieder verkauft, gibt es kein Gesetz, das ihm das Recht verwehrt, sie zu leihen oder an jemand anderen zu verleihen. Und es liegt immer im Interesse des Maklers, die Aktien zu verleihen, da er das Geld nutzen kann. Aktien werden selten von irgendjemandem geliehen, außer um Lieferungen bei Leerverkäufen zu tätigen.

Was ist mit dem Makler, der seinen Auftrag überhaupt nicht ausführt, sondern von Anfang an auf dem Handel steht und die Aktien leerverkauft und den tatsächlichen Kauf verzögert, bis die Lieferung verlangt wird? Diese Vorgehensweise ist für den Kunden sogar noch weniger schädlich, als wenn er den Kaufauftrag zum Zeitpunkt der Auftragserteilung tatsächlich für den Kunden ausführt und die Aktien dann gleich wieder auf dem Markt für Rechnung des Maklers oder seines Kumpels verkauft - die übliche Vorgehensweise, wenn das Ziel des Leerverkaufs verfolgt wird. Wenn ein Makler Aktien auf dem Markt kauft, muss er dafür bieten, und der tatsächliche Kauf bedeutet für den Kunden im Allgemeinen einen höheren Selbstkostenpreis als bei den stehenden Kursnotierungen.

Die Regel der Straße besteht darin, dem Kunden Zinsen auf alle Sollsalden zu berechnen. Wenn ein Broker einem „Leerverkäufer" eine Aktie verleiht, die er für seinen Kunden hält, erhält er den vollen Marktwert als Sicherheit für die Rendite ausgezahlt. In diesem Fall entstehen dem Makler keine Zinsen mehr für den Kunden, sondern er ist tatsächlich in der Lage, die vom Kunden hinterlegte Bareinlage verzinst auszuleihen.

Vielleicht denken Sie, lieber Leser, dass ein Makler seinen Kunden Zinsen in Höhe von sechs Prozent verlangt. Der jährliche Betrag, den er nicht mehr vorschießt, ist schief. Sehr gut. Wenn dem so ist, müssen alle Mitglieder der New Yorker Börse als „Gauner" abgestempelt werden. So funktioniert es, selbst unter den hochkarätigsten und konservativsten Mitgliedern dieses großen Wertpapierhandels:

John Jones ordnet den Kauf von 1.000 Aktien von Steel gegen Marge durch seinen Makler an. Er zahlt 10 Prozent Anzahlung. des Kaufpreises. Herr Jones erhält am Ende des Monats eine Abrechnung, in der ihm Zinsen in Höhe von sechs Prozent berechnet werden. pro Jahr oder mehr, wenn der Tagesgeldmarkt höher ist, auf 90 Prozent. des vom Haus vorgeschossenen Kaufpreises.

Am selben Tag, an dem der Auftrag von John Jones eingeht, weist William Smith dasselbe Haus an, 1.000 Aktien von Steel auf dem Markt leerzuverkaufen. Auch dieser Auftrag wird zeitnah ausgeführt. Daraufhin verwendet der Broker die 1.000 Aktien von Steel, die er für Rechnung von John Jones gekauft hat, um die Lieferung über das Clearing House für Rechnung von William Smith durchzuführen. Manchmal wird ein fiktiver William Smith erstellt, bekannt als „Konto Nr. 1", „A. & S.-Konto", „E.-Konto" usw. Dies geschieht normalerweise, wenn ein Makler vor seinen Buchhaltern verbergen möchte, dass er bzw Ein Mitarbeiter übernimmt das andere Ende des Handels des Kunden.

Der Makler verfügt über kein Geld, berechnet Herrn Jones jedoch den regulären Zinssatz auf seinen Sollsaldo. Tatsächlich werden die für Mr. Jones gekauften Aktien nicht einmal an seinen Broker geliefert. Aufgrund des „Leerverkaufs" greift die Clearingstelle ein und liefert den Betrag „im Saldo" an den Makler, an den er fällig ist.

Sitte und Praxis decken eine Vielzahl bemerkenswerter Transaktionen ab – nicht wahr?

Sie verfügen über den Rahmen der Scheftels-Struktur und ihres Wall-Street-Umfelds, der in diesem Kapitel beschrieben wird. Ein Teil der Erzählung ist zweifellos „staubtrocken", aber ihre Wiedergabe schien notwendig zu sein, um den Laien in die Lage zu versetzen, die Chronologie der bewegenden Ereignisse, die den Schlussteil bildet, richtig zu interpretieren.

Im Vorstehenden habe ich versucht, viele an der Wall Street übliche Praktiken offenzulegen. Wo immer ich sie der BH Scheftels & Company vorwarf, habe ich dieser Firma die Schuld am meisten gegeben, weil ich in der Aufzählung eine Vielzahl von Vorkommnissen verschwiegen habe, die der Firma Scheftels in höchstem Maße zugutekamen. Die meisten davon hatten mit den Erfahrungen der Firma Scheftels als Werbeagentur und

Promoter zu tun. Ihre völlig offene Werbe- und Promotionspolitik erregte den Zorn einflussreicher Wall-Street-Piraten und verursachte den „Druck" in Washington, der zur Razzia der Bundesbehörden in den Büros von Scheftels führte.

Diese dramatische Reihe von Ereignissen habe ich mir für mein letztes Kapitel aufgehoben.

KAPITEL XI

EIN KAMPF AUF LEBEN UND TOD

In Branchenkreisen galt der Scheftels-Konzern vom ersten Tag an als Eindringling, als er das Finanzviertel betrat.

Ihr erstes Vergehen bestand darin, ihre Provisionssätze zu senken. Dieser Schritt brachte den gesamten Curb gegen das Unternehmen. Aber im Laufe des Stücks erwies es sich als unwichtig im Vergleich zu dem unsäglichen Verbrechen, die Wahrheit über die Bergbauvorschläge anderer Leute zu sagen, die für öffentliche Gelder in Frage kamen. Die Scheftels Corporation hatte es als feste Regel festgelegt, dass ein etablierter Ruf für die Genauigkeit der Angaben ein großer Vorteil für jeden Promoter oder Makler sei. Um dieses Prestige zu erlangen, folgte man in der landesweiten Öffentlichkeitsarbeit des Hauses dem Grundsatz, dass man bei der Veröffentlichung von Informationen über den Wert eines börsennotierten oder nicht börsennotierten Wertpapiers stets sagen muss, wem die Wahrheit schadet oder begünstigt. Platz im Scheftels Market Letter oder in den Nachrichtenkolumnen der *Mining Financial News* war unverkäuflich.

Die Durchsetzung dieser Regel wich stark von den vorherrschenden Methoden ab. Aber das ließ uns nicht zögern. Nachdem ich den spekulativen Puls jahrelang gespürt hatte, wusste ich, wie er pochte. Die Öffentlichkeit wurde, nachdem sie Milliarden von Dollar verloren hatte, „gebildet". Die Basis der Bergbauförderer – ob hoch oder niedrig – an der Wall Street glaubte immer noch, dass „jede Minute einer geboren wird und keiner stirbt." Aber ich und meine Mitarbeiter haben es nicht getan. Eine ungebildete Öffentlichkeit war in Dutzenden von Unternehmen, hinter denen große und angesehene Namen standen, gnadenlos „gestutzt" worden. Spekulanten waren auf der Suche nach der Wahrheit. Wir beschlossen, es ihnen zu geben. Wir haben es ihnen direkt gegeben.

Dieses Publizitätssystem führte durch die mächtigen Feinde, die es sich machte, zum Ruin des Scheftels-Konzerns. Die Politik war trotzdem richtig. Nach wie vor war und ist nichts besser geeignet, die Nachfrage nach allen Arten von verdienstvollen Wertpapieren zu verstärken. Die Scheftels Corporation war der Pionier bei der Nutzung dieses Prinzips als grundlegende und zugrunde liegende Grundlage für Vermittlung und Werbung. Als Pionier dieser Politik wurde die Firma Scheftels jedoch den Vorurteilen und dem Zorn der alten Schule der Förderer zum Opfer gefallen.

Das Abfeuern der ersten Waffen

Bevor die Scheftels-Corporation drei Monate lang auf der Straße war, kam es fast zu einem Rückschlag. Aufgrund der hervorragenden Minennachrichten kaufte das Unternehmen fast 300.000 Aktien der Rawhide Coalition auf dem freien Markt, bis zu 71 Cent pro Aktie. Bergbau- und Aktienmaklerfirmen, die sie leerverkauft hatten, gingen entschlossen gegen die Aktie vor . Ballenweise geliehene Aktien wurden von der Masse, die sich für den Niedergang einsetzte, auf den Markt geworfen. Das Unternehmen Scheftels nahm das alles auf sich. Briefe und Telegramme wurden von Marktgegnern verschickt, in denen sie die Aktionäre zum Verkauf drängten. Eine mächtige Clique hatte auf dem Vormarsch große Summen verloren.

Das Unternehmen Scheftels veröffentlichte Anzeigen, in denen es die Margin-Händler aufforderte, die Herausgabe ihrer Zertifikate zu verlangen. Dieses Hilfsmittel erwies sich als von geringem Nutzen. Die Makler hielten weiterhin Lieferungen an Kunden zurück und verkauften und lieferten an uns alle Aktien, die sie leihen oder in die Hände bekommen konnten. Die anhaltenden Verkäufe belasteten schließlich die Barreserven des Scheftels-Konzerns so stark, dass er eines Tages gezwungen war, Abstand zu halten und den Markt den Scharfschützen zu überlassen. An diesem Tag wechselten innerhalb weniger Stunden etwa eine halbe Million Aktien der Rawhide Coalition bei einer Kapitalisierung von 3.000.000 Aktien den Besitzer. Die Darlehen des Konzerns wurden gekündigt. Dies zwang das Unternehmen dazu, große Aktienpakete auf den Markt zu bringen. Es kam zu einem scharfen Bruch. Genau das wollten die Interessen, die es auf uns abgesehen hatten. Sie deckten ihre Leerverkäufe mit großem Gewinn ab.

Mitten im Gedränge bot das Unternehmen Scheftels einem Börsenhaus von großer Bedeutung ein Angebot an, das ihm für Rechnung einer Maklerfirma aus Salt Lake City 12.500 US-Dollar für 50.000 Aktien der Rawhide Coalition geliehen hatte, das Geld zur Aufnahme des Darlehens. Ein Vertreter des Börsenhauses gab verlegen an, dass seine Firma einen Teil der verpfändeten Aktien an auswärtige Makler verliehen habe. Er bat um Zeit. Unter Androhung schlimmer Konsequenzen kaufte das Börsenunternehmen an diesem Nachmittag auf dem freien Markt Aktien von uns zurück, um den Mangel auszugleichen, und lieferte uns diese Aktien dann anstelle der Aktien zurück, von denen sie sich getrennt hatte. Bei der Darlehensvergabe hatte die Firma Scheftels ausdrücklich festgelegt, dass die Zertifikate unversehrt bleiben müssen und dass die Aktien während der Laufzeit des Gelddarlehens nicht ausgeliehen oder verkauft werden dürfen.

Diese Erfahrung wiederholte sich während Scheftels Karriere am Curb häufig. Es hat BH Scheftels & Company in den neunzehn Monaten seines Bestehens mehr als eine Million Dollar gekostet, den Aktien, die es hervorgebracht oder gefördert hatte und für die es sich moralisch verantwortlich fühlte, in Zeiten „professioneller" Angriffe treue Marktunterstützung zu gewähren.

Immer wieder fand die Firma Scheftels unter den ihr gegen Käufe auf dem freien Markt gelieferten Wertpapieren dieselben Zertifikate, die sie bei Kreditmaklern als Sicherheit für Kredite verpfändet und mit der ausdrücklichen Bedingung verpfändet hatte, dass die Zertifikate nicht verwendet werden dürften. Dies öffnete uns die Augen für eine der gängigsten Praktiken, nicht nur an der Curb, sondern auch an der Börse. Es gibt kaum einen Ausfall an einer der Börsen oder an der Curb, bei dem nicht Zertifikate von Kunden , die ursprünglich mit der Maßgabe verpfändet worden waren, dass sie nicht „verwendet" werden dürften, in den Tresoren anderer auftauchen.

Der erste schwerwiegende Verstoß der Werbekräfte der Scheftels Corporation gegen den "Oh-let-us-alone"-Werbekodex der Wall Street war ein Schlag ins Gesicht im April und Mai 1909 durch die Börsenliteratur von Scheftels in Nevada-Utah.

Die Gesellschaft, die die Kontrolle besaß, nahm die Beschränkungen für das Grundstück mit Widerwillen hin. Wir hörten ein schreckliches unterirdisches Brüllen. Zu dieser Zeit lag der Preis der Nevada-Utah-Aktie bei etwa 3 Dollar. Der Scheftels Market Letter sagte, dass wahrscheinlich nicht einmal 30 Cent des Aktienwerts hinter dem Grundstück steckten. Der Preis begann sofort zu bröckeln. Seitdem schwankt er. Die Aktie wurde Anfang September dieses Jahres mit 37,5 bis 50 Cent notiert.

Dass Aktionäre und Öffentlichkeit durch Veröffentlichung von Fakten über den tatsächlichen Wert und Zustand einer Aktie aufgeklärt würden, war bisher noch nie der Fall gewesen, wenn eine derartige Aufklärung den Plänen der an der Börse etablierten Investoren zuwider lief.

Die Kampagne gegen Nevada-Utah lenkte daher große Aufmerksamkeit auf BH Scheftels & Company und die *Mining Financial News* .

Nach der Nevada-Utah-Enthüllung erlitten der Daily Market Letter und der Weekly Market Letter der Scheftels Corporation sowie die *Mining Financial News* einen kräftigen, heftigen „Rückgang" der La Rose Mines Company, die mit 7.500.000 US-Dollar kapitalisiert war. La Rose besitzt eine der größten produzierenden Minen im Cobalt-Silberlager. Es war ein Marktplan im Gange, mit La Rose als Medium und WB Thompson, berühmt für Nipissing, als Hauptmanipulator. Wir beendeten das Spiel, als der Preis einen „Höchstwert" von 8,50 $ erreichte, und sparten der Öffentlichkeit eine riesige Geldsumme. Im Rahmen unserer Kampagne sank die Aktie auf 4 US-Dollar, was einem Rückgang des Marktwerts der Kapitalisierung um 6.750.000 US-Dollar entspricht. Dies machte WB Thompson und seine

Mitarbeiter zu unversöhnlichen Feinden der Firma Scheftels und mir. Wir haben uns keine großen Sorgen gemacht. Wir belieferten die Öffentlichkeit. Tatsächlich waren wir mit unserer Arbeit zufrieden.

Nach diesem Vorfall stürzten sich der Scheftels Market Letter und die *Mining Financial News* auf einen Bergbau-Aktiendeal, an dem WB Thompson und die Guggenheims gemeinsam beteiligt waren. Es handelte sich um die inzwischen berüchtigte Cumberland-Ely-Nevada Consolidated-Fusion. Später wurde die Fusion erweitert und umfasste die Utah Copper Company, oder vielmehr die Utah Copper Company die anderen, und die Scheftels-Propaganda fand eine weitere Gelegenheit, den Aktionären von Nevada Consolidated einen großen Dienst zu erweisen.

Unser Angriff schadete dem Ruf von Guggenheim bei Investoren im ganzen Land und trug dazu bei, ihren Einfluss auf die große Aktiengesellschaft – mehr als 6.000 Männer und Frauen – von Nevada Consolidated zu verringern. Obwohl die Guggenheims schließlich erfolgreich waren, waren sie von den Auspeitschungen und Entblößungen, denen sie ausgesetzt waren, wund. Was die Firma Scheftels und die *Mining Financial News* betrifft , so hatten sie die Ehrlichkeit und den Wert ihres Werbedienstes noch weiter unter Beweis gestellt.

Ein Marktplan, der den Preis der Aktien der Ray Central Copper Company auf ein Vielfaches ihres Wertes ansteigen lassen sollte, war ein wertvolles Unterfangen, gegen das wir unsere Werbewaffen richteten und mehrere wirksame Breitseiten abfeuerten. Die Bemühungen der Initiatoren, hier Kontakt zur Staatskasse aufzunehmen, wären nicht halb so sensationell gewesen, wenn Männer von geringerer Bedeutung mit der Operation in Verbindung gebracht worden wären. In unserer „Bären"-Werbung zu diesem Fall nahmen wir kein Blatt vor den Mund. Dabei trafen wir erneut ein weiteres mächtiges Interesse – die Lewisohns.

Als später die *Mining Financial News* und der Scheftels Market Letter die Marktmanipulationen des von Lewisohn kontrollierten Kerr Lake aufdeckten, machten sich die Mitglieder dieser beiden Organisationen bei dieser mächtigen Fraktion noch beliebter und festigten die Bande der Kameradschaft zwischen den herrschenden Mächten noch mehr.

Keystone Copper, ein weiteres „Baby" von Lewisohn, wurde am Curb auf die Probe gestellt, während Kerr Lake eine herausragende Rolle spielte. Der Deal in Keystone war eine unauffällige Kleinigkeit, aber aus einseitiger Sicht furchtbar gut. Ich habe den Scheinwerfer der Öffentlichkeit auf Keystone gerichtet.

Die Enthüllungen im Scheftels Market Letter und in *den Mining Financial News*
im Interesse von Spekulanten und Investoren über Nevada-Utah, La Rose,
Cumberland-Ely, Nevada Consolidated, Utah Copper, Ray Central und Kerr
Lake waren schon sensationell genug, aber sie umfassten bei weitem nicht
alle Arbeiten in dieser Branche. Im Jahr 1909 umfasste diese Werbeliteratur
praktisch jedes wichtige Bergbauunternehmen, dessen Aktien an der New
Yorker Börse gehandelt wurden. Die unangenehmen Wahrheiten, die diese
Kräfte von Zeit zu Zeit aussprechen mussten, berührten die zarten Gefühle
vieler führender Persönlichkeiten der Wall Street. Diese hatten sich an eine
eintönige Diät aus Süßigkeiten gewöhnt.

Man könnte meinen, ihr Appetit auf zuckersüße Kost sei ihnen verdorben
und eine Veränderung wäre eine willkommene Erleichterung. Aber das war
nicht der Fall. Die Wahrheit war geschmacklos. Sie behinderte die edle
Bergbauindustrie und schmälerte die Gewinne dieser Branche. Indem sie die
täglichen Entwicklungen auf dem Markt und in den Minen dokumentierten,
zerplatzten diese Werbeagenten so manchen regenbogenfarbenen Ballon.
Sehr oft vermittelten sie der Öffentlichkeit zum ersten Mal eine klare und
vernünftige Vorstellung vom wahren Wert von Werbung und Immobilien.
Wo die Marktpreise ein Übermaß an Hoffnungen und Erwartungen
darstellten, wurde die Wahrheit gesagt. Das Ziel war, die Bergbauspekulation
aus den Wolken zu holen und fest auf den Boden zu stellen.

Mit diesem lobenswerten Unterfangen liefen wir den Plänen der Mächtigen
zuwider. Wir verletzten auch die vulgäre, ungeschriebene Regel einiger Wall-
Street-Brüder: „Erziehe niemals einen Trottel." Unsere Öffentlichkeitsarbeit
führte zu einer Neuausrichtung des Urteilsvermögens und der Marktwerte,
neben den bereits erwähnten, bei Aktien wie First National, Butte & New
York, Trinity Copper, Micmac, Ohio Copper, United Copper, Davis-Daly,
Montgomery-Shoshone, Goldfield Consolidated, Combination Fraction,
British Columbia, Granby, Cobalt Central, Chicago Subway und sechzig bis
achtzig anderen.

Die spannungsgeladenen Leitungen unserer PR-Abteilung ließen den
Guggenheims, Thompsons und Lewisohns die Haut brennen und brachten
ihre weit verstreuten Verbindungen, Beziehungen und Verbündeten in
Bedrängnis, zu denen John Hays Hammond, J. Parke Channing und EP
Earle gehörten, aber auch Charles M. Schwab, EC Converse, BM Baruch,
der US-Senator George S. Nixon, George Wingfield, Hooley, Learned &
Company, viele andere Börsenmakler in New York, eine Gruppe mächtiger
Anwaltsfirmen für Wirtschaftsrecht, eine namhafte Schar einflussreicher
Politiker, Börsenmakler von Curb, die sich an der Ausführung manipulativer
Aufträge für die "Insider" gütlich getan hatten, Bankiers, die die Barguthaben
der Bergbaugesellschaften weiterverwalteten, und sogar JP Morgan &
Company, die Partner der Guggenheims bei ihren Unternehmungen in

Alaska waren und von denen es hieß, sie hätten eine Zeit lang eine Fusion der Kupfergesellschaften des Landes mit denen erwogen, die von den Guggenheims als Kern kontrolliert wurden.

DIE GESCHICHTE VON ELY CENTRAL

Indem sie Spekulanten von Aktien fernhielten, die zu überhöhten Preisen verkauft wurden, wurden die Scheftels Corporation und die *Mining Financial News* bei einem großen, wohlhabenden Kreis beliebt. Der Öffentlichkeit wurden riesige Summen gespart.

Dies führte jedoch nur zum negativen Ende einer großartigen Idee. Die Befürworter forderten, dass der Scheftels-Konzern seine Anhänger in eine oder mehrere Aktien stecken müsse, mit denen sie tatsächlich Geld verdienen könnten.

Die Scheftels Corporation war auf der Suche nach einem wirklich erstklassigen Kupferbergbauprojekt. Das Gesuchte wurde in Ely Central gefunden, einem Grundstück, das zwischen den besten Böden des Nevada Consolidated liegt, an den Giroux grenzt und eine strategische Position im großen Kupferlager Ely in Nevada einnimmt, dem Geburtsort dessen, was es ist wahrscheinlich die größte kostengünstigste Porphyr-Kupfer-Mine Amerikas.

Indem die Sccheftels Corporation als Förderer in das Gebiet von Ely eindrang und Ely Central annektierte, beging sie ein für die Interessen derjenigen, bei denen unsere Öffentlichkeitsarbeit den größten Schaden angerichtet hatte, wahrscheinlich unverzeihliches Verbrechen. Wir mischten uns ins Herz des Spiels ein und wurden zu einem störenden Faktor in ihren Bergbauaktivitäten.

Das Grundstück Ely Central umfasst mehr als 490 Acres. Jahre zuvor, in den frühen Tagen des Lagers, wurde es von den Geologen und Förderern, die das Gelände für die Nevada Consolidated, Giroux und Cumberland-Ely auswählten, übergangen, weil es von einer nicht mineralisierten Formation namens Rhyolith bedeckt war. Als die Erschließungsarbeiten fortschritten und der enorme Wert der umliegenden Minen bekannt wurde, dämmerte es den Eigentümern, dass sie möglicherweise einen Fehler gemacht hatten und dass es genauso gut wäre, das Grundstück Ely Central in Besitz zu nehmen.

Das Gelände war für die Nevada Consolidated schon aus keinem anderen Grund besonders wertvoll, da es sich lediglich um eine Fläche zur Verbindung und Verdichtung der ihnen gehörenden Grundstücke handelte. Der zweite Beweis ihres schlechten Urteilsvermögens war die Tatsache, dass sie, nachdem sie geplant hatten, den Erzkörper Copper Flat mit der Dampfschaufelmethode abzubauen, den Wert des Ely-Central-Grundstücks übersahen, da es ihnen die einzige praktische Möglichkeit für den Zugang zum Unterland bot Ebenen dieser Grube für den Betrieb durch die Dampfschaufeln.

Die Untersuchung hatte mir ergeben, dass die Beweise, die durch Minenerschließungen auf benachbarten Grundstücken erbracht worden waren, allesamt für Kupfererz unter dem Gebiet Ely Central sprachen. Der Rhyolith, der Ely Central bedeckte, war ein „Fluss", der das Erz bedeckte, und kein „Deich", der von unten heraufkam und es abtrennte.

Warum war die Immobilie ungenutzt? Die Untersuchung ergab, dass die Ely Central Copper Company Schulden in Höhe von 89.000 US-Dollar hatte und dass ein Versuch im Vorfeld der Panik, das Unternehmen für die Erschließung tiefer Minen zu finanzieren, gescheitert war. Die Panik von 1907/08 hatte die Befürworter in Bedrängnis gebracht und sie konnten nicht weitermachen.

Die Scheftels Corporation nahm Verhandlungen mit den Pheby-Brüdern und OA Turner, die die Kontrolle innehatten, über alle Aktien der Ely Central Company auf, die ihnen gehörten. Während der Verhandlungen, Anfang Juli 1909, hörte ich, dass die Guggenheims und WB Thompson sehr verärgert waren, als sie erfuhren, dass die Firma Scheftels im Begriff war, das Unternehmen zu finanzieren. Sie hatten den Wert der Immobilie herabgesetzt, wie es potenzielle Käufer überall auf der Welt tun.

Bevor ich auf die Bühne kam, waren die Pheby-Brüder Gegenstand ständiger und mysteriöser Angriffe. Ihr Ruf wurde von allen Seiten angegriffen und sie wurden bei jedem Schritt überfallen und überfallen. Sie wurden in eine Lage gezwungen, in der man glaubte, sie würden alles annehmen, was man ihnen für ihre Beteiligung an Ely Central anbot. Wie es das Schicksal wollte, stieg die Firma Scheftels in diesem psychologischen Moment ins Rennen ein.

Zusammenfassend hat das Unternehmen Scheftels tatsächlich 1.280.571 von 1.600.000 Aktien erworben, was einer erhöhten Kapitalisierung von insgesamt 1.158.916 US-Dollar oder einem Durchschnittspreis von 90½ Cent pro Aktie entspricht. Die Zahlungsfrist für das gesamte Geld betrug neun Monate, dazwischen wurden in regelmäßigen Abständen feste Zahlungen vereinbart. Die unmittelbare Auswirkung der Vereinbarung war folgende: Ein stillgelegtes, verschuldetes und brachliegendes Grundstück wurde in ein laufendes Unternehmen umgewandelt, das gute Aussichten hatte, sich bald zu einer erwiesenermaßen großen Kupfermine zu entwickeln, mit einem gesicherten Einkommen, um die Kosten für die Erschließung tiefer Minen zu decken von großem Ausmaß und mit einer vor ihm liegenden Marktkarriere, von der man vom Standpunkt des öffentlichen Interesses erwarten kann, dass sie mit allen Vorgängern im Ely-Distrikt mithalten kann.

Während der Verhandlungen stieg der Aktienkurs auf 1 Dollar pro Aktie. Der Verkauf eines großen Aktienpakets für Philadelphia auf dem freien Markt ließ den Preis plötzlich auf 50 Cent zurückfallen. Die Scheftels Company kaufte bei dieser Unterbrechung Aktien und forderte ihre Kunden auf, dasselbe zu tun. Am Tag des Vertragsabschlusses war der Kurs auf 75 Cent gestiegen. Ganze sechs Wochen vor dem Abschluss des Geschäfts hatten der Scheftels Market Letter und die *Mining Financial News* begonnen, zum Kauf der Aktien zu drängen. Die Scheftels-Organisation war nicht gierig. Das Establishment war bereit, die Öffentlichkeit von Anfang an einzubeziehen. Es waren fast 300.000 Aktien im Umlauf, die die Scheftels Corporation in ihrem Vertrag nicht eingeplant hatte.

Die Leser des „Market Letter" und der „ *Mining Financial News* " waren begeistert, von der guten Sache zu profitieren. Darin waren sie weise. Bis Anfang September war der Preis auf dem Markt auf 1 US-Dollar gestiegen. Die Scheftels-Werbung sprach sich stark für die Aktie aus. Aber es war noch nicht auf Hochtouren gekommen. Es wartete auf den Bericht eines Ingenieurs, um doppelt sicherzustellen, dass es richtig war.

Col. Wm. A. Farish, ein Bergbauingenieur mit langjähriger Erfahrung und ein Mann mit hohem Ansehen im gesamten westlichen Bergbauland, war von der Firma Scheftels geschickt worden, um einen Bericht über Ely Central zu erstellen. Jahre zuvor hatte Colonel Farish über die Liegenschaften des Nevada Consolidated berichtet und die Methoden dargelegt, die heute zur Gewinnung seiner Erze eingesetzt werden. Aber Colonel Farish war seiner Zeit voraus gewesen, und die Kapitalisten, in deren Interesse er handelte, waren weder auf einen so radikalen Fortschritt gegenüber den damals bestehenden Methoden vorbereitet noch hatten sie geglaubt, dass dort Kupfererze von so geringem Gehalt abgebaut werden könnten ein Gewinn, vor allem 140 Meilen von der nächsten Eisenbahn entfernt. Zeiten und Bedingungen änderten sich, und die 140 Meilen waren über eine gut ausgestattete Bahnverbindung zurückgelegt.

Die Meinung von Colonel Farish bestätigte unsere größten Erwartungen. In dem Bericht wurde dargelegt, dass die Minenmöglichkeiten von Ely Central fast so groß seien wie die des Nevada Consolidated selbst. Auf der Grundlage dieses im September erstellten Berichts erlangte das Projekt eine neue Bedeutung. Es wurden Erschließungsmaßnahmen durchgeführt, um das Gelände zu beweisen und die Existenz der 33.000.000 Tonnen kommerziellem Porphyr-Erz nachzuweisen, von denen Colonel Farish in seinem Bericht angab, dass sie wahrscheinlich innerhalb der Grenzen des südlichen Teils des Ely-Central-Grundstücks zu finden seien.

Die Aussicht hat die Scheftels-Organisation ziemlich aus dem Konzept gebracht. Wir waren geblendet. Wir sahen uns an der Spitze einer Mine im Wert von 25.000.000 bis 40.000.000 Dollar. Es wurde keine Zeit verloren, eine Kampagne zur Finanzierung des gesamten Deals zu organisieren. Da es keine syndizierten Multimillionäre im Rücken gab, wandte sich die Scheftels Corporation für das Geld an die Öffentlichkeit, so wie es Hunderte andere namhafte und erfolgreiche Förderer getan hatten. Die anschließende Werbekampagne zur Kapitalbeschaffung wurde in Hunderten von Zeitungsspalten als einer der spektakulärsten Versuche beschrieben, die jemals an der Wall Street unternommen wurden.

Ich hatte absolutes Vertrauen in die großen Verdienste von Ely Central, ein Vertrauen, das durch die Wechselfälle, die das Unternehmen, die Scheftels Corporation und ich persönlich durchlebt haben, nicht im Geringsten getrübt wurde. Innerhalb von dreizehn Monaten ließ die Scheftels Corporation mehr als 150.000 Dollar für die Minenentwicklung ausgeben und weitere 75.000 Dollar für die Verwaltung der Mine und des Unternehmens. Als die Scheftels Company am 29. September 1910 von der Regierung durchsucht und die weiteren Arbeiten eingestellt wurden, betrugen die Ausgaben der Mine in den neun Monaten dieses Jahres durchschnittlich mehr als 15.000 Dollar pro Monat. Die Arbeit wurde Tag und Nacht fortgesetzt. Es wurde jede mögliche Anstrengung unternommen, um das Eigentum in kurzer Zeit zu beweisen. Von der Oberfläche herabgeschickte Kernbohrungen hatten bereits das Vorhandensein von Erz in der Tiefe offenbart und ich bin absolut sicher, dass die unterirdischen Luftbohrer in ein oder zwei weiteren Monaten auf ein riesiges Erzvorkommen gestoßen wären, das in Qualität und Wert mit dem auf beiden Seiten des Staatsgebiets von Nevada liegenden Vorkommen identisch war.

Ely Central war in den Jahren 1909 bis 1910 die Sensation der New Yorker Zeitung Curb. Ich nutzte die Werbemaßnahmen, die die Öffentlichkeit so erfolgreich vor der Gier der millionenschweren Bergbauwölfe geschützt hatten, um sie über die Spekulationsmöglichkeiten von Ely Central aufzuklären.

Der Preis stieg. Zwischen dem 1. September und Mitte Oktober stieg der Marktpreis auf 2,38 Dollar. Am 13. Oktober erreichten uns die Nachrichten, dass im Monarch-Schacht 30 Prozent Kupfererz gefunden worden waren. Monarch ist ein unabhängiger Bergbaubetrieb, weit entfernt von dem Gebiet, das zwischen den Haupterzkörpern des Nevada Consolidated liegt. Wir waren hocherfreut. Die Aussichten erschienen uns außerordentlich rosig, und wir zögerten nicht länger, unseren Anhängern dringend zu raten, diese ungewöhnlich attraktive spekulative Gelegenheit zu nutzen.

Der Markt boomte auf höchst zufriedenstellende Weise. Am 26. Oktober erreichte der Preis 3 Dollar, am 3. November lag er bei 4 Dollar pro Aktie und drei Tage später wurden 4,5 Dollar gezahlt.

Die Ausgaben der Firma Scheftels für Öffentlichkeitsarbeit beliefen sich zu dieser Zeit auf etwa 1.000 Dollar pro Tag. Das Geld für die Minenentwicklung in Ely Central wurde so schnell ausgegeben, wie es eingesetzt werden konnte. Wir versuchten, genügend Aktien mit Gewinn über dem Optionspreis zu verkaufen, um die Werbekosten zu decken, die Mine finanziert zu halten und unsere Zahlungen für die Option zu leisten, aber nicht mehr. Wir unternahmen keine Anstrengungen, im großen Stil zu liquidieren, eine Tatsache, die sich in den steigenden Kursen widerspiegelte.

Als der Marktpreis von Ely Central 4 US-Dollar erreichte, schätzte das Unternehmen Scheftels seinen Wert zwischen 3.000.000 und 4.000.000 US-Dollar ein. Ich hatte Visionen, wie ich die Guggenheims, Lewisohns und Thompsons mit Ringen in der Nase den Great White Way hinaufführte. Nat. C. Goodwin, der einen Anteil von 25 Prozent hatte. Er interessierte sich für das Scheftels-Unternehmen und hatte ähnliche Visionen, nur seine Fantasie richtete sich auf den Bau neuer Theater für Starbesetzungen.

Während die Ely-Central-Aktie in die Höhe schoss und die gesamte Spekulationswelt damit Geld verdiente, waren unsere Werbekräfte damit beschäftigt, die nackten Fakten über La Rose, Cumberland-Ely, Nevada-Utah und andere Lieblinge der Mächtigen ans Licht zu bringen. Unsere Batterien lassen keinen Moment nach. Diese verschiedenen angegriffenen Interessen bereiteten sich darauf vor, zurückzuschlagen. Wenn ihre Bewegungen von einem einzelnen General geleitet worden wären, hätten sie nicht mit mehr Interessengemeinschaft zusammenarbeiten können. Eines Tages stürzte der Himmel auf uns. Die Pläne für unseren völligen Ruin waren wunderschön ausgearbeitet. Dass wir der völligen Vernichtung entkommen sind, grenzt fast an ein Wunder.

Am Mittwoch, dem 3. November, war das Ergebnis unserer Marktaktivitäten an der New York Curb, dass wir an diesem Tag fast 8.000 Aktien von Ely Central zu einem Durchschnittspreis von 4 US-Dollar als Long-Position verkauften. Am selben Tag bestellten unsere Kunden den Kauf von fast doppelt so viel Lagerbestand, wie sie verkauft hatten. Dies zeigte uns, dass der Bordsteinverkauf professionell war. An dieser Leistung war nichts besonders Bemerkenswertes, da Makler, die an der Bordsteinkante Geschäfte tätigen, den Markt häufig auf Verluste setzen.

Am Donnerstag, dem darauffolgenden Tag, war die Firma Scheftels erneut gezwungen, über den Verkauf hinausgehende Aktien im Umfang von 7.600

Aktien zu kaufen, während am selben Tag die Kaufaufträge von Hauskunden ihre Verkaufsaufträge um mindestens drei bis übertrafen eins. Der professionelle Verkauf wurde nun von Gerüchten begleitet, die sich wie Brandgeruch verbreiteten, dass der Firma Scheftels schwere Schwierigkeiten bevorstanden. Das meiste davon stammte aus einem verbitterten Broker-Bereich und wir schenkten ihm kaum Beachtung.

Am darauffolgenden Tag, Freitag, dem 5. November, verstummten die professionellen Verkäufe so weit, dass das Unternehmen Scheftels gezwungen war, im Rahmen seiner Curb-Market-Operationen an diesem Tag nur 6.600 Aktien zu kaufen. Der Kauf eines so kleinen Aktienpakets erregte im Scheftels-Lager keinen Verdacht, obwohl dies hätte der Fall sein sollen, da die Kunden von Scheftels an diesem Tag mehr als viermal so viel Aktien kauften, wie sie verkauft hatten, was schlüssig auf eine große öffentliche Nachfrage hinwies viel Leerverkauf durch Profis.

Dann kam der *Coup de Main* .

DER ANGRIFF AUF ELY CENTRAL

Der 6. November fiel auf einen Samstag. Die New York *Sun* veröffentlichte an jenem Morgen unter dem Schreckgespenst einen heftigen Angriff auf die Ely-Central-Promotion. Der Angriff basierte auf einem Artikel, der vorab dem *Engineering & Mining Journal zugeschrieben wurde* und vor seiner Veröffentlichung in dieser Wochenzeitung in der *Sun erschien*. Der *Sun* waren Vorabbeweise vorgelegt worden. Das Ely-Central-Projekt wurde als reiner Schwindel abgestempelt. Jeder, der sich damit identifizierte, wurde gehänselt, und insbesondere ich wurde als prinzipienloser und gefährlicher Charakter dargestellt, der keinerlei Vertrauen verdiente und im Moment damit beschäftigt war, Hunderttausende Zuschauer zu gewinnen. Es wurde angegeben, dass das Ely-Central-Grundstück in den frühen Tagen des Ely-Lagers erkundet worden sei und aus bergbaulicher Sicht keinerlei Wert festgestellt worden sei. Dem Scheftels-Konzern wurde vorgeworfen, er habe kaltblütig versucht, Investoren mit einem Bunco-Vorschlag zu betrügen.

Uhr morgens den Artikel in der *Sun* las, war ich in meinem Apartment im Hotel Marie Antoinette . Die Firma Scheftels hatte in den drei vorangegangenen Börsentagen 85.000 Dollar in den Markt gesteckt, um ihn gegen die Angriffe der Profis zu verteidigen.

Ich rief das Scheftels-Büro am Telefon an und gab die Anweisung, einen zertifizierten Scheck über 40.000 US-Dollar an Wasserman Brothers, Mitglieder der New Yorker Börse, zu schicken, mit der Anweisung, 10.000 Aktien von Ely Central zu 4 1/8 US -Dollar zu kaufen Börsenschlusskurs am Vormittag. Aufträge zum Kauf weiterer 15.000 Aktien zum gleichen Preis wurden an andere Broker verteilt. Der Einzelauftrag wurde an

Wasserman Brothers vergeben, weil ich es für eine gute Strategie hielt. Sie sind zweifellos ein Haus mit großer Verantwortung, und es schien mir, dass ihre Präsenz auf dem Markt auf der Käuferseite eine hervorragende stärkende Wirkung haben würde.

Während der zweistündigen Sitzung hielt ich das Telefon in der Hand und erhielt fünfminütige Berichte vom Tatort. Mr. Goodwin war an meiner Seite. Um zehn vor zwölf hatten die Makler den Kauf von insgesamt 24.225 Aktien gemeldet. Hätten sie 675 weitere Aktien gekauft, hätten sie die ausstehenden Aufträge ausgeführt und es wäre an mir gelegen, zu entscheiden, ob ich weitere Unterstützung gewähren möchte oder nicht. Zu diesem Zeitpunkt zeigten meine Zahlen, dass die Scheftels Corporation in vier Tagen 200.000 US-Dollar auf den Markt gebracht hatte, um sie zu halten, und ich begann „dieses komische Gefühl" zu haben. In den letzten Minuten der Samstags-Curb-Sitzung hörte der Verkauf auf und es schien, dass meine Befürchtungen möglicherweise unbegründet waren.

Am Sonntag, dem 7., zerplatzten meine Hoffnungen. Alle New Yorker Zeitungen brachten vernichtende Artikel, die sich auf die Attacke des *Engineering & Mining Journal* stützten, die am Nachmittag zuvor erschienen war. Aus den Berichten ging auch hervor, dass die Zeitungen von Boston, Chicago, Los Angeles und San Francisco den Skandal auf der Titelseite als den schockierendsten Bergbau-Aktienskandal des Jahrhunderts hochgespielt hatten.

Am Montag war das ganze Land von dieser Sensation überflutet. Natürlich wurde meine frühe Vergangenheit, die eine Familienangelegenheit war und sich vor vierzehn Jahren zugetragen hatte, lange bevor ich versuchte, in den Bergbau-Förderbereich einzusteigen, aus dem Keller gezerrt. Das verlieh den Geschichten Glaubwürdigkeit.

Nachdem ich die Sonntagszeitungen gelesen hatte, begriff ich die Bedeutung des Schritts und sammelte unsere Kräfte. Es war klar, dass wir für das Opfer bestimmt waren. Es sah so aus, als hätten wir nicht den Hauch einer Chance, den Ansturm zu überstehen, wenn wir den Markt weiter stützten. Es waren etwa 500.000 Aktien von Ely Central in den Händen der Öffentlichkeit, und ohne fast 2.000.000 Dollar in bar, die wir in den Markt werfen konnten, konnten wir nicht sicher sein, dass wir die Flut aufhalten würden. Wir hatten nicht einmal annähernd so viel Geld. Ich persönlich gab den Kampf nicht auf, aber die Aussichten waren ziemlich düster.

Den ganzen Sonntag arbeiteten die vertrauenswürdigen Angestellten der Firma Scheftels an den Büchern und erstellten eine Aufstellung der „Stop-Loss"-Aufträge und „Good-till-cancelled"-Aufträge der Kunden. Am Montagmorgen enthielten die Zeitungen Berichte über die Nachwirkungen der Anklageerhebung des *Engineering & Mining Journal* . Die Luft war erfüllt von der drohenden Katastrophe.

Der Kampf im Kampf

Nachdem ich mir eine sorgfältig ausgearbeitete Verteidigungslinie zurechtgelegt hatte, ging ich ins Gefecht. Zunächst erteilte die Scheftels Corporation zuverlässigen Brokern schriftliche Orders, die Aktien, die in den Stop-Loss- und Good-till-Cancelled-Orders der Kunden angegeben waren, bei Handelseröffnung zu verkaufen. Es wurde kein Order zum Verkauf von Aktien aus dem Inside Stock erteilt. Es wurde auch beschlossen, keine unterstützenden Orders zu erteilen, bis der Markt geöffnet hatte und man mit einiger Genauigkeit feststellen konnte, wie groß das Volumen der Aktien war, die zum Verkauf standen.

Kurz vor Börseneröffnung konnte ich von meinem Bürofenster aus eine dichte Schar von Maklern sehen, die sich um die Spezialisten von Ely Central versammelt hatte. Obwohl sie bedrohlich still waren, kämpften sie um ihre Positionen und waren angespannt und nervös. Es war klar, dass die Anti-Scheftels-Berichterstattung in den Zeitungen am Sonntag die Aktionäre von Ely Central erschüttert und eine panische Liquidationsbewegung ausgelöst hatte, die kurz davor stand, in einer gewaltigen Explosion ihren Ausdruck zu finden. Es war offensichtlich, dass die Scheftels Corporation jede Ressource einsparen musste, wenn sie die Lage noch retten wollte.

Der Markt wurde eröffnet. Es gab sofort eine tolle Action. Hunderte Hände wedelten wild in der Luft. Jeder wollte verkaufen und niemand wollte kaufen. Der Refrain war ohrenbetäubend. Schreie zerreißen die Luft. Der Tumult war nur wenige Blocks entfernt zu hören. Jede Zeitung hatte einen Mann vor Ort. Makler der New Yorker Börse verließen ihre Posten und kamen, um sich die große Show anzusehen; die Börse war halb geleert. Das Spektakel war weithin beworben worden und alle waren hellwach und in großer Aufregung über das, was geplant war.

Hätten die Makler von Scheftels den Auftrag erhalten, eine Viertelmillion Aktien zum Schlusskurs vom Samstag zuvor, 4,1-8 Dollar, zu kaufen, wäre es offensichtlich gewesen, dass sie den Markt nicht halten konnten. Der Eröffnungsverkauf kostete 4 US-Dollar. Die Aktie bewegte sich bis zur 3-Dollar-Marke und brach zwischen den Verkäufen von 25 auf 50 Cent ein. Durch die 3-Dollar-Marke und weiter bis zur 2-Dollar-Marke stürzte der Preis ab. Blöcke von 10.000 Aktien wurden wie wild in den Strudel des Handels geworfen. The Curb war eine kämpfende, schreiende, wütende Schar von Maklern. Jeder Händler schien entschlossen zu sein, die Marktstruktur zu zerstören. Bei 2 USD pro Aktie wurde der Rückgang vorübergehend gestoppt, aber die Bären erneuerten ihren Angriff und gewannen durch die Flut an Verkaufsaufträgen an Selbstvertrauen. Innerhalb von weniger als einer Stunde nach der Eröffnung erreichte die Aktie 1,5 bis 2 Dollar pro Aktie. Zu diesem Zeitpunkt berichtete der Scheftels-Broker in Ely Central, dass er alle ihm anvertrauten Stop-Loss- und Good-Till-Cancelled-Orders mit Ausnahme von 19.000 Aktien ausgeführt habe.

„Die Firma Scheftels übernimmt das Paket für 1,12 Dollar", sagte ich.

Mit der Unterstützung zu 1,1-2 Dollar pro Aktie ging ich wirklich zu weit, obwohl bei diesem Betrag der Nettomarktverlust der Ely Central-Kapitalisierung 3.000.000 Dollar überstieg. Es war schrecklich, sich diesen Marktwert vorzustellen. Andererseits war die Aufregung in den Zeitungen ungebremst, die Aktionäre waren erschüttert, ein Zusammenbruch ernsten Ausmaßes war sicher, und es lag an mir, jeden Dollar zu retten. In dem Moment, als das Scheftels-Angebot von 1,50 Dollar pro Aktie auf dem Curb erschien und der Verkauf aus derselben Quelle für Kundenrechnung eingestellt wurde, war klar, dass die Kraft des Vorstoßes zumindest vorläufig erschöpft war. Unterstützung kam jetzt von den „Shorts". Sie begannen, ihre Gewinne aus ihren Leerverkäufen der vorherigen Tage einzustreichen. Verrückte Verkäufe verwandelten sich in hektische Käufe.

Die Szene zu diesem Zeitpunkt war dramatisch. Es war der vorübergehende Höhepunkt einer sich anhäufenden, erschütternden Katastrophe. Indem die Scheftels Corporation davon Abstand nahm, auf eigene Rechnung zu verkaufen, verstieß sie gegen eine der heiligen Regeln und Privilegien nicht nur der New Yorker Börse, sondern auch der New Yorker Börse. Auf diesen beiden Märkten ist es üblich, dass Makler, wenn sie im Voraus über eine drohende Katastrophe informiert sind, der Öffentlichkeit zuvorkommen und zuerst ihre eigenen Linien herausbringen, während die Kunden sich um sich selbst kümmern müssen.

Durch die geschickte Bereitstellung von Aktien an Schnäppchenjäger und die „Shorts" in regelmäßigen Abständen und den Kauf von Aktien, wenn sie zu anderen Zeiten von verängstigten Inhabern zum Verkauf drängten, konnte das Unternehmen Scheftels den Markt am Nachmittag bis zum Schluss mit einem Umsatz von 2 US-Dollar pro Aktie stützen . Der Barverlust des Unternehmens Scheftels bei seiner Curb-Transaktion in Ely Central belief sich an diesem Tag auf 60.000 US-Dollar. Dieses neue Opfer war nötig, um den Markt zu stabilisieren.

Am Dienstag, dem darauffolgenden Tag, brüllten die Tageszeitungen weitere Schimpf- und Verleumdungstiraden aus. Der Marktcrash in Ely Central wurde der Öffentlichkeit als Beweis dafür vorgeführt, dass es sich bei dem Projekt um einen gewagten Schwindel handelte. Der Angriff auf die Aktien am Markt wurde erneuert. Es kam zu einer Liquidationsflut in Johnstown. Die Schwankungen waren heftig. Bei einem Eröffnungskurs von 2 US-Dollar wurde der Preis auf 1 US-Dollar gesenkt. Danach erholte er sich wieder auf 2 US-Dollar, aber die Wellen ließen nicht nach, die Aktie geriet erneut unter Druck und schloss bei 1 US-Dollar pro Aktie. Um den bevorstehenden Notfällen zu begegnen, war die Scheftels Corporation gezwungen, ihre Barreserven auf die einzig mögliche Weise aufzustocken. Sie war gezwungen, einen Großteil ihrer Wertpapierreserven in Bargeld umzuwandeln und musste auf einem rückläufigen Markt verkaufen. Viele Konten wurden von schüchternen Kunden zurückgezogen, und das Unternehmen Scheftels wurde außerdem aufgefordert, den Aktien Rawhide Coalition und Bovard Consolidated, anderen Aktien, die es auf den Märkten gesponsert hatte, Stabilität zu verleihen. Kredite wurden von Maklern in Anspruch genommen, bei denen die Scheftels-Gesellschaft Aktien lagerte, der Scheftels-Gesellschaft wurden hektisch Lieferungen von Aktien angeboten, die sie zuvor auf hohem Niveau gekauft hatte, und es kam zu einem allgemeinen finanziellen Angriff, der zweifellos das Scheftels-Schiff versenkt hätte, wenn es nicht gewesen wäre Tatsache, dass wir rechtzeitig rückwärts gefahren waren, unsere Distanz abgemessen hatten, genau so weit und nicht zu weit gegangen waren und auf der Schusslinie geblieben waren.

Ein überaus erfreulicher Aspekt dieses sensationellen Tages war die Art und Weise, wie unsere Freunde uns beistanden. Die Gehässigkeit und Selbstsucht der überwältigenden Angriffe, die gegen uns verübt worden waren, überzeugten viele Menschen davon, dass wir Opfer eines besonderen Angriffs wurden, und mit dem natürlichen Impuls, der ehrenhafte Männer beherrscht, bezeugten sie ihr Vertrauen in uns.

Am Mittwoch endete die Kampagne. Ely Central schwächelte um ein Achtel gegenüber dem 1-Dollar-Punkt, dem Schlusskurs des Vortages, erholte sich auf Verkäufe bei 1¾ Dollar und schloss bei einem Gebot von 1½ Dollar; dem Briefkurs von 1 5/8 Dollar .

Den ganzen Tag über waren unsere Büros voller Zeitungsreporter und blasser, aufgeregter Kunden. Unsere Klienten spürten ihre Hilflosigkeit in einem solchen Tumult verfeindeter Kräfte. Das Einzige, was sie tun konnten, war, die Entwicklungen während der Schlacht zu beobachten. Es war ein stolzer Moment für mich, als ich am Ende des Markttages die Plattform im Handelsraum der Scheftels-Kunden bestieg, einen schrillen Triumphruf ausstieß und Folgendes an die Tafel schrieb:

„Wir haben kein einziges Margin-Konto geschlossen! Wir tragen alle!"

Die Szene, die darauf folgte, erwärmte mein Herz. Ich wurde buchstäblich gemobbt, aber es war ein freundlicher Mob. Wir alle nahmen an einer Zeit lauter Freude teil. Dass wir die dreitägige Belagerung mit minimalen Verlusten für die Kunden und ohne Einbußen eines einzigen Margin-Kontos hätten überstehen können, war eine herausragende Leistung. Ich bezweifle, dass es in der Geschichte der Wall Street viele Fälle wie diesen gibt.

Es gingen zahlreiche Telegramme von Kunden außerhalb der Stadt ein, denen die Nachschussfrist per Überweisung zugesandt wurde. Einer davon lautete:

Möglicherweise erwarten Sie eine geschäftliche Flutwelle. Ihre fürstliche Aktion rechtfertigt 21 Kanonen für das Haus Scheftels.

Ein anderer lautete in diesem Sinne:

Die ganze Situation wurde für deinen Abstieg geschmiert. Es war ein Shoot-the-Falls- und ein Bump-the-Bumps-Vorschlag. Herzlichen Glückwunsch zu deinem Überleben.

Hunderte von Briefen mit ähnlichem Inhalt erreichten uns. Viele davon kamen aus dem Lager von Ely selbst, wo Bergleute große Mengen des Bestands auf dem Boden lagerten.

Am Donnerstag schloss die Aktie bei 1,37 USD; am Freitag stieg sie bis zum Verkaufswert von 1,78 USD und blieb dort.

Die Sccheftels-Organisation tat nun ihren ersten tiefen Atemzug. Freunde und Feinde wunderten sich gleichermaßen, wie das Unternehmen es geschafft hatte zu überleben. Wir hatten die Stellung gehalten, aber zu einem mörderischen Preis.

Ich machte mich mit den mir zur Verfügung stehenden PR-Kräften an die Arbeit. Über den Sccheftels Market Letter und die *Mining Financial News* wurde die ganze abscheuliche Kampagne bekannt.

Der Weekly Market Letter der Firma Scheftels vom 13. November 1909 widmete der Geschichte des Überfalls 24 Spalten.

Dass die von Guggenheim geleitete Nevada Consolidated mit der Veröffentlichung des Angriffs des *Engineering & Mining Journal sehr zufrieden war*, schien mir klar. Der Grund war folgender: In seinem Angriff erklärte das *Engineering & Mining Journal,* dass zwei von der Nevada Consolidated in unmittelbarer Nähe von Ely Central niedergebrachte Bohrlöcher nicht mehr als neun Zehntel eines Prozents Kupfererz ergeben hätten, was, so der Artikel, unter der Handelsqualität liege. (Zurzeit, im Oktober 1911, bauen sie in der Dampfschaufelgrube der Nevada Consolidated Erz ab, das im Durchschnitt nicht mehr als acht Zehntel eines Prozents Kupfer enthält, und transportieren es zu dem mehr als dreißig Kilometer entfernten Konzentrator, wo es mit Gewinn verarbeitet wird. Aber darum geht es nicht.) Ein Ingenieur von internationalem Rang telegrafierte der Scheftels Company aus Ely Folgendes:

des Engineering & Mining Journal erwähnte Bohrlöcher wurden erst letzte Woche fertiggestellt. Die Ergebnisse müssen nach New York telegrafiert worden sein.

Diese Löcher bereiteten aufgrund des einstürzenden Bodens große Schwierigkeiten. Ich hörte Bohrarbeiter sagen, dass sie aus diesem Grund angehalten wurden und sich im Boden im Erz befanden. Auf jeden Fall lässt sich daraus nicht schließen, dass sich in der Nähe unbezahlbares Erz befindet. Dieser Zustand tritt häufig auf.

Ich könnte ein Buch als Antwort auf die Tirade *des Engineering & Mining Journal schreiben* , in dem ich die völlige Schwäche der darin gemachten Aussagen aufzeige. Der begrenzte Platz verbietet alles, was über einen Umriss hinausgeht.

Charles S. Herzig wurde beauftragt, vertraulich über das Anwesen zu berichten. Der Bericht von Herrn Herzig wurde später von Dr. Walter Harvey Weed überprüft, einem großen Kupfergeologen von bekannt hohem Ansehen, der früher einer der Hauptexperten des United States Geological Survey war und selbst regelmäßig Beiträge für das *Engineering & Mining Journal verfasste* . Dr. Walter Harvey Weed telegrafierte an die CL Constant Company, die Metallurgen und Bergbauingenieure aus Ely, wie folgt:

Nach einer gründlichen Untersuchung bin ich der Meinung, dass der südliche Teil des Ely-Central-Grundstücks mit einer Rhyolith-Abdeckung bedeckt ist. Geologische Beweise belegen, dass sich der Porphyr von der Dampfschaufelgrube nach Osten erstreckt (durch Ely Central) und dass die Wahrscheinlichkeit groß ist, dass er unter einer ausgelaugten Zone kommerzielles Erz enthält. Eine gut definierte starke Verwerfung trennt Dampfschaufelerz vom Rhyolithgebiet und diese Verwerfungsebene kann aufgrund absteigender Lösungen Kupferglanz (sehr reiches Kupfererz) neueren Ursprungs enthalten. Die eisenhaltigen Jasperoidvorkommen in den Kalksteingebieten versprechen, dass auf dem Grundstück Ely Central ebenso wie in Giroux Erz in großer Tiefe gefördert werden kann.

Das *Engineering & Mining Journal* sagte in seinem Artikel, dass der nördliche Teil von Ely Central den Arcturus-Kalkstein des Bezirks aufwies. Darin heißt es, dass es in diesem Kalkstein an verschiedenen Stellen eine geringe Mineralisierung gebe, aber in der Geschichte des Bezirks seien nie gewinnbringende Ergebnisse erzielt worden. Im Gegensatz dazu berichteten die Ingenieure Farish, Herzig und Weed, dass die Kalksteingebiete auf Ely Central wahrscheinlich das Vorhandensein von Minen aufweisen würden. Tatsächlich war Giroux, der Nachbar von Ely Central, durch diesen Kalkstein gesunken und hatte einen der reichhaltigsten Kupfererzvorkommen entdeckt, die jemals entdeckt wurden.

Das *Engineering & Mining Journal* sagte, dass das Unternehmen Scheftels mit der Darstellung, dass es wahrscheinlich in der Gegend von Ely Central, eingeklemmt zwischen den beiden großen Minen von Nevada Consolidated, wertvolles Erz gebe, eine Täuschung begangen habe. Die Herren Farish, Herzig und Weed sprachen sich nicht nur für diese Wahrscheinlichkeit aus, sondern es ist mittlerweile auch eine allgemein anerkannte Tatsache, dass Ely Central das Erz in diesem Gebietsabschnitt besitzt, sofern nicht alle bekannten geologischen Hinweise täuschen. In einem noch im September 1911 vom Ingenieur Richard T. Pierce für das Reorganisationskomitee von Ely Central erstellten Bericht wird die Meinung geäußert, dass am südöstlichen Ende der Eureka-Anlagen „ein Gebiet von 1.300 Fuß mal 1.900 Fuß gefunden werden wird". mineralisiertes Porphyr enthalten, mit hinreichender Sicherheit, dass darin kommerzielles Erz vorhanden sein wird.

Das erste Telegramm von Herrn Herzig aus Ely nach der Untersuchung des Ely-Central-Grundstücks lautete wie folgt:

Es besteht kein Zweifel, dass der Rhyolith nach der Anreicherung des Porphyrs in Ely Central abgelagert wurde. Die Verwerfung, die den Rhyolith in der Nevada Consolidated-Grube begrenzt, wird durch mehrere Fuß dicke zerkleinerte mineralisierte Porphyr-Rhyolith-Erze angezeigt, was ein positiver Beweis dafür ist, dass der Porphyr vor der Verwerfung angereichert war. Die Kalkstein- und Kontaktgebiete im Eigentum des Unternehmens haben meiner Meinung nach ein großes Potenzial für den Wert. Die Indikationen ähneln in jeder Hinsicht denen von Bisbee. Auf den Clipper- und Monarch-Claims von Ely Central wurde reichhaltiges Karbonaterz gefunden, und ich freue mich darauf, die Erschließung großer Erzvorkommen an diesen Stellen zu sehen.

Später verfasste Berichte dieser beiden Ingenieure, die viele tausend Wörter lang sind, bestätigen diese Botschaften.

Was mich wahrscheinlich mehr als alles andere von der Ungenauigkeit der Aussage des *Engineering & Mining Journal zum Ely Central-Grundstück überzeugte* , war die Haltung von Charles S. Herzig. Er ist mein Bruder.

Bis dreißig Tage nach Erscheinen des Angriffs im *Engineering & Mining Journal* hatte ich ihn seit fünfzehn Jahren nicht mehr gesehen. Als Absolvent der Columbia School of Mines hatte er inzwischen Bergbaugrundstücke in Südafrika, Ägypten, Australien, Ostindien, Sibirien, allen europäischen Ländern, Kanada, Mexiko, Mittelamerika, Südamerika und den Vereinigten Staaten untersucht Interessen einiger der größten Finanziers der Welt. Diese Sachverständigenuntersuchungen umfassten Vorkommen von Gold, Silber, Kupfer, Blei, Zink, Kohle und anderen Mineralien. In der Ingenieursbranche gilt er als Experte, der seinen ersten Misserfolg noch nicht verzeichnen konnte. Sein Ansehen als Ingenieur und Minengutachter ist unbestritten.

Ich hatte einige Kritiken des Farish-Berichts gehört, die von Ingenieuren der modernen Schule verfasst worden waren. Darin wurde darauf hingewiesen, dass Colonel Farish es versäumt hatte, für alle seine Schlussfolgerungen wissenschaftliche Gründe anzugeben. Ich fragte Captain W. Murdoch Wiley, damals Mitglied der CL Constant Company, Prüfer, Metallurgen und Bergbauingenieure, ob er meinen Bruder zu einer Untersuchung bewegen könne. Ich wandte mich nicht selbst an Charles, weil wir uns entfremdet hatten. Als er nach vielen Jahren Abwesenheit aus Europa zurückkehrte, hatte er mich nicht einmal aufgesucht. Captain Wiley arrangierte ein Treffen im Engineers' Club. Ich ging dorthin und wurde von Captain Wiley meinem Bruder an einem Tisch förmlich vorgestellt.

„Was nehmen Sie mit, um einen Bericht über Ely Central zu erstellen?", fragte ich in derselben sachlichen Art und Weise, in der ich auch einen Fremden angesprochen hätte.

"Was ist der Zweck des Berichts?"

„Die Firma Scheftels möchte vertrauliche und fachkundige Auskünfte über den Wert und die Aussichten der Immobilie, wie Sie sie geben können", antwortete ich.

"Ich nehme 5.000 Dollar", sagte er, "aber nur unter einer Bedingung. Ich gehe in die Bezirke Ely und Ray, um für englische Kapitalisten zu berichten, und ich kann gleichzeitig Ihr Eigentum aufnehmen. Mein Bericht wird nicht veröffentlicht, und ich behalte mir das Recht vor, ihn mündlich statt schriftlich abzugeben. Wenn Sie wirklich wissen wollen, was ich von dem Eigentum halte, bin ich durchaus bereit, es sorgfältig zu prüfen und es Ihnen mitzuteilen. Wegen Ihrer Börsenkampagne würde ich Ihr Angebot nicht annehmen, wenn Sie, sollte ich positiv berichten, die Absicht hätten, den Bericht auf dem Markt zu nutzen."

Der Handel wurde abgeschlossen. Ein paar Tage später erhielt Herr Herzig von der Firma Sccheftels 2.500 Dollar auf Rechnung und einen Scheck für die Reisekosten. Er reiste nach Ely ab.

Als am Samstagmorgen der Artikel in der New York *Sun mit den Auszügen aus der Attacke des Engineering & Mining Journal* erschien , telegrafierte ich meinem Bruder im Wesentlichen Folgendes:

Brutaler Angriff im *Engineering & Mining Journal* auf Ely Central. Wenn Ihr Bericht über das Eigentum positiv ist, bitte ich Sie, ihn uns per Telegramm zu übermitteln und uns zu erlauben, ihn zur Gegenmaßnahme zu verwenden.

Eine Stunde später schickte ich ihm eine weitere Nachricht, in der ich ihn aufforderte, keine Meldung zu überweisen. Da er mein Bruder war, legte ich dar, dass es sich nach der Veröffentlichung möglicherweise als wenig nutzbringend erweisen würde und dass es ihm aufgrund der unqualifizierten Art und Weise, in der das *Ingenieur- und Bergbauwesen durchgeführt wurde, nur dazu dienen könnte, ihm in seinem Beruf persönlichen Schaden zuzufügen Journal* hatte sich gegen die Immobilie ausgesprochen. Als Antwort übermittelte er Kapitän W. Murdoch Wiley den hier bereits zitierten kurzen, aber entscheidenden Bericht über die geologischen Gründe, warum Ely Central über das Erz verfügen sollte, was später von Dr. Walter Harvey Weed in der ebenfalls oben wiedergegebenen Nachricht vollständig bestätigt wurde. In einem Brief von Ely an Captain Wiley zur Bestätigung der Nachricht, dessen Original sich in meinem Besitz befindet, sagte Herr Herzig:

Ich habe mir eine sehr positive Meinung über die Immobilie gebildet. Ich habe das Gefühl, dass es das Zeug zu einer großen Mine hat, und unter diesen Umständen bin ich bereit, eine Zeit lang ein wenig Lärm zu ertragen.

Am selben Tag beauftragte er Captain Wiley, für seine Rechnung 2.500 Aktien von Ely Central zum Marktpreis zu kaufen, dieser Auftrag wurde über die Firma Scheftels ausgeführt.

Der Herausgeber Ingalls vom *Engineering & Mining Journal* und mein Bruder waren seit Jahren befreundet. Mein Bruder war zu Beginn seiner Karriere bei den Lewisohns, Guggenheims und der Anaconda Copper Company angestellt und später in Europa, Australien und Indien bei Minenbetreibern noch höherer Klasse. Bis zu dem Zeitpunkt, als der Angriff *des Engineering & Mining Journal* bekannt wurde, hatte er sich nicht auf Ely Central festgelegt. Als er sich dazu verpflichtete, tat er das mit dem Vorwissen, dass sein Name durch sein selbstloses und mutiges Handeln befleckt werden würde, wenn sich herausstellen würde, dass Ely Central das ist, was das *Engineering & Mining Journal* für wahrscheinlich erklärt hatte. In diesem Fall würde seine Beziehung zu mir als eindeutiger Beweis für Doppelzüngigkeit gelten und es würde schlecht für ihn aussehen. Die Tatsache, dass er unter all diesen Umständen in die Bresche sprang, überzeugte mich davon, dass der Angriff auf das *Engineering & Mining Journal* ungerechtfertigt war.

Eine Bombe im Lager des Feindes

Sobald die Scheftels Corporation eine Kopie des bestätigenden Berichts von Dr. Walter Harvey Weed erhalten konnte, den der große Kupfergeologe der CL Constant Company vorgelegt hatte, reichte sie eine Verleumdungsklage gegen das *Engineering & Mining Journal* auf Schadensersatz in Höhe von 750.000 US-Dollar ein. Gleichzeitig reichte Herr Scheftels in seinem eigenen Namen eine weitere Klage auf weitere 100.000 US-Dollar ein.

Die Einreichung der Scheftels-Verleumdungsklagen gegen das *Engineering & Mining Journal* schlug ein wie eine Bombe. Es war eine formelle Mitteilung an die gegen uns aufgestellten Kräfte, dass wir nicht vorhatten, Opfer einer unheiligen Feindseligkeit zu werden, und dass wir entschlossen waren, auf alten Wegen weiterzumachen und unsere groß angelegten Werbemaßnahmen nicht im Geringsten nachzulassen. Es wurde auch bemerkt, dass wir vorgeschlagen hatten, den Ely-Central-Deal durchzuziehen.

Nachdem klar wurde, dass wir weiterkämpfen wollten, wurden die Büros von Scheftels eines Tages öffentlich besucht und vom verstorbenen Polizeiinspektor McCafferty eingehend inspiziert. In schikanierender Manier ließ dieser Polizeibeamte durchblicken, dass wir bei ihm in offizieller Ungnade stünden. Sein Verhalten hätte kaum anstößiger sein können, wenn er in eine Fälscherhöhle eingedrungen wäre. Mr. McCafferty machte keine genauen Angaben darüber, was er suchte oder was er zu finden erwartete, aber er machte uns deutlich, dass wir markiert waren und dass er es auf uns abgesehen hatte. Er stolzierte mit finsterem Blick durch das gesamte Lokal und machte vage Drohungen darüber, was uns erwartete.

Spät in der Nacht erfuhr ich, dass der Inspektor in die Wohnzimmer meines Mitarbeiters Nat eingedrungen war. C. Goodwin, wo er sich etwa wie folgt äußerte:

„Was wollt ihr Jungs überhaupt tun? Was wollt ihr uns damit sagen? Glaubt ihr, wir würden uns eine solche Zeitungsberichterstattung, wie ihr sie bekommt, mit verschränkten Armen ansehen? Glaubt ihr, wir sind Narren oder verrückt oder was? Ich möchte, dass ihr versteht, dass ihr Jungs Nerven habt. Beeilt euch, sonst sitzt euch morgen die Polizei im Nacken!"

Ich sagte Mr. Goodwin, dass unsere Feinde den Inspektor offensichtlich auf uns gehetzt hätten, aber dass ich nicht glaube, dass etwas unternommen würde. Wir waren Opfer und nicht Täter, und wenn die Vereinigten Staaten nicht tatsächlich Russland waren, konnte nichts Unangenehmes passieren.

Ich versprach Herrn Goodwin jedoch, dass ich mich unverzüglich um die Angelegenheit kümmern würde. Ich legte einem prominenten Bürger alle Fakten bezüglich des Zeitungsangriffs vor, der versprach, die Informationen unverzüglich dem Inspektor oder einem seiner Vorgesetzten persönlich zu übermitteln. Er hat es getan. Das war das letzte Mal, dass wir von der Sache hörten.

Die Anwälte *des Engineering & Mining Journal* wandten sich an Kunden der Firma Scheftels, die durch den Markteinbruch in Ely Central von 4 $ auf 1,50 $ Geld verloren hatten. In einem Brief forderten sie sie auf, eine vollständige Sachverhaltsdarstellung zu übersenden, und schlugen vor, dass sie ihnen ohne Gebühr behilflich sein könnten.

Briefe dieser Art wurden an viele unserer Kunden verschickt, von denen viele sie einfach an uns schickten. In manchen Fällen reichte jedoch für Kunden, die den Angriff im „*Engineering & Mining Journal*"oder Zitate daraus in auflagenstarken Tageszeitungen gelesen hatten, bereits aus dem Schreiben der Anwälte, um eine Klage einzureichen.

Engineering & Mining Journal eine Art Wassertransport und eine Enttäuschung gewesen sein .

Das Postamt in New York schickte im Januar und Februar Briefe an die Leser des Scheftels Weekly Market Letter, in denen sie fragten, ob die Geschäftstätigkeit zufriedenstellend sei – das übliche Formular, das verwendet wird, wenn ein Unternehmen untersucht wird. Dutzende dieser Briefe wurden uns von Kunden mit Bemerkungen weitergeleitet, die darauf hindeuteten, dass offensichtlich „jemand hinter uns her war". Eine Untersuchung dieser Art kann dem Ruf und Ansehen eines Unternehmens, das ein quasi-bankmäßiges Geschäft betreibt, schrecklichen Schaden zufügen. Unsere Anwälte beschwerten sich bei Inspektor Mayer von der New Yorker Abteilung des Postamts, dass Unrecht geschehen sei. Es wurden keine weiteren Briefe dieser Art verschickt, da die ersten Antworten, die der Inspektor auf sein Rundschreiben erhielt, keine ernsthaften Beschwerden hervorriefen. Später wurde jedoch bekannt, dass die Untersuchung hier nicht endete und dass das Postamt eine gründliche Untersuchung fortsetzte, nur um schließlich sein Unternehmen aufzugeben.

Engineering & Mining Journal betritt die Bühne und verteidigt diese Publikation gegen unsere Verleumdungsklage. Er ruft in den Büros von Scheftels an und verlangt von Herrn Scheftels Informationen über das Konto von CH Slack aus Chicago. Er bekommt sie. Daraus geht hervor, dass Herr Slack 50.000 Aktien von Bovard Consolidated zu 10 Cent pro Aktie gekauft und bar bezahlt hat, und dass Herr Slack weitere 100.000 Aktien zu 14¼ und 14¾ Cent pro Aktie gekauft hat; und dass Herr Slack sich geweigert hat, den Restbetrag zu zahlen, nachdem der Marktpreis unter den Kaufpreis gefallen war, da die Lieferung verspätet war.

Die Lieferverzögerung war unbeabsichtigt. Die Firma Scheftels besaß tatsächlich zwei Millionen Aktien oder mehr, und die Lieferung wäre früher erfolgt, wenn nicht die Tatsache gewesen wäre, dass die Razzia bei Ely Central so viel Arbeit für die Büroangestellten angehäuft hatte, dass alles verschoben wurde. Wir kannten keine legitime Entschuldigung für Herrn Slack, denn er hätte den Verkauf der Aktien jederzeit anordnen können, ob geliefert wurde oder nicht. Die Slack-Transaktion wird hier näher erläutert, denn später, als die Firma Scheftels von einem Sonderagenten des Justizministeriums durchsucht wurde, war sie einer der Fälle, die der Agent in dem von ihm eidesstattlich beglaubigten Haftbefehl gegen BH Scheftels & Company anführte, um die Begehung des Verbrechens zu beweisen.

Ein weiterer Fall, zu dem Herr Scheftels ausführliche Angaben machen sollte, war der von DJ Szymanski, einem Maisarzt in der Broad Street 25. Herr Scheftels hatte den Doctor dazu gedrängt, Ely Central zu kaufen, als es vor dem Anstieg für 75 Cent verkauft wurde. Später, als der Anstieg bereits in vollem Gange war und über der 3-Dollar-Marke lag, kaufte der Doktor über die Scheftels Corporation einige Aktien. Als der Preis 4 $ erreichte, wurde er dazu gedrängt, Gewinne mitzunehmen. Er weigerte sich, dies zu tun. Als der Angriff begann und der Preis stark einbrach, sah der Doktor einen großen Verlust vor sich.

Er rief im Büro der Scheftels an und bat um die Rückgabe des Geldes, das er bei seinen Spekulationen in Ely Central verloren hatte.

Die Untersuchung wurde unter den Maklern angekündigt und verursachte großen Marktdruck auf die Aktien der Firma Scheftels. Wir waren nicht bestürzt. Um unsere Position zu stärken und ein weiteres Zeichen unseres guten Willens zu sein, haben wir unsere Entwicklungsaktivitäten in den Minen verstärkt. Unsere Ausgaben in diesem Quartal waren für unsere Untertageerkundungen bis an die Grenze unserer Arbeitskapazität angewachsen, da mir klar wurde, dass unsere Rettung davon abhängen könnte, dass Ely Central aus bergbaulicher Sicht schnell für Ordnung sorgt. Wir wussten, dass das Erz da war und dass es an uns lag, es zu beschaffen, bevor unsere Feinde uns erwischten.

Es gibt Gerüchte über eine Razzia der Regierung

Aus heiterem Himmel erreichte das Scheftels-Büro Ende Juni die Nachricht, dass ein Zeitungsreporter des New York *American* erklärt hatte, er habe im Aufgabenbuch des Stadtredakteurs ein Memorandum gesehen, in dem er sich vor einer Razzia bei Scheftels hüten sollte Regierung der Vereinigten Staaten. Die Informationen waren zuverlässig und haben uns schockiert. Doch der Gedanke, dass die Macht einer großen Regierung wie der Vereinigten Staaten genutzt werden könnte, um uns zu vernichten, ohne uns Gehör zu verschaffen, schien unglaublich.

Um auf Nummer sicher zu gehen, besuchte Herr Scheftels in Begleitung eines hochrangigen Anwalts Washington. Sie gingen direkt zum Justizministerium, wo der Privatsekretär von Generalstaatsanwalt Wickersham sie nach einem freundlichen Gespräch an den Chefsekretär verwies. Dieser berichtete nach einer 25-minütigen Durchsuchung, dass keine Anklage gegen BH Scheftels & Company vorliege. Er gab sogar freiwillig zu, dass er nichts von der Existenz einer solchen Firma gewusst habe.

Später stellte sich heraus, dass genau zu der Zeit, als Herr Scheftels und der Anwalt im Justizministerium waren, eine spezielle Untersuchung im Gange war, die unter der Leitung eines jungen Washingtoner Anwalts aus dem persönlichen Stab von Justizminister Wickersham und eines Sonderagenten des Justizministeriums stand. Letzterer hatte als Sonderagent des Justizministeriums außerordentliche Vollmachten erhalten, angeblich um „Wall Street auszumisten".

Zufrieden, dass sie am falschen Ort waren, verließen Herr Scheftels und der Berater das Büro des Generalstaatsanwalts und gingen zur Post. Sie wurden an Chief Inspector Sharp verwiesen. Der Anwalt beantragte eine Anhörung des Scheftels-Konzerns, bevor Maßnahmen zu etwaigen Beschwerden ergriffen werden, die bei der Abteilung eingehen könnten. Herr Sharp stimmte dem unter der Bedingung zu, dass der Anwalt für das Unternehmen Scheftels zustimmen würde, dass eine Einsicht in die Bücher des Unternehmens jederzeit auf Verlangen gestattet sei. Es gab eine bereitwillige Zustimmung. Ein entsprechendes Memorandum wurde bei Inspektor Sharp hinterlassen.

Herr Scheftels verließ das Ministerium mit der Gewissheit, dass kein vorschnelles Urteil gefällt werden würde. Edmund R. Dodge aus Nevada, persönlicher Anwalt von BH Scheftels & Company, richtete daraufhin einen Brief an US-Senator Newlands mit der Bitte, die Angelegenheit direkt mit dem Generalpostmeister zu besprechen.

Senator Newlands schrieb am 2. Juli an Herrn Dodge, dass er einen Brief an den Generalpostmeister mit der Bitte gerichtet habe, Herrn Dodge zu benachrichtigen, falls eine Beschwerde oder Information gegen die Scheftels Corporation eingereicht werde. Ein paar Tage später sandte Senator Newlands Herrn Dodge einen Brief von Theodore Ingalls, dem amtierenden Chefinspektor des Postamts, in dem Herr Ingalls sagte, dass dies die Praxis des Ministeriums im Falle einer angeblichen Verwendung der Post zu betrügerischen Zwecken sei Personen, gegen die eine Beschwerde eingereicht wurde, volle Gelegenheit zu geben, persönlich oder anwaltlich gehört zu werden, falls aufgrund der Untersuchung einer solchen Behauptung nachteilige Maßnahmen in Betracht gezogen werden.

Da ich das Gefühl hatte, dass unser Haus sicher vor Überraschungen geschützt war, unternahm ich an dieser Kreuzung eine Reise nach Nevada, wo dringende geschäftliche Angelegenheiten meine Aufmerksamkeit erforderten. Während ich im Westen war, wurden mir Telegramme geschickt, dass die führende Versandhandelsfirma für Bergbauaktien in der Broad Street die Post überschwemmte und die Telegrafendrähte mit dringenden Appellen an die Aktionäre der Rawhide Coalition, einer unserer Spezialgebiete, belastete ihre Bestände verkaufen, da ein starker Kursverfall der Aktien drohte. Nachdem ich vor diesem Angriff gewarnt worden war, übermittelte ich telegrafisch die Anweisung von Reno, dem Ansturm zu begegnen, und richtete in den *Mining Financial News* eine Mitteilung an die Anleger, in der ich sie aufforderte, auf der Hut zu sein.

Meine Reise in den Westen brachte den Anlegern eine Menge Geld ein, indem ich mit einem monatlichen Zahlungsplan die Kontrolle über die Firma Jumbo Extension erwarb. Der Preis der Aktie verdreifachte sich am Markt. Mein Wiedereintritt in das Goldfield-Lager war den Nixon-Wingfield-Interessen besonders zuwider. Bevor ich Goldfield verließ, wurde ich tatsächlich gewarnt, dass die an der Sullivan Trust Company geübte Rache sich auf die Firma Scheftels auswirken würde, weil sie es gewagt hatte, erneut in den Bezirk Goldfield einzudringen.

Ende August musste die Firma Scheftels die wohl schwerste Belastung seit ihrer Gründung ertragen. Wir hatten heroische Anstrengungen unternommen, um den Preis unserer Spezialitäten auf dem New Yorker Curb-Markt zu steigern. Dabei stießen wir auf ungewöhnlichen Widerstand aus professionellen Quellen. In der Zeit, von der ich berichte, hatte Ely Central einen Tiefstkurs von 62½ Cent verzeichnet, und wir hatten ihn erfolgreich auf etwa 1 Dollar angehoben. Auf dem ganzen Weg nach oben erlebten wir starke Verkäufe. Eines Tages kamen die Lieferungen so schnell herein, dass drei Kassiererinnen, die im „Käfig" arbeiteten, nicht mit den Transaktionen Schritt halten konnten. Das Geschäft der Firma war sowohl im allgemeinen Sortiment als auch bei den Spezialitäten des Hauses stark. Es war mehr als genug Geld vorhanden, um alle Transaktionen an diesem Tag zu finanzieren, allerdings nur, wenn die Einzahlungen so schnell bei der Bank erfolgten, wie unsere eigenen Lieferungen von unseren Boten abgeholt wurden.

Ungefähr um 14 Uhr nachmittags traf am Straßenrand die Meldung ein, dass die Bankschecks von BH Scheftels & Company nicht umgehend beglaubigt würden. Als dieses Gerücht an Verbreitung gewann, wuchs die Aufregung am Straßenrand. Der Bordstein kam zu dem Schluss, dass wir endlich „pleite" waren. Vor den Büros versammelten sich bunte Menschenmengen. Man hörte das heftige Geschrei der Makler, die Scheftels-Schecks unter ihrem Nennwert boten und anboten. Vor dem Gebäude drängte sich eine Schar des Gesindels der Straße zusammen.

Ein oder zwei Personen, unversöhnliche Feinde, die wiederholt den Marktangriff auf die Scheftels-Aktien angeführt hatten, boten Scheftels-Schecks für kleine Beträge von nur 50 Cent pro Dollar an. Diese wurden von unseren Freunden aufgelesen, denen versichert worden war, dass es uns finanziell gut gehe und dass bei der Bank ein Fehler gemacht worden sein müsse.

Die Untersuchung ergab, dass der zögerliche Nachrichtendienst für die Verzögerung der Bank bei der Zertifizierung verantwortlich war. Unsere Einlagen erreichten die Bank nicht so schnell wie vorgesehen. Als besonderen Gefallen für uns an diesem Nachmittag, als der Tumult vor unseren Türen am größten war, beglaubigte die Bank weiterhin Schecks bis 15:30 Uhr und verlängerte die Schließzeit um 30 Minuten. Dann berichteten sie, dass noch ein komfortabler Bargeldbestand vorhanden sei.

Am nächsten Morgen begannen die Zeitungen mit einem Jamboree. Jeder New Yorker wurde zum Frühstück mit gruseligen Geschichten auf der ersten Seite und in der letzten Spalte begrüßt, in denen er von der Panik unter den Curb-Maklern erzählte, die Scheftels-Schecks am Nachmittag zuvor verkaufen wollten. Unnötig zu erwähnen, dass es die Art von Bekanntheit war, die dem Haus Scheftels wahrscheinlich den größten Schaden zufügte. Wenn über die stärkste Bank in New York auch nur halb so Schlimmes gedruckt worden wäre, wäre diese Bank gezwungen gewesen, ihre Türen zu schließen, bevor der Tag zur Hälfte vorbei war.

Und ich habe die Gefahr unserer Lage keinen Augenblick unterschätzt. Innerhalb von zwei Tagen gelang es mir, 50.000 Dollar zusätzlich zu unseren Barreserven zusammenzubekommen, mit dem Versprechen, so viel mehr zu bekommen, wie nötig war. Wir hielten die Stellung mühelos. Am Ende des Tagesgeschäfts sorgte ich für Ablenkung, indem ich im Sitzungssaal von Scheftels erschien und vor den Zeitungsleuten eine Handvoll 1.000-Dollar-Scheine wedelte. Die Schreiber fanden die Scheftels Corporation vor, die allen Forderungen nachkam und am Ende der Sitzung einen kleinen Ballen nicht eingezahlten Geldes in ihrem Besitz hatte.

Die Belastung war jedoch groß. Das Vertrauen war erneut beeinträchtigt. Viele Konten wurden von Kunden gekündigt. Wir waren gezwungen, unsere Belastung zu verringern, indem wir angehäufte Lagerbestände mit Verlust verkauften. Der Preis von Ely Central und anderen Scheftels-Werbeaktionen fiel. Der Rückgang wurde durch die allgemeine Schwäche anderer Curb-Aktien begünstigt.

Merkwürdigerweise waren die Minenberichte zu der Zeit, als der Markt für Ely Central-Aktien am niedrigsten war, in der zweiten Septemberhälfte, vierzehn Monate nachdem die Firma Scheftels das Angebot angenommen hatte, äußerst günstig. Unterirdische Erschließungsarbeiten und das Durchbohren hatten die Frage, ob mineralisierter Porphyr unter der Rhyolith-Deckschicht oder dem Rhyolith-Fluss liegt, der sich vom Dampfschaufel-Bergwerk der Nevada Consolidated nach Osten durch den Boden von Ely Central erstreckt, für alle Zeiten geklärt. Mehr als 240.000

Dollar waren für die Verwaltung, die Minenausrüstung und die Löhne der Bergleute ausgegeben worden, um diese Demonstration durchzuführen.

Die Scheftels-Firma wurde nun darüber informiert, dass die Nevada Consolidated tatsächlich einen unbefugten Eingriff in den Juniper-Anspruch der Ely Central-Firma plante, um sich einen Auslass aus den unteren Ebenen ihrer riesigen Dampfschaufelgrube zu sichern. Den Beamten des Nevada Consolidated war bereits eine schriftliche Warnung vor einem solchen Vorgehen zugestellt worden. Am 25. September erwirkten Anwälte der Ely Central Copper Company von einem Gericht in Nevada eine Verfügung, mit der die Nevada Consolidated daran gehindert wurde, mit diesem unerlaubten Eingriff fortzufahren, und begründeten dies mit der Begründung, dass sie nicht mit dem unerlaubten Betreten anderer Gebiete in Ely Central aufhören sollte.

Der Anwalt telegrafierte nach New York, dass eine Kaution erforderlich sei, bevor die einstweilige Verfügung in Kraft treten könne. Am 27. und 28. September wurden Telegramme zwischen den Ely Central-Büros in New York und den Anwälten des Unternehmens in Reno in Nevada ausgetauscht, um Bürgschaften für die Anleihe bereitzustellen.

Die Bürgen kamen nie in Frage. Eine Katastrophe traf uns und machte das Haus von BH Scheftels & Company und all seine ehrgeizigen Pläne durch ein Erdbeben zunichte.

Die ständigen Turbulenzen, in denen sich das Haus Scheftels seit dem Tag befand, an dem der Angriff *des Engineering & Mining Journal* erschien, hatten es der Firma Scheftels unmöglich gemacht, die Märkte für Ely Central und Rawhide Coalition zu halten. Kreditschwund, Geldknappheit und ein allgemein rückläufiger Markt waren teilweise dafür verantwortlich. Aber es gab noch einen weiteren wichtigen Faktor. Aufgrund der Laufzeit ihrer Optionen war die Firma Scheftels von Zeit zu Zeit gezwungen, Aktien zu Preisen auf den Markt zu bringen, die tatsächlich Verluste auswiesen.

Es gab einen Marktsieger, der den Kunden und dem Unternehmen selbst einen großen Gewinn bescherte, nämlich Jumbo Extension. Ich besaß eine Option auf ungefähr 450.000 Aktien dieser Aktie zu einem Durchschnittspreis von 35 Cent, die ich an das Unternehmen abgegeben hatte. Der Markt stieg auf 70. Nach der Taktik, die zu Beginn dieses Geschäfts in Ely Central angewandt wurde, hatte das Unternehmen Scheftels alle seine Kunden gedrängt, Jumbo Extension zu kaufen, genau in dem Moment, als ich über die Option in Goldfield verhandelte, mit dem Ergebnis, dass Leser unserer Marktliteratur auf dem freien Markt Käufe ab 25 Cent tätigten, mit entsprechenden Gewinnen.

Als der Preis in die Höhe schoss, hatte sich bei Maklern in San Francisco und New York ein Leerverkaufsinteresse an 150.000 Aktien von Jumbo Extension entwickelt, und aus der Nachfrage nach Aktien für Kreditzwecke ging klar hervor, dass es für die Leerverkaufsinteressen unmöglich sein würde, diese ohne Ausnahme zu decken zu unseren Bedingungen. Die Firma Scheftels bereitete sich auf einen „Squeeze" der Shorts vor, wie es ihn in der Geschichte der Curb noch nie zuvor gegeben hatte. Doch im Augenblick des Sieges, als wir uns darauf vorbereiteten, mit der Jumbo-Erweiterung auf den Märkten von San Francisco und New York einen großartigen Marktcoup durchzuführen, stürzten wir ohne Vorwarnung in den völligen Ruin.

Der Überfall auf BH Scheftels & Co.

Die Zerstörung des Scheftels-Gebäudes war am 29. September 1910 abgeschlossen. Ich stand auf der Vordertreppe des Scheftels-Büros und beobachtete die Märkte für die Scheftels-Spezialitäten. Ein Makler mit Verbindungen nach San Francisco machte mir ein Angebot von 68 Cent für 10.000 Aktien von Jumbo Extension. Ich lehnte sofort ab. In diesem Moment wurde ich auf das heftige Zuschlagen einer Tür hinter mir aufmerksam. Ich wandte mich an einen Scheftels-Mitarbeiter, der neben mir stand, und erfuhr, dass eine Reihe Fremder in den Kundenraum geströmt waren, ohne besondere Aufmerksamkeit zu erregen. Ich versuchte hineinzukommen. Die Tür war verschlossen. Zweifellos geschah etwas Ernstes. Ich ging einen ganzen Block durch den Flur zum New Street-Eingang des Gebäudes, wo die Büros der *Mining Financial News* an die der Scheftels Corporation angrenzten. Ich probierte die Tür dort mit ähnlichem Ergebnis. Sie war verschlossen.

Damit war die Sache erledigt. Ich kam zu dem Schluss, dass die Axt gefallen war.

Der Schock, als mir klar wurde, dass unsere Büros von der Regierung gestürmt wurden, brachte mich keinen Moment aus dem Gleichgewicht oder versetzte mein Herz in Angst, und das Gefühl der Empörung berührte mich im Moment auch nicht. Es gab nur einen ekelerregenden Gedanken – die Ruine des Gebäudes, an dessen Aufbau ich und meine Mitarbeiter Tag und Nacht so viele Monate gearbeitet hatten, und das Schicksal unserer Kunden, die ihr Geld in die von uns geförderten Unternehmen investiert hatten.

In drei Sekunden war ich auf dem Weg zu dem Ort, an dem ich Hilfe zu finden glaubte – den Kanzleien der Scheftels-Anwälte. Ich ging über die Straße zum New Street-Eingang eines Gebäudes, das sich vom Broadway bis zur New Street erstreckt, schlenderte zur Broadway-Seite, sprang auf eine Straßenbahn, fuhr drei Blocks zum Broadway und zur Cedar Street, sprang in einen Aufzug und hinein Ein paar Minuten später betraten wir die Büros von House, Grossman & Vorhaus.

„Gehen Sie rüber zum Büro der Firma Scheftels", sagte ich, „und beeilen Sie sich! Ich glaube, wir werden gerade durchsucht."

Im nächsten Moment machten sich zwei Mitglieder der Anwaltskanzlei auf den Weg. Zehn Minuten, nachdem die Angreifer die Büros betreten hatten, waren die Anwälte vor Ort. Ihnen wurde der Zutritt verweigert und sie mussten sich damit begnügen, vor der Tür zu warten, bis die Gefangenen herausgebracht wurden.

Sobald die Anwälte ihre Büros verließen, begann ich, die Telefone zu benutzen, um die Freilassung der verhafteten Männer gegen Kaution zu erwirken. Ich hielt es für notwendig, persönlich hinzugehen, und so verließ ich die Anwaltskanzlei und ging den Broadway hinunter. Meine Aufmerksamkeit wurde durch das Läuten der Klingel des Streifenwagens erregt. Als er im Laufschritt an mir vorbeifuhr, konnte ich meine Kollegen sehen, die sich zusammengekauert im Black Maria auf dem Weg zur Bastille befanden.

Für einen Moment verlor ich völlig das Gefühl für die Schwere dessen, was sich abspielte, und überkam ein Gefühl der Freude darüber, dass mir diese Schmach erspart geblieben war. Dieser selbstbeglückende Anflug einer überaus ernsten Situation verschwand. Meine Mitarbeiter steckten in Schwierigkeiten und es lag an mir, ihnen zu helfen. Ich war auf freiem Fuß und wusste, dass ich mehr für meine Freunde und mich selbst tun konnte, wenn ich nicht sofort kapitulierte.

Ich kehrte in die Anwaltskanzlei zurück, wo ich blieb. Während dieser ganzen Zeit kam mir nie der Gedanke in den Sinn, dass wir uns in irgendeiner Weise der Absicht schuldig gemacht hätten, jemanden zu betrügen, oder dass wir einen Verstoß gegen das Gesetz oder die Regeln fairen Verhaltens begangen hätten. Die einzige verzehrende und kontrollierende Vorstellung in meinem Kopf war, dass uns jemand überlistet hatte und dass es an mir lag, mich gegen diese abscheuliche Tat zu verteidigen.

Was sich hinter den verschlossenen Türen abspielte, als die Scheftels-Anwälte versuchten, sich Zutritt zu verschaffen, um das Unternehmen, seine leitenden Angestellten und Mitarbeiter über ihre Rechte zu informieren, lässt sich kaum beschreiben. Lieber Leser, Sie würden sich die Realität nicht für möglich halten. Ausgestattet mit einem Haftbefehl, der ihm das Recht einräumte, festzunehmen, zu beschlagnahmen, zu durchsuchen und zu beschlagnahmen, hatte der Spezialagent des Justizministeriums im örtlichen Polizeipräsidium eine Gruppe von fünfzehn schwer bewaffneten Männern in Zivil sichergestellt.

Sobald man das Scheftels-Etablissement betrat, wurden die Türen verschlossen und der Ausgang versperrt. Die Haupttrupps der Eindringlinge beschlagnahmten dann die Vorderbüros, während andere die Hinterzimmer durchsuchten und allen lautstark befahlen, dort zu bleiben, bis sie die Erlaubnis zum Verlassen erhielten. Die Einrichtung wurde bis auf den letzten Meter beschlagnahmt und jede Person, die sich innerhalb ihrer Türen befand, wurde gefangen gehalten. Der Spezialagent gab sich alle Mühe, jedem in seiner Hörweite klarzumachen, dass er das Oberkommando hatte. Er ließ die Polizeiwachen im Vorderzimmer zurück und stolzierte in den Telegrafenkäfig, wo zwei oder drei Telefonisten an Tischen saßen.

Der Special Agent drückte dem Chefoffizier Walter Campbell – einem ruhigen und harmlosen Mann – die Mündung eines Revolvers ins Gesicht und befahl:

„Unterbrechen Sie diese Verbindung!"

Mr. Campbell bemerkte die Waffe zunächst nicht, weil sie auf sein blindes Auge gerichtet war. Als er den ersten Blick erhaschte, kam er zu dem Schluss, dass ein Verrückter in sein Allerheiligstes eingedrungen war, und er wäre auf der Stelle beinahe an einem Schlaganfall gestorben.

Der Agent kehrte zum Vorderbüro zurück, betrat den Kassenschalter und nahm den Beutel des Unternehmens mit seinen Wertpapieren in Besitz.

Er gab keinem verantwortlichen Angestellten der Firma Sccheftels eine Quittung für irgendetwas. Als Mr. Stone, einer der Kassierer, ihm gegenüber andeutete, dass er hier sei, um die Wertpapiere zu verwahren, donnerte er:

„Komm da raus!"

„Welche Befugnis haben Sie hierfür?", fragte Mr. Stone. Der Agent zeigte daraufhin seine Dienstmarke vor.

Einen Moment später öffnete einer der Beamten die Kassenschublade. Der Special Agent stand neben ihm.

„Oh, sehen Sie, was hier ist!", rief der Abgeordnete.

Daraufhin beschlagnahmte der Agent des Justizministeriums den Inhalt der Kassenschublade, ohne das Bargeld, die Schecks, Zahlungsanweisungen usw. zu zählen oder einem Mitglied unserer Firma eine Quittung dafür auszustellen.

Er wandte sich an die verhafteten Beamten und Angestellten von Scheftels und befahl ihnen, den Raum zu verlassen.

Es war eine der brutalsten Darbietungen, die man jemals im ruhigen Bankraum einer Maklerfirma erlebt hat.

Buchhalter wurden angewiesen, ihre Bücher zu schließen. Die US-Post im Büro wurde beschlagnahmt, einschließlich der Post, die im Büro zur Zustellung an andere eingegangen war.

Den Angestellten von Scheftels wurde befohlen, mit verschränkten Armen an ihren Plätzen stehen zu bleiben. Die Desperados unter ihnen - diejenigen, gegen die ein Haftbefehl erlassen worden war und die man herausgezerrt und im Vorzimmer zusammengedrängt hatte - wurden dann nach tödlichen Waffen durchsucht. Bei ihnen wurden ein Taschenmesser und ein Bleistiftstummel gefunden. Das tödliche Messer war kaum scharf genug, um damit die Nägel zu pflegen. Keiner der verhafteten Männer hätte gewusst, wie man einen Revolver benutzt, wenn man ihn ihm in die Hand gegeben hätte.

Bei den festgenommenen Männern handelte es sich um: Mr. Scheftels, 54 Jahre alt, ruhig und harmlos, der eine ehrenhafte Geschäftskarriere ohne jeglichen Makel in seinem Charakter oder Ansehen vorweisen konnte; Charles F. Belser, einer der Kassierer des Unternehmens und Freimaurer des 32. Grades, der noch nie zuvor in seinem Leben auch nur wegen der Verletzung des Geistes einer geringfügigen Verordnung angeklagt worden war; Charles B. Stone, 60 Jahre alt, ein weiterer Kassierer, dessen Söhne und Schwiegersöhne ihrem Land in der Armee gedient hatten und der selbst so friedfertig war wie ein Klassensprecher in der Sonntagsschule; John Delaney, Clarence McCormick, William T. Seagraves und George Sullivan, Angestellte des Unternehmens, die ebenso wahrscheinlich Widerstand leisteten, der den Einsatz von Waffen oder das Kämpfen erfordert hätte, wie ein Quartett Psalmen singender Kinder.

Herr Scheftels protestierte würdevoll und respektvoll gegen die brutale Demonstration. Er bat darum, die Behörde für die Razzia zu sehen. Dies wurde abgelehnt, bis er und die anderen verzweifelten Charaktere in einem anderen Raum versammelt waren. Auf seine Forderung, den Durchsuchungsbefehl der Beamten einzusehen, antwortete der Spezialagent mit einem vulgären Ausruf: „Wenn Sie nicht den Mund halten, legen wir Ihnen die Eisen auf! Wenn Sie Ärger suchen, Sie." ——— —— steif, du wirst bekommen, was du suchst!"

Die Absurdität der bewaffneten Invasion gefiel allen außer dem Rädelsführer der Räuber. Aus Service-Sicht war es eine lächerliche Situation. Bis zum Zeitpunkt der Razzia hatte es keine Zeit gegeben, in der ein einzelner, mit der entsprechenden Autorität bewaffneter Mann nicht mit Anstand und in guter Ordnung alles und mehr hätte erreichen können, als durch das „raue Haus" und den brutalen Einmarsch der bewaffneten Bande erreicht wurde.

Private Papiere wurden beschlagnahmt und Bündel von Aktienzertifikaten, Geldpaketen, Schecks, Quittungen und alles, was in Sicht war, weggetragen. Über die beschlagnahmten Dokumente und sonstigen Wertsachen gab es zum Zeitpunkt der Durchsuchung keine vollständige Akte. Der vorläufige Insolvenzverwalter von BH Scheftels & Company war vor seiner späteren Entlassung in der Lage, einen Teil der beschlagnahmten Vermögenswerte des Unternehmens zusammenzutragen und zu verbuchen, aber ich habe keinen Zweifel daran, dass es sich dabei um Wertpapiere und Gelder im Wert von mehreren tausend Dollar handelte hoffnungslos verloren.

Als das Wrack vollendet war, wurden die Gefangenen wie Übeltäter aus dem Haupteingang getrieben, die Stufen hinunter und in die Black Maria verladen. Fünftausend Menschen waren Zeugen der Tat. Die Gefangenen flehten vergeblich darum, die Taxis bezahlen zu dürfen, um sie vor dem Kommissar der Vereinigten Staaten zu befördern. Sie beharrten darauf, dass sie bislang noch nicht gehört worden seien und in den Augen des Gesetzes unschuldig seien und dass sie bis zur Verurteilung wegen einer Straftat Anspruch auf eine angemessene Behandlung hätten. Dieser Antrag wurde abgelehnt. Die Verzögerung beim Beginn des Bundesgebäudes war gerade lang genug, um der dichten Menschenmenge, die den Block gefüllt hatte, Zeit zu geben, die Opfer der Gräueltat in vollem Umfang zu beleidigen. Freunde der verhafteten Männer kochten vor Empörung und es kam zu mehreren Schlägereien. In dem verzweifelten Handgemenge wurden Männer niedergeschlagen, mit Füßen getreten und ihnen die Kleidung vom Rücken gerissen. Die Szene war eine Schande.

Eine Armee von Zeitungsreportern, begleitet von einer Kamerabrigade, war vor Ort und machte Schnappschüsse von den Gefangenen, als sie das Black Maria betraten. Unter Glockengeläut und Peitschenhieben fuhren sie die Broad Street hinauf zur Wall Street. Dann bog das Fahrzeug in den Broadway ein und fuhr mit einem lauten Geläut auf das Bundesgebäude zu. Dort wurden die Männer vor Gericht gestellt. Es wurde eine Kaution von insgesamt 55.000 Dollar verlangt. Später wurden mehrere der auf diese brutale Weise in Gewahrsam genommenen Männer nicht einmal angeklagt.

Als der Sonderagent des Justizministeriums aufgefordert wurde, die Häftlinge zu identifizieren, konnte er außer Herrn Scheftels keinen von ihnen identifizieren. Ein Stenograf im Dienst des Unternehmens war gezwungen, sie herauszupicken.

Es stellte sich heraus, dass der Haftbefehl vom Spezialagenten beeidigt und aufgrund seiner eidesstattlichen Erklärung erteilt worden war, dass das Unternehmen gegen einige wenige seiner Kunden Verbrechen begangen hatte. Zwei von ihnen wurden in diesem Artikel bereits erwähnt, nämlich

Slack und Szymanski, deren Aussagen den Anwälten des *Engineer & Mining Journal* vorgelegt wurden .

Vom Gerichtsgebäude zu den Gräbern wurden die Scheftels-Desperados in Fesseln den Broadway hinauf eskortiert. Später am Tag, als die Kaution bereit war und die Gefangenen geholt wurden, wurden ihnen erneut Handschellen angelegt und sie marschierten in einer Parade durch die Straßen und Alleen des dichtesten Teils von New York City.

Ich hatte den ganzen Nachmittag in den Kanzleien der Anwälte mit einem einzigen Ziel gearbeitet, nämlich der Sicherstellung einer Kaution für die inhaftierten Männer. Ich hatte Erfolg. Ich war nun mit meiner eigenen Kaution beschäftigt, die das Gericht im Voraus auf 15.000 US-Dollar festgesetzt hatte. Am Morgen ging ich von der Kanzlei meiner Anwälte zum Postgebäude, stellte mich und wurde sofort gegen eine Bürgschaft freigelassen, die im Büro des Kommissars der Vereinigten Staaten wartete. Als ich das Gebäude verließ, erkannte ich zahlreiche Scheftels-Kunden. Mehrere ergriffen meine Hand.

Meine Empörung wuchs, als mir die Umstände wieder klar wurden und ich Zeit hatte, die Fakten zu verknüpfen und zusammenzufassen. Allmählich enthüllte sich die ganze Wahrheit. Ich kann nur einen Teil davon erzählen. Die ganze, detaillierte Geschichte würde einen ganzen Band füllen, und der Platz, der mir hier zur Verfügung steht, ist begrenzt. Ich erfuhr, dass der Spezialagent von dem Moment an, als er auf die Spur geschickt wurde und die Erlaubnis erhielt, uns aus dem Geschäft zu drängen, nie nachgelassen hatte, seinen Einsatz zu vollbringen.

Seine Bemühungen erregten die Aufmerksamkeit diverser Zeitungsredakteure mit Verbindungen zur Wall Street und auch seiner Feinde im Allgemeinen, die sich beeilten, mit ihm zusammenzuarbeiten. Sein Amt als Sonderagent des Justizministeriums verlieh seinen Aussagen Gewicht, das sie nicht gehabt hätten, wenn er als Privatperson die Anklage unterstützt hätte. Seine offizielle Position verlieh seinen Aussagen in den Augen der Zeitungsleute und nach der Razzia auch in der Öffentlichkeit eine übertriebene Bedeutung.

Eine Person, die wir als das Werkzeug bezeichnen werden, erscheint nun mit angeblichen Informationen auf der Bildfläche, die er dem Spezialagenten zur Verfügung gestellt hat, um ihn vor den stellvertretenden US-Anwälten in New York mit inzwischen widerrufenen Aussagen über die Unterschrift des Falschen zu untermauern Zeuge.

Im vorhergehenden Kapitel habe ich auf einige der grauenhaft falschen Behauptungen hingewiesen, die am Tag nach der Razzia veröffentlicht wurden. Ich habe nur eine Ahnung davon gegeben. Die Zeitungen erklärten, dass Ely Central die Scheftels Company 5 Cent pro Aktie gekostet habe, dass das Stammkapital zu viel ausgegeben worden sei und dass die Immobilie wertlos sei. Jumbo Extension, das seither 95.000 Dollar an Dividenden an seine Aktionäre ausgeschüttet hat, immer noch über eine Schatzreserve von 100.000 Dollar verfügt und heute auf den Märkten zu einem Aktienwert von etwa einer Viertelmillion Dollar für die Immobilie verkauft wird, wurde ebenfalls als „falsche Aktie" bezeichnet. Rawhide Coalition, das über 400.000 Dollar in Goldbarren produziert hat und heute als eine der bedeutendsten Goldminen des Wilden Westens gilt, wurde als schlichter Schrott bezeichnet. Bovard, das eine Investition von fast 100.000 US-Dollar für das Grundstückskonto und die Minenentwicklung darstellte und mit der Begründung, es handele sich um ein „vielversprechendes Projekt", für 10 Cent pro Aktie beworben wurde, galt als ein regelrechtes Schnäppchen.

Der Scheftels-Konzern soll durch den Verkauf „gefälschter Bergbauaktien" Millionenbeträge erbeutet haben. Es wurde auch angegeben, dass ich auf meinem Privatkonto einen Millionengewinn erzielt habe. Die Scheftels-Mailingliste wurde als reguläre „Idiotenliste" beschrieben, ungeachtet der Tatsache, dass die wichtigsten Namen, die darauf standen, Aktionäre von Guggenheim-Unternehmen waren.

Die Rädelsführer wurden als ich selbst – „ein Mann mit einer schrecklichen Vergangenheit" – und der „berüchtigte Charakter" „Red Letter" Sullivan dargestellt. Herr Sullivan wurde als der oberflächliche Briefschreiber dargestellt, der sich an die „Trottel" gewandt und sie, vor allem Witwen und Waisen, hypnotisiert hatte, ihr Geld von den Sparkassen abzuheben und es an die Scheftels-Haie zu schicken. „Red Letter" Sullivan wurde auch als Mann mit einer „Vergangenheit" bezeichnet.

Die wahren Fakten bezüglich der Verbindung von Herrn Sullivan mit der Firma Scheftels waren folgende: Einige Monate zuvor hatte er sich um eine Stelle beworben. Anschließend war er als Leiter eines Börsenmaklerbüros in Boston angestellt. Ihm wurde die Stelle eines Zeitarbeiters in der Stenographenabteilung zugeteilt.

Während seiner Zeit bei der Firma Scheftels war es seine Aufgabe, dafür zu sorgen, dass die Stenographen pünktlich Bericht erstatteten, ihre Arbeit ordnungsgemäß verrichteten und für nicht erbrachte Leistungen kein Geld erhielten. Mit der Korrespondenzabteilung hatte er wenig bis gar nichts zu tun. Auf Briefe, die die Firma Scheftels erhielt, diktierte er nie Antworten. Er war nie in leitender Funktion bei der Firma Scheftels beschäftigt. Wir wussten wenig oder gar nichts über den Titel „Roter Buchstabe", mit dem er ausgezeichnet worden war. Das erste, was wir davon erfuhren, war nach der Razzia in den Zeitungen. Die Untersuchung ergab, dass er zehn Jahre zuvor als Makler in Chicago einen Wochenmarktbrief herausgegeben hatte, der auf rotem Papier gedruckt war.

Ich habe bisher noch nicht auf eines der größten Unrechte eingegangen, das mit diesem schändlichen Verfahren in Zusammenhang steht – das Unrecht und den Schaden, der einer Vielzahl hilfloser Aktionäre zugefügt wurde. Während der Sonderagent des Justizministeriums und seine bewaffneten Gefolgsleute die Büros von Scheftels verwüsteten und den Ort terrorisierten, wurde die Scheftels-Gruppe von Bergbauaktien am Curb brutal überfallen und der Öffentlichkeit wurden enorme Verluste zugefügt. Tausende von Margin-Konten wurden in kürzerer Zeit ausgelöscht, als es dauert, das Massaker zu beschreiben. Die Verluste bei Ely Central, Jumbo Extension, Rawhide Coalition und Bovard Consolidated überstiegen 2.000.000 USD. Dieser Verlust wurde auf ungefähr vierzehntausend eingetragene Aktionäre und ebenso viele nicht eingetragene Aktionäre verteilt.

Diese große Armee unschuldiger Aktionäre war hilflos. Gegen derartige Beschlagnahmungen bietet das Gesetz keine Abhilfe oder Gegenmaßnahme, außer dem tatsächlichen Freispruch der verhafteten Personen, in deren Händen der vertrauensselige Investor die einzige Chance zur Sanierung seiner Wertpapiere am Markt hat.

Das Bekenntnis eines Werkzeugs

Das unterschriebene Geständnis des Werkzeugs des Sonderagenten, der vor den stellvertretenden Staatsanwälten Dorr und Smith in der Staatsanwaltschaft der Vereinigten Staaten in New York erschien und in dem es heißt, er habe eine falsche Zeugenaussage gemacht, sowie die freiwillige Aussage von John J. Roach, einem Börsenmakler, der bei der inzwischen aufgelösten Firma Frederick Simmonds angestellt war, bezüglich der Beziehungen zwischen dem Sonderagenten und dieser Firma, während er Sonderagent der Regierung war, enthüllen die schwache Grundlage der Anschuldigungen der Regierung.

Das Werkzeug war vor der Razzia bei Scheftels im Einsatz gewesen. Einige Monate lang war er als Geschäftsreisender für die Firma tätig. Dann wurde er entlassen. Er schloss sich Frederick Simmonds an, einem Mitglied der Consolidated Stock Exchange. Herr Simmonds war hoch verschuldet. Das Tool hatte kein Geld. Als der Agent versuchte, die Anwaltskanzlei der Vereinigten Staaten in New York davon zu überzeugen, dass die gesammelten Informationen ausreichten, um eine Razzia zu rechtfertigen, setzte er sich dafür durch, dass das Tool vor den stellvertretenden Anwälten erschien und eine Aussage machte.

In dieser Geschichte besteht der Hauptwert des Tools selbst darin, dass er keinen Wert hat. Er machte seine Aussagen gegen uns gegenüber Herrn Dorr, dem stellvertretenden US-Bezirksstaatsanwalt. Dann gab er mir eine in Anwesenheit von Zeugen unterzeichnete Erklärung, in der er die gegenüber Herrn Dorr gemachten Aussagen widerrief. Dieser fügte er später einen schriftlichen Nachtrag hinzu, der seinen Widerruf bekräftigte. Dann widerrief er erneut und sagte, dass ein großer Teil seines ersten Widerrufs, den er unterschrieben und auf jeder Seite mit seinen Initialen versehen hatte, falsch war. Es bleibt dem Leser überlassen, zu beurteilen, in welcher der drei Positionen des Tools er die Wahrheit sagt. Es ist offensichtlich, dass er in den beiden anderen lügen muss, und es ist nicht unmöglich, dass er in allen drei lügt – außer dass einige der Dinge in seinem ersten Widerruf, die er später in seinem zweiten bestreitet, aus anderen Quellen bestätigt wurden.

Hier ist der wichtigste Punkt, den man in Bezug auf das Werkzeug bedenken sollte: Die souveräne Macht der Beschlagnahme, Durchsuchung und Konfiszierung, die von unserer großen Regierung ohne ordnungsgemäßes Gerichtsverfahren ins Spiel gebracht wurde, basierte teilweise auf der fadenscheinigen Aussage einer solchen Person. Tausende Anleger sowie ich und meine Mitarbeiter litten unter dem Schlag.

Aus Roachs Aussage geht hervor, dass er maßgeblich an der Krise beteiligt war, die zur Schließung der Firma Simmonds und zur Offenlegung der Beziehungen des Sonderagenten zu dieser Firma führte. Diese Tatsachen sind in den meisten Fällen öffentlich bekannt geworden. Sie kamen während der Anhörungen vor dem Insolvenzverwalter des insolventen Unternehmens ans Licht. Es wurde festgestellt, dass die Verbindlichkeiten der „pleitegegangenen“ Firma 85.000 US-Dollar betrugen und die Vermögenswerte 100 Aktien billiger Bergbauaktien und zwischen 1.500 und 2.000 US-Dollar in bar. Zu diesem Zeitpunkt wurde dem Sonderagenten gestattet, aus dem Justizministerium auszutreten. Das Werkzeug, das er törichterweise eingesetzt hatte, erwies sich als zweischneidig. Der Agent war „in seine eigene Falle getappt“.

DIE GUGGENHEIMS

Die wohl am meisten überraschte Regierungsabteilung zum Zeitpunkt der Razzia bei Scheftels war die Post. Der Anklagepunkt war Missbrauch der Post. Wenn die Scheftels-Gruppe schuldig war, warum hat die Post dann nicht die Razzia durchgeführt? Warum hat sie keinen Betrugsbefehl erlassen? Die Firma Scheftels wurde inzwischen von den Gerichten für zahlungsfähig erklärt und der vorläufige Insolvenzverwalter entlassen. Bis heute wurde kein Betrugsbefehl erlassen. Nur kurz vor der Razzia hatte die Post alle Beweise in dem Fall vorgelegt und entschieden, dass kein Grund zum Handeln bestehe.

Dass die Guggenheim-Interessen es nicht versäumten, die Notlage des Hauses Scheftels unmittelbar nach der Razzia auszunutzen, findet sich in den Gerüchten im Bergbaulager Ely als schlüssiger Beweis. Kurz nachdem der Spezialagent die Büros von Scheftels aufgesucht hatte, wurde in Ely ein Antrag auf einen Insolvenzverwalter gestellt, der die Vermögenswerte der Ely Central Copper Company übernehmen sollte. Die Anwälte, die den Antrag gestellt haben, waren Chandler & Quale, Anwälte der Nevada Consolidated Copper Company, einem Guggenheim-Unternehmen. Als das Gericht einen Insolvenzverwalter ernannte, benannte es diese Firma als Bevollmächtigte für den Insolvenzverwalter. Anwalt JM Lockhart für die Ely Central protestierte, dass diese Anwälte aufgrund ihrer Verbindung zur Nevada Consolidated nicht die richtigen Personen seien, um die Interessen der nun wehrlosen Ely Central-Aktionäre zu schützen. Dann ernannte das Gericht einen anderen Anwalt namens Boreman.

Kurz nach der Ernennung des Insolvenzverwalters beantragte er bei den Gerichten die Erlaubnis zum Verkauf an die Nevada Consolidated für 30.000 US-Dollar, was nach Kenntnis des Insolvenzverwalters die gesamte Barverschuldung, die Oberflächenrechte an einer großen Fläche von Ely Central und die Rechte daran darstellte Juniper Canyon. Wenn dies erreicht worden wäre, hätte der Nevada Consolidated ein Wegerecht für die Eisenbahn erhalten , das das ihm gegenüberstehende Problem des Transports der Erze aus den unteren Ebenen der Dampfschaufelgrube gelöst hätte. Ohne einen solchen Auslass wäre der Abbau dieser Erze nicht ohne große Kosten und Schwierigkeiten möglich gewesen. Die Vorteile, die sich für Nevada Consolidated ergeben hätten, waren nahezu unkalkulierbar. Gleichzeitig würde eine solche Maßnahme das Grundstück Ely Central effektiv in zwei Teile teilen. Gemäß der Petition wurde festgelegt, dass Ely Central beim Verkauf der Oberflächenrechte das praktische Eigentum an die Nevada Consolidated abtreten sollte, da festgelegt wurde, dass Ely Central mit den gewährten Rechten nicht in seinen Bergbaubetrieb eingreifen könne. Rechtsanwalt Lockhart aus Ely Central kämpfte gegen den Insolvenzverwalter und seine Anwälte und errang einen Sieg. Das Grundstück Ely Central blieb für die Aktionäre unversehrt.

Später wurde beim Gericht ein Antrag auf Verkauf des gesamten Anwesens des Ely Central für 150.000 US-Dollar gestellt. Es wurde angenommen, dass dies im Interesse der Nevada Consolidated lag. Als Antwort wurde ein Antrag auf Entlassung des Insolvenzverwalters mit der Begründung gestellt, dass das Gericht, das ihn ursprünglich bestellt hatte, nicht zuständig sei. Das Gericht entschied schließlich, dass es unzuständig sei, da weder Betrug noch Inkompetenz nachgewiesen worden seien und die Immobilie nicht aufgegeben worden sei. Der Empfänger wurde entlassen.

Welche Haltung hat das Justizministerium seit der Razzia eingenommen? Seit der Razzia hat die Regierung mehrere Hunderttausend Dollar ausgegeben, um genügend Beweise aus den Büchern zu finden, um überhaupt einen Fall zu begründen. Ein Standpunkt nach dem anderen wurde vertreten, nur um nach gründlicher Suche nach Beweisen, die die ursprünglichen übertriebenen Vorwände stützen, wieder aufgegeben zu werden. Eine Grand Jury nach der anderen hat Massen von Beweisen durchforstet, die ihnen vorgelegt wurden. Heerscharen von Buchhaltern haben wochen- und monatelang Tag und Nacht daran gearbeitet, das Handeln der Behörden zu belegen, die dazu verleitet wurden, ein schweres Unrecht zu begehen.

Der Vorwurf, der Scheftels-Konzern habe gefälschte Bergbauaktien verkauft, ist hinfällig. Behördliche Untersuchungen der Immobilien haben ergeben, dass sie alles waren, was sie angeblich waren. Eine sorgfältige und fleißige Lektüre der Masse an Marktliteratur, die per Post von der Scheftels Corporation verschickt wurde, hat keine absichtliche Falschdarstellung hinsichtlich der Möglichkeiten eines der Bergbaugrundstücke aufgedeckt.

Die Scheftels Corporation wickelte mit ihren Kunden beträchtliche Margingeschäfte in den von ihr gesponserten Wertpapieren ab – Ely Central, Jumbo Extension, Rawhide Coalition und Bovard Consolidated. Wenn die Scheftels Corporation von Gaunern geführt worden wäre, wären diese nicht häufig versucht gewesen, ihr Gewicht auf den Markt zu werfen und zu versuchen, den Aktienkurs zu drücken, um die Marginhändler auszuschalten? Hat die Regierung in den Büchern irgendwelche Beweise dafür gefunden? Nein. Sie hat Beweise gefunden – überwältigende und kumulierte – dass die Scheftels Corporation in fast allen Fällen tatsächlich alle ihre Ressourcen erschöpfte, um den Markt für ihre Wertpapiere zu stützen und den Kurs im Interesse der Aktionäre hoch zu halten. Es wurden auch zahlreiche Beweise dafür gefunden, dass die Scheftels Company die Praxis des Marginhandels missbilligte.

In der neuen Anklageschrift, die die Grand Jury Ende August 1911, elf Monate nach der Razzia, erhob, wurde der Vorwurf der falschen Angaben zu den Beförderungen der Scheftels fallengelassen und praktisch auf das Verlangen von Provisionen und Zinsen ohne diese zu verdienen reduziert.

Nicht weniger als 85 Prozent der gesamten Maklergeschäfte der Scheftels Corporation erfolgten mit eigenen Aktien, und fast immer in der Geschichte von Scheftels hatte das Unternehmen zwischen drei und sieben Millionen Aktien dieser Wertpapiere auf Lager, entweder als Darlehen oder als Option bei Banken. Tatsächlich wurden in diesem Zeitraum über fünfzehn Millionen Aktien gekauft, verkauft und *ausgeliefert !*

Wie bereits erwähnt, war es bei der Scheftels Corporation üblich, Aktien auf der allgemeinen Liste zu verkaufen, um sich gegen Marktrückgänge abzusichern, die den Preis ihrer eigenen Wertpapiere nach unten ziehen könnten. Und die Regierung war letztlich, nachdem sie Hunderttausende von Dollar ausgegeben und die klügsten Berater eingeschaltet hatte, gezwungen, darauf zurückzugreifen, um in den Augen der breiten amerikanischen Öffentlichkeit den Einsatz der seltenen Macht der Beschlagnahme, Durchsuchung und Verhaftung sowie die Ablehnung eines Antrags auf Anhörung der Opfer zu rechtfertigen, der vor der Anwendung dieser willkürlichen Macht gestellt worden war.

KAPITEL XII

DIE LEKTION AUS ALLEM

Was ist die Lehre aus meiner Erfahrung – die große, umfassende Lehre für den amerikanischen Bürger? Sie lautet:

Spekulieren Sie nicht an der Wall Street. Sie haben keine Chance. Die Karten sind von den „Großen" gezinkt und Sie können nur gewinnen, wenn sie es zulassen. Die Informationen über Marktwahrscheinlichkeiten, die Sie über die Finanzspalten der Tageszeitungen erhalten, sind in der Regel von Anfang an vergiftet. Ihr Hauptziel ist Ihr finanzieller Ruin. Nur wenige Finanzjournalisten wagen es, die ganze Wahrheit zu sagen – selbst in den seltenen Fällen, in denen sie sie erfahren. Die meisten von ihnen werden tatsächlich subventioniert, um die Wahrheit zu unterdrücken und die öffentliche Meinung in den Kanälen zu beschleunigen, die Geld in den Taschen der Wertpapierverkäufer bedeuten. Was die Literatur der Börsenmakler betrifft, so ist sie im Allgemeinen noch irreführender. Nur wenige Makler wagen es jemals, die ganze Wahrheit zu sagen, aus Angst, die Interessen zu verbittern und in den Bankrott oder Schlimmeres getrieben zu werden.

Was mich selbst betrifft: Welche Entschuldigung hatte ich, meinem Spielinstinkt nachzukommen? Das ist es: Ich dachte, sowohl der Veranstalter als auch das Publikum könnten gewinnen. Mittlerweile weiß ich, dass das nur selten vorkommt. Da das Spiel mittlerweile überwiegend von den Großen gespielt wird, hat die Öffentlichkeit keine Chance mehr.

Ich habe keinen Dollar. Wer hat profitiert?

Die Antwort lautet: Wenn überhaupt, das Aggregat. Die Welt war der Gewinner. Es ist reicher an Gold, Silber, Kupfer und anderen unzerstörbaren Metallen, die als Ergebnis dieses Unterfangens an die Oberfläche gebracht und zum Reichtum der Nation beigetragen haben.

Ohne den Glücksspielinstinkt und den Förderer, der sich um ihn kümmert, könnten die Schatzkammern der Natur ungestört und brach bleiben und die Entwicklungskräfte der Welt kraftlos und kraftlos daliegen.

DAS ENDE

www.ingramcontent.com/pod-product-compliance
Lightning Source LLC
LaVergne TN
LVHW040517200726
843493LV00017B/1048